Hermann Graf Hatzfeldt (Hrs
Ökologische Waldwirtschaft

W0056429

Papier aus heimischer Waldpflege –
ein Beitrag zur ökologischen Waldwirtschaft

Diese Veröffentlichung ist auf Naturpapier gedruckt, zu dessen Herstellung 100% chlorfrei gebleichter Zellstoff verwandt wurde. Das Holz dafür stammt aus Pflegemaßnahmen in heimischen Wäldern sowie aus dem Restholz örtlicher Sägewerke. Holz aus tropischen und borealen Regenwäldern wurde nicht verarbeitet. Das Papier ist voll recyclingfähig ohne schädliche Rückstände.

Seit Gründung der Stiftung (1962) bemüht sich die SÖL, ihre Schriften so umweltfreundlich wie möglich zu produzieren und zu verpacken. So werden unsere Bücher z. B. auch nicht in Folien verschweißt.

HERMANN GRAF HATZFELD, Jahrgang 1941, Studium der Wirtschaftswissenschaften in Basel, Ibadan (Nigeria) und Princeton (USA). Seit 1969 Eigentümer eines Forstbetriebes in Rheinland-Pfalz. Verschiedene ehrenamtliche Tätigkeiten im Energie- und Umweltbereich. Seit 1988 Fachbeirat der Heinrich-Böll-Stiftung. Seit 1990 Vizepräsident von ECOROPA, seit 1991 Vorsitzender der Arbeitsgemeinschaft Naturgemäße Waldwirtschaft in Rheinland-Pfalz, seit 1992 im Kuratorium der Schweisfurth-Stiftung.

Buchreihe der
Stiftung Ökologie & Landbau,
Bad Dürkheim

Hermann Graf Hatzfeldt (Hrsg.)

Ökologische Waldwirtschaft

Grundlagen – Aspekte – Beispiele

2., durchgesehene Auflage

C. F. Müller Verlag, Heidelberg

Alle in diesem Buch enthaltenen Angaben, Daten, Ergebnisse usw. wurden von den Autoren nach bestem Wissen erstellt und von ihnen sowie der Stiftung Ökologie & Landbau mit größtmöglicher Sorgfalt überprüft. Dennoch sind inhaltliche Fehler nicht völlig auszuschließen. Daher erfolgen die Angaben usw. ohne jegliche Verpflichtung oder Garantie des Verlags oder der Autoren. Beide übernehmen deshalb keinerlei Verantwortung und Haftung für etwa vorhandene inhaltliche Unrichtigkeiten.

Die Deutsche Bibliothek – CIP-Einheitsaufnahme

Ökologische Waldwirtschaft : Grundlagen – Aspekte – Beispiele / [Stiftung Ökologie & Landbau]. Hermann Graf Hatzfeldt (Hrsg.) – 2., durchges. Aufl. – Heidelberg : C. F. Müller, 1996

(Alternative Konzepte ; 88)
ISBN 3-7880-9888-0
NE: Hatzfeldt, Hermann Graf [Hrsg.]; Stiftung Ökologie und Landbau; GT

© 1995/96. Stiftung Ökologie & Landbau (SÖL)   03 96 2
Weinstraße Süd 51, D-67098 Bad Dürkheim,
Postfach 15 16, D-67089 Bad Dürkheim,
und C. F. Müller Verlag GmbH, D-69121 Heidelberg

Titelgrafik: Artur Held, Bad Soden-Allendorf 1

Gesamtherstellung: Rohr Druck GmbH, D-67657 Kaiserslautern

ISBN 3-7880-9888-0

Inhalt

Vorwort

Bereits Anfang der achtziger Jahre wollte die Stiftung ein Buch über die ökologische Forstwirtschaft herausgeben. Aber aufgrund alarmierender Nachrichten über das Waldsterben haben wir 1982 weltweit das erste Buch zu dieser Problematik mit dem Titel „Stirbt der Wald? – Energiepolitische Voraussetzungen und Konsequenzen" veröffentlicht. Im Frühjahr 1983 wurde von uns das Buch „Der Wald stirbt! – Forstliche Konsequenzen" herausgebracht um damit dem Forstpraktiker kontrete Empfehlungen an die Hand zu geben.

Besonders froh sind wir, daß erneut Graf Hatzfeldt als Herausgeber für ein Waldbuch gewonnen werden konnte und hoffen, daß dieser Band mit dazu beiträgt, daß die ökologische Waldwirtschaft weiter an Verbreitung gewinnt.

Abschließend bedanken wir uns herzlich bei allen Autoren, die es ermöglicht haben, daß wir das Themenspektrum in seiner ganzen Breite abdecken konnten.

Bad Dürkheim, Januar 1994

Immo Lünzer
(Stiftung Ökologie & Landbau)

Einleitung

HERMANN GRAF HATZFELDT

Noch zur Zeit Karls des Großen war Mitteleuropa auf zwei Drittel der Landfläche mit dichtem Lauburwald bedeckt. Schon im zwölften Jahrhundert war es nurmehr ein Viertel. Rodungen für Siedlungen und für die Landwirtschaft hatten den Wald auf die schlechtesten Standorte zurückgedrängt. In den folgenden Jahrhunderten wurde er durch vielfältige Übernutzung zusätzlich ausgeplündert.

Gegen diesen Hintergrund erscheint die Einführung der modernen Forstwirtschaft in der zweiten Hälfte des 18. Jahrhunderts geradezu ein Glücksfall für den Wald gewesen zu sein. Weidewirtschaft und Streunutzung wurden eingestellt, die devastierten Nieder- und Mittelwälder wurden in produktiven Hochwald umgewandelt, Ödland wurde auf weiter Fläche wieder aufgeforstet. Aus Jahrhunderte alten Nutzungszwängen entlassen, trat der Umgang des Menschen mit dem Wald in eine neue Phase: Wald wurde nicht mehr hingenommen, wie er war, und nach Kräften ausgenutzt und mißhandelt; Wald wurde nun nach menschlichem Design neu geschaffen und zur nachhaltigen Steigerung der Holzproduktion kolonisiert. Wald wurde zum Forst.

Der heutige Wald ist das Ergebnis von zweihundert Jahren klassischer Forstwirtschaft. In dieser für Bäume vergleichsweise kurzen Zeitspanne wurde sein äußeres Erscheinungsbild und seine innere Struktur radikal verändert. Die „Bundeswaldinventur", eine flächendeckende Bestandsaufnahme in den alten Bundesländern zum Stichtag 1. 10. 1987, erlaubt uns zum ersten Mal, statistisch abgesicherte Aussagen über den derzeitigen Zustand des deutschen Waldes zu machen. Hier die wichtigsten Ergebnisse:

1. Der *schlagweise Hochwald* hat die früheren Nieder- und Mittelwälder fast vollständig ersetzt. Plenterwälder gibt es nurmehr vereinzelt in Bayern und Baden-Württemberg.
2. Die *Verteilung der Baumarten* ist massiv verändert worden.
   - Nadelbäume stocken heute auf zwei Drittel der Waldfläche. Ohne Forstwirtschaft wäre ihre natürliche Verbreitung auf vermutlich weniger als ein Zehntel beschränkt geblieben.

- Die Fichte, vor zweihundert Jahren noch weitgehend unbekannt, nimmt jetzt einen Flächenanteil von 38 Prozent ein.
- Eiche und Buche, die damals das Waldbild prägten, sind auf ein knappes Viertel der Fläche zurückgedrängt.
3. Die *Entmischung der Bestände* ist inzwischen weit vorangeschritten.
   - Zwei Drittel des Nadelwaldes sind Reinbestände (Fichte: 69 Prozent).
   - Eine Beimischung von Laubbäumen (über 10 Prozent) ist nurmehr auf knapp 15 Prozent der Nadelbaumfläche zu finden.
4. Die *Verteilung der Altersklassen* ist denkbar ungünstig:
   - Bäume, die jünger als sechzig Jahre sind, machen mehr als die Hälfte des Waldes aus. Betriebswirtschaftlich bedeutet das für die überwiegende Fläche hohe Kosten und keine Reinerträge.
   - Drei Viertel der Nadelbäume sind jünger als achtzig Jahre. Ein Viertel ist zwischen 21 und 40 Jahre alt. Diese Stangenhölzer sind überdies schlecht gepflegt (Pflegerückstand: 24 Prozent) und besonders anfällig für Kalamitäten.
   - Eiche und Buche sind in der nachwachsenden Jugendklasse erschreckend gering ausgestattet. Kaum ein Fünftel sind jünger als vierzig Jahre. In diesen Altersklassen liegt ihr gemeinsamer Flächenanteil inzwischen unter fünf Prozent.

Die Inventur zeigt eindeutiger als bisher bekannt war, in welchem Ausmaß der schlagweise Altersklassenwald die vormaligen Mischwälder ersetzt hat. Es dominieren heute junge, einschichtige Nadelbaum-Kunstforste; die natürliche Mischung der Baumarten und Baumalter auf der Fläche ist weitgehend verschwunden. Diese Aussage bleibt sinngemäß gültig – ja, sie wird voraussichtlich noch verstärkt – wenn die Wälder der neuen Bundesländer in die Erhebung einbezogen werden.

Diese Entwicklung mag rückblickend zwar ein Segen gewesen sein; vorausschauend aber ist sie eher ein Fluch für den Wald. Zwar wurde das erklärte Ziel der Produktionssteigerung erreicht: heute sind Holzvorrat und Zuwachs höher denn je. Gleichzeitig werden aber unbeabsichtigt Folgen produziert, die den Erfolg in Frage stellen. Wenn die moderne Forstwirtschaft heute als gescheitert angesehen werden kann, dann nicht, weil sie ihre Ziele verfehlt hätte, sondern gerade, weil sie so erfolgreich war.

Eine Folge der Umwandlung naturnaher Mischwälder in künstliche Produktionsforsten ist deren größere Anfälligkeit gegenüber Kalamitäten durch Wind, Schnee, Trocknis, Feuer, Schädlinge, Schadstoffe, Strahlung, Klimaänderung etc. Heute erkennen wir, daß die Wälder Mitteleuropas gleichsam auf tönernen Füßen stehen. Künstliche Ökosysteme sind weniger stabil als natürliche: ihr Strukturreichtum ist geringer, die Selbstregulationsmechanismen funktionieren offenbar nicht mehr. Aufgrund seiner immanenten Labilität ist der schlagweise Altersklassenwald den neuen Umweltbelastungen offenbar nicht mehr gewachsen.

Schon in den achtziger Jahren gab es in der Bundesrepublik eigentlich keine geregelte Forstwirtschaft mehr. Eine Kalamität jagte die nächste. Die sogenannten „zufälligen" Ergebnisse wurden zur Regel, sie übertrafen oft den geplanten Einschlag. Im Frühjahr 1990 kam es zu jener großen Sturmkatastrophe, die weitflächig ganze Bestände, dann den Holzmarkt und schließlich die traditionelle Forstwirtschaft zusammenbrechen ließ. Wiebke versetzte ihnen den Todesstoß. In der einen Nacht vom 28. Februar auf den 1. März 1990 brach das klassische Denkgebäude in sich zusammen, das zweihundert Jahre die forstliche Wissenschaft und Praxis bestimmt hatte – lautlos und plötzlich wie ein von Termiten ausgehöhltes Bauwerk.

Ähnlich lautlos und plötzlich ist inzwischen das Modell des schlagweisen Altersklassenwaldes durch ein alternatives Konzept ersetzt worden: das *Modell einer ökologisch orientierten Waldwirtschaft*. Der naturnahe Wald ist heute das allgemein anerkannte neue Leitbild der deutschen Forstwirtschaft. Die naturnahe Waldwirtschaft ist zur obersten forstpolitischen Zielvorstellung der Staatsforstverwaltungen in allen Bundesländern geworden und sie bestimmt zunehmend auch die betriebliche Zielsetzung im privaten und kommunalen Wald.

Keiner will sich jetzt noch öffentlich zur Kahlschlagwirtschaft bekennen, obschon heimlich noch mancher kleine Kahlschlag unter dem Vorwand, die Verjüngung zu begünstigen oder eine Begradigung vorzunehmen, verübt wird. Plötzlich sind alle immer schon „Naturgemäße" gewesen, obschon diese Gattung Forstwirte vor kurzem noch als Querköpfe und Spinner belächelt wurde. Die naturgemäße Waldwirtschaft ist über Nacht geradezu Mode geworden, obschon nur die wenigsten Forstleute wirklich begriffen haben, was den Inhalt und das Wesen dieser neuen Wirtschaftsform ausmacht.

Absichtserklärungen sind aber noch keine Taten. In den nächsten Jahren erst wird sich beweisen, wie ernst es die Forstpolitik mit ihrer ökologischen Neuorientierung meint und wie bereit die Forstpraktiker sind, sich darauf einzulassen und sie umzusetzen. Kaum gibt es erste Schwierigkeiten, kommt es bereits zu Rückschlägen. Rezessionsbedingt werden Haushaltsmittel gestrichen; Vorhaben zu einer Verwaltungsreform drohen am falschen Ende zu sparen; in der Wildfrage – der entscheidenden Voraussetzung für naturgemäßen Waldbau auf der Fläche – mangelt es evident an Wille und Kraft. Wird der Aufbruch doch noch auf halbem Weg stecken bleiben?

Eins ist klar: Im Handumdrehen ist der konzeptionelle Umschwung von der alten Forstwirtschaft zur neuen Waldwirtschaft sicherlich nicht zu schaffen, handelt es sich dabei ja nicht nur darum, ungewohnte Methoden der Bewirtschaftung einzuüben, sondern auch um ein neues Verständnis von Wald überhaupt, d. h. um einen anderen Umgang des Menschen mit der Natur. Das dafür notwendige Umdenken will erst noch erlernt sein. Es braucht seine Zeit, Erfahrungen und viel Geduld. Vor allem braucht es zunächst eine begriffliche Klärung der Ziele und Methoden der neuen Sichtweise.

Der vorliegende Band ist als Orientierungshilfe in dieser Situation konzipiert. In ihm soll verdeutlicht werden, auf welchen historischen und erkenntnistheoretischen Grundlagen die ökologische Waldwirtschaft beruht, was wir eigentlich unter diesem Konzept praktisch zu verstehen haben und worin es sich von der klassischen Forstwirtschaft unterscheidet *(Teil I)*. Der hier gewählte Begriff „ökologische Waldwirtschaft" wird dabei undogmatisch als inhaltlich austauschbar mit Bezeichnungen wie „naturgemäße" oder „naturnahe" Waldwirtschaft verwandt.

In *Teil II* wird der Bezug zu verschiedenen Teilbereichen der Waldwirtschaft hergestellt. Es geht um den Zusammenhang von naturgemäßem Waldbau mit Themen wie Betriebswirtschaft, Bodenleben, Wasserwirtschaft, Naturschutz, einer waldverträglichen Bejagung und mit der Klimadiskussion.

In *Teil III* soll schließlich eine breitgefächerte Palette von Betriebserfahrungen vorgestellt werden, in denen diese Aspekte praxisbezogen realisiert worden sind. Als Beispiele in der Bundesrepublik sind das Bundesland Niedersachsen, die Region Gebirgswald und das Forstamt Stauffenburg ausgewählt worden; aus Nachbarländern werden Betriebserfahrungen in Österreich, Frankreich und der Schweiz referiert.

Die Autoren dieses Bandes sind allesamt prominente Mitglieder der Arbeitsgemeinschaft Naturgemäße Waldwirtschaft (ANW), die im folgenden nun *ihre* Sichtweise der Grundlagen, Methoden und Erfahrungen der naturgemäßen Waldwirtschaft der interessierten Öffentlichkeit vorstellen. Überschneidungen und auch Lücken sind bei dieser Vorgehensweise nicht zu vermeiden gewesen. Insgesamt aber bietet der vorliegende Band einen repräsentativen Überblick über den derzeitigen Stand des Wissens.

TEIL I: GRUNDLAGEN

Streifzug durch die Forstgeschichte

PAUL LANG

Die unterschiedlichen Ansichten über die bestmögliche Form der Waldwirtschaft sind leichter zu verstehen, wenn man die bewegenden Kräfte kennt, die im Verlauf von Jahrhunderten das Waldbild prägten. Der Streifzug durch die Forstgeschichte *) beginnt zweckmäßigerweise mit den frühen Formen der Waldnutzung.

Der Nährwald, für die Menschen unentbehrlich

Nährwald ist in der Tat die zutreffende Bezeichnung für den Wald im Mittelalter bis zum Ende des 18. Jahrhunderts, denkt man an die Aufgaben, die der Wald im Dienste der Landwirtschaft zu erfüllen hatte. Viele Jahrhunderte erzeugten die landwirtschaftlichen Betriebe wenig Futtermittel. Die *Waldweide*, also der Eintrieb von Schweinen, von Großvieh, von Ziegen und Schafen in den Wald war für die Bauern eine zwingende Notwendigkeit. Eicheln und Bucheckern waren wichtige Nahrungsgrundlage für das Hausschwein, das bis zum Ende des Mittelalters der fast alleinige Fleischlieferant war. Daraus folgert die große Bedeutung der Mastnutzung in den Laubwäldern, die ursprünglich drei Viertel der Waldfläche einnahmen. Auf die Schweinemast im Herbst und Winter folgte in den Sommermonaten die Waldweide mit Rindern. Im Gegensatz zur Schweinemast war sie durch den Verbiß junger Holzpflanzen äußerst schädlich und drang auch weit in die Nadelwälder vor, wo sie in entlegenen Gebirgswäldern auch heute noch ausgeübt wird. Eine nicht minder große Rolle spielte in manchen Gegenden die Waldweide mit Ziegen und Schafen, wobei die Ziegen, die „Kuh des kleinen Mannes", dem Wald besonders schädlich waren. Der Übergang zur Stallfütterung ab der Mitte des 18. Jahrhunderts bewirkte zwar die Entlastung des Waldes von der Waldweide, gleich-

---

*) Soweit nichts anderes vermerkt ist, stützen sich die folgenden Ausführungen weitgehend auf die ausgezeichnete Forstgeschichte von KARL HASEL (1985), Freiburg.

zeitig aber wuchs der Bedarf an Einstreu, den die Landwirtschaft nicht zu decken vermochte. Es entstand die *Streunutzung* des Waldes. Sie war dem Wald weit schädlicher als die Waldweide. Wertvolle Nährstoffe wurden dem Wald auf Dauer entzogen und über die Einstreu als Mist dem Ackerboden zugeführt.

Wer denkt aber im Zusammenhang mit der Waldweide heute noch an die Waldbienenzucht, die „*Zeidelweide*"? Als der Rohrzucker ein Luxusartikel und der Rübenzucker noch unbekannt war, bildete der Honig die einzige Süßstoffquelle. Aus Bienenwachs wurden Kerzen hergestellt, die bis zur Erfindung der Petroleumlampe (1855) neben Herdfeuer und Kienspan das häufigste Beleuchtungsmittel waren.

Eine besondere Form der Waldnutzung war der *Waldfeldbau*. Nach dem Abschlagen der Gerten und Stangen des aus Laubholz bestehenden Niederwaldes wurden zwei bis drei Jahre bis zum Erstarken des nachwachsenden Stockausschlages anspruchslose Ackerfrüchte, wie Hafer, Buchweizen, Dinkel, später auch Kartoffeln angebaut. Der Waldfeldbau war weit verbreitet in den deutschen Mittelgebirgen, wo für den ständigen Ackerbau die Voraussetzungen sehr ungünstig waren.

Das hölzerne Zeitalter:
Köhler, Glasmacher, Harzer und Flößer im Wald

Mit der Zunahme der Bevölkerung, der Entwicklung von Handel und Gewerbe stieg auch der Holzbedarf. Mengenmäßig lag das Brennholz an der Spitze des Holzverbrauchs. Da es für den gewerblichen Bedarf keine langen Transportwege vertrug, wurde es an Ort und Stelle zu Holzkohle umgewandelt. Der Köhler im Wald, jene sagenumwobene Gestalt, verrichtete ein uraltes Gewerbe. Orte des größten Verbrauches an Holzkohle waren die *Salinen, die Glashütten und die Berg- und Hüttenwerke.*

Die Salzgewinnung war von großer wirtschaftlicher Bedeutung. Die Salinen benötigten Brennholz in großen Mengen zur Befeuerung der Sudpfannen, daneben aber auch Bauholz für die Triftanlagen und Rohrleitungen, deren Länge z. B. 30 km betragen konnte. Die Salinenwälder um Reichenhall, die älteste und größte Salz-Sudstätte des Kontinents, umfaßten eine Fläche von mehr als 100 000 Hektar. Die

Glashütten siedelten sich mitten in den Wäldern an und verlegten ihren Standort erst dann, wenn das Holz in ihrer Umgebung weitgehend aufgebraucht war. Das benötigte Holz wurde überwiegend zu Holzasche, „Pottasche", verbrannt, die wegen ihres Kaligehaltes für die Glasherstellung unentbehrlich war. Der Rest wurde als Brennholz für die Glasschmelze benötigt. Das größte „holzfressende Gewerbe" aber waren die Berg- und Hüttenwerke und die Eisenhämmer. Sie benötigten Holz zum Ausbau der Schächte und Stollen, vor allem aber gewaltige Mengen von Kohlholz zum Schmelzen und Schmieden des Roheisens. Ein Beispiel für den Niedergang des Waldes als Folge solcher Art der Nutzung liefert die bayerische Oberpfalz. Sie hatte als Industriegebiet im ausgehenden Mittelalter eine Bedeutung, die nur mit jener des Ruhrgebietes heute zu vergleichen ist. Nicht zu unterschätzen ist schließlich der Brennholzbedarf für den Hausbrand. Holz war bis weit in das 19. Jahrhundert hinein das einzige Feuerungsmittel in Stadt und Land.

Das mitteleuropäische Haus bestand über viele Jahrhunderte hinweg aus Holz. Holz war der Baustoff für das Bauern- und Bürgerhaus, für das Rathaus und Zunftgebäude. Speicher, Brücken und Tore waren aus Holz. Auch nach dem Übergang zum Massivbau war Holz im Fachwerk noch lange Zeit bestimmend. Holz war die Grundlage für die Arbeit der Schreiner, Wagner, Böttcher, Scheffler und vieler anderer Handwerker und Hersteller von Gerätschaften unterschiedlichster Art. Wo in den Gebirgen Gewässer entsprechender Breite und Tiefe vorhanden waren, vollbrachten die Flößer ihr hartes und gefahrvolles Tagewerk. Als Holz zu Beginn der Neuzeit einträgliche Handelsware wurde, entstand der Handel mit Holländerholz, das auf Flößen in die Niederlande und nach England verbracht wurde, wo die aufstrebenden Seemächte Holz in großer Menge für den Bau von Handels- und Kriegsschiffen und für den Ausbau der Häfen benötigten. Betrachtet man dies alles, so ist es nicht übertrieben, von einem hölzernen Zeitalter zu sprechen.

Weniger auffällig und verändernd in den Bestand des Waldes eingreifend war die *Harznutzung*. Sie verdient Erwähnung, weil Harz als Rohstoff für die Gewinnung von Schuster- und Faßpech, Firnis, Wagenfett, Schmieröl, Terpentinöl, Arzneimitteln und anderen Erzeugnissen ein wichtiger Handelsartikel war. Die Harzer waren vor

allem in den Fichtenwäldern der Mittelgebirge und in den Kiefern-
wäldern des Ostens anzutreffen.

Der Plenterwald (Femelwald), Ideal- und Horrorbild zugleich

Unter Plentern oder Femeln (beide Worte sind gleichbedeutend) versteht man jene Form der Holznutzung, bei der die Bäume über eine
größere Fläche hinweg einzeln aus dem Wald entnommen werden.
Die ursprüngliche Art der Holznutzung war lange Zeit die *ungeregelte
Plenterung*. Jeder holte sich das für seine Zwecke benötigte Holz da,
wo es für ihn am günstigsten war. Wo in siedlungsfernen Gebieten
z. B. nur selten gehauen wurde, konnte diese Art der Nutzung dem
Wald nicht schädlich sein. In den siedlungsnahen Gebieten aber und
überall dort, wo rücksichtslos gehauen wurde und man dem Wald stets
die besten Stämme entnahm, mußte dieses Vorgehen verlichtete und
heruntergekommene Bestände zur Folge haben. So entstand das
Horrorbild des Plenterwaldes, der Plünderwald. Schon in den Forstordnungen des 16. Jahrhunderts wurde daher das Plentern, damals
winkelhauen, verlorenhauen, ausstechen, ausspiegeln, auslichten oder
plätzig hauen (KEHR, 1964) genannt, weitgehend verboten und dafür
das schlagweise Hauen angeordnet. Darunter versteht man die Art der
Waldnutzung, bei der das Holz konzentriert auf bestimmten, räumlich
abgegrenzten Flächen entnommen wird. Allein die landesherrlichen
Verbote wurden nicht immer beachtet, teils weil es an der nötigen
Aufsicht fehlte, teils weil der lichte Wald mit seiner gras- und kräuter-
reichen Bodenschicht dem Weidevieh sehr zustatten kam, das nun sei-
nerseits die schädliche Wirkung des regellosen Plenterns durch Verbiß
der jungen Holzgewächse verstärkte.
Nicht immer aber war der Plenterwald ein Plünderwald, denn es gab
auch eine *geregelte Plenterwirtschaft*; sie hatte sich in tannenreichen
Bergmischwäldern herausgebildet. Schriftliche Zeugnisse darüber sind
selten. Am bekanntesten ist der Wald der Murgschifferschaft im nördlichen Schwarzwald, wo die Landesherren die Nutzung ihres Waldes
durch Verträge an die Murgschiffer verpachteten, die die Flößerei auf
der Murg und einen ausgedehnten Handel mit Starkholz (Holländerholz) betrieben. Die Pachtverträge hatten eine Dauer von 50 Jahren.
So lag schonende Waldbehandlung auch im Interesse der Pächter. Als

das Badische Forstgesetz 1833 kurz und bündig verkündete „§ 17: Das Verfahren einer Plänter- oder Femelwirtschaft ist nicht statthaft", entstanden jahrzehntelange, heftigste Auseinandersetzungen zwischen den Forstbehörden und den Gemeinden des Kinzigtales, die sich mit dem Femelverbot in ihren Waldungen nicht abfinden mochten (HOCKENJOS, 1993). Veranlaßt durch den Leiter des badischen Forstamtes Wolfach, J. Schätzle, der sich in seinem Vortrag bei der dortigen Forstvereinstagung 1884 für die Beibehaltung des in jeder Hinsicht bewährten Femelbetriebs einsetzte, wurden von der badischen Versuchsanstalt Vergleichsberechnungen über die Erträge des Femelwaldes durchgeführt. Die Ergebnisse waren so eindeutig zugunsten des Femelwaldes ausgefallen, daß K. Schuberg, der Leiter der Versuchsanstalt, zu einem der bedeutendsten Befürworter des badischen Femelbetriebes wurde. Die forstlichen Klassiker am Anfang des 19. Jahrhunderts standen dem Plenterwald ablehnend gegenüber. Eine Wende wurde erst gegen Ende des 19. Jahrhunderts durch Karl Gayer herbeigeführt.

Der Niederwald, Vorstufe einer nachhaltigen Forstwirtschaft

Der Niederwaldbetrieb ist eine uralte Form der Waldnutzung in Laubholzgebieten, wo man bereits sehr früh die Erfahrung machte, daß bestimmte Holzarten (Eichen, Hainbuchen, Erlen, Linden, Edelkastanien u. a.) lange Zeit die Fähigkeit behalten, aus dem Stock auszuschlagen. Man teilte den Wald in eine Anzahl von Schlagflächen, die der Anzahl der Jahre entsprach, die für die Umtriebzeit (meist 20 bis 30 Jahre) gewählt wurde. Jedes Jahr wurde nur eine dieser Schlagflächen genutzt. Damit war der Grundstein für eine nachhaltige Wirtschaft gelegt. Die häufigste Form des Niederwaldes war der Brennholzniederwald, der große Mengen schwachen Holzes hervorbrachte. Der Niederwaldbetrieb, der die vielfältigsten Nutzungen ermöglichte war der *Eichenschälwald*, er lieferte Lohrinde zur Gewinnung von Gerbstoff sowie Rebpfähle und Brennholz. Steinkohle und preisgünstige Gerbstoffe im 19. Jahrhundert brachten den Niederwaldbetrieb weitgehend zum Erliegen.

Der Mittelwald, Vielzweckwald und Basis für artenreichen Hochwald und Plenterwald

Der Mittelwald steht in seiner Aufbauform zwischen dem Niederwald und dem Hochwald. Die Unterschicht, Unterholz genannt, besteht aus Stockausschlägen und wird wie der Niederwald bewirtschaftet. Darüber befindet sich das Oberholz, das wie im Hochwald aus Kernwüchsen besteht, d. h. aus Bäumen, die aus Samen hervorgegangen sind. Der Mittelwald ist eine alte Betriebsart in den Laubwaldgebieten, die bereits im Mittelalter weit verbreitet war und in zahlreichen Forstordnungen vorgeschrieben wurde. Das Oberholz bestand überwiegend aus Eichen, im Auenmittelwald aus Stieleichen (Eschen, Ahornen), im Landmittelwald des Hügellandes aus Traubeneichen (Wildkirschen, Kiefern und anderen Lichtbaumarten).

Der Mittelwald war eine ideale Betriebsart, vermochte er doch die verschiedensten Bedürfnisse zu befriedigen: Brennholz für den Hausbrand, Nutzholz in Form von Werkholz und starkem Bauholz für Handwerk und Gewerbe und nicht zuletzt ermöglichte er auch die Ausübung der Schweinemast, die in Notzeiten oft unentbehrlich war. Selbst der Nachhaltsgedanke fand in ihm seine bestmögliche Verwirklichung, hatte doch auch das Oberholz eine Alters- und Durchmesser-Stärkegliederung, deren Erhaltung zum einen durch Vorschriften über die Zahl der überzuhaltenden Hegereiser und Laßreitel und zum andern durch Vorschriften über die Nutzung der starken Oberholzbäume gesichert war. Zahlreiche Pflanzen- und Tierarten fanden im Mittelwald Zuflucht und Geborgenheit.

Der Wegfall der Waldweide, die stärkere Nachfrage nach Laubnutzholz und der Rückgang des Brennholzbedarfes hatten zur Folge, daß dem Mittelwald ab der Mitte des 19. Jahrhunderts Zug um Zug, im Staatswald früher, im Gemeindewald später, der Boden entzogen wurde. Im Jahre 1913 war sein Anteil auf knapp vier Prozent der Gesamtwaldfläche des Deutschen Reiches abgesunken. Gegenwärtig dürfte sein Anteil weniger als ein Prozent betragen. Allein in seiner Substanz ganz verschwunden ist der Mittelwald nicht. Wo man das Unterholz durchwachsen ließ und dabei das Beste begünstigte, sind im Wege der *Überführung* schöne und zuwachskräftige Laubholzmischbestände in der Hochwaldform entstanden. Häufig jedoch wurde der

Weg der *Umwandlung* in Nadelholz gewählt. Geschah dies durch Kiefern-, Lärchen-, Fichtensaaten, sind – da das Laubholz nicht unterzukriegen war – wunderschöne Mischbestände aus Nadel- und Laubholz entstanden, wie sie z. B. im Steigerwald Unterfrankens zu bewundern sind. Selbst da, wo man sich zur Pflanzung von Kiefer, Lärche, Fichte entschloß, hat sich häufig ein beachtlicher Laubholzanteil erhalten.

In den Haßbergen Unterfrankens, im Wald der Freiherren v. Rotenhan in Rentweinsdorf, ging die Umwandlung des Mittelwaldes einen etwas anderen Weg (LANG, 1989). Dort wurden zwar auch Kiefernsaaten durchgeführt, im Gegensatz zum Staatswald, wo man sich von den Mittelwaldeichen, da man sie für wertlos hielt, verabschiedete, blieben die Eichen, gleich ob Alteiche, Oberständer oder Laßreitel sorgfältigst vom Hieb verschont. Sie bilden heute das waldbauliche und finanzielle Rückgrat des Betriebes zusammen mit den inzwischen zu Wertholz herangereiften und mit Buche unterbauten Kiefern. Rentweinsdorf ist dadurch zu einem Beispielbetrieb vorratspfleglicher Waldwirtschaft geworden.

In durch Streunutzung geschwächten und verlichteten Mittelwäldern ist die *Tanne* häufig natürlich eingewandert oder sie wurde durch Saat oder Pflanzung eingebracht. Auf diese Weise sind in einzelnen Gegenden aus dem Mittelwald, besonders in Gemeinde- und Bauernwäldern, plenterartige Bestände, zum Teil auch echte Plenterwälder (AMMON, 1951) entstanden, die heute zusammen mit anderen Beispielen permanenter Waldpflege zu vielbesuchten Lehr- und Anschauungsobjekten naturgemäßer Waldwirtschaft wurden.

Von der Waldverwüstung zum Altersklassenwald

Jahrhundertelang diente der Wald den Bedürfnissen der Landwirtschaft, war Grundlage für das Entstehen von Handel und Gewerbe, war Energiequelle für ein ausgedehntes Berg- und Hüttenwesen, wärmte den häuslichen Herd und diente schließlich auch den merkantilen und jagdlichen Interessen der Landesherren. Mißbräuchliche Nutzung aber und rücksichtslose Ausbeutung des Waldes ließen verlichtete Wälder mit Blößen und Kahlflächen großen Ausmaßes entstehen. Die Schwächung der Bodenkraft durch Streunutzung und

Niederwaldbetrieb und das Vordringen des Nadelholzes waren weitere Kennzeichen des Niederganges.

Der Höhepunkt der Waldverwüstung fällt zusammen mit dem Entstehen der Forstwissenschaft, als deren Begründer die *Kameralisten* in der zweiten Hälfte des 18. Jahrhunderts zu nennen sind. Sie standen an der Spitze der Finanzverwaltungen weltlicher und geistlicher Fürsten und schufen eine Kameralwissenschaft als staatliche Verwaltungs- und Wirtschaftslehre, die auch die Forstwirtschaftslehre umfaßte. Jung Stilling, ein Jugendfreund Goethes und bekannt durch seine „Lebensgeschichte", ist hier zu nennen.

Die eigentliche Begründer der Forstwissenschaft waren die *forstlichen Klassiker* in der ersten Hälfte des 19. Jahrhunderts. Sie standen vor der Aufgabe, den Zustand der Wälder zu verbessern, den Ertrag zu steigern und die Nachhaltigkeit seiner Leistungen zu sichern. Übersichtlichkeit und Ordnung waren zunächst einmal gefragt. Waldeinteilung und Waldvermessung waren die nächsten Schritte. Waldbau und Forsteinrichtung waren die Domäne der forstlichen Klassiker. Ihre wichtigsten Vertreter waren: Georg Ludwig Hartig (1764–1837), er verfaßte das berühmte „Lehrbuch für Förster" mit den „Generalregeln" für die natürliche Verjüngung. Er erkannte auch die Überlegenheit der Fichte gegenüber allen anderen Baumarten und hatte keine Mühe zu schreiben: „Es kann daher die Fichtenkultur nicht dringend genug empfohlen werden." Heinrich Cotta (1763–1844) war Begründer und Leiter der Forstakademie Tharandt. Mit seiner „Systematischen Anleitung zur Taxation der Waldungen" war er wegweisend für die Forsteinrichtung seiner Zeit. Wilhelm Pfeil (1783–1859), erfolgreicher forstlicher Schriftsteller und selbst Verfasser von 23 Büchern, hielt nichts von der Büchergelehrsamkeit. „Fraget die Bäume!" war sein kluger Rat. J. Christian Hundeshagen (1783–1834) schuf in seinem Werk „Die Forstabschätzung" die Lehre vom Normalwald und damit die Normalvorratsmethode der Forsteinrichtung.

Zusammenfassend muß man feststellen: *Ordnung und Übersichtlichkeit* zu schaffen und die *Nachhaltigkeit* zu sichern, waren das Grundanliegen der Begründer einer geregelten Forstwirtschaft. Der konsequente Übergang zum Schlagwald war die Antwort auf die Waldverwüstung. Man brauchte dazu nur die Schlageinteilung des Mittelwaldes samt Oberholz auf den Hochwald zu übertragen. Aus der Sicht der Zeitgenossen hatte der schlagweise Hochwaldbetrieb in der Tat enorme Vorzüge: Der Einschlag und die Abfuhr des Holzes waren erleichtert und besser zu überwachen. Die geräumten Flächen konnten auf bestimmte Zeit für die Waldweide gesperrt werden. Man war von der Naturverjüngung unabhängig und konnte die Schläge nach Bedarf oder Belieben durch Saat oder Pflanzung in Bestockung bringen. Der ganze Wald war nun überschaubar, berechenbar, kontrollierbar. Diese Eigenschaften waren vor allem für die Forsteinrichtung wichtig. Die Forderungen der Nachhaltigkeit konnten nun über die Fläche erfüllt und über das Fachwerk gesichert werden. Am Ende dieses Weges stand nach dem Vorbild des Normalwaldes der *Altersklassenwald*.

Seine Zusammensetzung nach Baumarten hatte sich grundlegend geändert. Um 1300 hatte der Wald nach H. Hausrath in den Grenzen des Deutschen Reiches von 1937 einen Anteil des Laubwaldes von ca. 75 % und des Nadelwaldes von ca. 25 %. Im Jahre 1937 war das Verhältnis annähernd umgekehrt. Wo immer das Laubholz durch schonungslose Waldweide, durch Wildverbiß als Folge fürstlichen Jagdbetriebes, oder aus anderen Gründen (Floßholzhandel) zurückgedrängt wurde, folgte ihm bereits vor Jahrhunderten das leichtsamige Nadelholz. Einhundert Jahre geregelte Forstwirtschaft und planmäßiger Fichtenanbau bei gleichzeitiger Zurückdrängung der Tanne hatten das Ihrige getan.

Die Bodenreinertragslehre, eine Utopie und ihre Folgen

Der Mathematiker M. Robert Pressler (1815 – 1886) ist der Begründer der Bodenreinertragslehre, die er seit 1859 unter dem Titel „Der rationelle Waldwirt und sein Nachhaltswaldbau des höchsten Bodenreinertrages" verkündete. Preßler betrachtet den Forstbetrieb als ein privatwirtschaftliches, auf höchsten Gewinn gerichtetes Unternehmen. Um den Bodenreinertrag zu ermitteln, sind vom Waldreinertrag die Zinsen des Holzvorratskapitals in Abzug zu bringen. Dabei wird von der Kahlfläche ausgegangen und eine normale Gliederung des Forstbetriebes nach Altersklassen unterstellt. Die geforderte höchstmögliche Verzinsung aller im Wald angelegten, Kapitalien wird bei Verwendung der Bodenreinertragsformel in der Regel durch den Anbau der Fichte bei niedrigen Umtriebszeiten erfüllt. Die großen

Staatsforstverwaltungen haben den Bodenreinertrag als Wirtschaftsziel abgelehnt. Lediglich in Sachsen, ihrem Ursprungsland, wurde sie ohne Vorbehalt anerkannt, dort allerdings mit verheerenden Folgen, die ihrerseits zur Rückbesinnung auf die ökologischen Grundlagen des Waldbaus führten und den Anstoß für viele Forstleute gaben, sich den Zielen eines naturgemäßen Waldbaues anzuschließen.

Begriffliches: Die im folgenden häufig vorkommenden Worte naturgemäße Waldwirtschaft, naturnaher Waldbau, Vorratspflege, Dauerwald, Einzelstammwirtschaft, Waldpflegewirtschaft, zu denen auch der Plenterwald als Sonderform zählt, sind Bezeichnungen für ein und dieselbe Waldbaurichtung (THOMASIUS, 1992), deren Gegenteil der weitgehend noch übliche schlagweise Betrieb, der Altersklassenwald ist.

Der Dauerwaldgedanke in der ersten Hälfte dieses Jahrhunderts – Vordenker, Wegbereiter, Vorkämpfer

Die Forstwirtschaft des 19. Jahrhunderts hatte unbestritten eine gewaltige Aufbauleistung vollbracht, als es galt, die durch Waldverwüstung heruntergekommenen Wälder wieder in volle Bestockung zu bringen. Doch waren die Mängel des entstandenen Altersklassenwaldes, seine Einförmigkeit und Neigung zur Reinbestandsbildung, die Verdrängung des Laubholzes und der Tanne, seine größere Anfälligkeit gegen Schnee- und Sturmschäden, die Zerstückelung des Waldbildes durch häßliche Schlagfronten und anderes mehr, nicht zu übersehen. Auf die Aufforstungstätigkeit und Verjüngungswirtschaft mußte zwangsläufig die Waldpflegewirtschaft folgen. Ihr Ziel war die Rückkehr zu natürlicheren Aufbauformen des Waldes und zu einer entsprechenden naturgemäßen Waldbehandlung.

Karl Gayer (1822–1907), Professor für Waldbau an der Universität München, hat dieser Forderung in seinem Waldbaulehrbuch (1882) beredten Ausdruck verliehen mit den Worten: „Wir haben den Pfad der Natur verloren. Wollen wir ihn wiederfinden, so müssen wir auf der Rückfährte bis zum Plenterwald arbeiten; erst von hier ausgehend gelangen wir durch die naturgesetzliche Fortbildung dieser Form wieder auf gerechte Pfade" (GAYER, 1882).

24

In Deutschland fanden die Lehren Karl Gayers, soweit sie den Misch-wald (GAYER, 1886) betrafen, große Zustimmung und Anhänger-schaft. Die Rückfährte zum Plenterwald (Femelwald) wollten jedoch nur wenige beschreiten. Anders in der Schweiz (TREPP, 1974), wo die Plenterung noch eine Tradition hatte und zunehmend Beachtung bei den Forstleuten fand. Arnold Engler, Waldbauprofessor an der ETH-Zürich von 1897 bis 1920, erkannte:

„Nach meiner Ansicht ist die Plenterform nicht nur die beste Be-standsform der Gebirgswaldungen, sondern sie wird in vielen Wal-dungen des Hügellandes und der Ebene, die heute noch im schlagwei-sen Betriebe stehen, die Bestandsform der Zukunft, d. h. einer verfei-nerten, intensiven Wirtschaft sein."

Den entscheidenden und wegweisenden Schritt hierzu hat Henry Biolley getan. Die Gedanken Gurnauds aufgreifend entwickelte er die Kontrollmethode und praktizierte sie seit 1889 im Schweizer Jura. 1919/1922 stellte er sie als geschlossenes Verfahren der Forsteinrich-tung vor und ebnete auf diese Weise den Weg zum Plenterwald. Die erste zusammenfassende Schrift über den Plenterwald in deutscher Sprache (1925) verdanken wir dem Berner Forstmeister Rudolf Balsiger. Sein Nachfolger in der Betreuung der Emmentaler Plenter-wälder, Walter Ammon (1878–1950), hat die überragende Bedeutung der Plenterung in zahlreichen Schriften hervorgehoben und verfoch-ten. Sein Buch „Das Plenterprinzip in der Waldwirtschaft" (AMMON, 1951) ist 1937 erschienen; es erlebt gegenwärtig seine vierte Auflage, dank der großen Nachfrage, die es in Deutschland unter der wachsen-den Zahl von Anhängern der naturgemäßen Waldwirtschaft zu ver-zeichnen hat.

Einer der eigenständigsten Denker war in dieser Hinsicht zu Beginn des Jahrhunderts ohne Zweifel der badische Forstmann Eberbach (HEGER, 1952); er schuf unabhängig von Biolley ein Forsteinrich-tungsverfahren, das der Kontrollmethode sehr ähnlich ist, aber – die Verhältnisse in Deutschland berücksichtigend – von einer aufwendi-gen Zuwachserhebung absieht. Als einer der ersten hat er die Nachteile der Verjüngungswirtschaft erkannt und forderte, die Ge-danken Möllers praktisch vorwegnehmend, bereits im Jahre 1912 *Vorratspflege*, die er in zahlreichen Schriften erläuterte mit Sätzen wie:

„Holz wächst immer nur an Holz. Die Holzerzeugung muß daher immer ohne Unterbrechung über die ganze zur Verfügung stehende Fläche im Gang bleiben. Das, was zur Verbesserung des Vorrates geschehen kann, läßt sich in der Forderung festlegen: Dem Schlechten zu Leibe gehen und das Gute und Wertige erhalten und fördern. Jegliche Holznutzung (im Wege der Einzelstammentnahme) muß zuwachspflegend, wertpflegend und nachwuchspflegend wirken. Einen sogenannten Zielvorrat für einen Wald aufzustellen, hat gar keinen Zweck. Die Not und der Zwang der Zeit treiben mit solchen Gebilden nur ihre Possen."

War Eberbach der erste, der die Vorratspflegewirtschaft theoretisch begründete, so war der Kammerherr Friedrich von Kalitsch der erste, der in Bärenthoren seit Übernahme des väterlichen Gutes 1884 eine Vorratspflegewirtschaft bereits seit vielen Jahren praktizierte. Verbesserung des Vorrates nach Höhe und Wert durch häufig wiederkehrende Pflegeeingriffe auf ganzer Fläche anstelle des üblichen Kahlschlagbetriebes, Bodenpflege durch Reisigdeckung, die Naturverjüngung der Kiefer und bessere Ertragsergebnisse (KRUTZSCH-WECK, 1935) waren die hervorstechendsten Merkmale der dortigen Wirtschaft. Diese allein können es jedoch nicht gewesen sein, die Bärenthoren in kürzester Zeit zum bekanntesten Lehr- und Anschauungsobjekt einer ganz neuen Art der Waldwirtschaft machten: *es war die Faszination, die von den Waldbildern ausging!*

Als Alfred Möller (1860–1922), Professor der Botanik an der Forstakademie Eberswalde, das Revier Bärenthoren im Jahre 1911 erstmals besuchte, sah er seine Vorstellungen, die er sich von einem mit vielfältigen Leben erfüllten Wald machte, bestätigt. Rossmäßlers Buch „Der Wald", Ramanns Bodenkunde, Darwins „Entstehung der Arten", Heinrich Mayrs „Waldbau auf naturgesetzlicher Grundlage", Duesbergs „Wald als Erzieher" und andere Werke waren für sein Suchen nach dem wahren Wesen des Waldes wichtig. Den entscheidenden Anstoß aber für den Erfolg seines Suchens gab Karl Gayer, der aus der Natur des Waldes die Forderung der Stetigkeit und einer strengen Kontinuität ableitete. Dazu Möller 1922 in seiner Schrift „Der Dauerwaldgedanke, sein Sinn und seine Bedeutung" (MÖLLER, 1922):

26

„Für alle Waldwirtschaften, alle Betriebsarten, die unter den gemein-
samen Grundgedanken „Stetigkeit des gesunden Waldwesens" ihr
Handeln stellen, brauchte ich einen neuen Ausdruck, ich nannte solche
Wirtschaften „Dauerwaldbetriebe" und stellte sie ausdrücklich allen
anderen gegenüber, die jene Leitgedanken nicht anerkennen. Und die
besondere Wirtschaftsart des Herrn von Kalitsch beschrieb ich unter
der Überschrift „Kieferndauerwaldwirtschaft, Untersuchungen aus
dem Forst des Kammerherrn von Kalitsch in Bärenthoren" in jenem
Aufsatze, der im Januar 1920 in der Zeitschrift für Forst-und Jagdwesen gedruckt wurde und einen über Erwarten großen Widerhall in
der forstlichen Presse und, was noch besser ist, in der forstlichen
Wirtschaft gefunden hat. So entstand der Begriff des Dauerwaldes."
Zur Begründung der Stetigkeit des Waldwesens betrachtete Möller
den Wald als Organismus: unglücklicherweise, muß man heute sagen,
denn als Ökosystem – leider gab es diesen Begriff seinerzeit noch
nicht – stand ihm der Wald klar vor Augen. Der Dauerwaldgedanke
hatte eine enorm große Wirkung, er brachte etwas völlig Neues und
entfachte eine oft leidenschaftlich geführte Diskussion. Dem ausge-
feilten System des schlagweisen Hochwaldes stand nun das in seinen
Konturen als wegweisend in eine bessere waldbauliche Zukunft
erkennbare System des schlagfreien Waldes, eben der Dauerwald
gegenüber.
Der sofort einsetzende Dauerwaldstreit der zwanziger und dreißiger
Jahre war die logische Folge einer Entwicklung, die durch die Schriften von Gayer, Engler, Eberbach auf den Weg gebracht, durch das
Bärenthoren des Herrn von Kalitsch als Vorbild dargestellt und durch
Möllers aufrüttelnde Schrift als Dauerwaldbewegung (KÖSTLER,
1950) ausgelöst und in Gang gesetzt wurde. Nach dem frühen Tod
Möllers traten als Anhänger des Dauerwaldgedankens Wiebecke,
v. Keudell, Krutzsch und Hausendorff hervor. Als Gegner sind Wiedemann und Dengler bekannt geworden.
Die größte und nachhaltigste Wirkung hatte ohne Zweifel Hermann
Krutzsch (1886–1952) erlangt. Im Auftrag der Sächsischen Landesforstverwaltung hat er 1924 das Revier Bärenthoren aufgenommen
und fand dabei die Gedanken Möllers weitgehend bestätigt. Die
Unklarheit des Begriffes Dauerwald veranlaßte ihn bereits damals an
dessen Stelle die Bezeichnung „naturgemäßer Wirtschaftswald" und

davon abgeleitet den Begriff *„Naturgemäße Waldwirtschaft"* zu setzen. 1926 übernahm Krutzsch das Forstamt Bärenfels im Erzgebirge und machte es, getreu seinem Grundsatz *„Das Schlechteste fällt zuerst, das Bessere wird erhalten"* zur Wiege der naturgemäßen Waldwirtschaft im Lande Sachsen. 1934 wurde das Revier Bärenthoren unter seiner Leitung erneut aufgenommen. Die Ergebnisse dieser gründlichen und überzeugenden Arbeit wurden von KRUTZSCH und WECK (1935) in der bekannten Schrift „Bärenthoren 1934, Der naturgemäße Wirtschaftswald" veröffentlicht. Ertragskundlich hat Wiedemann gekontert, indem er den nachgewiesenen Mehrzuwachs auf das Einwachsen von Jungbestände in das zuwachsstarke Stadium der mittleren Altersklassen zurückführte. Waldbaulich wurde der Erfolg der Dauerwaldwirtschaft mit dem Hinweis zu entwerten versucht, daß auch außerhalb von Bärenthoren die Naturverjüngung der Kiefer keine Seltenheit sei. Dabei wurde aber verkannt, daß die Naturverjüngung der Kiefer in Bärenthoren als Nachwuchsvorrat zum Aufbau eines wertvollen Waldes diente, während sie in den umliegenden Revieren in der Regel durch Kahlschlag vernichtet wurde. Dengler konnte mit dem Wortschatz der Dauerwäldler nichts anfangen. Wie andere Kritiker verkannte er deren Grundanliegen, hatte keinen Blick für das Mehr an Wertzuwachs und Wirtschaftlichkeit, hatte keinen Sinn für das Plus an Stabilität, Stetigkeit und Harmonie des Waldwesens überhaupt.

Geheimrat Professor August Bier (1861–1949), der berühmte Chirurg und Waldarzt, erwarb 1912 das 800 ha große Waldgut Sauen in der Mark Brandenburg (BIER, 1984). Aus dem armen, geschundenen und kranken Kiefernwald entstand in drei Jahrzehnten ein gesunder und artenreicher Wald – nicht nur durch den Einsatz erheblicher Geldmittel, sondern vor allem durch eine umfassende Waldpflege, deren Schwerpunkte die Bodenpflege durch Reisigdeckung und die Förderung jeglichen Laubholzes waren. Die Waldbilder von Bärenthoren und Möllers Gedanken waren August Bier wohl vertraut, ebenso Heraklits Lehre von der Harmonie der Gegensätze. Als Philosoph und hervorragender Naturbeobachter hat er als einer der ersten bewußt das in Gang gesetzt, was wir heute biologische Automation nennen.

Anton Heger (1887–1964) war zehn Jahre als Forstmann in den damals noch natur- und urwaldreichen Beskiden tätig. Als er 1920 das

Forstamt Komotau im Erzgebirge übernahm, ging er sofort zur kahl-schlaglosen Wirtschaft über. Ziel seiner auf Eberbach, Biolley und Möller aufbauenden Vorratspflege (HEGER, 1950) war es, die dortigen vorratsreichen, aber labilen Bestände gegen die Gefahren der Sturm- und Schneebruchschäden zu festigen. Seit 1941 Professor in Tharandt hatten seine Arbeiten als Buchautor und forstlicher Sachverständiger in verschiedenen Gremien wegweisende Wirkung.

Johannes Blanckmeister (1898–1982) war zwei Jahrzehnte Leiter des sächsischen Forstamtes Wermsdorf, ehe er 1952 Professor in Tharandt wurde. Der Schlagreihenwirtschaft des Altersklassenwaldes stellte er die räumliche und zeitliche Ordnung (BLANCKMEISTER, 1956) der schlagfreien Waldwirtschaft gegenüber, die er als erster eingehend beschrieb und wissenschaftlich begründete.

Mit dem Beginn der NS-Herrschaft 1933 und mit der Berufung v. Keudells zum Generalforstmeister im neugegründeten Reichsforstamt wurde die Dauerwaldwirtschaft amtlich. Damit begann aber auch die Zeit ihres Niederganges. Gesetzliche Vorschriften anstelle von Kreativität und Freiwilligkeit waren keine gute Lösung für die Verbreitung des Dauerwaldgedankens. Bald zeigte sich auch, daß die durch Aufrüstung und Krieg bedingten Mehreinschläge im Wege der Einzelstammwirtschaft nicht zu realisieren waren. Im Runderlaß vom 1. 12. 1937 wird zwar begrifflich am Dauerwald festgehalten, sein Inhalt aber wurde so erweitert, daß von den Möllerschen Gedanken nur noch wenig übrig blieb.

Die forstliche Kommandowirtschaft in der DDR
(THOMASIUS, 1992)

Die Teilung Deutschlands nach dem Kriege erfordert eine gesonderte Darstellung der forstlichen Verhältnisse, soweit sie den Dauerwaldgedanken betreffen. Vieles hatte sich geändert in dem Staat, der sich Deutsche Demokratische Republik nannte, aber an der zentralistischen Struktur des NS-Staates in Gesetzgebung und Verwaltung festhielt.

Bedingt durch die Mehreinschläge in den Vorkriegs-, Kriegs- und Nachkriegsjahren war in dem einst geordneten Forstwesen eine gewisse Verwilderung eingetreten, die sich durch die Rückkehr zum Kahlschlag bemerkbar machte. Dem sollte 1951 durch staatliche Weisung zur „Umstellung der Kahlschlagwirtschaft auf vorratspflegliche Waldwirtschaft" begegnet werden. Die renommierten, im Osten gebliebenen Vertreter der Dauerwaldwirtschaft (Krutzsch, Heger, Blanckmeister) hatten versucht, für den Wald zu retten, was zu retten war. Vergeblich, denn es war im Grunde vorauszusehen, daß die niedrigen Vorräte und die immer noch hohen Einschläge mit Einzelstammwirtschaft und Vorratsverbesserung, die man wenigstens qualitativ zu erreichen versuchte, nicht zu vereinbaren waren. Verlichtete, vergraste, unterbevorratete und verjüngungsunwillige Bestände zwangen bereits nach zehn Jahren zu einer Kurskorrektur, die erkennbar das Ende der ohnehin nur kurzen Dauerwaldära einläutete.

Nach einer Übergangszeit mit Kompromissen zwischen Vorratspflege und Kahlschlagwirtschaft erfolgte 1971 durch Parteitagsbeschlüsse die Einführung der *„Industriemäßigen Produktionsmethoden"* (IPM) für die Landwirtschaft, in die nach kurzer Zeit auch die Forstwirtschaft einbezogen wurde. Großkahlschläge und Reinbestände, Mechanisierung und Chemisierung waren Kennzeichen einer auch für die Forstwirtschaft unheilvollen Entwicklung, die ideologisch durch den Glauben an die Naturbeherrschung durch den Menschen (Lehren von Mitschurin und Lysenko) untermauert waren.

Die nicht zu übersehende Verschlechterung des Zustandes der Wälder als Folge der IPM-Wirtschaft und der Luftschadstoffe zwangen die Machthaber Mitte der achtziger Jahre zu einer Reform der Forstwirtschaft mit dem Ziel der Rückkehr zu gewissen waldbaulichen Tugenden. Weichlaubhölzer wurden toleriert, Mischwälder erfuhren eine freundlichere Beurteilung und auch die Kahlflächen durften wieder etwas kleiner sein.

Die Arbeitsgemeinschaft Naturgemäße Waldwirtschaft (ANW) in der Bundesrepublik Deutschland

Aus den drei Besatzungszonen entstand 1949 die Bundesrepublik Deutschland. Anders als die Verfassung der DDR hatte ihr Grundgesetz einen föderativen Charakter. Im Rahmen bundesgesetzlicher Regelungen war die Forstwirtschaft wie vor 1933 wieder Ländersache. Meinungs- und Versammlungsfreiheit waren wieder eine Selbstverständlichkeit und anders als in der DDR waren die Nöte der

Kriegs- und Nachkriegszeit binnen weniger Jahre einem nie geahnten wirtschaftlichen Aufschwung gewichen. Die Voraussetzungen für die Heilung der dem Wald geschlagenen Wunden und für das Gedeihen einer nachhaltsgerechten Forstwirtschaft waren demnach günstig.

Am 30. Mai 1950 erfolgte in Schwäbisch Hall die Gründung der „Arbeitsgemeinschaft Naturgemäße Waldwirtschaft (ANW)". Wurden die ersten Ansätze der Dauerwaldwirtschaft im vorausgehenden Jahrzehnt auch weitgehend zum Erliegen gebracht, so blieb der Dauerwaldgedanke als solcher doch lebendig. Daher konnte die ANW – und sie sah darin auch ihren Auftrag – auf den Erfahrungen und Schriften von Eberbach, Möller, Krutzsch, Heger, Blanckmeister u. a. aufbauen. Äußerer Anlaß und Ansatzpunkt für die Gründung der ANW war der große – an sich anerkennenswerte – Elan, mit der die Wiederbestockung der großen Kriegskahlflächen erfolgte. Die diesbezüglichen Ausführungen im Gründungsaufruf der ANW vom Februar 1950 (verfaßt von Dr. Willi WOBST (1950) und unterschrieben von namhaften Vertretern der Forstwirtschaft und Forstwissenschaft) verdienen es, hier zitiert zu werden:

„Nach dem schweren Aderlaß, dem der Wald in der jüngsten Vergangenheit ausgesetzt war, bedarf es aller Anstrengungen, das Verlorene wieder aufzuholen. Über der an sich wohl vordringlichen Aufgabe der Wiederbestockung der umfangreichen Kahlflächen darf die Arbeit an den noch verbliebenen Holzbeständen nicht so stark in den Hintergrund treten, wie es heute zum Teil den Anschein hat. Denn über die Leistungsmöglichkeiten des Waldes in den nächsten Jahrzehnten entscheidet nicht die Intensität der gegenwärtigen Aufforstung, sondern nur die Art und Weise, wie mit dem noch stehenden Holzvorrat gewirtschaftet wird."

Die Gründungsväter der ANW (Wobst, Weissker, v. Arnswaldt (v. GADOW, 1990), v. Gadow, Preiss (LANG, 1992), Heber) – um hier nur einige zu nennen – kamen aus den Ursprungsländern des Dauerwaldgedankens. Andere, wie Dannecker, Gayler, Hasenkamp, Klotz, von Rotenhan, Pfeilsticker kamen aus anderen Teilen Deutschlands.

In den ersten 25 Jahren ihres Bestehens hatte die ANW fast familiären Charakter; sie betrieb keinerlei Mitgliederwerbung und trat nur mit ihren jährlichen Exkursionen und mit ihren Beiträgen in forstlichen

Zeitschriften an die Öffentlichkeit. Sie brachte aber allein dadurch einen heftigen Streit der Meinungen über das Für und Wider ihrer Vorstellungen von naturgemäßer Waldwirtschaft in Gang. Ihre stärksten Waffen waren dabei die Beispielbetriebe. Die damals bekanntesten und gegenwärtig noch bestehenden, nämlich Erdmannshausen, Gartow, Haidenburg, Lensahn, Mölln, Rentweinsdorf, Schweinsberg, Seesen, Stadtwald Göttingen und Stadtwald München seien hier genannt. Auffallend ist der große Anteil adeligen und kommunalen Waldbesitzes. Frei oder fast frei von staatlicher Einflußnahme war (und ist) dort die Kontinuität der Wirtschaft besser gesichert. Trotz der überzeugenden Beispiele naturgemäßer Waldwirtschaft blieb der ANW der Durchbruch zu öffentlicher Anerkennung versagt. Die Kräfte, die ihr ablehnend gegenüber standen, waren zu stark und zu groß an der Zahl.

Gegnerschaft und Ablehnung erwuchsen der ANW in erster Linie aus der Wissenschaft; sie fühlte sich herausgefordert, zumal es ihrer Meinung nach den „Naturgemäßen" an exakten Aussagen und Ergebnissen fehlte. In der Tat war ja vieles noch bruchstückhaft, erst im Entstehen begriffen, mehr in den Konturen erkennbar. Viktor DIETERICH (1950), Inhaber des Lehrstuhles für Forstpolitik und Forstliche Betriebswirtschaftslehre der Universität München, z. B. beanstandete am Dauerwaldrevier Bärenthoren, daß ihm ein wesentliches Merkmal nachhaltiger Forstwirtschaft, nämlich die Baumartenmischung fehle. Doch waren die Angriffe Dietrichs verhältnismäßig moderat gegenüber dem schweren Geschütz, das Prof. Robert ASSMANN (1961), Inhaber des Lehrstuhles für Waldwachstumskunde der Universität München gegen die „Naturgemäßen" in Stellung brachte. Seine schärfste Munition war die „kritische Grundfläche", bei deren Unterschreitung im Walde unweigerlich Zuwachsverluste, und zwar geldwerte Zuwachsverluste einträten (ASSMANN, 1965). Am stärksten zu leiden hatten unter dieser Lehre die Anhänger der ANW in Bayern.

Wie einer, der Hilfe suchend mit der Stange im Nebel herumfuchtelt, griff die Bayer. Staatsforstverwaltung nach dieser Lehre, hatte sie doch nun endlich auch ertragskundlich ein festes Fundament für Waldbau und Forsteinrichtung. In einer gutachtlichen Stellungnahme zur Frage des Hiebssatzes und der Hiebsführung (!) im Forstamt Wunsiedel vom 26. 10. 1965 bezeichnet Assmann den Erntegrundsatz von

Krutzsch „Das Schlechteste fällt zuerst, das Bessere bleibt erhalten" wörtlich als „geradezu primitiv": Die Tagung des Bayer. Forstvereins 1965 in Bayreuth (LANG, 1992) und die Exkursion im Forstamt Wunsiedel standen ganz unter dem Zeichen dieser „modernen Ertragskunde". Beeindrucken ließen sich die „Naturgemäßen" durch derlei Aktivitäten nicht. Wußten sie doch, daß die Waffen, die gegen sie gerichtet waren, alle aus dem Arsenal des Altersklassenwaldes stammten, folglich untauglich waren.

An dieser Stelle ist die überragende Bedeutung von Hermann Krutzsch für die Verwirklichung der Ziele naturgemäßer Waldwirtschaft zu unterstreichen. Mag sein, daß sein vorgenannter Erntegrundsatz in Sachsen als allein zum Ziele führend mit guten Gründen abgelehnt wurde. In der Bundesrepublik Deutschland wurde er richtig verstanden und richtig angewendet als *Werkzeug einer Übergangsstrategie vom Altersklassenwald zum naturgemäßen Wirtschaftswald* (KRUTZSCH, 1952). Ohne Übertreibung kann man zur Entwicklung der naturgemäßen Waldwirtschaft sagen: *Karl Gayer hat das Fundament gelegt, Alfred Möller hat den Weg gewiesen, Hermann Krutzsch hat uns den Schlüssel in die Hand gegeben.*

Prof. Josef Köstler, „unser alter Lehrer für Waldbau" an der Universität München, war weder Gegner noch Befürworter der naturgemäßen Waldwirtschaft. So sehr wir ihn verehrten, eine Stütze war er uns nicht. Bezeichnend für sein Suchen sind die Worte, die er am Ende einer Exkursion im Stadtwald Traunstein sprach, dessen Betreuung er inne hatte: „Eines habe ich gelernt, stammweises Vorgehen und langsames Verjüngen, aber zum Plentern konnte ich mich nicht entschließen."

Eine echte Hilfe war uns dagegen Prof. Hans Leibundgut, der Inhaber des Waldbaulehrstuhles an der ETH-Zürich. Sein Vortrag bei der ANW-Tagung 1973 in Landshut/Haidenburg mit dem Thema „Rationalisierung und naturnahe Waldwirtschaft" (LEIBUNDGUT, 1973) war wegweisend für das Verständnis der „biologischen Automation" im Betriebsablauf eines naturnah (naturgemäß) bewirtschafteten Forstbetriebes.

„Waldbaugerechter Maschineneinsatz" war das Losungswort auch derjenigen, die aus Neigung oder als Verbündete der Industrie mit ihren Maschinen in den Wald drängten. Schweres Bodenbearbeitungsgerät, starkes Gerät zum Holzrücken, große Planierraupen, Vollernter, Prozessoren und andere Geräte verhießen Rationalisierung durch Technisierung. Die Zeit des deutschen Wirtschaftswunders war auch die Blütezeit der Technik und die Ära der Technokraten und Wegebauer in der Forstwirtschaft (Wegedichte im Frankenwald z. B. 60 lfm/ha). Die „Naturgemäßen", obwohl nicht gerade technikfeindlich, hatten da nichts zu melden. Ein Ministerialrat aus München wurde eigens nach Schweden geschickt, um dort den waldbaulichen Fortschritt zu studieren.

Daß die Staatsforstverwaltungen der naturgemäßen Richtung ablehnend gegenüber standen, ist leicht zu verstehen. Bürokraten streben immer nach Übersichtlichkeit und Ordnung und nach Möglichkeiten der Kontrolle. Nichts ist übersichtlicher und leichter zu kontrollieren als der Altersklassenwald. Dieser ist ihnen von forstlicher Jugend an vertraut und an diesem müssen sie festhalten, weil alles andere ihren Geist verwirrt. Ein Beamter aus dem Staatsministerium in München bezeichnete den naturgemäßen Waldbau schlicht als „Wirrbau".

Die neuartigen Waldschäden und die Wende im Waldbau

Die letzten Jahrzehnte waren also nicht gerade günstig für die Verbreitung naturgemäßen Erfahrungs- und Gedankengutes. Daß binnen kurzer Zeit aber ein Wandel in ihrer Beurteilung seitens der Forstverwaltungen und ihrer politischen Repräsentanten eingetreten ist (ROTENHAN, 1971), über den man nur staunen kann, ist sicherlich der Beharrlichkeit zu verdanken, mit der die „Naturgemäßen" ihren Standpunkt bei zahlreichen Anlässen vertreten haben. Sicher ist aber auch, daß sie auf weiten Strecken weiterhin unbeachtet geblieben wären, hätte sich nicht in der Öffentlichkeit ein Bewußtseinswandel (MLINSEK, 1991) großen Stils vollzogen. Aus der Freizeit-, Überfluß- und Wegwerfgesellschaft ist eine informierte und ökologisch interessierte Gesellschaft geworden, die den naturnahen Wald als wichtigen Bestandteil einer bedrohten Umwelt erkannt hat.

Die politische Anerkennung einer Denkrichtung allein ist noch kein Beweis für ihren Wahrheitsgehalt und nicht ausreichend für die Erhaltung ihrer Wirksamkeit. Daher ist es von großer Wichtigkeit, daß in den letzten Jahrzehnten auch die Ökologen (THOMASIUS, 1992) und Urwaldforscher (LEIBUNDGUT, 1982; MLINSEK, 1978) dazu beigetragen haben, die Grundgedanken eines naturnahen und naturgemäßen Waldbaues zu untermauern. Trotzdem darf nicht verschwiegen werden, daß die Umsetzung der Ziele naturgemäßer Waldwirtschaft in die Praxis vergleichsweise nur langsam vorankommt. Viele Forstleute wurden in ihren Lehr- und Wanderjahren so stark vom Altersklassenwald geprägt, daß sie nicht mehr davon loskommen. Häufig fehlte es der Forsteinrichtung (LANG, 1993) am geeigneten Instrumentarium. Die Mechanisierung der Waldarbeit und die modernen Computersysteme fördern die Versuchung zum konzentrierten und schematischen Vorgehen im Wald. Die wirtschaftliche Überlegenheit (HASENKAMP, 1990) naturgemäßer Waldwirtschaft wird zudem erst nach Überwindung einer gewissen Durststrecke wirksam, wenn wie so häufig zunächst Vorräte an Masse und Wert verbessert werden müssen. Die Jagd aber in ihrer gegenwärtigen Form ist das größte Hindernis, das einer naturgemäßen (ökologischen) Waldwirtschaft entgegensteht.

Literatur

AMMON WALTER: Das Plenterprinzip in der Waldwirtschaft, 3. Aufl., Verlag Paul Haupt, Bern, 1951

ASSMANN ROBERT: Waldertragskunde, BLV-Verlagsgesellsch., München-Bonn-Wien, 1961

ASSMANN ROBERT: Der Zuwachs im Verjüngungsstadium, Waldbauliche Probleme in ertragskundl. Sicht, Centralblatt für das gesamte Forstwesen, Sonderdr. Österr. Agrarverl., Wien, 1965

BIER AUGUST: Der Wald in Sauen, Vortrag vor dem „Verein der Freunde Bärenthorens" im Juli 1933, mit einem Nachwort von Ottomar Greger, Sonderdr. Verl. Erde und Kosmos, Schönau/Schwarzw., 1984

BLANCKMEISTER JOHANNES: Die Ordnung im Walde des mitteleuropäischen Raumes. Neumann Verlag, Radebeul, 1956

DIETERICH VIKTOR: Dauerwald und der Zeiler Dauerwaldbetrieb im besonderen. In: Forstwissensch. Centralblatt, Heft 4, 1950

GADOW WOLF-HEINRICH VON: Naturgem.Waldwirtschaft in Lebensbildern: Hans-Jürgen von Arnswaldt, Der Dauerwald Nr. 3, November 1990

GAYER KARL: Der Waldbau, Verlag Parey, Berlin, 1882

GAYER KARL: Der gemischte Wald, seine Begründung und Pflege. Verlag Paul Parey, Berlin, 1886

HASEL KARL: Forstgeschichte, Ein Grundriß für Studium und Praxis. In: Pareys Studientexte 48, Verlag Paul Parey, Hamburg und Berlin, 1985

HASENKAMP JOHANN GEORG: Naturnahe Forstwirtschaft aus betriebswirtschaftlicher Sicht. In: Forstarchiv, Jahrg. 61, 1990, S. 185–190

HEGER ANTON: Lehrbuch der Vorratspflege. Neumann Verlag, Radebeul, 1950

HEGER ANTON: Allgemeines über die Vorratspflege, Vorratspflege n. Eberbach, Der Wald. SH. 1952

HOCKENJOS WOLF: Die Rückkehr des Femelwaldes. In: Der Dauerwald Nr. 9, Dezember 1993

KEHR KURT: Die Fachsprache des Forstwesens im 18. Jahrhundert. Wilhelm Schmitz Verlag, Gießen, 1964

KÖSTLER JOSEF: Waldbau. Verlag Paul Parey, Berlin/Hamburg, 1950

KRUTZSCH-WECK: Bärenthoren 1934. Der naturgem. Wirtschaftswald. Verl. Neum.-Neudamm, 1935

KRUTZSCH HERMANN: Waldaufbau. Deutscher Bauernverlag, Berlin, 1952

LANG PAUL: Vorratspflege, eine Grundforderung naturg. Waldwirtschaft auch bei der Nachzucht der Eiche. Zugleich Bericht über den ANW-Beispielbetrieb Rentweinsdorf. In: Der Dauerwald Nr.1, 1989

LANG PAUL: Naturgem.Waldwirtschaft in Lebensbildern: Eberhard Preiß. In: Der Dauerwald Nr. 6, 1992

LANG PAUL: Forstbetriebsplanung und Dauerwaldwirtschaft. In: Der Dauerwald Nr. 8, Juni 1993

LEIBUNDGUT HANS: Rationalisierung und naturnahe Waldwirtschaft. In: Der Forst- u. Holzwirt, 1973

LEIBUNDGUT HANS: Europäische Urwälder der Bergstufe. Verlag Paul Haupt, Bern/ Stuttgart, 1982

MLINSEK DUSAN: Brauchen wir Urwald? In: Allgem. Forstzeitschrift Nr. 24, Juli 1978

MLINSEK DUSAN: Die naturnahe Waldwirtschaft – ein Gebot der Stunde und eine Herausforderung zugleich. In: Der Dauerwald Nr. 4, Juni 1991

MÖLLER ALFRED: Der Dauerwaldgedanke. Sein Sinn und seine Bedeutung. Verlag Julius Springer, Berlin 1922, Neudruck 1935, Nachdruck der Erstausgabe 1992, E. Degreif Verlag, Oberteuringen

ROTENHAN SEBASTIAN FRHR. VON: Naturgemäße Waldwirtschaft im Blickpunkt der Forstpolitik. In: Allgem.Forstzeitschrift Nr. 18, 1991

THOMASIUS HARALD: Naturgemäße Waldwirtschaft in Sachsen - gestern, heute und in Zukunft. In: Der Dauerwald Nr. 6, Juli 1992

THOMASIUS HARALD: Prinzipien eines ökologisch orientierten Waldbaus. In: Der Dauerwald Nr. 7, Dezember 1992

TREPP WALTER: Der Plenterwald, Pioniere der Plenterwirtschaft. In: Hespa-Mitteilungen Nr. 66, 1974

WOBST WILLI: Gründungsaufruf der ANW. In: Allgem. Forstzeitschrift Nr. 8, 1950

Der Umgang mit Wald
– eine ethische Disziplin –

GEORG SPERBER

I. Können am deutschen Wesen die Wälder genesen?

Deutschlands Wälder und Forstwirtschaft genießen weltweit besonderes Ansehen. Wurde hier doch bereits 1368 von dem Nürnberger Patrizier Peter Stromer Forstwirtschaft sozusagen erfunden. Dieser hatte aus Sorge um die Versorgung seiner Enkel mit dem lebenswichtigen Grundstoff Holz begonnen, verödetes Waldland mit Kiefern zu besäen. Bereits zu Albrecht Dürers Zeit um 1500 war der Nürnberger Reichswald ein von Kiefern geprägter Forst, der erste „man-made-forest".

Um 1800 wurde in Tharandt die erste Forstakademie der Welt eröffnet und Forstwirtschaft entwickelte sich zu einer wissenschaftlichen Disziplin. An deren Anfang stand eine ethische Einsicht, die Idee der Nachhaltigkeit, die Heinrich Cotta (1763–1844), ihr erster und langjähriger Direktor, so verstand: „Die Forstwissenschaft lehrt, die Waldungen so zu behandeln, daß sie als solche den größten Nutzen nachhaltig gewähren" (COTTA, 1816).

Georg Ludwig Hartig (1770–1837), preußischer Oberlandforstmeister und hervorragender Vertreter forstlicher Klassik, hatte schon vorher definiert: „Es läßt sich keine dauerhafte Forstwirtschaft denken und erwarten, wenn die Holzabgabe aus den Wäldern nicht auf Nachhaltigkeit berechnet ist. Jede weise Forstdirektion muß daher ihre Waldungen ... taxieren lassen, und zwar so hoch als möglich, doch so zu benutzen suchen, daß die Nachkommenschaft wenigstens ebenso viel Vorteil daraus ziehen kann, als sich die jetzt lebende Generation zueignet" (HARTIG, 1795).

Vorausgegangen waren dieser ethischen Einsicht jahrhundertelange verzweifelte Bemühungen, die ungeregelte, übermäßige, oft ruinöse Nutzung der deutschen Wälder einzuschränken. Doch am Ende des „hölzernen Zeitalters" war dessen wichtigster Rohstoff so knapp, daß die seit langem gehegte Furcht vor Holznot an der Wende zum 19. Jahrhundert einzutreten schien.

*Abb.: Phönizier beim Bäume fällen im Libanon –
Zeichnung nach einem ägyptischen Tempelfries*

In der ersten Hälfte des 19. Jahrhunderts setzte eine bis dahin weltweit einmalige Wiederbewaldungskampagne ein. Riesige Ödländereien, zu armseligen Schafhutungen degradiert, wurden mit der seit Stromer bekannten Nadelholzkultur, vorwiegend aus Fichte und Kiefer, aufgeforstet. Die übernutzten, verlichteten Wälder, meist in Form des Mittelwaldes, wurden mit Hilfe des von Hartig propagierten Dunkelschlag-Verfahrens, begünstigt durch eine ungewöhnliche Abfolge von Buchen- und Eichenmasten, in kurzer Zeit in Hochwälder umgewandelt.

Als besonderer Glücksumstand kam hinzu, daß infolge der Französischen und verstärkt der Bürgerlichen Revolution 1848 in Deutschlands Wäldern Rot- und Rehwild bis auf Reste abgeschossen waren. So konnten sich die Nadelholzaufforstungen auf den Kahlflächen ebenso ungestört entwickeln wie die Buchen- und Eichennaturverjüngungen unter dem Schirm der Mittelwaldreste. Die schönsten und wertvollsten Buchen-Eichenaltbestände, ebenso die tannenreichen Bergmischwälder Süddeutschlands, sind heute noch Früchte dieser Revolution.

Seit zweihundert Jahren hat in Deutschlands Forstwirtschaft das Nachhaltsprinzip trotz schwierigster Nöte in Kriegs- und Nachkriegszeiten unverrückbar bestanden. Anbetrachts weltweiter Holzübernutzung und beschleunigter Waldzerstörung muß das deutsche Beispiel konsequenter Nachhaltsgesinnung geradezu als ideal erscheinen. Die Geschichte menschlicher Zivilisation ist seit Jahrtausenden voll der Zeugnisse des Versagens im Umgang mit Wald. „Wälder gehen den Völkern voraus, Wüsten folgen ihnen" (Chateaubriand). Wegen der langen Lebensdauer der Bäume bis zur Erntereife ist geregelte Forstwirtschaft weniger Vorsorge für die Lebenden, als für künftige Generationen. Der Zustand der Wälder ist daher ein Spiegelbild der moralischen Verfassung einer Gesellschaft. „Die Forstwirtschaft bringt eine hohe sittliche Idee zum Ausdruck, wie das in keinem anderen Gebiet menschlicher Tätigkeit in solcher Weise der Fall ist" (HASEL, 1968).

Die doppelte Moral deutscher Nachhaltsgesinnung
Heute in Zeiten des rapiden Ressourcen-Verbrauchs, von Wald- und Umweltzerstörung, Umweltvergiftung und einer dadurch ausgelösten

Klimaerwärmung, ungezügelter Überbevölkerung wachsen Befürchtungen, diese Erde könne in absehbarer Zeit unbewohnbar werden. Bei der Suche nach umweltverträglicheren Wirtschaftsweisen erinnert man sich des singularen Falles nachhaltiger Forstwirtschaft in der Hoffnung, von hier aus gangbare Wege zu Formen eines „sustainable developments" zu finden.

Beim näheren Hinsehen büßt der deutsche Weg einiges von seinem Glanz ein. Mit der Entwicklung der Industrie verloren Wald und Holz im 19. und 20. Jahrhundert bei uns ihre zentrale Rolle als wichtigste Energiequelle und bisher unersetzlich erscheinender Bau- und Werkstoff. Die modernen Verkehrsmöglichkeiten mit Dampfeisenbahn und Dampfschiff ließen den Handel selbst mit dem sperrigen Transportgut Holz aufblühen.

Und so leisten wir uns heute noch den Luxus der zurückhaltenden, nachhaltigen Nutzung eigener Wälder, weil wir rund die Hälfte unseres Bedarfs an Holz und Holzprodukten importieren. Wir importieren auch aus Ländern, die ihre Wälder nach wie vor exploitieren. Wir Deutschen sind an der Zerstörung der tropischen Regenwälder ebenso beteiligt wie an der Vernichtung der Urwälder der nördlichen Taigaregion. So erweist sich die hochgelobte deutsche Nachhaltsgesinnung bei näherem Hinsehen als doppelte Moral, die mit dem Holzimport die eigenen Holz- und Waldprobleme in dritte Länder exportiert.

Deutschlands neuere Waldgeschichte:
ein Sonderfall der Industriegeschichte

Neben der Entwicklung des Transportwesens kam im 19. Jahrhundert ganz allgemein die Industrialisierung dem deutschen Wald zugute. Die fossilen Brennstoffe, zunächst Kohle, später Erdgas und Öl machten vom Holz als Energiequelle unabhängig. Der Schiffbau, der noch im 18. Jahrhundert unvorstellbaren Tribut auch aus Deutschlands Wäldern entlang dem Rhein und seinen Nebenflüssen gefordert hatte, wurde auf Stahl umgestellt, der zusammen mit Beton Holz auch als Konstruktions- und Bauelement zunehmend verdrängte.

Mit der verbreiteten Verwendung von industriell produziertem Handelsdünger wurden die Wälder von der Streunutzung entlastet, die 200 Jahre lang deren Bodenkraft auf das schlimmste geschwächt hatte. Auch die Probleme der Waldweide lösten sich, als mit dem Angebot preiswerter Baumwolle aus Übersee die Schafhaltung drastisch zurückging und das freiwerdende Weideland mit Nadelholzkulturen aufgeforstet wurde. Diese Holzfabriken produzierten die Sortimente, welche Industrie und Gewerbe im wachsenden Ausmaß benötigten: Grubenhölzer, Gerüststangen, Telegrafen- und Lichtleitungsmasten, Bahnschwellen, Papier u. dgl.. Der neue Wald fing an, rentierlich und profitabel zu werden. Den Druck übermäßigen Bevölkerungswachstums, der heute in Südamerika und Südostasien großflächige Waldrodungen auslöst, konnte im vorigen Jahrhundert Europa nach Nordamerika ablenken, wo ein riesiger, jungfräulicher Kontinent zu erschließen war.

Den Wiederaufbau der deutschen Wälder und deren sittlich einwandfreie nachhaltige Nutzung konnten wir uns nur leisten, weil die industrielle Entwicklung die existenziell enge Bindung unserer Gesellschaft an das Holz für zwei Jahrhunderte aufgelöst hatte.

Doch heute erlebt der Wald die Kehrseite dieser einst rettenden Industrialisierung: Die Rückstände aus fossilen Brennstoffen vergiften die Atemluft der Bäume, der Wald ist todkrank. Abgase verändern die Atmosphäre und heizen diese auf. Eine Klimaerwärmung mit unabsehbaren Folgen, auch für die Wälder, droht. Und aus den agrar-industriellen Tierhaltungen ergießt sich ein unablässiger Stickstoffregen auf die von der verderblichen Waldweide entlasteten Wälder und löst dort pathologische Überdüngungseffekte aus.

Die rationelle Forstwirtschaft:
der programmierte ökologische Sündenfall

Leitbild klassischer deutscher Forstwirtschaft war von Anfang an nicht der natürliche Wald. Zur Sicherung der nachhaltigen Holznutzung hatte man in der Studierstube den naturfremden „Normalwald" erfunden und diesen mit dem starren Schema des Cotta'schen Flächenfachwerks auf den Wald übertragen. Das überschaubare Kunstgebilde eines Schachbretts in sich gleichalter Reinbestände war der passende Exerzierplatz, auf dem sich die Planspiele einer paramilitärischen Kommandowirtschaft administrativer Hierarchien in immer wieder neuen Varianten entfalten konnten.

Die Wahl der Baumarten für diesen „Normalwald" wurde von der jungen Forstwissenschaft ganz im Sinne des rationalistischen Zeitgeistes mit mathematischen Formeln errechnet. Georg Ludwig HARTIG erstellte 1833 ein „Gutachten über die Frage: Welche Holzarten belohnen den Anbau am reichlichsten, und wie verhält sich der Geldertrag des Waldes zu dem des Ackers?" Wichtigstes Ergebnis war, „daß der Fichtenwald alle übrigen Holzarten im Geldertrag bedeutend übertrifft. Es kann daher die Fichtenkultur, wenn Boden und Lage dazu geeignet sind, nicht dringend genug empfohlen werden. Durch den Anbau der Fichte auf Eichen- und Buchenboden läßt sich ein bei weitem höherer Holz- und Geldertrag erzielen. Selbst die Kultur der Kiefer gewährt mehr Gewinn als die Anzucht der Laubhölzer jeder Art, besonders, wenn man ihr einen Standort anweist, den sonst Eichen und Buchen einnehmen. In Hinsicht auf Geldgewinn ist es daher nicht ratsam, Blößen mit Laubhölzern anzubauen, wenn Nadelhölzer darauf wachsen können."

Friedrich Wilhelm Pfeil (1783–1859), Klassiker auch er, konzentrierte seine Anbauempfehlungen auf die Kiefer. Als konsequenter Anhänger der wirtschaftlichen Lehren von Adam Smith und den Physiokraten gab Pfeil der landwirtschaftlichen Nutzung den Vorrang: „Der Holzbau darf kein so fruchtbares Land, als der Anbau der Eiche erfordert, in Anspruch nehmen, der untragbarste und unfruchtbarste Boden gehört ihm." In seiner gefürchtet spöttisch-zynischen Art kanzelte er die noch an ihrer Lieblingsbaumart Eiche festhaltenden Fachgenossen ab: „... und nur der kann zu seiner Verwendung zum Anbau der Eiche mit Konsequenz raten, der zugleich erklärt, daß er lieber Eicheln als Brot und Semmeln ißt." „Die Holzart, welche (auf den der Forstwirtschaft verbleibenden unfruchtbaren Böden) den höchsten Nutzen gewährt, ist unstreitig die Edelste." „Das ist unstreitig die Kiefer, sie ist die Krone aller unserer Holzarten. Bei ihr wird mit den geringsten Mitteln und mit den kleinsten Opfern der Zweck, die Befriedigung aller unserer Holzbedürfnisse, im allgemeinen am ersten und sichersten erreicht" (PFEIL, 1816).

Über die Art der neuen Forstkultur hatte Heinrich von Cotta Vorstellungen entwickelt, die er von der als Wissenschaft bereits etablierten Agrarkultur entlehnte: unter Waldbau „soll damit rücksichtlich der Waldwirtschaft verstanden werden, was man bei der Feldwirtschaft unter Feldbau versteht. Der Waldbau lehrt also die Erziehung, Pflege und Ernte des Holzes." Damit war der „Holzackerbau" als Modellvorstellung für neuzeitliche Forstwirtschaft propagiert. (Daß Cotta auch ein heute für Tropenländer hochaktuelles „Agroforst-Modell" empfiehlt, wo zwischen Waldbaumreihen Feldfrüchte, etwa Kartoffeln, angebaut werden, rundet dieses Konzept noch ab) (COTTA, 1816).

Allerdings hatte Cotta diese „künstliche Holzzucht" zunächst nur für die Aufforstung der ausgedehnten Ödländereien gedacht. Für die noch vorhandenen Wälder entwarf er sein Konzept der „natürlichen Holzzucht", das heutigen naturgemäßen Überlegungen vieles vorwegnimmt. Doch waren die Anfangserfolge der Nadelholzkulturen auf Kahlflächen eindrucksvoll, die daraus errechneten wirtschaftlichen Ertragserwartungen hoch gespannt und die Absatzchancen ihrer Produkte in der aufblühenden Industriegesellschaft günstig; so setzte sich die Plantagenwirtschaft mehr und mehr durch, und so wurde der Wald zur Holzfabrik gemacht.

Die „schöne neue Welt" der Zinseszinsforste

Unter dem Einfluß liberalistischer, kapitalistischer Wirtschaftslehren sah man alsbald den Wald lediglich als Anlagekapital, an dessen maximaler Verzinsung man interessiert war. Konsequentester Vertreter dieser Bodenreinertragslehre war Max Robert Pressler (1815–1886): „Des Waldbaus Hauptzweck ist: Auf gegebenem Grunde mittels Holzproduktion die höchsten Reinerträge zu erzielen." Unter dieser Voraussetzung hatte der deutsche Laubwald keine Zukunft mehr. „Es ist wahr, euer Buchenhochwaldbetrieb ist nett und interessant, im eng forstlichen Sinne kunst- und wertvoll; aber im Sinne finanzwirtschaftlicher Produktion? Was frommt mir als Grundbesitzer, was selbst dem Staate, eine wirtschaftliche Kunst, die nicht einmal die mäßigsten Kapitalzinsen einbringt? Eine Kunst, die betteln geht?" Der Buchenhochwald, „der auch zu seinen Lieblingen gehört," „aber zur Zeit in wirtschaftlicher Beziehung (mich dauerts, daß ich's sagen muß), als der undankbarste, weil behufs seiner Kapitalverzinsung miserabelste Betrieb und dem jetzigen Lauf der Dinge nach vor dem Untergange nicht rettbar erscheint ..." (PRESSLER, 1858).

Damit war das forstwissenschaftliche Erfolgsprogramm vorgegeben, nach welchem Deutschlands Wälder künftig vorwiegend behandelt wurden: Der Holzacker, auf dem Fichte und Kiefer in gleichaltriger Monokultur künstlich angebaut werden, nach Erreichen der Umtriebszeit höchster Kapitalverzinsung nach landwirtschaftlichem Vorbild im Kahlschlag geerntet und unverzüglich mit künstlicher Pflanzkultur neu bestellt. Das Schicksal der natürlichen Buchen- und Eichenwälder war besiegelt. Nach ihrer Restaurierung unter den günstigen Umständen der ersten Hälfte des 19. Jahrhunderts wurden diese nun Zug um Zug zurückgedrängt von einer rationellen Forstwirtschaft.

Die Natur schlägt zurück:
Katastrophen in den Nadelholzplantagen
Die Natur, deren Gesetze die privatwirtschaftlich-kapitalistischen Berechnungen nicht in Betracht gezogen hatten, rächte sich auf ihre Art. In der zweiten Hälfte des 19. Jahrhunderts häuften sich Naturkatastrophen in den Nadelholzmonokulturen, und sie erreichten um die Jahrhundertwende einen dramatischen Höhepunkt. Insektenvermehrungen, Pilzkrankheiten, Schneebruch und immer wieder Sturmwürfe lösten Kalamitäten bisher unbekannter Dimensionen aus.

Parallel zum Holzackerbau hatte sich zwar mit dem Forstschutz eine mit der Zeit ausufernde Disziplin entwickelt, die mit immer neuen, oft höchst absonderlichen Verfahren die Kunstgebilde aus Fichte und Kiefer sichern sollte. Doch die Erfolge blieben bescheiden und insgesamt äußerst unbefriedigend. (Erst in der zweiten Hälfte unseres Jahrhunderts konnte der „Waldschutz" mit Hilfe der Großchemie durch flächigen Gifteinsatz Schadinsekten zeitweise unter Kontrolle bringen, ähnlich wie die Landwirtschaft, deren künstliche Ökosysteme zu einer Selbstregulierung längst nicht mehr fähig waren. Doch es sollten Pyrrhussiege bleiben mit unkalkulierbaren, schlimmen Folgen für die Waldlebensgemeinschaft.)

Der Mensch hatte im Wald die Grenzen des Machbaren erreicht und überschritten. Das wissenschaftlich-technische, rein geldwirtschaftliche Konzept des „man-made-forest" war erkennbar gescheitert, die Plantagenwirtschaft zunehmend zum störanfälligen Reparaturbetrieb verkommen.

Die Grundeinstellung zur Natur hatte sich von der agrarökonomischen Sichtweise der frühen Forstklassik nicht weiter entwickelt. Mit dem agrarwissenschaftlichen Fortschritt wurde auch im Wald Boden bearbeitet, künstlich gedüngt, mit Hilfspflanzen, wie Dauerlupinen, eine künstliche Bodenvegetation geschaffen, Versuchsanbauten mit Exoten unternommen, Baumarten züchterisch manipuliert, Hybriden erzeugt, Hochleistungsrassen ausselektiert, Versuche gestartet, den Brotbaum Fichte resistent gegen alle möglichen Bedrohungen zu züchten, vom Hirschfraß angefangen bis hin zu den Rauchschäden.

Menschliche Hybris, der Wahn des Machbaren, die Mißachtung naturgesetzter Grenzen: im klassisch deutschen „man-made-forest" des 19. Jahrhunderts – mit Spätfolgen bis weit in unsere Zeit – finden sich alle Kainsmale der anthropozentrischen Weltanschauung, die unseren Globus ruiniert.

II. Die Gegenwelt: Naturgemäße Waldgesinnung

Von Anfang an hatte die Entwicklung der klassischen Forstwirtschaft lebhafte Zweifel hervorgerufen. Nachdenkliche Zeitgenossen sorgten sich um den Verlust der vertrauten heimischen Wälder, trauerten alten Bäumen und Waldbeständen nach, befürchteten schlimme Auswirkungen auf Landeskultur, Wasserhaushalt, Regionalklima und Schutzwirksamkeit der Bergwälder, und sie registrieren erschrocken die rapide Artenverarmung in den neuen Kunstforsten.

Bereits von einem Zeitgenossen des Klassikers Cotta, obendrein dessen Schwager, stammte der erste Gegenentwurf. Gottlieb K. König (1776–1849) schrieb: „Ein Wald in seiner höchsten Vollkommenheit ist auch in seinem schönsten Zustande. Alle Partien im üppigsten Grün, durch die verschiedenen Baumarten und Alter mannigfach schattiert ..." „Und das noch lieblicher wird, wenn harmlose Vögel und ein unschädlicher Wildstand das Ganze mitbeleben ..." „Seltene, besonders große, herrliche Bäume und Bestände sollte man erhalten so lange wie möglich ..." „Vernichten wir vollends die letzten riesigen Überbleibsel der Vorzeit, so bleibt nichts, was die Zukunft mahnen könnte an treue Befolgung ewiger Naturgesetze; die leidige Selbstsucht hielt am Ende noch die verkünstelten Zwerggestalten der neuen Wälder für etwas Rechtes" (KÖNIG, 1849). Königs Kritik an Naturwaldzerstörung, Plantagenbau und Zinseszinsforst nahm Grundzüge der kommenden Auseinandersetzung bereits vorweg.

Heinrich Burckhardt (1811–1879) entwickelt diese Gedanken weiter: „Die lebendigen Monumente der Väter, die stattlichen Bäume, sie haben eine weitere Bedeutung, als nur eine Quelle des Geldeinkommens zu sein. Die Zeit der heiligen Haine ist zwar längst vorüber, aber noch heute senkt der still erhebende Wald jenen Frieden in das Gemüt des einsamen Besuchers, den ihm das Gewühl der Menschen nicht beut." „Das Schönste freilich, was der Wald besitzt, sind seine altehrwürdigen Bäume und Bestände ..." „Die hohen Säulen mit ihrem gewölbten Laubdach, der alte Baumriese, samt der wilden Felspartie, sie sind dem Naturfreund mehr, als die Bauwerke von Menschenhand, denen der Kunstsinn huldigt. Alles zwar hat seine Zeit, und auch der alte Baumbestand muß endlich fallen, doch schone seiner, wo er eine seltene Erscheinung ist, wie andere Rücksichten ihr Recht fordern." „Dem alten Eremiten aber, dem Zeugen mächtiger Naturkraft, an dem Jahrhunderte und ganze Generationen mit ihrer Geschichte vorüber gingen, der vielleicht unter Millionen Bäumen seinen besonderen Namen führt und weithin bekannt manchen längst schlummernden Sohn des Waldes unter seinem Dache sah, ihm gönne seine Stätte, bis der Sturm ihn bricht oder sein letztes Blatt verblichen ist."

Dies ist eine gänzlich neue Betrachtungsweise des Waldes. Burckhardt ist Forstmann und hat in seinem Buch „Säen und Pflanzen nach forstlicher Praxis" (1854) Wälder und deren alte Bäume als Gegenstände der Bewunderung, Ehrfurcht, Freude und nicht vorrangig als Objekte egoistischer Profitsucht geschildert.

Mehr sozialkritisch und menschenfreundlich war der Ansatz, aus dem heraus Karl Guse (1828–1914), der als Forstmeister im oberschlesischen Grubenrevier das Elend der Arbeiter kennengelernt hatte, die moderne Forstwirtschaft kritisiert. Der Wohlhabende mache Reisen, leiste sich seinen Park und könne sich so über die alltägliche Umgebung trösten. Der Arme könne das nicht.

Bei konsequenter Fortführung der Reinertragswirtschaft würden dem Erholungssuchenden eines Tages nicht einmal Buchenstangenhölzer bleiben, da Nadelholz rentabler sei. Er gibt zu bedenken, welchen Aufwand die Gesellschaft betreibe, um öffentliche Gebäude, wie Bahnhöfe, Schulen, Parlamente schön zu gestalten, und „soll ein blühendes Land nicht auch seinen Stolz darin suchen, einen Vorrat an herrlichen alten Waldbeständen zu besitzen?" Der Feststellung eines Ertragskundlers, die Kraft der Natur gebe sich im Umtrieb des höchsten Massenertrags kund, der noch unter dem finanziellen liegt, hält er entgegen: „Ich zweifle daran, daß jemand die Kraft der Natur in einem älteren Stangenorte mehr bewundert, als unter zweihundertjährigen Eichen oder in einem Bestande aus Mastbaumföhren mit Laubholzunterwuchs" (GUSE, 1899).

Bedrohte Waldheimat

Von philosophischer Seite hatte Ernst Moritz Arndt (1769–1860) das kurzsichtige Gewinnstreben im Umgang mit Wald angeprangert: „Daher muß man leider bekennen, daß von den Staaten und von den Einzelnen häufig so verfahren und gehandelt wird, als würde es hinter dieser Zeit keine Zeit und Menschen mehr geben; sie vergeuden das Vermögen in Jahren, was für Jahrhunderte zurückgelegt wurde und woran die Urenkel sich noch erquicken sollten" (ARNDT, 1815).

Wilhelm Heinrich Riehl (1823–1897), der Begründer der wissenschaftlichen Volkskunde, war einer der wortgewaltigsten frühen Fürsprecher für den gemeinnützigen Wert der Wälder und unverdorbener Wildnis: „Brauchen wir das dürre Holz nicht mehr, um den äußeren Menschen zu erwärmen, dann wird dem Geschlecht das grüne, in Saft und Trieb stehende zur Erwärmung seines innwendigen Menschen um so nötiger sein". „Der Wald allein läßt uns Kulturmenschen noch den Traum einer von der Polizeiaufsicht unberührten persönlichen Freiheit genießen." „Jahrhundertelang war es eine Sache des Fortschritts, das Recht des Feldes einseitig zu vertreten; jetzt ist es auch eine Sache des Fortschritts, das Recht der Wildnis zu vertreten neben dem Recht des Ackerlandes. Und wenn sich der Nationalökonom noch so sehr sträubt und empört wider diese Tatsache, so muß der Sozialpolitiker trotzdem beharren und kämpfen für das Recht der Wildnis" (RIEHL, 1852).

Erste Abrechnung des Naturschutzes mit moderner Forstwirtschaft

Die erste sachlich-naturwissenschaftliche Generalabrechnung mit den Folgen rationeller Forstwirtschaft verdanken wir Hugo Conwentz (1855–1922), Begründer eines naturwissenschaftlich ausgerichteten Naturschutzes: „Der Wald in seiner natürlichen Zusammensetzung ist bei uns aus zweierlei Ursachen bedroht. Einmal stehen die Privatwälder nur zum geringen Teil unter staatlicher Oberaufsicht und dürfen von den Besitzern meist unbeschränkt genutzt werden; sodann herrscht in den Staats- und anderen Waldungen vornehmlich Kahlschlagbetrieb. Während in früherer Zeit nur einzelne Bäume oder Gruppen von Stämmen gefällt und hierdurch entstandene Lücken von Natur durch Ausschlag oder Anflug bald wieder ausgefüllt wurden, ist dieser Plenterbetrieb jetzt im Flachland mehr und mehr aufgegeben und durch den Kahlhieb ersetzt worden. Auf diese Weise werden die urwüchsigen Bäume und Sträucher nahezu gänzlich vernichtet, darunter finden sich manche Holzarten, welche zwar für die Forstwirtschaft nach gegenwärtiger Anschauung belanglos, aber für jeden Forscher und Freund der Natur bemerkenswert sind." „In manchen Gegenden und in ganzen Staatsgebieten hat die Kultur bereits solche Fortschritte gemacht, daß vom ursprünglichen Wald nichts mehr übrig geblieben ist, statt seiner erhebt sich die Forst, welche eine künstliche Anlage im großen Stil vorstellt und mit dem einstigen deutschen Wald nichts mehr gemein hat. Denn in der Forst werden nur diejenigen, teilweise fremden Holzarten künstlich erzogen, welche den höchsten Gewinn bringen. Hierdurch erfährt die ganze Landschaft wie auch die Zusammensetzung der Flora und Fauna eine völlige Veränderung" (CONWENTZ, 1904).

France (1922) bringt die Kritik auf den Punkt: „Der Forst enthält mehr oder weniger schöne Naturreste, aber keinen Wald."

Frühe Erkenntnis: Vogelartenarmut im neuen Wald

Ein halbes Jahrhundert früher schon hatte Pfarrer Jäckel, Bayerns Klassiker der Ornithologie, die moderne Forstwirtschaft als Ursache für den Rückgang typischer Waldvögel ausgemacht. So schreibt er über den Auerhahn: „Mehr als alle Feinde, und deren hat es sehr viele, schadet diesem der Kultur und jeder Annäherung des Menschen höchst abholden Wilde die jetzige intensive Bewirtschaftung unserer Wälder, die Führung von Kahlschlägen auf großen Flächen anstelle der früher üblichen Plenterwirtschaft, die Erziehung gleichaltriger, dichtgeschlossener Bestände, das Einerlei ein und derselben Holzpflanze auf weiten Kulturflächen …"

Auch die Überlebensprobleme der Höhlenbewohner in den rationellen Nadelholzplantagen sah Jäckel voraus: „Unsere moderne Forstwirtschaft ist keine Liebhaberin anbrüchiger hohler Stämme wie sie Eulen, Spechte, Dohlen, Racken, Hohltaube und andere Höhlenbrüter benötigen" (JÄCKEL, 1850).

Eine neue Weltanschauung: Die Waldästhetik

Auf forstlicher Seite wächst unter dem Begriff der Waldästhetik verbreitetes Unbehagen gegen den puren Rationalismus der Reinertragslehre, wobei in die Kritik Vorstellungen naturnäherer Waldwirtschaft, von Landespflege und Naturschutz im späteren Sinne bereits integriert sind.

Anbetrachts der sachkundigen Kritik Außenstehender an den forstlichen Mißständen machte sich der bekannteste Wortführer der Waldästhetik, Rittergutsbesitzer Heinrich v. Salisch (1846–1920), damals schon Gedanken, ob die Zuständigkeit für die ästhetischen, überwirtschaflichen Belange des Waldes bei den Forstleuten bliebe: „Die neue Weltanschauung bricht sich Bahn, da werden sie keinen Damm entgegen stellen können. Aber daß diese andere Weltanschauung eine forstliche bleibe, das muß unser Bestreben sein und das können wir erreichen, indem wir die Pflege der Schönheit des Waldes in unsere eigenen Hände nehmen und sie nicht überlassen den wohlmeinenden Bestrebungen von Leuten, die auswärts stehen, die wir zwar achten, denen wir aber ein kompetentes Urteil doch nicht beimessen können" (v. SALISCH, 1902).

Die forstliche Diskussion um die Einführung der Waldästhetik als akademische Disziplin beendete Max Endres, markantester späterer Vertreter der Bodenreinertragslehre, mit der Feststellung: „Und ich bleibe dabei: Der Wald hat in erster Reihe die Aufgabe, seinem Besitzer Geld einzubringen und wirtschaftlich ausgenützt zu werden. Alles andere ist Nebensache" (ENDRES, 1906).

Damit waren die Fronten klar und der bis heute dauernde Schlagabtausch eröffnet. Im Laufe der Zeit wurden die Argumente der „neuen Weltanschauung" fundierter, geblieben ist die Arroganz der „rationellen" Partei – und ständig gewachsen ist dabei die Sorge um die Kompetenz der Forstleute auch dort, wo es um mehr als das Holz im Walde geht.

Der Durchbruch: Carl Gayer

Eine entscheidende Wende in der Walddiskussion ist mit dem Namen des Münchner Waldbauprofessors Carl Gayer (1822–1907) verbunden. Er hat das von Anfang an keimende und mit den Katastrophen im neuen Wald ständig gewachsene Unbehagen an der rationellen Forstwirtschaft zu einer fundamentalen Kritik am klassischen Altersklassenwald und Kahlschlagbetrieb konkretisiert. Die modernen Produkte der Forstwirtschaft kennzeichnet er: „Sehen aus wie Wald, sind's aber nicht." Das Neue seiner Lehre war nicht so sehr die Forderung nach Mischwald. Sensationell, für Fachgenossen provozierend, war die folgende Einsicht: „Wir haben den Pfad der Natur verlassen. Wenn wir ihn wieder finden wollen, so müssen wir auf der Rückfährte bis zum Plenterwald arbeiten; erst von hier aus gelangen wir durch die naturgesetzliche Fortbildung dieser Form wieder auf gerechte Pfade" (GAYER, 1886).

Dies war nicht weniger als die Aufforderung an die Forstwissenschaft, vom hohen Roß des wissenschaftlich-technischen Fortschritts herunterzusteigen, um einen reuigen Bußgang anzutreten zurück zu den vorwissenschaftlichen bäuerlichen Formen der Waldnutzung. Eine ungeheure Zumutung, hatte doch am Anfang der weltweit bewunderten klassischen deutschen Forstwirtschaft die entschiedene Abkehr von der verbreitet üblichen Plenterwirtschaft gestanden, die im Übermaß betrieben als „Schleichbetrieb" der Nachhaltigkeit so abträglich werden konnte. HARTIG in seinem „Lehrbuch für Förster" (1791): „Die Femelwirtschaft haut immer die besten Stämme heraus und läßt die schlechten stehen."

Gayer hat mit seiner neuen, naturgemäßeren Waldbaulehre das Waldverständnis seiner Zeit tiefgreifend beeinflußt und er belebt bis heute die Diskussion. Sein Ausgangspunkt war ökonomischer Natur. Er wollte die Holzproduktion sicherer machen vor den natürlichen Risiken, welche die schlauen Berechnungen der Bodenreinertragtheoretiker immer wieder über den Haufen warfen, so daß Gayer jene als Hasardeure einstufte.

MÖLLER (1922), Waldbaulehrer in Eberswalde, griff Gayers Ideen auf und entwickelte sie weiter zu seiner Lehre vom Dauerwald, die er am Beispiel des privaten Forstbetriebes Bärenthoren weltweit bekannt machte. Möller setzte folgerichtiger als Gayer die Prioritäten im

Waldbau neu. Seine Leitidee war die waldaufbauende Vorrats- und Zuwachspflege, die an die Stelle der bisher dominierenden waldabbauenden Verjüngungswirtschaft trat. Er begriff den Wald als Organismus, womit er unsere heutige Auffassung vom Ökosystem Wald vorweg nahm. Im Mittelpunkt des forstlichen Handelns steht jetzt der Wald, nicht mehr der zur rationellen Holzfabrik verkommene, sondern der ursprüngliche Wald als verwobene, dauerhafte Lebensgemeinschaft von Boden, Pflanzen und Tieren, in die der wirtschaftende Mensch behutsam, die natürlichen Lebensabläufe beachtend einwirkt.

Der Naturschutz an den Waldrand abgedrängt

Die sachkundige Kritik der frühen Naturschutzbewegung war am hierarchischen System ebenso gescheitert wie die waldästhetische Kritik von innen. Fortan beschäftigte sich Naturschutz, soweit er den Wald betraf, eher mit Randproblemen. Baumdenkmäler und Überbleibsel früherer Waldnutzungsformen, wie Hutweiden, Mittelwälder, meist Zeugnisse früherer Waldmißhandlung durch Übernutzung und Überweidung, in denen Restbestände warm-trocken liebender Pflanzen und Tiere überlebten, wurden Vorzugsobjekte naturschützerischer Aktivitäten. So konnte ein letztes Stück Deutschlands meistgeschundener Waldlandschaft, die Lüneburger Heide, der erste „Naturschutzpark" werden. Unsere natürlichen Wälder jedoch, zunächst die Reste der artenreichsten Gesellschaften in Flußauen, dann die Buchennaturwälder der Mittelgebirge, wurden am Naturschutz vorbei mit kaltschnäuziger Unbekümmertheit abgeholzt, gerodet oder zur Nadelholzplantage umgewandelt, nicht anders wie wir es heute in den Tropenländern erleben. Hermann Löns, bis heute als Heideromantiker verkannt, hatte als weitsichtiger, verbal militanter Naturschützer enttäuscht über die ineffizienten Aktivitäten des Naturschutzes diesen abfällig als Pritzelkram abgetan.

Das System reagiert

Aufgeschreckt von den revolutionären Lehren Gayers und Möllers versuchten die Vertreter des herrschenden wissenschaftlichen und administrativen Systems ihre rationellen Rezepte fortzuentwickeln. Was in den darauffolgenden Jahrzehnten sich abspielte, hat keiner trefflicher geschildert als Walter AMMON, der Schweizer Plenterwaldfachmann (1937): „Alle diese Versuche, die geheimnisvollen vielgestaltigen Kräfte der Natur einzuspannen in den Rahmen des flächenweise wohlgeordneten schlagweisen Betriebes, haben in den Gebieten ausgesprochener Schlagwirtschaft zu den wunderlichsten Spielereien der Schlagliniengeometrie geführt. Man erfand je nach persönlicher Neigung alle möglichen Schlagbetriebe, gerade, krumme, kreisförmige, zick-zack- oder treppenförmige, keilförmige, kurze oder lange Schlaglinien, die man ebenso nach wechselnden Ideen, nach dieser oder jener Himmelsrichtung stellt und mit einer aus „Plenter", „Schirm", „Dauer", „Saum", „Keil" und „groß", „klein", „schmal", „breit" gebildeten Wortkombination bezeichnet. Der ruhende Pol in der Erscheinungen Flucht bleibt dabei immer das unerschütterliche Prinzip des flächenweisen Abmähens, das man einmal von der Wiese des Bauern geholt und in den Wald verpflanzt hat. Wie ein Alpdruck lastet dieses Prinzip, das die Überordnung des menschlichen Willens über die Naturkräfte darstellt, auf der Entwicklung des Forstwesens ..."

Die neuen Ideen Gayers und Möllers waren an einem System gescheitert, das sich im 19. Jahrhundert als kommandowirtschaftlicher, paramilitärischer Komplex etabliert hatte und dem inzwischen die schlichte, naturfremde Denk- und Vollzugschablone des Altersklassenwaldes unverzichtbar geworden war.

Rebel's geniale Vision: Wald als Naturschutz

Innerhalb der Forstpartie gab es einen herausragenden Vordenker, der an Gayer anknüpfend über Naturschutz im Wald Ideen entwickelte, die der Zeit um ein halbes Jahrhundert voraus waren. Karl REBEL (1863–1939), Bayerns bedeutendster Waldbaureferent, vor dem von Forstprofessor von Tubeuf gegründeten Bund Naturschutz im Jahr 1928: „"Nicht Naturschutz im Wald" hätt' ich's benennen sollen, „Wald als Naturschutz" würde treffender gewesen sein, wobei freilich stillschweigend vorausgesetzt wäre, daß der Wald kein Kunstwald sein darf, vielmehr ein Wald sein muß, der ungeachtet seiner Zweckbestimmung als Wirtschaftsobjekt etwas natürliches, etwas ursprüngliches an sich hat, in dem Vielfalt und Wechsel herrscht ..." „Unser Wald kann das Uniformierte nicht ertragen; vielgestaltig, arten- und formenreich soll er bleiben oder werden. Etwas von Wildnis muß der

Wirtschaftswald an sich haben, sonst stirbt seine Natur vor lauter Kultur." „Nur die Waldwirtschaft als solche kann Schönheit, Heimat- und Naturschutz verbürgen. Was wirtschaftlich sein soll, muß vor allem naturgemäß sein." Er faßt die alternativen Vorstellungen über Waldwirtschaft der forstlichen Vordenker, der Heimatfreunde, Naturschützer und Wald- ästheten zusammen, bezieht damals aktuelle Forderungen nach kleinen „Sonderreservaten" ebenso mit ein wie die Idee der „Volksnatur- parke" und krönt seine Vorstellungen mit der Forderung nach einem Nationalpark nach nordamerikanischem und Schweizer Vorbild, „wo keine Axt hallt, keine Sense klingt, kein Schuß fällt, kein Vieh wei- det." Mit dieser genialen Vision überfordert er seine forstlichen Zeit- genossen ebenso wie die am Waldrand beschäftigten Naturschützer. Zwar belebte Rebel die waldbauliche Diskussion weit über Bayern hinaus, doch trotz der jahrzehntelang ausgeübten exponierten Funktion eines Ministerialwaldbaureferenten hatte er im Wald selbst enttäuschend wenig zum Positiven verändern können.

III. Von der Unmoral feudalen Jagdwesens und den Folgen für den Wald

Rebel hatte nüchterner als Gayer und Möller erkannt, woran alle Bemühungen um mehr Natur in der Waldwirtschaft, alle Ansätze, einer neuen Weltanschauung zum Durchbruch zu verhelfen, scheitern mußten. Es war das spezifisch deutsche Jagdwesen, das sich im Laufe der zweiten Hälfte des vorigen Jahrhunderts entwickelt hatte. Der paramilitärische, kommandowirtschaftliche Komplex des Forstwesens erweiterte sich um eine neofeudalistische Komponente. Einst war es den egoistischen jagdlichen Interessen fränkischer Herr- scher zuzuschreiben, daß während der großen Rodungsperioden ein Drittel der Wälder verschont blieb. Nicht vorausschauende Fürsorge für kommende Generationen, nicht ethisch motivierte Selbstbeschrän- kung der Lebenden im Interesse der Spätergeborenen hat unsere Wälder erhalten. „Ein eklatanteres aristokratisches Privilegium als das der Bannforste ist gar nicht denkbar, und doch hat es Deutschland die- sem Privilegium zu danken, daß es noch so grün bei uns aussieht, daß unsere Berge nicht entwaldet sind wie die italienischen . . ."

„Die alte Zeit hatte einen richtigen Instinkt von diesem aristokratischen Charakter des Waldes, indem sie denselben zum privilegierten Tummelplatz fürstlicher Jagdlust erkor und das Weidwerk adelte, obgleich es beim Licht einer philosophischen Studierlampe gesehen, doch eigentlich gar so etwas Nobles nicht ist ..." (RIEHL, 1852).

Die adeligen Jagdvorrechte gingen in der 1848er Revolution unter. In den „neuen Wäldern" des rationalen Zeitalters erlebten sie eine erstaunliche und für den Wald verhängnisvolle Wiederbelebung. Es war der aus dem Stand adeliger Berufsjägerei hervorgegangene deutsche Förster, der gestrigen Jagdfeudalismus in eine bürgerliche Zeit tradierte.

Nun wurde vor der grünen Kulisse des unnatürlichen Kunstforstes die Tierwelt des Waldes nach den gleichen rationalen Grundsätzen manipuliert, mit denen man bereits den Waldbestand denaturiert hatte. Nach vordergründigen, kurzsichtigen Erwägungen wurden die Tiere in nützlich und schädlich separiert. Schädlinge wurden bekämpft, womöglich ausgerottet wie die Großraubtiere Bär, Wolf und Luchs oder wie Adler, Uhu und Wanderfalke auf unbedeutende Reste mit Blei, Todschlagfalle und Gift vernichtet. Den Bauernjäger als erklärten Feind neuzeitlicher Hegebemühungen grenzte die zunftgerechte Försterei aus, diffamierte und denunzierte ihn.

Das folgenreichste Mißverständnis:
„Nutzwild"-Hege im Försterwald

Das Nutzwild wurde mit Methoden gehegt, die man, ähnlich wie im Waldbau, von der Landwirtschaft übernahm. Da wurde gefüttert, züchterisch selektiert, Blut eingekreuzt und aufgefrischt, neben den möglichen Raubfeinden auch die Parasiten bekämpft. Aus der forstlichen Planwirtschaft übernahm man Begriffe und Methoden: Wildbestände wurden erfaßt, nach Geschlechtern und Altersklassen gegliedert, Zuwachs berechnet, Abschußquoten ermittelt, Durchforstungsböcke entnommen und schließlich Erntehirsche genutzt. Schäden am Wald sollte der Forstschutz, beraten von einem wissenschaftlichen Institut für Wildschadensverhütung, mit Verfahren vermeiden, die ebenso variantenreich wie teuer und erfolglos waren.

Im Jahr 1934 gelang es der Jägerlobby – der bürgerliche Jäger hatte sich inzwischen von der belächelten Witzblattfigur des biedermeierlichen Sonntagsjägers zum Waidmann nach hirschgerechtem Förstervorbild gemausert – die Grundsätze neofeudalistischer Jagd nach Förster- und Gutsherrenart im Reichsjagdgesetz festzuschreiben.

Das anthropozentrische Naturverständnis des 19. Jahrhunderts hat in der neuzeitlichen deutschen Jagd einen bizarren Höhepunkt erreicht. Als Folge davon sind Hirsch und Reh zur ärgsten Plage unserer Wälder geworden, schlimmer als die Waldweide der Vergangenheit. Die überhegten Schalenwildbestände sind schuld am „Waldsterben von unten". Seit Gayer, Möller und Rebel scheitern nahezu alle wohlgemeinten Absichten naturfreundlicher Waldwirtschaft an der Wildhege. Von Ausnahmen abgesehen ist nur hinter kilometerlangen Drahtzäunen der Jahrhunderttraum einer Rückkehr zu naturgemäßeren Waldformen Wirklichkeit geworden.

Der Trophäenkult und das „System"

Neofeudalistische Jagd- und Hegekultur war von Anfang an – und ist es weithin bis heute noch – tief verankert in den Strukturen des „Systems". Geweihe, die Trophäen, spielen als Statussymbole, Rangabzeichen und Verdienstorden im Dienstbetrieb staatlicher Forstverwaltungen eine für Außenstehende unvorstellbar wichtige Rolle. Seit Generationen verdirbt der jagdliche Trophäenkult forstliche Sitte und Moral, ist es doch nach wie vor einfacher, sein Forstrevier Hirsch und Reh zum Fraß zu überlassen, als dieses gesetzlichen Vorgaben gemäß waldpfleglich zu erhalten und zu gestalten (MEISTER u. a., 1983).

Die horrenden Wildschäden am Wald werden seit eh und je heruntergespielt, vertuscht, totgeschwiegen. Die waldverderbliche Unmoral der Feudaljagd einer privilegierten Bürokratenkaste, früher in offener, heute in klammheimlicher solidarischer Verbundenheit mit der gesellschaftlich einflußreichen privaten Jägerlobby, ist ungebrochen. Der Thron Dianens steht unerschütterlicher denn je – diese Feststellung des bayerischen Ministers Hazzi Mitte vorigen Jahrhunderts gilt heute noch. Wer Zweifel daran hegt, dem seien aktuelle Hirschgeschichten aus einem niedersächsischen Forstamt zur Lektüre empfohlen (DIECKERT, 1983). Unglaublich, mit welcher Selbstverständlichkeit hier intime Einblicke in einen dekadent-neofeudalistischen Jagdkult byzantinischer Ausmaße unter Beteiligung führender Staatsforstbeamter dargeboten werden! Die Landesrechnungshöfe steuern in ihren jährlichen Berichten Zahlenmaterial über die Kosten bei, mit denen der Steuerzahler dieses amoralische Treiben unterhält.

IV. Eine denkwürdige Begegnung mit dem deutschen Försterwald

1935 besuchte Aldo Leopold (1887–1948) unser Land, um die berühmte deutsche Forstwirtschaft und waidgerechte Wildhege kennenzulernen. Leopold hatte den erlernten Forstberuf enttäuscht aufgegeben und in Wisconsin den ersten Lehrstuhl für Wildbiologie gegründet. In einigen Aufsätzen sind uns seine amerikanischen Reiseeindrücke überliefert (LEOPOLD, 1936, 1941).

„Für einen amerikanischen Naturschützer ist einer der nachhaltigsten Reiseeindrücke aus Deutschland das Fehlen jeglicher Wildnis in der Landschaft. Zwar gibt es Wälder, unendliche Weiten nur mit Fichten, Fichtenberge bis zum Horizont, finster dreinblickende Dickichte in den Schluchten und viele flüchtige Eindrücke von gelben Kiefern, die geradlinig und stramm die Hügel hinaufmarschieren, um sich auf der Kammlinie zu versammeln. Es ist auch Wild da – jeden Abend kann man einen sich drückenden Rehbock sehen oder sogar ein flüchtiges Rudel Rotwild, und dies sogar vom Fenster des Eisenbahnzuges aus. Auch Ströme und Seen gibt es, weniger verschmutzt, nicht schlimmer an den Ufern verbaut als unsere. Und doch, für das kritische Auge fehlt etwas, was in einem Land nicht fehlen dürfte, welches derzeit in intensivster Weise alles das betreibt, was wir unter Naturschutz verstehen. Was ist das?"

Leopold weiß, daß sich Deutschland von seiner Geschichte und Bevölkerungsdichte her den „ästhetischen Luxus" großflächiger Naturschutzgebiete amerikanischer Ausmaße nicht leisten kann. Er bemängelt die ästhetischen Defizite der deutschen Wirtschaftswälder und Agrarlandschaften. Die Ursachen der Fehlentwicklungen sieht er bei den für ihre Naturliebe bekannten Deutschen in deren „früheren Leidenschaft für unnütze Freiland-Geometrie". „Die meisten deutschen Forste, obgleich vor über 100 Jahren begründet, würden jedem Kubisten zur Ehre gereichen. Die Bäume stehen nicht nur in Reihen und sind nur von einer Art, sondern oft sind die verschiedenen

Altersblöcke Parallelogramme, die nur die frühe Entdeckung der bösen Wirkungen des Windes davor bewahrte, Rechtecke zu sein."

„Ein weiteres, subtileres, dem Durchschnittsreisenden nicht auffallendes Merkmal des Mangels an Wildnis ist das weitgehende Fehlen von Raubwild und Greifvögeln." Das Vorhandensein eines einzigen Grizzlybären verleihe einem ganzen Land eine besondere Würze; aus den deutschen Bergen sei dieser Duft verschwunden, ein Opfer des fehlgeleiteten Eifers der Wildheger und Viehhalter. „Und die große Eule, der Uhu, ohne dessen schlichte Rufe die Winternacht zur bloßen Finsternis wird, überdauert nur in den weitest entfernten Provinzen Ostpreußens."

Unübersehbar sieht Leopold mit dicken Lettern in den deutschen Landschaften geschrieben, daß der Erfolg einer übermäßigen künstlichen Landnutzung auf Kosten der Allgemeininteressen erkauft werde. Der Wildheger erkauft einen übermäßigen Bestand an Fasanen um den Preis der Habichte und Eulen, die der Allgemeinheit gehören. Der Förster erkauft einen unnatürlichen Zuwachs an Holz um den Preis der Bodengesundheit, und den Überbestand an Schalenwild unterhält er auf Kosten aller schmackhaften Sträucher und Kräuter.

Der Effekt von zuviel Schalenwild auf die Bodenflora sei ein Trickdiebstahl am ästhetischen Reichtum, um so gefährlicher, weil er unabsichtlich und im Verborgenen geschieht. Wird ein Rotwildbestand überhegt und fehlen die natürlichen Feinde, die ihn zurechtstutzen könnten, dann werden die schmackhaften Pflanzen aufgefressen; der hegende Jäger muß die Hirsche künstlich füttern, woraufhin im nächsten Jahr der Verbißdruck weiter zunimmt usw. Das Endergebnis ist die Ausrottung der bevorzugten Äsungspflanzen, eine unnatürliche Monotonie der Vegetation, die noch verstärkt wird durch die Wirkung der Nadelbäume, die den Boden versauern und zu sehr beschatten.

„Es ist beinahe so, wie wenn die geologische Uhr zurückgedreht wäre in jene düsteren Zeiten, als es nur Nadelbäume und Farne gab." In einem weiteren Vergleich bezeichnet er die Bodenvegetation deutscher Wälder als eine ökologische Wüste.

„Wir Amerikaner, zumindest in den meisten Staaten, haben noch keine Wälder ohne Bären, Wölfe und Adler, ohne Raubkatzen erlebt. Wir wollen mehr Hirsche und mehr Nadelhölzer, und wir werden vermutlich beides bekommen. Ist uns aber auch bewußt, daß wir dies, wie die Deutschen, nur um den Preis des Verlustes ursprünglicher Lebensräume und das Raubwildes bekommen werden?" Für die unerträglichen jagdlichen Zustände in Deutschlands Wäldern hat der fachkundige Besucher aus Amerika eine einfache Antwort: „Die Forstbeamten, welche die meisten jagdlichen Privilegien im Wald genießen, sind nicht gewillt, sich ihre Privilegien im Interesse des allgemeinen Wohles beschneiden zu lassen." Die korrekteste Antwort zu diesem Problem habe ihm ein deutscher Förster gegeben: „Die Sache mit dem Schalenwild ist eine Liebesaffäre – nicht nur der Förster."

Diese gnadenlose Analyse des Zustands deutschen Forst- und Jagdwesens vor nahezu 60 Jahren ist bis heute ein singularer Fall. Es war und ist bis heute ein mühsamer, schmerzhafter Prozeß, auf dem Wege der Selbsterkenntnis diese frühen Einsichten Leopolds nachzuvollziehen und daraus Konsequenzen abzuleiten.

Leopold's Konsequenzen für die Wälder Nordamerikas

In der Hoffnung, den Wäldern seiner Heimat die deutsche Entwicklung zu ersparen, machte er folgende Vorschläge:

1. Die staatliche Absicht, 3 % der Landschaft unter Schutz zu stellen, sei unzureichend. Nachdem er ja in Deutschland gesehen habe, was Forstwirtschaft aus Wäldern mache, schlage er vor, die Forstwirtschaft auf nur die Hälfte der Waldfläche, zudem nur auf die stabilen Standorte, zu beschränken. Die andere Hälfte, vor allem die Bergwälder, solle man als Wildnis belassen.

2. Die Deutschen sind durch das Ausrotten des großen Raubwildes in die Sackgasse geraten. Diesen schlimmen Fehler muß Amerika vermeiden.

3. Als dritte Lektion habe er begriffen, Mischwäldern aus heimischen Baumarten tiefen Respekt zu bezeugen und zugleich tiefes Mißtrauen gegen großflächige Reinbestände, vor allem, wenn diese aus Fremdländern bestehen. Auch Durchforstungen sieht er zunehmend kritisch, erst recht, wenn diese alles kranke und abgestorbene Baummaterial entnehmen.

4. In der Schalenwildproblematik rät er zu einer großzügigen Politik beim Aufbau belastbarer Wälder und zu einer geizigen Politik im

Hinblick auf die Schalenwildbestände. Glücklich sei zu nennen, der zwischen beiden eine gute Sicherheitsspanne bewahrt!

Leopold's Land-Ethik

Leopolds Einstellung zu einem verantwortungsbewußten Umgang mit Natur, durch den Schock der Begegnung mit deutschem Försterwald und deutschem Jagdwesen nachhaltig geprägt, führte schließlich zu seiner Land-Ethik.

Deren Kernsatz ist von alttestamentarischer Schlichtheit: „A thing is right when it tends to preserve the integrity, stability and beauty of the biotic community. It is wrong when it tends otherwise." – Eine Handlung ist richtig, wenn sie dazu beiträgt, die Unversehrtheit, Stabilität und Schönheit der Lebensgemeinschaft zu erhalten. Sie ist falsch, wenn sie das Gegenteil bewirkt.

Vor solcher ethischen Handlungsanweisung steht der moderne Zeitgenosse ratlos. Für Amazonasindianer ist dies das uralte Rezept des Überlebens. Aber auch für Waldbesitzer, Förster und Jäger kann es ein Konzept sein, das diesen Tag für Tag beim Umgang mit Wald als verbindliche Leitlinie zu verantwortlichem Tun dient.

Leopold relativiert den Absolutheitsanspruch seiner Grundforderung: „Eine Land-Ethik kann natürlich die Veränderungen, Bewirtschaftung und Nutzung dieser Naturreichtümer nicht verhindern, aber sie bekräftigt in der Tat deren Recht auf Fortbestehen und zwar, wenigstens an einigen Stellen, im natürlichen Zustand".

Leopold sieht seine Land-Ethik als zwangsläufiges Ergebnis der Evolution. Die Anfänge der Ethik haben die Beziehungen der Einzelmenschen untereinander geregelt, wofür die Zehn Gebote ein Beispiel sind. Spätere Schritte versuchten den Menschen in die Gesellschaft einzugliedern; die Demokratie sei der Versuch, das Einzelwesen durch gesellschaftliche Ordnung zu vervollkommnen. „Die Land-Ethik erweitert die Grenzen des Gemeinwesens und schließt Boden, Gewässer, Pflanzen und Tiere, also – zusammengefaßt – das Land, ein. Eine Land-Ethik wandelt die Rolle des Homo sapiens vom Eroberer der Landgemeinschaft zu einem einfachen Mitglied und Bürger in ihr."

„Diese Ausweitung ethischer Werte auf andere Bereiche, die bisher nur von Philosophen unternommen wurde, ist in Wirklichkeit ein

Prozeß der ökologischen Evolution. Aus ökologischer Sicht ist Ethik eine Beschränkung von Handlungsfreiheit im Kampf ums Überleben. Philosophisch gesehen ist Ethik eine Unterscheidung zwischen sozialem und asozialem Verhalten."

Land-Ethik ist der dritte Schritt in eine Richtung, die ersten beiden sind bereits getan. „Dabei haben Denker seit den Tagen Hesekiels und Jesaja geltend gemacht, daß Raubbau am Land nicht nur unvorteilhaft, sondern Unrecht ist. In der Allgemeinheit hat sich diese Überzeugung noch nicht durchgesetzt." (LEOPOLD, 1992).

Naturnutzerkategorien: A oder B ?

Leopold teilt die Menschen nach ihrem Umgang mit der Natur in zwei Gruppen ein: „Die Gruppe A betrachtet das Land als Boden und seine Funktionen als die Produktion von Gebrauchsgütern. Gruppe B betrachtet das Land als Biosphäre und sieht seine Funktionen etwas weiter. Um wievieles weiter, ist zugegebenermaßen zweifelhaft und wirr."

„In der Forstwirtschaft ist die Gruppe A damit zufrieden, Bäume wie Kohlköpfe zu ziehen, um die Zellulose als wesentliches Gebrauchsgut des Waldes zu erhalten. Sie hat keine Hemmungen gegenüber gewaltsamen Eingriffen; ihre Ideologie ist agronomisch.

Die Gruppe B in der Forstwirtschaft sieht ganz grundsätzliche Unterschiede zum Ackerbau, da sie mit natürlichen Arten umgeht und eine natürliche Umgebung betreut, statt eine künstliche zu schaffen. B bevorzugt aus Prinzip die natürliche Waldverjüngung. Sie sorgt sich aus biosphärischen wie auch aus wirtschaftlichen Gründen um das Verschwinden der Kastanie und den drohenden Verlust der Weymouthskiefer. Sie sorgt sich um eine ganze Reihe sekundärer Naturschutzgebiete. Mir scheint, die Gruppe B spürt die Regungen des ökologischen Gewissens" (LEOPOLD, 1992).

Leopolds Land-Ethik steht am vorläufigen Ende der langen Geschichte einer neuen Sichtweise für den Umgang mit Natur. In Nordamerika erinnerte man sich erst Jahrzehnte später an Leopolds Philosophie. Heute ist seine Land-Ethik das Herzstück neuzeitlicher Umweltethik. Unseren deutschen Weg hin zur „Kategorie B" hatte Leopold mit großem Respekt und optimistischen Erwartungen ebenso sorgfältig und sachkundig beschrieben wie unseren Irrweg der Kategorie A mit „Spruce Mania", Schalenwildvermehrung, Raubwild- und Greifvogelbekämpfung.

Umwertung aller Werte: Fällt das System?

In der deutschen Geschichte der alternativen Waldwirtschaft, des Naturschutzes und der Wildbiologie finden sich inzwischen alle Elemente, die Leopold's Land-Ethik entsprechen.

Das vor über 40 Jahren verfaßte Grundsatzprogramm der Arbeitsgemeinschaft Naturgemäße Waldwirtschaft hat die Folgerungen aus der Entwicklung von Gayer bis Möller in griffige Formulierungen gefaßt. Inzwischen wurde dies um Programme über ein zeitgemäßes Verständnis der Jagd und des Naturschutzes im Wald erweitert. In einer beachtlichen Anzahl von weithin bekannten und vielbesuchten Beispielbetrieben sind diese Ideen erfolgreich realisiert. Ökologisch ausgerichtete Jägervereine sind gegründet, die Naturschutzorganisationen erinnern sich an Rebel's Konzept eines flächenhaften Naturchutzes im Wald durch naturnähere Bewirtschaftung.

Wildbiologie, soweit sie vom korrumpierenden Einfluß der Jägergelder unabhängig ist, demontierte die Nutzen-Schaden-Schablone und rehabilitierte das Raubwild. Uhu, Wanderfalke und Wildkatze sind erfolgreich eingebürgert, in der Schweiz und in Slowenien sogar der Luchs, dessen Wiederkehr man bei uns intensiv diskutiert. Ja sogar der Braunbär soll wieder kommen!

Der forstliche Vogelschutz ist dabei, sich aus der Ecke zu lösen, in der er sich durch lächerlich einseitiges Nutzen-Schaden-Denken einer an Nistkästen, Winterfütterung und Vogelfeindbekämpfung ausgerichteten Ideologie verrannt hatte. Selbst der vielverfolgte Eichelhäher wird endlich als der waldbildende Vogel entdeckt, als den ihn bereits vor mehr als einem halben Jahrhundert August Bier, der bedeutende Mediziner und geniale Vordenker im Wald, rühmte.

Systemänderung nach den Orkanen 1990?

In den staatlichen Forstverwaltungen ist spätestens seit den Orkanen 1990, der schlimmsten Katastrophe in der Geschichte der man-made-forests, ein geradezu stürmisches Umdenken in Gang gekommen.

Abkehr von Kahlschlag, Nadelholzkultur und Altersklassenwald, Hinwendung zu den Zielen der „Kategorie B", eine neue Waldverfassung, orientiert am Dauerwaldgedanken, genutzt nach dem Plenterprinzip. Ein Mehr an Laubwald ist seither keine Frage mehr; bisher vernachlässigte Baumarten wie der Speierling werden wieder entdeckt, ja man erinnert sich sogar der verfolgten Weichlaubhölzer als echte Waldbäume.

Programme zur Waldrandgestaltung, eigene Strategien für Feuchtgebiete im Wald, Verständnis für einzelne absterbende und der Natur als Moderholz überlassene Bäume, Totholzprogramme gestehen endlich der waldtypischsten Vogelgattung, den Spechten, ihr Lebensrecht zu, das wir bisher mit Nadelholzkultur in zu kurzem Umtrieb und mit „sauberer" Wirtschaft beschnitten hatten. Schon 1878 sah der Forstzoologe ALTUM den Sachverhalt ethisch richtig: „Der Specht ist für den Wald geschaffen und er hat ein Recht auf seinen Wald und der Wald hat ein Recht auf seinen Specht, ohne Specht fehlt ein ihm zugehöriges Lebenselement."

Ist „Kategorie A" out? Lockert sich der paramilitärisch-kommandowirtschaftliche Komplex des alten Systems? Noch steht trotz mancher verbaler Gegenbekundungen und vehementer Kritik der Rechnungshöfe das neofeudalistische Element der Trophäenjagd, noch sind Rot- und Rehwildbestände hoffnungslos überhöht. Wird auch dieser Anlauf an der beharrlichen Unmoral des Jagdkultes scheitern?

Schon verdunkeln erneut schwarze Wolken den forstlichen Horizont: Die Ertragslage ist schlechter denn je, die Aussichten für die nächsten Jahre sind düster. Wieder wird mit kurzatmigem Aktionismus in Verwaltungen umorganisiert, Reviere werden vergrößert, Personal vor Ort abgebaut, mit mehr Maschinen rationalisiert; der nächste Schritt in Richtung „waldbaulicher Entfeinerung" ist damit vorgezeichnet. Daß selbst die derzeitigen Rekordhaushaltsdefizite, ausgelöst durch die Orkane 1990, in der Größenordnung kaum höher sind als all die Kosten und Schäden, die auf das Konto des Schalenwildes gehen, wird dabei nicht einmal ansatzweise diskutiert.

So wird wohl einmal mehr die Jahrhundertaufgabe des Umbaus der Försterplantagen zu richtiggehenden Wäldern als Hypothek an die nächste Generation weitergeschoben. Werden unsere Kinder und

Enkel auf dem leer geplünderten Planeten noch Mittel und moralische Kraft haben, nachzuholen, was wir in den Zeiten üppigen Wohlstands versäumt haben?

V. Alttestamentarische Einsichten

So neu und großartig uns Leopold's Land-Ethik erscheinen mag, bereits im Alten Testament finden sich 3000 Jahre alte Erkenntnisse und ethische Vorschriften über den pfleglichen Umgang mit der Umwelt (SPERBER, 1994). Die mosaischen Gesetze regeln nicht nur das Zusammenleben der Menschen und religiöse Riten, sondern in erstaunlich präziser Form den Umgang mit der anvertrauten Natur: Die Religion der Juden umfaßt bereits eine hochentwickelte Land-Ethik! Für viehzüchtende Nomaden war es lebenswichtig, Verhaltensweisen anzunehmen, die ihnen auf Dauer ein seßhaftes Leben als Ackerbauern und Gärtner im gelobten Land ermöglichten. Eindeutig hat der Gesetzgeber Moses das Verhältnis zwischen dem Eigentum an Land und dessen Nutzung beschrieben: So spricht der Herr: „Besitz an Grund und Boden darf nicht endgültig verkauft werden, weil das Land nicht euer, sondern mein Eigentum ist. Ihr lebt bei mir wie Fremde, denen das Land nur zur Nutzung überlassen ist" (Levitikus 25, 23).

Hier ist die Rolle des Menschen gegenüber seiner natürlichen Umwelt unmißverständlich festgelegt. Da bleibt keine Berechtigung für das folgenschwere Mißverständnis, der Mensch als Krone der Schöpfung sei berechtigt, ja aufgerufen, diese sich untertan zu machen. Die Einsicht in diese bescheidene Rolle des Menschen innerhalb der göttlichen Schöpfungshierarchie geht aus vielen weiteren biblischen Zeugnissen hervor. Die allzulange mißgedeutete Stelle lautet in der modernen Einheitsübersetzung: „Vermehrt euch! Breitet euch über die Erde aus und nehmt sie in Besitz. Ich setze euch über die Fische, die Vögel und über alle anderen Tiere und vertraue sie euerer Fürsorge an" (Genesis 1,26–30). „Er übertrug ihnen die Aufgabe, den Garten zu pflegen und zu schützen" (Genesis 1,15).

Strenge Sabbatvorschriften sollten die Natur vor Übernutzung schützen: „Wenn ihr in das Land kommt, das ich euch geben werde, müßt ihr dafür sorgen, daß das Land mir jedes siebte Jahr seinen Sabbat feiert. Sechs Jahre dürft ihr euere Felder bestellen, euere Weinstöcke beschneiden und den Ertrag einsammeln. Aber jedes siebte Jahr muß das Land ruhen, es feiert einen Sabbat zu Ehren des Herrn. Ihr dürft in diesem Jahr kein Feld bestellen und keinen Weinberg pflegen" (3. Mose 25,1–7). Obendrein mußte nach jedem siebten Sabbatjahr, im fünfzigsten Jahr, ein Hall- und Jobeljahr gefeiert werden, in dem wiederum weder gesät noch geerntet werden durfte.

Doch die Geschichte des Alten Testamentes ist eine ökologische Unheilsgeschichte und Israels glanzvoller Aufstieg unter den Königen David und Salomo zu einem orientalischen Großreich war eine Phase übelster Ausbeutung von Mensch und Natur. Für die Prachtbauten, Paläste und Tempel wurden die versklavten Ureinwohner Kanaans als Arbeitskräfte herangezogen, und die Eichenwälder Israels wurden ebenso geplündert wie die berühmten Zedern des Libanon. Selbst für den Import von Edelhölzern, neben Elfenbein, Edelmetallen und Affen aus Afrika und Südostasien, hatte sich Salomo von den Phöniziern eine eigene Handelsflotte im Roten Meer bauen lassen.

Die mosaischen Gesetze zum Schutz des Landes wurden ebensowenig eingehalten wie andere religiöse Vorschriften. Nach Salomos Tod beginnt Israels Niedergang, ständig begleitet von den Vorhersagen und Warnungen der Propheten, aus denen Jesaja (740–690 v. Chr.) im Nordreich und Jeremia (626–580 v.Chr.) im Südreich herausragen.

Die Propheten begreifen und beschreiben den Niedergang auch als ökologische Katastrophe. Dabei ist ihnen das Sterben der Wälder das schlimmste Zeichen für den dramatischen Niedergang ihrer Umwelt: „Die üppigen Weiden im Baschan verdorren, die Bäume auf dem Karmel sterben ab und auf dem Libanon verwelkt die Blütenpracht" (Nahum 1,4). Die Ursache des Verfalls ihres Lebensraumes haben die Propheten den Landsleuten eindringlich genug vor Augen geführt: „Wie lange soll das Land noch trauern und alles Grün auf den Feldern verdorren? Wegen der Schlechtigkeit seiner Bewohner gehen Tiere und Vögel zugrunde." – „Traurig und öde liegt das Land vor mir, weil niemand meine Warnungen ernst genommen hat" (Jeremia 12,4, 11). „Du hast den Israeliten dieses Land gegeben, das du ihren Vorfahren mit einem Eid zugesagt hattest, dieses Land, in dem Milch und Honig fließen. Wie sie aber das Land in Besitz genommen hatten, da hörten sie nicht mehr auf dich und kümmerten sich nicht um deine Weisungen. Alles, was du ihnen befohlen hattest - sie taten es nicht.

Da hast du schließlich dieses Unheil über sie hereinbrechen lassen" (Jeremia 32, 22 – 23).

Die Erntefreude ist vorüber

Eindringlich schildert Jesaja das Ende der Erde: „Völlig verwüstet wird die Erde, vollständig leer geplündert. Der Herr selbst hat dieses Urteil gefällt. Die Menschen haben die Erde entweiht, sie haben Gottes Gebote übertreten, sein Gesetz mißachtet und den Bund gebrochen, den er für immer mit ihnen geschlossen hatte. Darum vernichtet sein Fluch die Erde, und die Menschen müssen büßen für ihre Schuld. Sie schwinden dahin, nur ganz wenige bleiben übrig. Auf der Erde, unter den Völkern, wird es dann so aussehen, wie nach der Olivenernte, wie bei der Nachlese im Weinberg, wenn die Erntefreude vorüber ist" (Jesaja 24,1–13).

Seit 3000 Jahren ist diese ökologische Unheilsgeschichte des Alten Testamentes bekannt. Gelernt haben wir daraus nichts. Verführt durch das Vorbild des wissenschaftlich-technisch-industriellen Fortschritts der westlichen Welt ruinieren wir global die natürliche Fruchtbarkeit der Erde gründlicher denn je zuvor. Wir zerstören die Böden, verseuchen das Wasser, vergiften die Atemluft.

In einem Überlebenskonzept würde den Wäldern der Erde eine zentrale Rolle zukommen. Die Philosophie für verantwortungsvollen Umgang mit den Wäldern ist nicht zuletzt durch die Einsichten aus unserer deutschen Forstgeschichte entwickelt. Doch müßte die Gesellschaft erst die Vorbedingungen schaffen, damit zunächst die Wälder eine Überlebenschance haben. Es bleibt nicht mehr viel Zeit. Dramatischer als je zuvor werden die Wälder der Entwicklungsländer abgeholzt, in den entwickelten Bereichen siecht der Wald unter dem Gifthauch der Abgase der Industriegesellschaft, das Klima droht sich zu erwärmen infolge des Treibhauseffekts, eine geschundene Erde mit rapide schwindender natürlicher Tragfähigkeit soll dort immer mehr Menschen satt machen und hier bei uns weiter steigende Ansprüche befriedigen.

Am Umgang mit dem Wald wird sich Überlebenswille und Überlebensfähigkeit der Menschheit erweisen. Alles deutet derzeit darauf hin, daß die Anfang unseres Jahrhunderts ausgesprochene Prophezeihung Raoul France's Wirklichkeit wird: „Eines Tages wird das

Maß der Sünden wider die Natur auch hier voll sein, und dann spricht die Stimme des Gerichts das Urteil ebenso gleichmäßig, wie sie es im Morgenland gesprochen hat" (FRANCE, 1922).

Literatur

AMMON, W.: Das Plenterprinzip in der Schweizer Forstwirtschaft. Berlin-Leipzig, 1937

ARNDT, E. M.: Ein Wort über die Pflegung und Erhaltung der Forsten und der Bauern im Sinne einer höheren, d. h. menschlichen Gesetzgebung. Köln, 1815

BARTHELMESS, A.: Wald – Umwelt des Menschen. Freiburg-München, 1972

BURCKHARDT, A.: Säen und Pflanzen nach forstlicher Praxis. Hannover, 1855

CONWENTZ, H.: Die Gefährdung der Naturdenkmäler und Vorschläge zu ihrer Erhaltung. Berlin, 1904

COTTA, H.: Anweisung zum Waldbau. 1816

DIECKERT: Hirschgeschichten aus einem Forstamt. Hannover, 1983

ENDRES, M.: In: Bericht über die 7. Hauptversammlung des Deutschen Forstvereins zu Danzig. Berlin, 1906

FRANCE, R.: Die Gesetze der Welt. Stuttgart, 1923

GAYER, K.: Der gemischte Wald. Berlin, 1886

GUSE, C.: Die Anwendung der „Reinertragstheorie" auf die Staatswaldungen. In: Mündener Forstliche Hefte 15, 1899

HARTIG, G. L.: Anweisung zur Holzzucht für Förster. Marburg, 1791

HARTIG, G. L.: Anweisung zur Taxation der Forsten. Gießen, 1795

HARTIG, G. L.: Gutachten über die Frage: Welche Holzarten belohnen den Anbau am reichlichsten und wie verhält sich der Geldertrag des Waldes zu dem des Ackers?, Berlin, 1833

HASEL, K.: Die Zukunft der Deutschen Forstwirtschaft. In: Allgemeine Forstzeitschrift Nr. 23, 1968

JÄCKEL, A. J.: Systematische Übersicht der Vögel Bayerns. München und Leipzig, 1891

KÖNIG, G. K.: Die Waldpflege, aus der Natur und Erfahrung neu aufgefaßt. Gotha, 1849

LEOPOLD, A.: Naturschutz in Germany. 1936

LEOPOLD, A.: Deer and Dauerwald. Journal of Forestry, 1941

LEOPOLD, A.: Am Anfang war die Erde: Plädoyer zur Umweltethik, A Sand County Almanac, München, 1992

MEISTER, G./SCHÜTZE, CH./SPERBER, G.: Die Lage des Waldes. Hamburg, 1983

MÖLLER, A.: Der Dauerwaldgedanke, sein Sinn und seine Bedeutung. Berlin, 1922

PFEIL, F. W. L.: Über die Ursachen des schlechten Zustandes der Forsten und die allein möglichen Mittel ihn zu verbessern, mit besonderer Rücksicht auf die preußischen Staaten. Berlin, 1816

PRESSLER, M. R.: Der rationelle Waldwirth und sein Waldbau des höchsten Ertrags. Dresden, 1858

REBEL, K.: Naturschutz im Wald. In: Blätter für Naturschutz und Naturpflege, H. 1/2, 1928

RIEHL, W. H.: Land und Leute. Stuttgart, 1852

SALISCH, H. VON: Forstästhetik. Berlin, 2. Auflage, 1902

SPERBER, G.: Bäume in der Bibel – eine biblische Un-Heilsgeschichte von Bäumen, Wald, Natur, deren Zerstörung und den gnadenlosen Folgen. In: Forstwissenschaftliches Centralblatt. Hamburg und Berlin, 1994

Was ist naturnahe Waldwirtschaft?

DUSAN MLINSEK

Naturnahe Waldwirtschaft ist das Resultat einer langwierigen Suche. Nachdem die vielen Versuche, sich die Natur im Walde untertan zu machen, immer wieder mißglückt sind, galt es, Formen einer naturkonformen Waldbetreuung zu finden. Die erfolgreiche Entwicklung der naturnahen Waldbehandlung ist auf bittere Erfahrungen mit landwirtschaftlich aufgebauten Forsten zurückzuführen. Sie ist also aus Not entstanden. Dabei hat sie sich von Anfang an auf ökologisches Gedankengut gestützt, zu dem auch die Waldwirtschaft viel beigetragen hat. Ihr Fundament sind erkenntnistheoretische Überlegungen, landschaftsökologische Gesichtspunkte und gesellschaftliche Ansprüche an den Wald. Heute ist die naturnahe Waldwirtschaft praktisch der einzige Wirtschaftszweig, der ein erneuerbares Naturgut wirklich im Einklang mit Natur zu bewirtschaften versteht. Diese Behauptungen möchte ich im Folgenden erklären.

Historischer Hintergrund

In der Vergangenheit waren Urlandschaften überall dort, wo der Baum wachsen konnte, mit Urwald bedeckt. Die Natur hat das nicht aus Luxus gemacht. Perfekt funktionierende „entropiebremsende" Waldökosysteme nahmen langsam überhand, um das Leben schützend zu entwickeln. Ökologisch betrachtet braucht das Leben Waldökosysteme als Überlebenschance. Die Erde befindet sich nach wie vor in der „Epoche des Waldes": Wald gäbe es noch immer und überall, wenn ihn der „gekommene" Mensch nicht ausgerottet hätte.

Der Wald ist also ein lebensentscheidendes Landschaftselement. Er ist der wichtigste Energiespeicher und der entscheidende Energiehaushälter und Energielenker in der Landschaft. Das Gegenstück ist eine Landschaft, in der durch Entwaldung der Energiehaushalt total zerstört ist.

Zum Schutz des Lebens ist der Wald vielseitig „orientiert" – im Prinzip auch zum Schutz des menschlichen Lebens und seiner vielseitigen Bedürfnisse. Der Natur entfremdet, hat aber der Mensch den Wald gerodet und durch sein unvernünftiges anthropozentrisches Handeln auch den übriggebliebenen Wald verändert. Solche Landschaften sind natürlicher Regelmechanismen für ihre Selbsterhaltung beraubt worden. Ökologisch betrachtet, muß nun der übriggebliebene Wald die Funktionen des gerodeten Teiles in der Landschaft übernehmen. Diese doppelte Last bedeutet aber, daß der Wald in der Landschaft sehr vital und gesund sein muß, um die zusätzlichen Funktionen erfolgreich erfüllen zu können. Die Ansprüche an den Wald werden dadurch noch erhöht, zumal wir vom Walde immer mehr direkt verlangen.

Der Wald, der Rest einer ehemaligen Urlandschaft, ist schwerwiegend belastet: durch landwirtschaftliche Krüppelökosysteme, falsche Energiezufuhr und infrastrukturelle Fremdkörper. Die Stärkung der Waldfunktionen verlangt deshalb einen sehr vitalen und möglichst natürlich strukturierten Wald, der verantwortungsvoll und weise, mit geringer künstlicher Energiezufuhr, mehrzweck-nachhaltig betreut wird. Die Voraussetzung hierfür sind jedoch nicht nur naturnah gesinnte Waldwirtschafter, sondern auch eine naturnah orientierte Staatspolitik und Öffentlichkeit. Wir brauchen einen Gesinnungswandel, vor allem bei den Zerstörern der Landschaften, wozu auch die Landwirtschaft zählt. Die Aufgabe der naturnahen Waldwirtschaft ist es, die anderen Nutznießer der Landschaften naturnah zu beeinflussen. Denn menschliche Gesellschaft hat nur eine Zukunft, wenn ein ökologisch orientierter Weg beschritten wird.

Erkenntnistheoretische Grundlagen haben Vorrang vor den sachkundigen Kenntnissen

Die Natur und ihr Wald wandeln sich ständig und sind nur durch stete Neubildung beständig. Die Stetigkeit der Neubildung – im Prinzip die „künstlerische" Entfaltung in der Natur – erfordert von denjenigen, die Natur und Wald mitgestalten möchten, Naturerkenntnis und eine künstlerische Begabung. Die naturnahe Waldwirtschaft findet ihre erkenntnistheoretischen Grundlagen in den Naturwissenschaften und durch eigene Beobachtungen. Ihre Lernstätte sind die Laboratorien in der offenen Landschaft, vor allem die noch erhaltenen Naturwälder und Urwälder.

Zu den erkenntnistheoretischen Grundlagen gehören auch die Gesetze der Thermodynamik. Insbesondere das zweite Gesetz ist eine wichtige Grundlage für die naturnahe Arbeit im Walde. Prigogine's grundlegende Gedanken sagen uns: Natur ist irreversibel. Ihr bifurkanter Charakter bedeutet, daß schon winzige Differenzen oder Fluktuationen unter geeigneten Umständen ganze Systeme beeinflussen und vollkommen neue Regime hervorrufen. Als außenstehende Beobachter werden wir diese Naturwahrheiten nie erkennen. Um Natur zu erkennen, müssen wir in den Wald hinabsteigen und uns mit dem Wald „identifizieren", d. h. wir müssen als organische Teilnehmer des Waldökosystems den experimentellen Dialog beobachtend entwickeln. Darin steckt der wahre Kern des Naturnahen.

Im naturnahen Waldbau können diese Erkenntnisse jedoch nur praktisch angewendet werden, wenn neben Biosubstanz und Energie auch als Drittes Informationen, die dem Ureigenen des Lebens entsprechen, gewonnen werden. Die naturnahe Waldwirtschaft erhält Information durch das permanente Beobachten des Reaktionsvermögens des Waldes und seiner Teile. Sie darf sich dabei nicht durch irreführende, von der Natur ablenkende Informationen der habsüchtigen modernen Gesellschaft beeinflussen lassen. Sie muß darum so organisiert werden, daß diese überaus wichtige kognitive Vorgehensweise im Walde selbst dauernd verwirklicht werden kann.

Theorien und Praxis der naturnahen Waldwirtschaft basieren auf dem Studium des Urwaldes. In diesem, von Menschen noch unveränderten Ökosystem, hat die Natur durch Jahrmillionen Mechanismen, Strukturen und Patente für das erfolgreiche Fortbestehen des Waldes „erfunden" und laufend überprüft. In der naturnahen Waldwirtschaft werden sie angewandt. Die grundlegende Erkenntnis der Urwaldforschung gilt für den naturnah wirkenden Mensch in seinen Tätigkeitsbereichen allgemein. Solange der Mensch bei allen seinen Aktivitäten nicht durch diese Erkenntnis gelenkt wird, so lange kann auch die naturnahe Waldwirtschaft nicht als Ganzes erfolgreich sein.

Der Urwald und seine „Patente"

Das Leben widersetzt sich dem Trend einer zunehmenden Entropie (das II. Gesetz der Thermodynamik), indem es ununterbrochen selbstregelnde „Bremsmechanismen" bildet und einsetzt. Anstatt der Natur zu helfen, pfuscht der Mensch mit seinen eigenen Erfindungen in das Werk der Natur hinein. Er wirkt „entropiebeschleunigend" und gefährdet dadurch langfristig das Leben. Die naturnahe Waldwirtschaft betrachtet die Natur, um Winke zu erhalten, wie diese Fehltritte des Menschen zu beseitigen oder wenigstens zu vermindern sind. Der Versuch einer nicht-anthropozentrischen Betrachtung des Urwaldlebens gibt uns bereits die ersten Anhaltspunkte für eine naturnähere Waldbehandlung. Die Erkenntnis, daß der Urwald ein beständiger, sich permanent selbsterhaltender Prozeß ist, lenkt unsere Überlegungen im Vergleich zu der landwirtschaftlich geprägten Forstwirtschaft in ganz neue Bahnen.

Das Geheimnis steckt in der Selbsterhaltung des Waldes. Die homöostatischen Mechanismen des Waldökosystems sind dabei im Prinzip durchaus vergleichbar mit dem Immunsystem von Organismen. Der Selbstschutz des Waldes kennzeichnet auch die Schutzfunktion des Waldes in der Landschaft. Daraus folgt eine waldbauliche, ja waldwirtschaftliche Überlegung: Sämtliche waldwirtschaftlichen Tätigkeiten müssen waldschützend, landschützend und eigentlich lebenschützend sein. Ein spezieller Waldschutz ist in dem Moment überflüssig, da die Mehrzweckfunktionen des Waldes „lebenschützend" erfüllt werden. Förderung der Produktion und zugleich Schutz von Wald und Landschaft bilden eine nahtlos verflochtene Einheit.

Diesem Regelmechanismus ist praktisch alles untergeordnet. Der Urwald zieht Materie und Energie aus der Mitwelt an. Permanent und wirksam werden sie strukturiert, „massiv" angehäuft und in Struktur und Menge beibehalten. Der Transport entwickelt sich streng lokalisiert, dem Standort entsprechend. Lokal wird die entstandene Biosubstanz auch „verarbeitet". Nur geringe, jedoch ständig fließende Mengen werden zwischen den Ökosystemen und ihren Teilen ausgetauscht. Das Gesetz der kleinen, permanent fließenden Mengen ist ein Naturgeheimnis, das nicht nur eine hohe Produktion der Biosubstanz bewirkt, sondern auch sämtliche Funktionen des Waldes erfüllt. Die naturnahe Waldwirtschaft fördert eine dem Standort entsprechend hohe, wohl strukturierte Biosubstanz (Vorräte), ohne die der Wald kein lebenlenkendes und lebenschützendes Element in der Landschaft und in der Mitwelt wäre. Sie wird mit Hilfe von mäßigen, jedoch oft wiederkehrenden waldbaulichen Maßnahmen erreicht, die durch drei waldwirtschaftliche Kapazitäten gelenkt werden: Dr. Geduld, Dr. „Fasten" und Dr. Beobachten.

Die hohe Biosubstanz im Urwald besteht aber nicht allein aus den lebenden Bäumen. Um Bäume zu haben, muß eine reichliche Strukturierung vorhanden sein: eine reichlich strukturierte Biosubstanz im Boden und ein reicher Anteil an „Totholz" unter, an der und über der Bodenoberfläche. Dieses tote Holz lebt noch mehr als die lebenden Bäume! Durch das „Totleben" der abgestorbenen Biosubstanz im Urwald wird für die Diversität des Lebens, für die Erhaltung der natürlichen Fruchtbarkeit des Standortes und dadurch für die allgemeine ökologische Stabilität gesorgt. Ökologische Stabilität und die Erhaltung der natürlichen Fruchtbarkeit des Standortes sind die Grundlagen der naturnahen Waldwirtschaft. Darum fördert sie eine waldökosystembezogene „Waldhygiene".

Beobachtet man die Lebensvorgänge im Urwald, so fällt auf, daß die Dimension „Zeit" anders als in einem künstlichen Ökosystem ist. Im Altersklassenwald wird z. B. nach menschlichem Maß eine bestimmte Umtriebszeit festgelegt. Im Urwald hat jede Art ihre Zeit, oft mehrere Jahrhunderte, bis sie ihre Lebensfunktionen erfüllt hat. Die naturnahe Waldwirtschaft arbeitet darum nicht mit Umtriebszeiten und mit den dazugehörigen Hilfsmitteln (wie z. B. Ertragstafeln), die – wie Leibundgut sagt – nur „Krücken" sind. Ein gesunder Forstmann benötigt keine Krücken.

Wie ein Waldökosystem sich fortwährend entwickelt und wie das Beziehungsgefüge von den vielen Komponenten, die das Waldleben gestalten, funktioniert, bleibt immer noch ein Geheimnis. Das Informationssystem innerhalb des Ökosystems arbeitet offenbar selbstregelnd und selbsterhaltend. Wir wissen, daß sich Lebewesen an sich und die Lebewesen, die am Ökosystem teilnehmen, kognitiv verhalten. Der Mensch und auch der Forstmann sind Teilnehmer an diesem Ökosystem. Ihre Verhaltensweisen sollten durch naturnahes Wirtschaften dem Waldökosystem angepaßt sein.

Diese Erkenntnisse aus dem Urwaldleben sind wegweisend für das allgemeine Benehmen von Menschen. In der naturnahen Waldwirtschaft werden sie zum Gebot.

Worin liegt der Kern der naturnahen Waldwirtschaft?

Der naturnahe Waldbau versucht einerseits, die waldkundlichen Grundlagen holistisch zu erfassen, um dem wahren Charakter des Waldlebens näher zu kommen. Andererseits besteht seine Aufgabe darin, in fortwährenden Versuchen das Reaktionsvermögen des Waldes und seiner Teile zu erkennen oder auch auszulösen. Ohne das erste wird das zweite wenig erfolgreich sein. Die Erkundung der Reaktionsfähigkeit des Waldes wird wichtig, da im Wald verschiedene waldbauliche Ziele als Teile der gesamtwaldwirtschaftlichen Zielsetzung angestrebt werden.

Der Wald erfüllt von Natur aus viele Dienstleistungen; unsere Ansprüche an den Wald steigen jedoch. Die Last, die der Wald zu tragen hat, nimmt ständig zu. Wie groß darf diese Last sein, ohne daß der Wald unwiderruflich zerstört wird? Um diese Frage zu beantworten, muß der Forstmann dem „Studium" des Reaktionsvermögens des Waldes und seiner Teile viel Zeit widmen.

Naturnahe Waldwirtschaft beginnt im bestehenden Wald. Er ist ihr Hauptanliegen. Denn der bestehende Wald verändert sich fortwährend und ist für das „waldbauliche Kneten" ein dankbarer „Teig". Mit seiner Biosubstanz ist er bereits mit allen seinen Fähigkeiten da; sie gilt es zu lenken und auszunützen. Erst wenn die Schöpfungspotenzen langsam ausgenützt sind, ist an die Erneuerung einzelner Waldteile zu denken. Die Erneuerung spielt in der naturnahen Waldwirtschaft eine sekundäre, jedoch keine unwichtige Rolle.

Der Kern eines nachhaltigen Erfolges im naturnahen Waldbau liegt in der Erkenntnis: das bereits Bestehende beobachten und beobachtend sanft lenken. Diesem Gedanken folgend wird die Waldpflege groß geschrieben. Es ist zu betonen, daß diese Waldpflege ausschließlich auf der natürlichen Population gründet. Sie wird zur lenkenden Kraft der Waldwirtschaft. Der Sinn der Waldpflege wird dadurch erweitert und ausgebaut. Waldpflege ist das neue Paradigma aller naturnahen Waldbewirtschaftung. Eine solche Waldpflege führt zu einer andersartigen Waldbehandlung, indem energiesparende und entropiearme Technologien genutzt werden.

Der andere Kern einer erweiterten Waldpflege liegt aber im intellektuellen Ansatz: Waldpflege erfaßt den Wald als Prozeß in seiner Ganzheit. Die gesamte Biosubstanz in und mit seiner Mitwelt wird pflegend betreut. Auch die Erneuerung ist der Waldpflege untergeordnet. Entscheidend ist die systematische Förderung des qualitativ Hochwertigen – egal, ob es um Werte mit oder um Werte ohne Marktpreis geht – bezogen auf alle Funktionen des Waldes in ihrer Gesamtwirkung. Die Waldpflege kann diese Aufgabe nur erfüllen, wenn sämtliche Komponenten der Mitwelt in Betracht gezogen werden.

Die naturnahe Waldpflege widmet der standortgerechten Artenwahl, den Biosubstanzstrukturen und ihren Funktionen besondere Aufmerksamkeit, um das zu erwartende Reaktionsvermögen einer Baumart oder Art allgemein pflegend zu nutzen. Der Standort (das Pferd) und die Baumart (der Sattel) müssen in ihrer Entwicklung zu einer untrennbaren Einheit zusammenwachsen. In den Monokulturen der europäischen Forstwirtschaft ist der hinkende Sattel schneller als das Pferd.

Nun wird verständlicher, warum die drei Doktoren – Geduld, Fasten und Beobachten – in der naturnahen Waldwirtschaft eine so wichtige Rolle spielen. Die naturnahe Waldwirtschaft enthält Elemente des Künstlerisch-Intuitiven, und in dieser Richtung wird sie sich weiter entwickeln. Der kognitive Prozeß, den wir von der Natur zu lernen haben, muß die naturnahe Waldwirtschaft bis in die Einzelheiten durchdringen. Nur mit Hilfe kognitiven Verhaltens wird es uns möglich sein, Ansätze für eine neue Informatik zu finden. Naturnahe Waldwirtschaft wird fürwahr erst dann wirklich naturnah, wenn die anthropozentrisch geprägte Informatik durch eine natureigene, im Wald selbst erlernte ersetzt wird.

Sämtliche Komponenten einer naturnahen Waldwirtschaft sind Bausteine der Waldpflege. An erster Stelle steht die Nutzung. Mit verschiedenen Hiebmaßnahmen wird der Wald pflegend gemeißelt, pflegend das Holz aus dem Walde gebracht und ein besserer, gepflegter Zustand für ein besseres Weiterwachsen des Waldes hinterlassen. Eingriffe in den Wald (z. B. der Bau einer Straße) sind ökologisch gesehen als Fremdkörper im Waldökosystem zu verstehen, die das Ökosystem Wald abstoßen will. Sie wirken störend, obwohl wir sie brauchen. Diese Fremdkörper, seien es physische, methodische, technologische Eingriffe, verlangen ein pflegliches „Einbauen". Dadurch wird die Empörung der Natur geringer, der Unterhalt billiger, die ökologische Störung sanfter und der materielle Erfolg günstiger. Die naturnahe Waldwirtschaft kennt keine Dinosauriertechnologien. Sie ist eine prozeßorientierte Wirtschaft mit prozeßorientierten „Waldwissenschaften". Naturnähe macht sie zum nahtlosen Bindeglied von Ökologie und Ökonomie – ein Bündnis, das man auch als „angewandte Ökologie" bezeichnen kann. Dadurch ist die naturnahe Waldwirtschaft ein fester Bestandteil unserer Kultur geworden. Und findet in ihr nun ihren besten Fürsprecher.

Umdenken tut not

Um erfolgreich zu sein, muß die naturnahe Waldwirtschaft die Grundregeln der naturnahen Waldpflege einhalten. Jeder Forstmann sollte diese Prinzipien zwar respektieren, sie jedoch den lokalen Gegebenheiten entsprechend anwenden. Mit anderen Worten, jeder Waldbetreuer muß seinen eigenen, lokal bedingten Waldbau entfalten. Dies führt zum „freien Stil" des Waldbaues – ein Kunstwerk, das keine Rezepte verträgt.

Die heutigen Wälder in Europa sind weitgehend naturfern. Als Produkte eines mechanistischen Denkens sind sie Fremdlinge in der Landschaft. Die Natur versucht, sie auf Schritt und Tritt gründlich umzustrukturieren. Die Landschaften Europas sind einem starken Streß ausgesetzt, hauptsächlich wegen der natur-entfremdeten Landwirtschaft. Die Folgen sind weniger voraussehbar als wenn die Landschaft noch gesund wäre. Der Übergang zur praktischen naturnahen Waldwirtschaft wird deshalb auf unvoraussehbare Hindernisse stoßen, die uns aber nie entmutigen dürfen. Ein evolutionäres Vorgehen ist die beste Garantie für den Erfolg und für möglichst geringe Enttäuschungen.

Praktische Erfahrungen lehren, daß ein Umdenken der erste und entscheidende Schritt ist. Es muß mit der alten Denkweise gebrochen werden. Der nächste praktische Schritt ist eine Umstellung auf Pflegehiebe. Auslesedurchforstungen mit ihren Zweigtechnologien (z. B. die Plenterdurchforstung und Lichtdurchforstung) ersetzen Kahlschlag und Erneuerungshiebe. Es beginnt die Neustrukturierung der bestehenden Biosubstanz des Waldes. Wird dieser Weg durch die ökonomische Situation des Betriebes erschwert, ist aufgrund sorgfältiger waldbaulicher Planung eine entsprechende Übergangsperiode vorzusehen, die jedoch nicht allzu lange dauern sollte. Ein zweiter Schritt sind punktuelle, zurückhaltende pflegeartige Erneuerungseingriffe. Der Umstellung muß eine waldbauliche Planung vorausgehen, die jedoch von der klassischen Forsteinrichtung abweicht. Die waldbauliche Planung in der naturnahen Waldwirtschaft folgt keinem Schema, sondern hat die zukünftige freie Entwicklung der einzelnen Waldteile im Blick. Ziel ist die optimale Erfüllung der einzelnen und zugleich aller Waldfunktionen. Dabei wird der zukünftige Wertzuwachs des Holzes richtungsweisend. Die waldbauliche Planung und das waldbauliche Vorgehen dürfen den bifurkanten Charakter der zukünftigen Waldentwicklung, eine Folge der Streßsituation unserer Wälder, nicht außer acht lassen. Sie müssen flexibel bleiben.

Ausblick

Mehr Menschen brauchen mehr Raum. Es ist ein Paradox, daß das Verhältnis von Mensch und Raum umgekehrt proportional verläuft. Ein Hektar landwirtschaftlicher Boden, der vormals Wald war, bedeutet ökologisch viel weniger als ein Hektar Wald. Dieses Mißverhältnis wird noch schlimmer, wenn der übriggebliebene Wald die Last des entwaldeten Waldes nicht mehr tragen kann. Das wird aber der Fall sein, wenn wir weiterhin unser landwirtschaftliches Denken fortsetzen und wenn wir die Forstwirtschaft nicht in Waldwirtschaft umbauen. Dieser Umwandlungsprozeß ist nicht neu. Ursprünglich aus der Not geboren, hat er eine Jahrhunderte alte Geschichte. Nach langem schleichendem Fortschritt steht heute aber ein starker exponentieller Aufschwung bevor. Alles weist darauf hin, daß die naturnahe Waldwirtschaft keine kurzatmige Modeerscheinung sein wird.

Die naturnahe Waldwirtschaft ist ein erster Vorläufer in der Entwicklung zur Versöhnung von Menschen und Natur. Ihr Beispiel wird für alle Lebensbereiche des Menschen von großem Nutzen sein. Ihr zukünftiger Weg führt zu stärkerer „Intradisziplinisierung" und interdisziplinärer Verflechtung. Aus den Erkenntnissen der Naturwissenschaften wird sie ihre holistische Entwicklung vervollkommnen. Durch ihre naturkonforme Weltanschauung wird sie zugleich aber auch für die Naturwissenschaften einen bedeutenden Beitrag leisten.

Literatur

LEIBUNDGUT, HANS: Die Waldpflege, Haupt, Bern, 1985

MLINSEK, DUSAN: Die naturnahe Waldwirtschaft – ein Gebot und eine Herausforderung zugleich. In: Der Dauerwald, No. 4, 1991

MLINSEK, DUSAN: Vom Altersklassenwald zum naturnahen Wirtschaftswald. In: Der Wald, 1993/5, DLV. Berlin

PRIGOGINE, ILYA./STENGERS ISABELLE: La nouvelle alliance. Gallimard, Paris, 1979

Grundlagen eines ökologisch orientierten Waldbaus

HARALD THOMASIUS

Die mitteleuropäische Forstwirtschaft besitzt seit dem vorigen Jahrhundert ein auf den Kategorien Raum, Zeit und Nachhaltigkeit sowie weiteren Prinzipien beruhendes System des schlagweisen Hochwaldes. Dieses wurde von mehreren Generationen bedeutender Forstwissenschaftler entwickelt, über hundert Jahre in den forstlichen Schulen gelehrt und in großem Stil in der Praxis angewandt. Obwohl ebenso lange bekannt ist, daß man die Wälder auch nach anderen Prinzipien bewirtschaften kann, wurde an einer Theorie des schlagfreien Hochwaldes verhältnismäßig wenig gearbeitet. Das ist aber dringend erforderlich, weil die Mängel des schlagweisen Systems auf der Hand liegen und die Anzahl der Vertreter anderer Waldbaurichtungen immer größer wird. Die dafür notwendigen theoretischen Voraussetzungen wurden in den letzten Jahrzehnten von der Waldökologie geschaffen. Auch die forstliche Jugend, die über eine gute naturwissenschaftliche Bildung verfügt, erwartet von den Anhängern der „Naturgemäßen Waldwirtschaft" neben überzeugenden Waldbildern exakte Beweisführungen, ein logisch widerspruchsfreies Theoriensystem und ein anschauliches Lehrgebäude. Diesem Ziel dient der folgende Beitrag.

Philosophische und historische Grundlagen

Grundanliegen des Waldbaus ist die Gestaltung von Wäldern, die unter den jeweils gegebenen Naturbedingungen optimal geeignet sind, die vielfältigen Anforderungen der Gesellschaft an den Wald (Stoffproduktion, Schutzwirkungen, Erholungseffekte) nachhaltig und mit minimalem Aufwand zu erfüllen.

Dabei geht es stets um ein Wechselverhältnis zwischen Mensch und Natur, wobei man bei der Betrachtung des Waldes von zwei verschiedenen Standpunkten ausgehen kann:

– Der Wald wird vordergründig als Ergebnis menschlicher Tätigkeit aufgefaßt und seine Gestaltung sowie Verwaltung werden von dem

Prinzip vermeintlicher Naturbeherrschung bestimmt. Das kommt letztendlich – selbst beim Stoffbildungsprozeß – durch planmäßige Einträge von Zusatzenergie verschiedenster Art zum Ausdruck.

– Der Wald wird vordergründig als Produkt der Natur aufgefaßt und seine Gestaltung sowie Verwaltung wird von dem Prinzip bewußter Naturkraftnutzung bestimmt. Das kommt – vor allem beim Stoffbildungsprozeß – durch ein Streben nach Minimierung der Zusatzenergie zum Ausdruck.

Diese beiden Prinzipien sind letztendlich die philosophische Grundlage einer Differenzierung des Waldbaus in das auf anthropozentrische Naturbeherrschung gegründete System des schlagweisen Waldes auf der einen Seite und das auf eine bewußte Nutzung gegebener Naturkräfte orientierte System des schlagfreien Waldes oder Dauerwaldes auf der anderen (Tab. 1).

Schon seit dem frühen Mittelalter existieren die Systeme der schlagweisen und schlagfreien Waldbewirtschaftung nebeneinander. Dabei handelte es sich ursprünglich vor allem um schlagweise genutzte Nieder- und Mittelwälder in den siedlungsnahen Laubwaldgebieten des Flach- und Hügellandes und um schlagfrei, d. h. durch Entnahme einzelner Bäume genutzte, nicht oder nur begrenzt ausschlagfähige Wälder in den siedlungsfernen Mittelgebirgen. Später, als man die künstliche Verjüngung hinreichend beherrschte, wurde das schlagweise System auch auf Hochwälder übertragen. Im Lauf der Geschichte haben sich sowohl die Bedeutung als auch die Auffassungen zu diesen beiden Waldbausystemen erheblich verändert.

Tab. 1: Relationen zwischen Mensch und Natur im System des schlagweisen und des schlagfreien Hochwaldes

Schlagweise Waldbewirtschaftung	Schlagfreie Waldbewirtschaftung
Der Wald wird vordergründig als das Ergebnis menschlicher Tätigkeit aufgefaßt und seine Gestaltung sowie Verwaltung werden vom Prinzip vermeintlicher Naturbeherrschung bestimmt. Das kommt letztendlich – selbst im Stoffbildungsprozeß – durch die planmäßige Zufuhr von Zusatzenergie zum Ausdruck.	Der Wald wird vordergründig als ein Produkt der Natur aufgefaßt und seine Gestaltung und Verwaltung sollen vom Prinzip bewußter Naturkraftnutzung bestimmt werden. Das kommt – vor allem beim Stoffbildungsprozeß – durch das Streben nach Minimierung der Zusatzenergie zum Ausdruck.

Zurückblickend kann man heute feststellen, daß die Entwicklung der klassischen Forstwirtschaft untrennbar mit dem theoretischen Ausbau eines Systems des schlagweisen Hochwaldes, welches in den tragenden Säulen der forstlichen Disziplinen (vor allem der Forsteinrichtung) auch deutlich zum Ausdruck kommt, verbunden ist. Dieses System wurde nach dem Vorbild der ebenfalls mit Schlägen arbeitenden „rationellen Landwirtschaft" entwickelt und von den forstlichen Klassikern und ihren Epigonen zu einem wohl geordneten Lehrgebäude ausgebaut. Dieses dominierte in der mitteleuropäischen Forstwirtschaft bis in die jüngste Zeit. Demgegenüber galt die nicht den herrschenden Schulen entsprechende schlagfreie Waldbewirtschaftung bis in die Gegenwart bei vielen Forstleuten als Relikt einer ungeregelten und überholten Wirtschaftsweise aus vorklassischer Zeit.

Diese Auffassung ist sowohl aus ökologischer als auch ökonomischer Sicht nicht mehr haltbar:

– Die Forschungsresultate der Waldökologie und die Wirtschaftsergebnisse der Praxis zeigen, daß schlagfreie Waldbewirtschaftung langfristig mit einer Erhöhung von Produktivität, Stabilität und Elastizität sowie der protektiven und rekreativen Wirksamkeit von Waldökosystemen verbunden ist.

– Zahlreiche jahrzehntelang schlagfrei bewirtschaftete Betriebe zeichnen sich vor anderen durch eine günstigere Vorratshöhe und -struktur, einen geringeren Aufwand für Walderneuerung, -erziehung und -pflege, minimale Schäden bei Naturkatastrophen und anthropogenen Belastungen, bessere Anpassungsfähigkeit an veränderte Marktbedingungen und schließlich durch bessere Betriebsergebnisse im ganzen aus.

Im Gegensatz zum schlagweisen System, an dessen Entwicklung, wissenschaftlicher Fundierung und praktischer Anwendung mehrere Generationen von Forstwissenschaftlern und -praktikern gearbeitet haben, ist das schlagfreie System in Deutschland mehr oder weniger empirisch entstanden und auch gehandhabt worden. Obwohl schon im letzten Drittel des vorigen Jahrhunderts von einigen Vertretern des deutschen Waldbaus (bes. Bernhard Borggreve und Karl Gayer) prinzipielle Bedenken gegen den in Altersklassen gegliederten schlagweisen Hochwald geäußert worden sind, unternahm erst Alfred MÖLLER (1913, 1920, 1921, 1922 a, 1922 b) den Versuch, dieser

Betriebsart ein System des schlagfreien Hochwaldes, das er als Dauerwald bezeichnete, gegenüber zu stellen. Dabei ließ er sich als naturwissenschaftlich (besonders mykologisch) gebildeter und von den Tropen bis zum hohen Norden gereister Forstwissenschaftler von grundlegenden ökologischen Erkenntnissen leiten. Aus seinen Schriften geht eindeutig hervor, daß ihm – wie Emil Adolf Roßmäßler schon 60 Jahre zuvor – die Gliederung der Waldökosysteme in bzw. ihre Zusammensetzung aus Biotop und Biozönose, die Unterteilung der letzteren in Primärproduzenten, Konsumenten und Destruenten sowie die funktionelle Verbindung und Rückwirkung dieser Kompartimente auf Boden und Klima vollauf bewußt waren; auch wenn er diese Begriffe noch nicht explizit benutzte.

Auch wenn aus heutiger Sicht einige Korrekturen an seinen Thesen anzubringen sind, kann man konstatieren, daß Möllers Dauerwaldtheorie in allen prinzipiellen Fragen, mit den Erkenntnissen der modernen Ökologie übereinstimmt.

Statt des erst 1935 von Tansley in die Wissenschaft eingeführten Begriffes „Ökosystem" benutzte Möller, der damals herrschenden naturphilosophischen Strömung folgend, zur Bezeichnung des uns im Walde begegnenden „tausendfach zusammengesetzten Ganzen" (ROSSMÄSSLER, 1860) den Terminus „Organismus". Obwohl die daran vor allem von DENGLER (1922, 1925 a, b, c; 1927, 1936, 1937 a, b; 1939) geübte Kritik berechtigt ist, kann man den analysierenden und synthetisierenden Mykologen sowie ökosystemar und ökonomisch denkenden Forstwissenschaftler Möller wohl kaum als Vertreter der Naturphilosophie darstellen, wie das nach seinem frühen Tode geschehen ist (LEMMEL, 1939).

Wir kommen damit zu dem Kategorienpaar Teil und Ganzes, das einen zweiten philosophischen Aspekt kennzeichnet. Dabei geht es vor allem um die Frage, ob man

– durch die Analyse von Teilen, die als relativ selbständig betrachtet werden, zur Erkenntnis des Ganzen

oder

– aus der Sicht der Ganzheit zur Erkenntnis von Teilprozessen und Teilen, deren Form und Funktion dem Ganzen ein- und untergeordnet sein sollen,

gelangen will und kann.

Im ersten Fall liegt die Betonung bei den Teilen, die als verhältnismäßig frei und auswechselbar aufgefaßt werden, obwohl sie eine Voraussetzung für das Funktionieren des Ganzen sind. Im zweiten liegt die Betonung beim Ganzen, in dem die einzelnen Teile bestimmte Funktionen ausüben, dementsprechend ausgebildet sind und miteinander in Wechselwirkung stehen, so daß das Ganze mehr als die Summe aller Teile ist.

Diese beiden Richtungen lassen sich bis in die Antike zurückverfolgen. Sie sind mit den nachstehenden Begriffen und Namen verbunden:

- Meristische Schulen (philosophie Umsetzung von Resultaten analytisch-experimenteller Naturforschung)
  - Atomismus (Demokrit)
  - Mechanismus (Descartes, Newton, Laplace, Roux, Weissmann)
- Holistische Schulen (Naturphilosophien ganzheitlicher biologischer Richtung)
  - Idealismus (Platon)
  - Vitalismus (Artistoteles)
  - Thomismus (Thomas von Aquin)
  - Neovitalismus, Neothomismus, Organik u. a. (van Herlmont, Leibnitz, Schelling; Wolff, Woltereck, Driesch, Bavink, Smuts; Haldane, Weiss, Mayer-Abich u. a.).

Zwischen diesen beiden Schulen sind in den letzten hundert Jahren heftige Kämpfe ausgetragen worden. Für die Vertreter der holistischen Schule waren die ersteren zersetzende Analytiker, denen der Sinn für das Ganze fehlte; für die Anhänger der meristischen Schule waren die letzteren spekulierende Naturphilosophen, die alle Erscheinungen auf finale Zweckbestimmungen zurückführten und analytisch gewonnene Teilerkenntisse unterschätzten oder ignorierten.

Aus heutiger Sicht kann man feststellen, daß beide Denk- und Forschungsrichtungen wesentliche Beiträge zur Naturerkenntnis geleistet haben und daß sich der Naturforscher sowohl meristischer als auch holistischer Methoden bedienen muß. In jüngster Zeit haben die Systemwissenschaften Methoden zur mathematischen Darstellung von Ganzheiten geliefert und damit zu einer Entmystifizierung der Holistik geführt. Die Systemwissenschaften zeigen aber auch, daß solche Verfahren nur dann zu konkreten Ergebnissen führen, wenn analytisch gewonnene Detailkenntnisse vorhanden sind. Insofern hat die System-

Tab. 2: Historische Bezüge zu der Kategorie „Teil und Ganzes" bei verschiedenen Waldbauschulen

Schlagweise Waldbewirtschaftung	Schlagfreie Waldbewirtschaftung
Historisch: Dominanz meristischer (atomistischer) Schulen, die durch fortschreitende Zergliederung des Ganzen und Untersuchung seiner Bestandteile zur Erkenntnis strebt.	Historisch: Dominanz holistischer Schulen, die durch Ganzheits- betrachtung zur Erkenntnis strebt. Organismusidee -> Ökosystem
Bei der Suche nach Erkenntnis sind Analyse und Synthese, Reduktion und Deduktion untrennbare und auch unverzichtbare Kategorienpaare. Der Gegensatz zwischen diesen beiden Schulen wurde durch die modernen Systemwissen- schaften aufgehoben. Die „Organismen höherer Ordnung" der Naturphilosophie sind aus dieser Sicht hierarchische gegliederte, kybernetische Systeme, deren Struktur und Funktion mit mathematischen und physikalischen Verfahren erfaßt und dargestellt werden können.	

theorie ganz wesentlich zur Überwindung der scheinbaren Gegensätze zwischen Meristik und Holistik beigetragen (Tab. 2). Analytische Forschung allein kann sehr bald dazu führen, daß man den Wald vor lauter Bäumen nicht mehr sieht. Ganzheitsbetrachtung, die nicht auf fundierten Teilkenntnissen beruht, läuft Gefahr, in unwissenschaftli- che Spekulationen und bloße Glaubensbekenntnisse abzugleiten.

Auch in der Geschichte der Forstwissenschaften und speziell des Waldbaus sind diese philosophischen Gegensätze erkennbar. Hier wird die meristische Schule durch die Normalwald- und Boden- reinertragstheorie sowie Hundeshagen, Preßler, Judeich und Wiede- mann repräsentiert. Ihr wird mit Recht vorgeworfen, daß sie den Wald nicht als Ganzheit, d. h. als ein aus Biotop und Biozönose bestehendes Ökosystem, sondern als ein mechanistisch in Boden und Baum zerleg- bares und in gleichaltrige Reinbestände zergliederbares Schlagsystem auffaßt. Trotzdem darf nicht verkannt werden, daß diese Schule wesentlich zur Aufklärung grundlegender und auch heute noch gülti- ger Gesetzmäßigkeiten in den von Menschenhand geschaffenen und in Mitteleuropa dominierenden Forsten beigetragen hat.

Dieser Richtung steht die holistische Schule mit ROSSMÄSSLER (1860), MÖLLER (1922) und MOROSOW (1928), später auch SUKATSCHOW (1954) und BLANCKMEISTER (1956) gegenüber, die den Wald als ein tausendfach zusammengesetztes Ganzes, als

Organismus höherer Ordnung, als Biogeozönose bzw. Ökosystem auffaßten und eine die Permanenz dieses Systems gewährleistende Bewirtschaftung forderten. Die Erforschung solcher Systeme wurde schon vor dem ersten Weltkrieg in Angriff genommen und in den darauf folgenden Jahren fortgesetzt (MÖLLER; 1920, 1921, 1922; KRUTZSCH, 1924; KRUTZSCH u. WECK, 1935). Die dabei angewandten Verfahren waren aber unzureichend und viel zu kurzfristig, um die mit dem Dauerwaldstreit aufgekommenen Fragen eindeutig beantworten zu können.

Nach dem viel zu frühen Tode Möllers dominierten unter seinen Epigonen naturphilosophische Auffassungen, die einer Propagierung der Dauerwaldtheorie, zumindest unter nüchternen Naturwissenschaftlern, eher ab- als zuträglich waren. Hinzu kam, daß sich die Ideologen des Nationalsozialismus – wie ihre philosophischen Vorbilder – ebenfalls des Organismusbegriffes bedienten und weitere Aspekte der „Dauerwaldbewegung" in ihr politisches Konzept aufnahmen. Auf diese Weise verschafften sich die Nationalsozialisten Zugang zur Forstwirtschaft und nutzten die stets publikumswirksamen Objekte Wald und Wild für sich propagandistisch aus (GÖRING, 1936). Auf weitere Details dazu und die jüngere Geschichte der naturgemäßen Waldwirtschaft soll an anderer Stelle eingegangen werden.

Ökologische Grundlagen

1. Das Waldökosystem

Gegenstand des Waldbaus sind Ökosysteme, in denen Bäume die dominierende Lebensform darstellen, miteinander in Wechselwirkung stehen und Bestände mit einem spezifischen Innenklima sowie Bodenzustand hervorbringen.

Wie alle Ökosysteme

– stellen Wälder eine untrennbare Einheit von Biotop und Biozönose dar,

– bestehen Wälder aus den drei Ebenen Primärproduzenten, Konsumenten und Destruenten, die wiederum in sich strukturiert und miteinander verkoppelt sind,

– produzieren und akkumulieren Wälder bestimmte Mengen an Bio- und Nekromasse,

- unterliegen Wälder einer bestimmten Dynamik,
- verfügen Wälder über ein bestimmtes Maß an Selbstregulationsfähigkeit,
- zeichnen sich Wälder durch eine bestimmte Elastizität und Stabilität aus.

Diese Eigenschaften sind bei allen waldbaulichen Entscheidungen zu berücksichtigen. Wegen der zwischen den Elementen eines Waldökosystems bestehenden Wechselwirkungen ist es notwendig, bei allen Einwirkungen auf dieses System nicht nur die unmittelbar davon betroffenen Systemelemente, sondern auch die sich ergebende Wirkungskette sowie das Gesamtverhalten des Systems zu beachten. Maßnahmen, bei denen nur die unmittelbaren Wirkungen, nicht aber die weit darüber hinausgehenden Wirkungsketten berücksichtigt werden, sind leichtfertig und mit den Prinzipien eines ökogerechten Waldbaus unvereinbar. Das ist z. B. der Fall, wenn ein bestimmter „Schädling" durch den Einsatz von Pestiziden vernichtet wird, die sich daraus ergebenden Folgereaktionen im Gesamtsystem aber unberücksichtigt bleiben.

2. Die Hemerobie des Wirtschaftswaldes

Jedem Waldstandort (Biotop), der durch Geomorphologie, Lokalklima, Boden und Wasserhaushalt eindeutig charakterisiert werden kann, entspricht eine potentielle natürliche Waldgesellschaft (Biozönose) mit Phyto- und Zoozönose. Bei Standortveränderungen – z. B. durch Fremdstoffeinträge oder Klimawechsel - wandeln sich auch die potentiellen natürlichen Waldgesellschaften (allogene Sukzession). Die meisten Wirtschaftswälder weichen hinsichtlich Arten-, Raum- und Altersstruktur mehr oder weniger von der ihrem Standort adäquaten natürlichen Waldgesellschaft ab. Ein Maß für diese Abweichung ist die in der Geobotanik schon seit längerer Zeit gebräuchliche Hemerobie.

Die Erfüllung der gesellschaftlich relevanten Waldfunktionen (Produktion, Protektion und Rekreation) ist stets mit einem bestimmten Maß an Hemerobie verbunden. Das Ausmaß dieser unvermeidbaren, bei den verschiedenen Waldfunktionen zwangsläufig differenzierten Hemerobie ist in jedem Fall zu beachten. Die unvermeidbare Hemerobie ist bei Schutz- und Erholungswäldern meist kleiner als bei Wirtschaftswäldern.

Da zunehmende Hemerobie in der Regel mit wachsender Imbalance und Instabilität der Waldökosysteme sowie steigendem Aufwand für ihre Stabilisierung verbunden ist, strebt der ökologisch orientierte Waldbau eine Minimierung der Hemerobie von Waldökosystemen bei Berücksichtigung ihrer funktionsbedingten Unvermeidbarkeit an.

3. Strukturen von Waldökosystemen

Zur Beurteilung des Waldzustandes und Ermittlung des Hemerobiegrades sind hinreichende Kenntnis und eindeutige Beschreibungen der Waldstrukturen erforderlich. Dabei ist in der Ebene der Primärproduzenten zwischen Arten-, Alters- und Raumstruktur zu unterscheiden (Tab. 3).

Die Artenstruktur
Aus der Sicht des Waldbaus sind folgende Aspekte bedeutungsvoll:
- Übereinstimmung der thermischen, hygrischen und trophischen Ausstattung des Standortes mit den ökologischen Ansprüchen der Baumarten.
- Artenvielfalt. Dabei ist das standortabhängige Diversitätspotential zu beachten, weil ökologisch günstige Standorte in der Baumschicht meist eine größere Artenvielfalt als ungünstige zulassen. Reinbestände sollen eine Ausnahme sein und auf Standorte begrenzt bleiben, auf denen auch von Natur aus eine geringe Artenvielfalt zu verzeichnen ist (z. B. Fichtenbergwald, Sand-Kiefernwald, Birken- und Erlenbruchwald).
- Vordergründig werden Waldbestände von autochthonen Rassen heimischer Baumarten angestrebt. Nicht autochthone Rassen und fremdländische Baumarten werden toleriert, wenn ihre Standorteignung erwiesen, ein berechtigtes Interesse an ihnen vorhanden und keine Verfremdung der heimischen Natur zu befürchten ist.
- Bei Baumartenmischungen sind die Soziabilität der beteiligten Spezies, die zwischen ihnen bestehenden Wechselwirkungen sowie der Aufwand für Mischungsregulierungen zu berücksichtigen. Orientierungsgröße für Baumartenmischungen sind die in den entsprechenden natürlichen Waldgesellschaften vorkommenden Baumartenkombinationen.

Tab. 3: Zielstrukturen des schlagfreien Waldes oder Dauerwaldes

Artenstruktur		Altersstruktur		Raumstruktur	
Merkmale	**Realisierung**	**Merkmale**	**Realisierung**	**Merkmale**	**Realisierung**
Überein-stimmung von Biotop und ökologischen Ansprüchen der Baumarten	Baumarten-wahl bei Regeneration	Mischungs-förderung und -regulierung in Verbindung mit Erziehungs- und Pflege-maßnahmen	Einzelbaum-nutzung	Wuchsraum-ausnutzung, Produktivität und Stabilität erfordern bestimmte Raumstruk-turen	Struktur-durch-forstung
Artenvielfalt unter Berücksichtigung des natürlichen Diversitäts-potentials	Jagd, Flächen- und Einzelschutz	Balance und Stetigkeit erfordern Ungleich-altrigkeit	Verjüngung in Bestandes-lücken	Die Nutzbarkeit des Wuchs-raumes ist abhängig vom Standort und der Baumart	Mischung ontogentisch unterschied-licher Baum-arten
Soziabilität der beteiligten Spezies	Mischungs-förderung und -regulierung in Verbindung mit Erziehungs- und Pflege-maßnahmen	Erforderliche Altersvertei-lung ist von Standort und Bestockungs-typ abhängig	Vor- und Unterbau	Produktive Standorte und schatten-tolerante Baumarten gestatten eine bessere Wuchsraum-ausnutzung als umge-kehrt(Dichte-potential)	Ungleich-altrigkeit mit den zu ihrer Realisierung genannten Maßnahmen
		Balance kann, je nach Standort und Bestockungs-typ, erst auf hinreichend großen Flächen erreicht werden	Überhalt		
Unterschiedliche Standorte und Baumarten erfordern naturgemäß auch differenzierte Strukturen					

Die Altersstruktur

Voraussetzung für die Stetigkeit von Waldökosystemen, wie sie Alfred MÖLLER schon 1913 gefordert hat, ist eine permanente Balance zwischen auf- und abbauenden Prozessen. Diese ist aber nur bei Ungleichaltrigkeit der Waldbestände möglich. Die für die Balance von Waldökosystemen erforderliche Altersstruktur wurde bislang kaum untersucht, weil sie sich nur schwer und nur mit großem Aufwand (Bohrspananalysen, Triebzählungen) ermitteln läßt. Nach Analogieschlüssen ist anzunehmen, daß sie einer Exponentialfunktion der Form

$$N = c_1 e^{-c_2 t}$$

entspricht.

Bei Betrachtung der Altersstruktur von Dauerwäldern ist zu beachten:

— Neben dem mit gebräuchlichen Zeitskalen gemessenen Alter ist das von den einzelnen Bäumen erreichte Entwicklungsstadium (Embryonalität, Juvenilität, Auxilarität, Maturität und Seneszens) bedeutungsvoll. Die Dauer der verschiedenen ontogenetischen Stadien ist von der artspezifischen Lebenserwartung (Pionier-, Intermediär- und Klimaxbaumarten) und den gegebenen Umweltbedingungen abhängig.

— Die Dimension der Bäume ist stets eine Resultierende ihres Alters, ihrer genetisch fixierteren Ontogenese und ihrer Umwelt.

— Die Ungleichaltrigkeit von Waldökosystemen wird absolut (Lebensalter der Bäume in Jahren) und relativ (Entwicklungsstadium der Bäume) durch Artenvielfalt erleichtert.

Durch das Streben nach Stetigkeit jeder einzelnen Wirtschaftseinheit (Bestand) unterscheidet sich der schlagfreie vom schlagweisen Hochwald. Bei letzterem soll die die Kontinuität des Systems gewährleistende Altersverteilung durch Zusammenfassung zahlreicher, jeweils in sich gleichaltriger, sonst jedoch altersdifferenzierter Bestände in der Betriebsklasse erreicht werden.

Die Raumstruktur

Im Interesse hoher Produktivität und Qualität wird eine gute ober- und unterirdische Wuchsraumausnutzung angestrebt. Dabei ist zu berücksichtigen, daß die Ausfüllung des Wuchsraumes mit Biomasse in hohem Maße von der Gunst des Standortes und von der Schattentoleranz der Baumarten abhängig ist. Ökologisch günstige Standorte und schattentolerante Baumarten lassen eine größere horizontale und vertikale Wuchsraumausfüllung und damit auch Strukturierung der Waldbestände zu, als das auf ökologisch ungünstigen Standorten bei schattenintoleranten Baumarten möglich ist.

Daraus folgt, daß die anzustrebende und realisierbare Raumstruktur und Biomasseakkumulation – je nach Standort und Baumartenkombination – sehr differenziert sein kann und muß. Der „horst-, gruppen- und truppweise ungleichaltrige und gemischte Wald" ist eine vielerorts erstrebenswerte, nicht aber auf allen Standorten und bei allen Baumartenkombinationen „naturgemäßer" und realisierbarer Strukturtyp.

4. Dynamik des Waldökosystems

Von den vielgestaltigen, die Dynamik des Waldökosystems kennzeichnenden Prozessen sind aus waldbaulicher Sicht besonders bedeutungsvoll:

– die Stoffbildungs- und Respirationsvorgänge in den verschiedenen Ernährungsstufen (Primärproduzenten, Konsumenten, Destruenten) mit den dazugehörigen Stoffkreisläufen und Energieströmen

sowie

– die auf Wachstums- und Entwicklungsvorgängen sowie Wettbewerbsbeziehungen zwischen und innerhalb der Arten beruhende Wandlung der Ökosystemstruktur (Artenspektrum, Lebensformenfrequenz, Altersverteilung, Raumausfüllung).

Erstere kommen in der Trophodynamik, letztere in der Sukzession zum Ausdruck.

Die Trophodynamik

Die zur Gewährleistung der Stetigkeit von Waldökosystemen notwendige Balance zwischen auf- und abbauenden Prozessen erfordert bestimmte Relationen zwischen den

– Primärproduzenten (grüne Pflanzen)
– Konsumenten verschiedener Ordnung (Phyto- und Zoophage)
– Destruenten (Kopro- und Nekrophage).

Daraus folgt für den Waldbau (Tab. 4):

– Es ist ein angemessenes Niveau der Biomasseakkumulation herbeizuführen bzw. zu erhalten. Dementsprechend muß der Entzug von Bio- und Nekromasse aus dem Ökosystem nach Art, Menge und Zeitpunkt limitiert werden. Das bedeutet

- Abkehr vom Kahlschlag und von anderen schematischen Schlagformen, sofern diese nicht aus genetischen, ökologischen oder sanitären Gründen notwendig oder gerechtfertigt sind (Baumartenwechsel, Kalamitäten, Meliorationsmaßnahmen),
- Verzicht auf Ganzbaumnutzungen, Erhaltung von Reisig, Streu, Rinde, Gras, Stöcken etc.
- Auch bei den Konsumenten ist eine angemessene Artenvielfalt und Individuenanzahl anzustreben. Aus der Sicht des Forstschutzes muß den Pflanzenfressern besondere Beachtung geschenkt werden. Die zu Massenvermehrungen neigenden Phytophagen werden limitiert durch
  - vielfältiges Fraßangebot,
  - Förderung der Zoophagen mittels Biotopschutz,
  - Jagdausübung nach ökologischen Erfordernissen (biotopgerechte Wilddichte).
- Sicherung der Nekromasseumbildung und -zersetzung durch Herbeiführung günstiger Lebensbedingungen für Destruenten durch Gewährleistung eines
  - ausreichenden und verschiedenartigen Detritusangebotes
  - destruentenfreundlichen Mikroklimas.

Tab. 4: Waldbauliche Bedeutung der Trophoynamik von Waldökosystemen

Anliegen	Maßnahmen
Stetigkeit erfordert Balance zwischen Stoffbildungs- und Stoffabbauprozessen. Das setzt bestimmte Relationen zwischen – Primärproduzenten – Konsumenten verschiedener Ebenen (Phyto- u. Zoophage) – Destruenten (Kopro- und Nekrophage) voraus.	– Gewährleistung eines bestimmten Niveaus der Biomasseakkumulation. – Begrenzung des Entzuges von Biomasse: Abkehr vom Kahlschlag, Verzicht auf Ganzbaumnutzung, Erhaltung von Reisig, Streu, Gras etc. – Herbeiführung hoher Artenvielfalt unter den Konsumenten durch vielseitiges Fraßangebot, Förderung der Zoophagen und ökogerechte Jagdausübung – Förderung der Destruentenaktivität durch entsprechendes Nekromasseangebot und Gewährleistung eines entsprechenden Mikroklimas

Tab. 5: Berücksichtigung der Sukzession bei waldbaulichen Maßnahmen

Stadien und Phasen	Merkmale
Kräuter- und Gräserstadien	häufig Ambivalenz zwischen ökologischem Nutzen und Konkurrenz
Pionierwaldstadien – Aufbauphase – Alterungs- und Zerfallsphase	Nutzung – auf Extremstandorten als Zielbestockung – auf Normalstandorten zum Schutz von Klimaxbaumarten
Schlußwaldstadien – Verjüngungsphase – Reifephase – Alterungsphase – Zerfallsphase	Berücksichtigung und Steuerung dieser Prozesse durch Zielbaumnutzung und Beschleunigung der internen Rotation bei weitgehender Vermeidung von Alterung und Zerfall

Sukzession

Der Aufbau von Waldökosystemen vollzieht sich in der Natur von initialen Stadien niederer Organisation über Zwischenstadien zu terminalen Stadien (mit internen Phasen) höherer Organisation, wobei je nach Standort und Baumarten zwischen verschiedenen Sukzessionsfolgen mit Pionier-, Intermediär- oder Klimaxbaumarten im Terminalstadium zu unterscheiden ist (THOMASIUS, 1990 c).

Diese natürlichen Prozesse werden bei der Waldbewirtschaftung berücksichtigt und weitgehend genutzt (Tab. 5). Das gilt besonders für

– die Regeneration der Wälder, die nach Möglichkeit auf natürlichem Wege erfolgen soll,
– die Erziehung des noch relativ schattentoleranten Jungwuches unter dem Schirm von Altwuchs
– die Pflege des Altwuchses durch Schaftumfütterung.

Im Verlaufe der Bestandesentwicklung werden nach Möglichkeit

– die progressiven, d. h. von niederen zu höheren Stadien führenden Sukzessionen gefördert (z. B. Begünstigung von Klimaxbaumarten bei der Mischungsregulierung)
– die regressiven, d. h. von höheren zu niederen Stadien führenden Sukzessionen gedrosselt (z. B. Vergrasung und übermäßige Pionierbaumausbreitung infolge unsachgemäßer Auflichtung).

Management und Ökotechnologie

1. Ökologische Nachhaltigkeit

Oberstes Prinzip jeder sachgemäßen Waldbewirtschaftung ist Herbeiführung bzw. Erhaltung der Nachhaltigkeit. Dabei muß es sich um eine Nachhaltigkeit handeln, die permanente Funktionstüchtigkeit des Waldökosystems und Stetigkeit der von ihm ausgehenden Wirkungen auf jeder einzelnen Fläche anstrebt.

Eine solche ökologische Nachhaltigkeit ist nicht gegeben, wenn bestimmte Prozesse und Wirkungen des Waldökosystems auf einzelnen Flächen zeitweilig aussetzen und Stetigkeit sowie Gleichmaß nur als rechnerische Größen in höheren Hierarchieebenen (Betriebsklasse) erreicht werden. Aus ökologischer Sicht bedeutet letzteres eine Entkopplung von Auf- und Abbauprozessen, die eine Störung oder Zerstörung verschiedener Kreisläufe und Gefährdung der nachhaltigen Standortproduktivität zur Folge haben kann (Tab. 6).

2. Räumliche Ordnung

Diese Kategorie dient

– der Übersichtlichkeit des Waldes bei seiner Bewirtschaftung und Nutzung (Waldeinteilungssystem);

Tab. 6: Charakter der Nachhaltigkeit im schlagweisen und schlagfreien System

System	
Schlagweise Waldbewirtschaftung	**Schlagfreie Waldbewirtschaftung**
Auf der einzelnen Fläche herrscht kein Gleichgewicht zwischen auf- und abbauenden Prozessen; die Wirkungen des Waldökosystems setzen zeitweilig aus. Damit sind Entkoppelung, Störung der biogeochemischen Kreisläufe und Gefährdung der Produktionsnachhaltigkeit verbunden.	Auf der einzelnen Fläche wird ein Gleichgewicht zwischen auf- und abbauenden Prozessen und Permanenz der Wirkungen des Waldökosystems angestrebt. Entkopplungen sollen vermieden und die biogeochemischen Kreisläufe nicht unterbrochen werden.
Ein rechnerischer Ausgleich hinsichtlich Stoffproduktion und Entzug wird erst in der Betriebsklasse als höhere Hierarchieebene erwartet.	Die Betriebsklasse als Ausgleichskategorie im Sinne der Ertragsregelung wird überflüssig.

– der Zugänglichkeit des Waldes durch Personen und Arbeitsmittel und damit zugleich der Erleichterung der Arbeitsausführung sowie Verminderung von Schäden am Waldbestand, besonders bei Fällung und Rückung (Waldaufschluß durch Wege und Arbeitslinien);
– der Erhaltung bzw. Herbeiführung ökologischer (besonders meteorologischer) Bedingungen, die für die Regeneration, das Wachstum sowie die Stabilität der Waldbestände günstig sind (das gilt im wesentlichen nur für Wälder, die noch vom Schlagsystem geprägt werden). Hinzu kommen mikroklimatische Effekte durch stufigen Waldaufbau und Waldrandgestaltung.

Aus der Sicht eines ökologisch orientierten Waldbaus wäre weitgehende Kongruenz der Grenzen von Naturraumeinheiten sowie des Waldeinteilungs- und Wegesystems erstrebenswert. Das ist aber meist nicht der Fall und eine grundlegende Veränderung ist aus technischen (Aufwand) sowie historischen Gründen (Nachweisführung) auch nicht möglich. Demgegenüber wird angestrebt, die variablen Elemente der Waldeinteilung (Waldbestände) im Laufe der Zeit mit Naturraumeinheiten so gut es geht in Einklang zu bringen, da mit größerer standörtlicher Homogenität auch die Voraussetzungen für eine einheitliche Behandlung der untersten Wirtschaftseinheiten verbessert werden.

Die schematische räumliche Ordnung des schlagweisen Hochwaldes, die mit ihren Hiebszügen, Schlagreihen u. a. mechanistischen Elemen-

Tab. 7: Merkmale der räumlichen Ordnung im System des schlagweisen und des schlagfreien Waldes

System	
Schlagweise Waldbewirtschaftung	**Schlagfreie Waldbewirtschaftung**
– Vernachlässigung naturräumlicher und ökologisch relevanter Gegebenheiten. – Schematische Anordnung der oft linear begrenzten Waldbestände in Hiebszügen und Schlagreihen.	– Berücksichtigung naturräumlicher und ökologisch relevanter Gegebenheiten, so weit das aus historischen und technologischen Gründen möglich ist. – Abgrenzung der untersten Wirtschaftseinheiten, so weit technologisch und historisch möglich, nach naturräumlichen Gesichtspunkten.
In der Umbauphase ist die gegebene Raumordnung zu berücksichtigen und für den Waldumbau zu nutzen.	

ten kaum auf natürliche Gegebenheiten Rücksicht nimmt, soll nach und nach von einer mit Naturraumeinheiten kongruierenden dynamischen räumlichen Ordnung abgelöst werden, wie es bereits BLANK-MEISTER (1956) forderte.

Der Verzicht auf Kahlschläge und andere schematische Schlagformen sowie die Hinwendung zu Einzelbaumnutzungen erfordern einen guten Waldaufschluß. Das geschieht durch

- die Anlage eines hinreichend dichten Wegesystems mit entsprechender Trassenführung
- einen intensiven Bestandsaufschluß mit sachgemäß angelegten Rücke- und Arbeitslinien,
- eine solide Hiebsordnung mit bringungsgerechter Fällung (fischgrätenförmig).

3. Zeitliche Ordnung

Mit der Abkehr vom Altersklassenwald und Hinwendung zum „Dauerwald" verlieren die Kategorien Umtriebszeit, Altersklasse, Abtriebsalter, Vor- und Endnutzung etc. an Bedeutung. Trotzdem werden einige Zeitkategorien des alten Systems noch so lange für die Verständigung und wohl auch Planung erforderlich sein, bis der Waldumbau vollzogen ist und die Strukturen des Altersklassenwaldes verschwunden sind.

Aus dieser Neubewertung folgt aber nicht, daß die Kategorie „Zeit" im Dauerwald bedeutungslos geworden ist. Auch im Dauerwald vollziehen sich alle Prozesse in Raum und Zeit und die Bewertung seiner Wirkungen und Leistungen ist zeitabhängig, wie schon aus der Dimension des Zuwachses hervorgeht.

So wie sich der ökologisch orientierte Waldbau von der o. g. schematischen räumlichen Ordnung (Hiebszüge etc.) trennt und eine neue, auf naturräumlichen Einheiten beruhende dynamische Einteilung anstrebt, so muß er sich auch von den mechanistischen Kategorien der zeitlichen Ordnung des schlagweisen Systems abwenden und auf biologische Zeitmaßstäbe hin orientieren. Dabei ist zu beachten, daß die verschiedenen Entwicklungsstadien der Organismen (Jugend-, Wachstums-, Reife- und Altersstadium), die als Zeitmarken ihres Lebensablaufes aufzufassen sind, je nach Standort (auf günstigen Standorten früher, auf ungünstigen später), Baumart (Pionierbaumarten früher,

Tab. 8: Gegenüberstellung der zeitlichen Ordnung im schlagweisen und schlagfreien Hochwaldsystem

System	
Schlagweise Waldbewirtschaftung	**Schlagfreie Waldbewirtschaftung**
Kardinale Größen für die Ertrags- und Produktionsregelung sind – Altersklassen – Umtriebszeiten – Vor- und Endnutzung	Bei der Steuerung von Waldöko-systemen tritt an die Stelle der her-kömmlichen Zeitkategorie eine natur-zeitliche Ordnung. Sie ergibt sich aus – der vom genetischen Code und der Gunst der Umwelt abhängigen Ontogenesegeschwindigkeit und –– der Rotationsgeschwindigkeit der Sukzessionsphasen im Terminalstadium der Waldökosysteme. An die Stelle der Endnutzung tritt als Regelgröße die Zielstärkenutzung.
Mit dem Fortschreiten des Waldumbaus verlieren die Zeitkategorien des schlag-weisen Systems an Bedeutung. Sie werden aber während des Waldumbaus noch zur Verständigung und Planung benötigt. Auch der Zuwachs ($m^3a^{-1}ha^{-1}$) ist eine zeitabhängige Größe	

Klimaxbaumarten später) und Umwelt (dominierende Bäume früher, unterdrückte später), zu unterschiedlichen Zeitpunkten erreicht wer-den. Dementsprechend sind auch die dazwischen liegenden Intervalle nicht wie die Altersklassen des schlagweisen Systems linear, sondern näherungsweise logarithmisch äquidistant (THOMASIUS, 1990 b). Diese Aspekte müssen bei der noch auszuarbeitenden zeitlichen Ord-nung des schlagfreien Hochwaldes berücksichtigt werden.

Auch bei der Kategorie Zeit muß zwischen verschiedenen Hierarchie-ebenen unterschieden werden:

– Beim einzelnen Baum ist es das von ihm erreichte Entwick-lungsstadium, das sich aus Alter und Umwelt (Standort, soziol. Stellung) ergibt. Je nach Entwicklungszustand können die Reak-tionsart und -geschwindigkeit der Individuen auf die verschiedenen Umwelteinflüsse recht unterschiedlich sein.

– Im Ökosystem sind die Anzahl von Bäumen eines bestimmten Entwicklungszustandes und ihre Wachstumsgeschwindigkeit be-deutungsvoll. Daraus ergeben sich die Geschwindigkeit des Suk-zessionablaufes bzw. der Rotation der Entwicklungsphasen (Verüngung → Wachstum → Reife → Nutzung → Verjüngung) im balancierten Terminalstadium.

Daraus folgt:

An die Stelle der Altersklassen und Umtriebszeiten des durch Endnutzungshiebe gesteuerten schlagweisen Hochwaldsystems treten die Entwicklungsstadien und Rotationszeiten des durch Zielstärkenutzungen gesteuerten schlagfreien Hochwald- oder Dauerwaldsystems.

4. Das System des schlagfreien Hochwaldes oder Dauerwaldes

Das im vorigen Jahrhundert entwickelte und perfektionierte System des schlagweisen Hochwaldes ist dadurch gekennzeichnet, daß die verschiedenen Altersstufen der zu Beständen vereinigten Bäume schlagweise, d. h. flächenmäßig voneinander getrennt angeordnet sind. Der einzelne, durch ein bestimmtes Alter charakterisierte Waldbestand befindet sich darum nicht in einem ökologischen Gleichgewichtszustand. Erst in der Betriebsklasse als übergeordnete Einheit wird rechnerisch eine Nachhaltigkeit der Produktion nachgewiesen.

Es entspricht der Logik der Begriffsbildung, daß es neben dem System des schlagweisen Hochwaldes auch ein System des schlagfreien Hochwaldes gibt. Dieses System ist der Dauerwald. Der Dauerwald wird durch folgende Merkmale gekennzeichnet:

Die verschiedenen, für die Stetigkeit des Waldökosystems erforderlichen Entwicklungsstadien sind nicht schlagweise voneinander ge-

Tab. 9: Zusammenfassende Charakteristik der Systeme des schlagweisen und schlagfreien Hochwaldes

System der schlagweisen Waldbewirtschaftung	System der schlagfreien Waldbewirtschaftung
Die verschiedenen Altersstufen der zu Beständen vereinigten Bäume sind schlagweise, d.h. flächenmäßig voneinander getrennt angeordnet. Der einzelne, durch ein bestimmtes Alter charakterisierte Waldbestand befindet sich nicht in einem ökologischen Gleichgewicht. Erst in der Betriebsklasse als übergeordnete, künstliche Einheit wird rechnerisch Nachhaltigkeit der Produktion nachgewiesen.	Die verschiedenen, für die Stetigkeit des Waldökosystems erforderlichen Entwicklungsstadien der Bäume sind nicht schlagweise voneinander getrennt, sondern in derselben Wirtschaftseinheit zeitlich und räumlich miteinander verbunden, so daß sich bei hinreichender Flächengröße eine Nachhalteinheit ergibt. Schlagfrei bewirtschaftete Wälder sind Dauerwälder.

Tab. 10: Klassifizierung der schlagfreien Wälder oder Dauerwälder nach der Schattentoleranz dominierender Baumarten

Lichtbaumarten-Dauerwald	Intermediärbaumarten-Dauerwald (bzw. Mischung aus Licht- und Schattenbaumarten)	Schattenbaumarten-Dauerwald oder Plenterwald
größere Partien bestimmter Entwicklungsstadien von Bäumen sind überwiegend nebeneinander oder - bei einem sehr lichten Schirm des Altwuchses - auch übereinander angeordnet; sie bilden gemeinsam ein Mosaik von Jung-, Mittel- und Altwuchs, das nur als Ganzes, d. h. bei Betrachtung größeer Areale einem ökologischen Gleichgewicht nahe kommt	Gruppen bestimmter Entwicklungsstadien von Bäumen sind nebeneinander angeordnet; sie bilden gemeinsam ein Mosaik von Jung-, Mittel- und Altwuchs, das als Ganzes ein ökologisches Gleichgewicht aufweist	Bäume bestimmter Entwicklungsstadien sind neben- und übereinander angeordnet; dank der Durchdringung von Jung-, Mittel- und Altwuchs ist eine sehr gute Wuchsraumausnutzung und ein ökologisches Gleichgewicht auf relativ kleiner Fläche möglich

Dauerwald ist ein nach der Lichtökologie der Baumarten und der sich daraus ergebenden Strukturdifferenzierung zu untergliederndes Waldbausystem das nicht dem Plenterwald gleichgestellt werden darf.

Plenterwald ist ein Schattenbaumarten-Dauerwald.

Lichtbaumarten lassen keine Plenterstrukturen im strengen Sinne der Definition zu.

trennt, sondern in derselben Wirtschaftseinheit zeitlich und räumlich neben- und/oder übereinander angeordnet, so daß diese als eine selbständige Nachhalteinheit aufgefaßt werden kann (Tab. 9).

Analog zum System des schlagweisen Hochwaldes ist auch das des schlagfreien zu untergliedern. Das geschieht nach der Schattentoleranz dominierender Baumarten (Tab. 10).

5. Waldbauplanung

Die Waldbauplanung zeigt den Weg vom gegenwärtigen Zustand zum vorgegebenen Ziel; sie gibt an, was wann getan werden muß und welcher Aufwand damit verbunden ist.

Der Waldbauplanung muß bei jedem Objekt eine Potential-, Zustand-, Funktions- und Zielbestimmung vorausgehen:

- Die Potentialbestimmung dient der Ermittlung des Standortes sowie der potentiellen natürlichen Waldgesellschaft.
- Die Zustandbestimmung erfolgt durch Ermittlung der gegenwärtigen Bestockung sowie weiterer, für die künftige Waldgestaltung bedeutungsvoller Einflußgrößen.
- Die Funktionsbestimmung (Stoffproduktion, Schutz, Erholung) erfolgt nach allgemeinen gesellschaftlichen Erfordernissen und den sich daraus ergebenden forstpolitischen Konsequenzen.
- Das Ziel wird dann unter Berücksichtigung von
  - Naturpotential,
  - aktuellem Zustand,
  - Funktionsdominanz
  - Realisierungsaufwand sowie -zeit

festgelegt. Dabei wird ein möglichst geringer Hemerobiegrad angestrebt.

Es muß konkrete Angaben über
- die Baumartenzusammensetzung,
- die Raumstruktur und
- die Altersstruktur

der angestrebten Bestockung enthalten und soll durch Etappenziele untersetzt werden.

Die Waldbauplanung muß vom örtlichen Wirtschafter, der die speziellen Verhältnisse am besten kennt und auch für die Ausführung verantwortlich ist, selbst ausgeführt werden. Dabei ist eine Abstimmung mit der übergeordneten Planungsinstanz notwendig.

6. Gestaltung der Waldstrukturen

Baumartenmischung und -verteilung

Die bereits vorhandenen Mischbaumarten werden, sofern sie nicht standortwidrig oder soziologisch unvereinbar sind, erhalten und gefördert. Besonderen Schutz verdienen seltene einheimische Baumarten.

Die erwünschten Baumarten werden – je nach ihrem Anteil an der aktuellen Bestockung – durch
- Förderung der Naturverjüngung oder
- Kunstverjüngung unter Schirm bzw. in Bestandeslücken

regeneriert oder eingebracht.

Je nach Baumartenzusammensetzung im Altbestand (Standfestigkeit, Schattenwurf etc.) und in der Verjüngung (Schattentoleranz, Morphogenese, Soziabilität) kann eine mehr oder weniger gleichmäßige oder ungleichmäßige Verteilung der Mischbaumarten zweckmäßig sein. Der Zeitpunkt solcher Regenerationsmaßnahmen kann in Anlehnung an die bei Vor-, Nach- und Unterbaumaßnahmen maßgeblichen Gesichtspunkte gewählt werden. Lücken durch Blitz-, Bruch-, Insekten-, Pilz- und andere Schäden sind häufig günstige Ansatzpunkte zur Einbringung von Mischbaumarten.

Im weiteren Verlauf der Bestandesentwicklung ist dafür zu sorgen, daß Ankommen und Fortkommen der standortgemäßen und soziologisch vertretbaren Mischbaumarten gesichert werden.

Ungleichaltrigkeit sowie Alters- bzw. Dimensionsstruktur
Im Interesse der Stetigkeit wird Ungleichaltrigkeit angestrebt. Der dabei zu beschreitende Weg ist vom gegebenen Zustand sowie vom Standort und von der Baumart abhängig. Die im konkreten Fall festzulegende Zielstruktur wird unter Berücksichtigung wuchsräumlicher und phänotypischer Gesichtspunkte durch Einzelbaumnutzungen sowie Natur- und Kunstverjüngung herbeigeführt. Der bis zum Erreichen der Zielstruktur erforderliche Zeitraum ist von der Ausgangssituation abhängig und erstreckt sich meist über einen längeren Zeitraum. Dabei ist zu beachten, daß die in Waldökosystemen ablaufenden Entwicklungsprozesse nach dendrochronologischen und nicht nach menschlichen Zeitmaßstäben ablaufen.

Raumstruktur
Baumarten-, Alters- und Raumstruktur korrespondieren miteinander und beeinflussen sich wechselseitig. Baumartenmischung und Ungleichaltrigkeit müssen darum im Zusammenhang mit bestimmten Raumstrukturen, die diese ermöglichen und fördern, gesehen werden.
Die Raumstruktur eines Waldökosystems wird horizontal durch Verteilungsmuster (Distribution) und vertikal durch Schichten (Stratifikation) bzw. gegenseitige Kronendurchdringung (Penetration) charakterisiert. Sie ist auch in Naturwäldern in hohem Maße vom Standort, von der Lichtökologie der Baumarten und vom Sukzessionsstadium

des Ökosystems abhängig. Die dabei herrschenden Gesetzmäßigkeiten sind bei der Raumgestaltung des Wirtschaftswaldes zu beachten. Mischungen von

– Schattenbaumarten lassen Mehrschichtigkeit und/oder Kronen-penetration (optimale Wuchsraumausnutzung) sowie Einzelbaum-verteilung (POISSON- und REPULSIV-Verteilung) zu.

– Mischungen von Licht- und Schattenbaumarten erfordern in der Regel Zweischichtigkeit oder Trupp- bzw. Gruppenbildung (CLU-STER-Verteilung).

– Lichtbaumarten allein bilden stratenarme Bestände und verjüngen sich meist kurzfristig auf größeren Flächen (Katastrophenverjün-gung und P-P-Sukzession, THOMASIUS, 1990 c).

Das Streben nach permanenter Wuchsraumausnutzung gestattet stär-kere Bestandesauflichtungen und größere Lücken nur dann, wenn zu erwarten ist, daß der frei gewordene Wuchsraum in absehbarer Zeit vom verbliebenen Bestand oder der ankommenden Naturverjüngung wieder ausgefüllt wird.

Wälder, die sich in einem dynamischen Gleichgewichtszustand befin-den, besitzen in der Regel eine Mosaikstruktur, wobei die einzelnen Mosaikflecken Ansammlungen von Bäumen eines bestimmten Ent-wicklungsstadiums darstellen. Die Größe und Überlappung der Mosaikflecken sowie die Rotationsdauer von Entwicklungsstadien sind vom Standort und von der Baumartenkombination abhängig.

7. Regelung der Bestandesentwicklung

Mit Nutzungs- und Verjüngungs- sowie Erziehungs- und Pflegemaß-nahmen wird die Bestandesdynamik planmäßig gesteuert. Da zwi-schen diesen Maßnahmen enge Wechselbeziehungen bestehen, ist auch hier eine komplexe Betrachtung notwendig:

– Durch die Nutzung von Bäumen wird Wuchsraum freigesetzt, der möglichst rasch von der ankommenden Verjüngung oder den ver-bliebenen Bäumen wieder ausgefüllt werden soll.

– Durch die strukturelle und funktionelle Verbesserung des Wald-bestandes mittels Erziehung und Pflege wird zugleich Dendro-masse freigesetzt, die der Holznutzung oder Detritusbildung dienen soll.

Dieses Wechselverhältnis ist im Sinne der ökologischen Nachhaltigkeit optimal zu gestalten.

Nutzungsprinzipien

Maßgeblich für die Nutzung ist der von Dimension (Zielstärke), Morphologie (Schaftform) und Anatomie (Jahrringaufbau, Verkernung etc.) abhängige Kulminationspunkt des Wertes jedes einzelnen Baumes. Da dieser bei den verschiedenen Baum-Individuen zu unterschiedlichen Zeitpunkten eintritt, erfolgt auch die Nutzung nicht gleichzeitig. Das System des schlagfreien Hochwaldes unterscheidet sich dadurch prinzipiell vom System des schlagweisen.
Bäume, die den Kulminationspunkt ihres Wertes erreicht haben und nicht im Interesse der Bestandesstruktur, der Bestandesregeneration, des Naturschutzes oder der Waldästhetik erhalten bleiben sollen, werden genutzt. Mit dieser primären Zielstellung ist eine sekundäre Wirkung durch Förderung der Verjüngung und Wachstumsstimulierung der verbliebenen Bäume verbunden .

Verjüngungsprinzipien

Nutzung und Verjüngung müssen sich in einem ausgeglichenen Verhältnis zueinander befinden, wenn die Kontinuität des Waldökosystems gewährleistet sein soll. Starke und rasch wiederkehrende Nutzungen erfordern schnelle und intensive Regeneration und umgekehrt. Wenn keine Balance zwischen diesen beiden Komponenten existiert, dann muß entweder die Nutzungshöhe korrigiert oder die Regeneration durch Kunstverjüngung beschleunigt werden.
Sehr bedeutungsvoll ist die unterschiedliche Schattentoleranz der verschiedenen Baumarten in der Jugend. Daraus ergeben sich differenzierte Regenerationstechnologien:
Schattentolerante (KIimax)-Baumarten gestatten eine nahezu permanente Verjüngung der Bestände in kleinen Lücken und bei langfristiger Überschirmung. Das führt zu einem kleinflächigen Mosaik von Jung-, Mittel- und Altwuchs und einer verhältnismäßig gering ausgeprägten Zyklizität des Waldökosystems.
Schattenintolerante (Pionier)-Baumarten benötigen zu ihrer Verjüngung weitaus größere Freiräume oder eine stärkere Lichtstellung. Das

führt zu einem großflächigen Mosaik von Verjüngungs-, Jung-, Mittel- und Altwuchspartien sowie zu einer stärker ausgeprägten Zyklizität des Waldökosystems.

Bei der Verjüngung von Mischwäldern ist die in hohem Maße lichtabhängige Wettbewerbsfähigkeit der verschiedenen Spezies zu beachten.

Bleibt die Naturverjüngung trotz hinreichender Bestandesauflichtung aus, so ist das meist ein Ausdruck dafür, daß das Ökosystem gestört ist. Ursachen dessen können waldbauliches Mißmanagement (standortwidrige Baumarten, unzureichende Kronenpflege, fehlerhafte Lichtdosierung), Umweltstreß (Fruktifikationsstörungen durch Immissionsschäden, gehemmte Keimlingsentwicklung durch Bodenversauerung), zu hohe Wildstände (Verbiß) u.a. sein. Solche Erscheinungen sind zu diagnostizieren, die Ursachen nach Möglichkeit zu beseitigen und entsprechende Kompensations- bzw. Gegenmaßnahmen einzuleiten.

Erziehungs- und Pflegeprinzipien
Die Morphogenese der Bäume und damit ihr wirtschaftlicher Wert wird – je nach genetischem Code und ontogentischem Stadium – in unterschiedlichem Maße vom Umweltfaktor Licht beeinflußt:

In jüngeren Entwicklungsstadien (Juvenilität und Auxophase) sind die Bäume morphologisch flexibler als in älteren (Maturität und Seneszens).

Je nach genetischem Code ist die morphologische Reaktion der verschiedenen Gattungen und Spezies unterschiedlich. So reagieren z. B. Fagus und Quercus stärker als Betula und Alnus, Pinus und Larix stärker als Abies und Picea.

Dies zeigt sich besonders durch die Reaktion des Schaftes (Mono- und Polykormie) und der Krone (Akro- und Exotonie) auf Lichteinwirkungen.

Bei der Bestandeserziehung und -pflege werden diese Sachverhalte beachtet und folgende Verhaltensnormen ausgenutzt:

Durch Aufwuchs der noch flexiblen und mehr oder weniger schattentoleranten Jungbäume im Schatten von Altbäumen werden die Akrotonie und Monokormie gefördert bzw. die Exotonie und Polykormie gehemmt.

Durch Umschattung des Schaftes der Altbäume mit Jung- und Mittelwuchs wird ihre Astreinigung gefördert und der ökonomische Wert erhöht.

Die mittels Bestandeserziehung und -pflege gesteuerte Bestandesdichte ist standort- und baumartenabhängig. Je besser der Standort und je schattentoleranter die Baumart, um so größer ist das Dichtepotential.

In Waldbeständen, die aus dem System des schlagweisen Hochwaldes hervorgegangen sind, ist bei der Selektion von Bäumen zwischen negativer und positiver Phänotypenauslese zu unterscheiden. Beide sollen zur strukturellen und funktionellen Verbesserung der Waldbestände beitragen.

Bei der negativen Phänotypenauslese geschieht das durch die Entnahme von Bäumen, die wegen

– ihrer geringen Produktivität,
– ihrer unbefriedigenden Qualität,
– ihres schlechten Gesundheitszustandes,
– ihres negativen Einflusses auf die Bestandesstruktur

geringwertig, entbehrlich oder schädlich sind.

Die positive Phänotypenauslese dient der Förderung von Bäumen, die wegen

– ihrer großen Produktivität
– ihrer hohen Qualität,
– ihres guten Gesundheitszustandes,
– ihres positiven Einflusses auf die Bestandesstruktur

hochwertig, unentbehrlich oder nützlich sind.

Neben dieser subjektbezogenen Bewertung jedes einzelnen Baumes ist dessen Rolle im Waldökosystem zu beachten. Dazu gehören

– der kompetitive und mutuative Einfluß auf die Nachbarn,
– der Einfluß auf die Bestandesstruktur und damit auf das Waldinnenklima,
– der Einfluß auf die Bestandesstablität,
– der Einfluß auf Phyto- und Zoophage,
   der Einfluß auf den Bodenzustand (Durchwurzelung, Detritusbildung und Destruenten).

Die Aspekte der negativen Auslese dominieren im Jungwald, weil geringwertige Bäume früher zu erkennen und zu entnehmen sind, der dazu erforderliche Aufwand noch gering und der damit erzielte Effekt größer ist. Mit der fortschreitenden Bestandesentwicklung gewinnt die positive Phänotypenauslese immer mehr an Bedeutung, weil sich die wertvollen Bäume im Laufe der Zeit immer besser abzeichnen und ihre Förderung effektiver wird.

Mit dem Verschwinden der Strukturen des schlagweisen Hochwaldes und der Differenzierung in Alters- und Wuchsklassen verwischen sich auch die Unterschiede zwischen negativer und positiver Phänotypenauslese.

Naturschutz und Jagd

Der ökogerechte Waldbau bekennt sich zur ökosystemaren Betrachtung und zur Ökotechnologie. Damit befindet er sich weitgehend in Übereinstimmung mit dem Naturschutz moderner Prägung. Das gilt auch hinsichtlich des Strebens nach Minimierung der Hemerobie.

Durch Kontinuität des Waldökosystems, Arten- und Altersvielfalt in der Phytozönose, Erhaltung von Totholz und die sich daraus ergebende Vielfalt des Fraßangebotes für Bio- und Nekrophage wird eine größere Systemelastizität und wohl auch -stabilität herbeigeführt, die auch aus der Sicht des Biotop- und Artenschutzes positiv ist. Naturschutzgebiete, die von Wäldern geringer Hemerobie umgeben werden, bedürfen darum keiner größeren Pufferzone.

Funktionsfähigkeit, Elastizität und Stabilität von Waldökosystemen setzen Ausgewogenheit der verschiedenen Ernährungsstufen (Primärproduzenten, Konsumenten und Destruenten) voraus. Störungen der für ein dynamisches Gleichgewicht notwendigen Relationen zwischen diesen verschiedenen Ernährungsstufen können die Existenz des Systems gefährden oder zu Systemzuständen führen, die unerwünscht sind. Das ist gegenwärtig häufig als Folge der Übervermehrung von Phytophagen (besonders Cerviden) der Fall, weil in unseren Kulturlandschaften die entsprechenden Prädatoren fehlen. Diese Funktion der Gipfelraubtiere muß von den Jägern übernommen werden.

Ökogerechter Waldbau setzt eine dem Ökosystem angemessene Limitierung des Wildes, besonders in der Umbauphase vom schlagweisen zum schlagfreien Hochwald voraus. Diese Aufgabe muß von der Jagd wahrgenommen werden.

Zusammenfassung

Praktische Erfahrungen und theoretische Erkenntnisse haben dazu beigetragen, daß der Waldbau in den letzten Jahren wieder eine stärkere ökologische Orientierung bekommen hat. Im Interesse dieser erfreulichen Bewegung erscheint es angebracht, MÖLLERs Lehre vom Dauerwald theoretisch weiter zu entwickeln und didaktisch aufzubereiten. Die vorliegende Publikation ist eine Versuch in dieser Richtung.

Im Interesse der begrifflichen Klarheit werden zuerst einige Termini diskutiert und eine Definition des ökogerechten Waldbaus gegeben. Gegenstand dieser Waldbaurichtung ist das Waldökosystem in seiner Komplexizität. Bei dem als Okotechnologie aufgefaßten Management der Waldökosysteme erhalten die Kategorien Nachhaltigkeit sowie Raum- und Zeitordnung einen neuen Inhalt. Dem System des schlagweisen Hochwaldes wird das des schlagfreien Hochwaldes oder Dauerwaldes gegenüber gestellt. Der Dauerwald wird schließlich in Lichtbaumarten-, Intermediärbaumarten- und Schattenbaumarten-Dauerwald untergliedert.

Die Waldbauplanung basiert auf einem Vergleich der potentiellen natürlichen und der gegenwärtigen Bestockung. Davon ausgehend werden unter Berücksichtigung der Waldfunktionen die Zielstellung und der zu ihr hinführende Weg bestimmt. Die Zielbestockung wird durch Baumartenanteile sowie die Alters- und Raumstruktur charakterisiert.

Zur Steuerung der Bestandesentwicklung werden Nutzungs-, Verjüngungs-, Erziehungs- und Pflegeprinzipien genannt. Die Nutzung wird in erster Linie vom Kulminationspunkt des Wertes jedes einzelnen Baumes bestimmt. In engem Zusammenhang damit erfolgt die Verjüngung, wobei Art und Ablauf durch den Standort und die Baumart modifiziert werden. Erziehung und Pflege dienen der Wuchsraumgestaltung und Wertsteigerung, wobei mit der Herausbildung von Dauerwaldstrukturen die negative Phänotypenauslese an Bedeutung verliert und die positive mehr in den Vordergrund rückt.

Da die skizzierte Waldbaurichtung von Prinzipien der Ganzheitsbetrachtung getragen und eine Minimierung der Hemerobie angestrebt wird, ergibt sich zum Naturschutz ein weitaus größerer Konsens, als das beim System des schlagweisen Hochwaldes der Fall ist.

Tab 11: Ökogerechter Waldbau strebt nach Einheit von Ökologie und Ökonomie

Ökologie	Ökonomie
Betrachtung des Waldes als Öko-system (ökosystemares Prinzip): – Einheit von Biotop und Biozönose – Funktionelle Verbindung von Produzenten, Konsumenten und Destruenten – Relationen zwischen Produktion, Akkumulation und Stoffentzug (Bio- und Nekromasse) – Dynamik und Selbstregulation – Elastizität und Stabilität	Nutzung von Naturfaktoren bei der Waldbewirtschaftung (ökotechnologisches Prinzip): – Weitgehend natürliche Regeneration – Berücksichtigung der genetisch geprägten und durch die Umwelt modifizierten art- und individual-spezifischen Onto- und Morpho-genese – Berücksichtigung der ökosystema-ren Dynamik

Aus der Einheit von Ökologie und Ökonomie wären die Begriffe „ökogemäß" oder „ökogerecht", die Logos und Nomos einschließen, abzuleiten.

Definition:
Ökogemäßer Waldbau ist eine Strategie der Waldbewirtschaftung, bei der der Wald als Ökosystem aufgefaßt sowie durch bestmögliche Nutzung ökologischer Gesetze und Naturkräfte so gestaltet wird, daß seine gesellschaftlich relevanten Funktionen (Stoffproduktion, Schutzwirkungen, Erholungseffekte) nachhaltig erfüllt werden.

Eine wesentliche Voraussetzung für die Realisierung der genannten Ziele ist die Limitierung des Wildes durch ökogerechte Jagdausübung.

Abschließend sei noch festgestellt, daß die dargelegte Waldbaurichtung in dem Streben nach Einheit von Ökologie und Ökonomie entstanden und praktiziert worden ist, weil ökologisches Mißmanagement auf lange Sicht hohe Kosten verursacht und die im Walde wirkenden Naturfaktoren umsonst für die Produktion genutzt werden (Tab. 11).

Literatur

BLANCKMEISTER, J.: Die räumliche und zeitliche Ordnung im Walde. Neumann, Radebeul, 1956

BORGGREVE, B.: Die Holzzucht. Berlin, 1885

DENGLER, A.: Bärenthoren - kein Dauerwald? In: Forstl. Wochenschr. Silva, 10, S. 345-348, 1922

DENGLER, A.: Dauerwald in Theorie und Praxis. In: Forstl. Wochenschr. Silva, 13, S. 25-31, 1925 a

DENGLER, A.: Die Dauerwaldfrage in Theorie und Praxis. In: Jb. Dt. Forstver., S. 129-144, 1925b

DENGLER, A.: Zum Streit um den Dauerwald in Theorie und Praxis. In: Forstl. Wochenschr. Silva, 13, S. 209-210, 1925 c

DENGLER; A.: Unrichtigkeiten und Übertreibungen aus dem Dauerwaldlager. In: Forstl. Wochenschr. Silva, 15, S. 121-126, 1927

DENGLER, A.: Bärenthoren 1934. Der naturgemäße Wirtschaftswald. In: Zeitschr. Forst- u. Jagdwes., 68, S. 337-353, 1936

DENGLER, A.: Zeitenwende im Waldbau? In: Forstl. Wochenschr. Silva, 25, S. 21-25, 1937 a

DENGLER, A.: Naturgemäßer Waldaufbau und Massenleistung. In: Dt. Forstwirt, 19, S. 313-314, 1937 b

DENGLER, A.: Zu Lemmel's Kritik an meiner Stellung zum Dauerwaldgedanken. In: Z. Forst- u. Jagdwes., 71, S. 553-561, 1939

GAYER, K.: Der gemischte Wald. Berlin, 1886

GÖRING, H.: Eröffnung der Tagung des Deutschen Forstvereins. In: Dt. Forstwirt, 18, S. 813-816, 1936

KRUTZSCH, H.: Bärenthoren 1924. Neudamm, 1924

KRUTZSCH, H.: Der naturgemäße Wirtschaftswald. Begriffsbestimmung. Zweck und Ziel. In: Allg. Forstzeitschr., S. 85-87, 1950

KRUTZSCH, H.: Waldaufbau. Berlin, 1952

KRUTZSCH, H./WECK, J: Bärenthoren 1934. Der naturgemäße Wirtschaftswald. Neudamm, 1935

LEMMEL, H.: Die Organismusidee in MÖLLERs Dauerwaldgedanken. Berlin, 1939

MÖLLER, A.: Der Blendersamschlag. In Ber. Dt. Forstver., S. 47-62, 1913/1914

MÖLLER, A.: Kiefern-Dauerwaldwirtschaft. In: Z. Forst- u. Jagdwes., 52, S. 4-41, 1920

MÖLLER, A.: Kiefern-Dauerwaldwirtschaft ll, In: Z. Forst- u. Jagdwes., 53, S. 70-85, 1921

MÖLLER, A.: Der Dauerwaldgedanke. Sein Sinn und seine Bedeutung. Springer, 1922 a

MÖLLER, A.: Allgemeine Wirtschaftsgrundsätze. In: Z. Forst- u. Jagdwes., 54, S. 243-250, 1922 b

MOROSOW, G. F.: Die Lehre vom Walde. Neudamm, dt. Übers., 1928

ROSSMÄSSLER, E. A.: Der Wald. Leipzig u. Heidelberg, 1860

SUKATSCHOW, W. N.: Die Grundlagen der Waldtypen. Angew. Pflanzensoziol., Festschrift Aichinger, 2. Bd., 1954

TANSLEY, A. C.: The use and abuse of vegetational concepts and terms. Ecology, 16, S. 284-307, 1935

THOMASIUS, H.: Stabilität natürlicher und künstlicher Waldökosysteme sowie deren Beeinflußbarkeit durch forstwirtschaftliche Maßnahmen. In: Allg. Forstz., 43, S. 1037-1043, S. 1064- 1068, 1988

THOMASIUS, H.: Waldbauliche Auffassungen, Probleme und Wege in der DDR. In: Allgem. Forstz., 45, S. 726-730, 1990a

THOMASIUS, H.: Waldbau 1. Allgemeine Grundlagen. TU Dresden, Lehrbrief für das Hochschulstudium Forstingenieurwesen, 1990b

THOMASIUS, H.: Sukzessionstypen von Waldökosystemen der gemäßigten und borealen Zone. XIX. Weltkongreß, JUFRO, 5. – 11. 8. 1990, Montreal, Bd. 1, S. 128-148, 1990 c

THOMASIUS, H.: Prinzipien eines ökologisch orientierten Waldbaus. In: Forstwiss. Cbl., 111, S. 141-155, 1992 a

THOMASIUS, H.: Grundlagen eines ökologisch orientierten Waldbaus. In: Dauerwald, H. 7, S. 2-21, 1992 b

TEIL II: ASPEKTE

Naturgemäßer Waldbau

FRANZ STRAUBINGER

Die Gestaltung und Bewirtschaftung der Wälder wird als „Waldbau" –
in Anlehnung an den Landbau – bezeichnet. Die waldbauliche Tätigkeit verknüpft wissenschaftliches Grundwissen, empirische Erfahrung
und persönliche Intuition. Während der klassische Waldbau zu einfachen Behandlungsmodellen und zu einer zahlen- und wissenschafts-
lastigen Betrachtungsweise tendiert, werden im naturgemäß ausgerichteten Waldbau die Aktivitäten um die praktisch erworbene Erfahrung und auch die Gefühle bereichert. Diese Art der Waldbewirtschaftung hat nichts mit „Götterblick" zu tun; sie ist pragmatisch.
Allerdings wird den komplexen, nicht in Zahlen faßbaren Produk-
tionsabläufen und Wirkungsmechanismen des Ökosystems Wald besser Rechnung getragen als im klassischen Waldbau.
Der naturgemäße Waldbau wird immer noch auf kleiner Fläche praktiziert. Auf der globalen Bühne der Waldbewirtschaftung spielt er keine
Rolle; hier dominieren vergleichsweise primitive und rauhe Praktiken,
z. B. der Kahlschlag. Ursachen hierfür sind kurzfristig merkantiles
Denken, Arroganz gegenüber dem Natürlichen und menschliche
Lethargie.

Waldbauliche Dimension

Die Tragweite eines vernünftigen Waldbaues, der wirklich eine Syn-
these aus Wissenschaft (z. B. Forstbotanik, Forstzoologie, Bodenkunde, Klimatologie, Vegetationskunde), Erfahrung und Intuition her-
stellt, wird jedem klar, der die ökologische Bedeutung des Waldes
hinterfragt.
Knapp ein Zehntel der Erdoberfläche sind bewaldet. Auf dieser vergleichsweise geringen Fläche konzentrieren sich jedoch 90 Prozent
der weltweiten Biomasse. Schließt man auch die Meere in die Betrachtung ein, so sind es 43 Prozent der gesamten Primärproduktion,

die der Wald hervorbringt. Durch das tiefe Eindringen der Wurzeln in den Boden und das weite Hinaufragen des Kronendaches in den Luftraum bildet der Wald die austauschintensivste Vegetationsform der Erde. Daraus erklärt sich seine herausragende Rolle im Strahlungs- und Stoffhaushalt der Erde (z. B. Klimabildung, Treibhauseffekt, Holzproduktion) sowie des gesamten pflanzlichen und tierischen Lebens.

Ziele

In Kenntnis dieser Zusammenhänge hat die Arbeitsgemeinschaft Naturgemäße Waldwirtschaft (ANW) bereits im Jahr 1950 klare Ziele eines integralen Waldbaues formuliert. Im naturgemäßen Wirtschaftswald werden eine Reihe von Charakteristika angestrebt; so z. B.:

- Mischung, d. h. verschiedene Baumarten wechseln sich auf derselben Fläche ab und wirken synergistisch bei der Nutzung von Sonnenlicht, Niederschlag und Nährelementen zusammen.
- Struktur, d. h. große und kleine, dicke und dünne Bäume stehen einzeln bis gruppenweise nebeneinander. Der gesamte Luftraum ist mit Chlorophyll erfüllt und produziert einen wertvollen Rohstoff. Die Wurzeln erschließen unterschiedliche Bodenhorizonte und nutzen das gesamte Standortpotential.
- Standortsgemäße Baumarten, d. h. die Baumartenwahl unterliegt dem „Gesetz des Örtlichen" wie z. B. Bodentyp, Kleinklima, Wasserhaushalt. Es wird den von Natur aus in dieser Region vorkommenden Baumarten der Vorrang gegeben. Hintergrund ist die Langlebigkeit des Vegetationstypus Wald, während der viele biotische (z. B. Insekten, Pilze) und abiotische (z. B. Schnee, Sturm) Imponderabilien einwirken. Nur standortsgemäße Baumarten garantieren die notwendige Stabilität und Vitalität.
- Hoher Vorrat an qualitativ gutem Holz, d. h. hier wird dem betriebswirtschaftlichen und gesellschaftspolitischen Auftrag der Rohstofferzeugung nachgekommen. Holz ist nicht nur ein natürlicher Rohstoff, darüber hinaus ist seine Verwendung auch ein aktiver Beitrag zum Natur- und Lebensschutz. Die Verwendung des Rohstoffes Holz verbraucht im Vergleich zu anderen Substitutionsprodukten wie z. B. Stahl, Aluminium, Plastik, 50–150mal weni-

ger Energie und wirkt somit dem Treibhauseffekt massiv entgegen. Holz kann außerdem in nahezu allen Lebensbereichen eingesetzt werden und ist absolut frei von Recycling-Problemen.

– Berücksichtigung ökonomischer, ökologischer und landeskultureller Belange, d. h. der sparsame Einsatz von Fremdenergie sowie das Steuern natürlicher Produktions- und Wirkungsmechanismen führen zu einer positiven Energie- bzw. Ertragsbilanz. Das Einbinden naturschützerischer und landespflegerischer Aspekte liegt im Grundverständnis naturgemäßer Waldwirtschaft und ist Teil eines nachhaltigen, zukunftsorientierten Handelns. Empirische Erfahrungen beweisen immer wieder: „Ökologie ist Langzeitökonomie".

Umsetzen der Waldbauphilosophie

Die naturgemäße Waldbautechnik folgt einer Reihe eigener Grundsätze, die von denen konventioneller Aktivitäten abweichen. Besonders wichtig ist das konsequente und stetige Handeln nach diesen Grundsätzen sowie die ständige Präsenz im Wald. Es ist ein Arbeiten im und mit dem Wald.

1. Der Waldcharakter mit seinen besonderen Merkmalen muß permanent bestehen bleiben. Grobe Waldbauverfahren wie z. B. Kahlschlag zerstören das Waldgefüge und steuern dem Dauerwaldgedanken entgegen. Die multifunktionalen Ansprüche an den Wald können langfristig, nachhaltig und optimal nicht vom schlagweisen Wald oder Altersklassenwald befriedigt werden; hierzu ist nur der Dauerwald in der Lage.

2. Dauerwald ist unter unseren klimatischen und standörtlichen Bedingungen die natürliche Waldform. Sie zu erreichen und zu erhalten erfordert entsprechende Pflege- und Nutzungsstrategien. Das Arbeiten auf der gesamten Waldfläche und nicht nur auf bestimmten Schlägen, die auf den Einzelstamm ausgerichtete Nutzung und nicht das flächige Abhacken von Bäumen sowie die permanente Pflegetätigkeit nach dem Motto „Das Schlechte fällt zuerst, das Bessere bleibt erhalten" sichern den Dauerwald und erhalten höhenstrukturierte, plenterartige Wälder. Nutzung, Pflege und Walderneuerung finden nebeneinander und gleichzeitig statt.

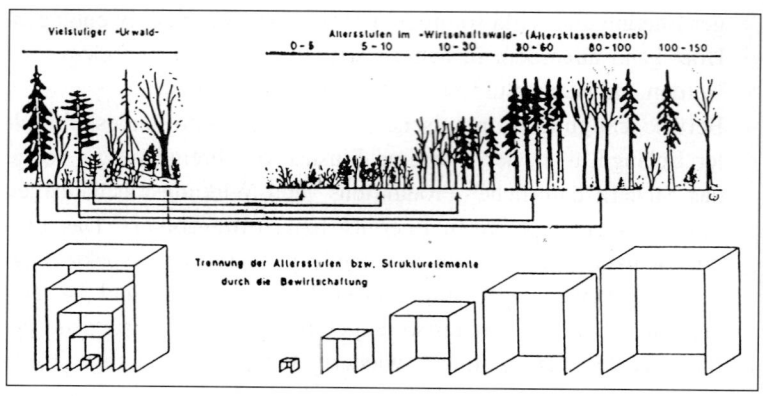

Abb. 1: Vielstufiger Urwald im Vergleich zu getrennten Altersstufen im Wirtschaftswald (Quelle: Scherzinger, 1976)

Abb. 2: Auf dem Weg zum naturgemäßen Wirtschaftswald befindet sich dieser alte Kiefernbestand. Vielfältige Struktur und beginnende Mischung sind bereits nach zehn Jahren naturgemäßer Waldwirtschaft erkennbar

Die Eingriffe erfolgen in mehrjährigen, stetigen Intervallen mit mäßiger Stärke. Jeder Baum wird nach seinem qualitativen Wert und seiner funktionellen Bedeutung überprüft. Der qualitative Wert des Einzelbaumes wird bestimmt durch seinen wirtschaftlichen Wert; er ist abhängig von der Qualität des produzierten Holzes, die sich in Schaftform, Dimension und Gesundheitszustand widerspiegelt.

Der funktionelle Wert hingegen wird bestimmt durch seine Aufgabe als Mischungs- und Strukturelement sowie durch seinen ökologischen Wert (z. B. Spechtbaum, Horstbaum, Totholz). Da bei jedem einzelnen Baum die Summe seines qualitativen und funktionellen Wertes zu unterschiedlichen Zeitpunkten kulminiert, erfolgt auch die Nutzung zeitlich gestreckt und waldgerecht.

3. Dauerwald und Einzelstammnutzung sind Garanten für das Schaffen und Bewahren des typischen Waldklimas. Ausgeglichene Temperaturgänge, feuchte Kühle und Dämpfen von Klimaextremen – wie Trockenheit, Frost etc. – fördern das Waldwachstum, stärken die Vitalität des Waldes und wirken natürlichen Gefährdungen (z. B. Borkenkäfer) entgegen. Die für den Wald wichtigen Nahrungsketten und Zersetzertätigkeiten sind an das Waldklima bestens angepaßt und wirken nur hier in optimaler Harmonie zusammen.

4. Der Umgang mit dem Standortpotential erfolgt schonend, d. h. der naturgemäße Waldbau kommt ohne Kahlschlag oder Ganzbaumnutzung aus und verzichtet auf unpflegliche Rückeverfahren. Zur Vermeidung von Befahrungsschäden am Boden und Rückeschäden am aufstockenden Bestand werden sog. 'Rückegassen' angelegt. Nur auf diesen bewegen sich die eingesetzten Maschinen. Diese Feinerschließung der Wälder ist die erste Voraussetzung für naturgemäßen Waldbau. Annähernd 60 Prozent der deutschen Waldstandorte wurden in den letzten 50 Jahren mit schweren Maschinen befahren und die Bodenstruktur geschädigt. Nach den immissionsbedingten Waldschadensmerkmalen unserer Bäume ist der „Rückeschaden" das häufigste Schadensmerkmal an älteren Bäumen. Jeder dritte Baum weist Einlaßpforten für Schädlinge und Pilze auf.

5. Im Zuge der Pflege- und Nutzungstätigkeit wird durch Belassen von organischer Substanz (z. B. Reisig, Äste, Blätter, Nadeln) darauf geachtet, daß die Nährstoffkreisläufe weitestgehend geschlossen bleiben. Diese Überlegung gilt umso mehr für katastrophenbedingte Kahlflächen. Die verbleibenden Baumteile bewirken außerdem differenzierte Licht- und Feuchtigkeitsverhältnisse und schaffen dadurch ein günstiges Mikroklima für die waldtypische Pflanzen- und Tierwelt. Leben erhalten und fördern durch Vergehen!

6. Das Ausreifenlassen von qualitativen und funktionellen Wertträgern führt zu ökonomischer und ökologischer Stabilität. Dicke Bäume leisten noch einen erheblichen Zuwachs; dicke Bäume sparen Aufarbeitungs- und Rückekosten und erzielen gute Preise; dicke Bäume fördern aber auch die Bestandsstruktur und bieten für viele Lebewesen ideale Nischen; und letztlich sind dicke Bäume ästhetisch ansprechend.

7. Im Zuge der permanenten Pflege der Wälder erneuert sich unweigerlich der Wald über Naturverjüngung. Die Ansamungsbedingungen sind durch die Boden- und Humuspflege, das Waldklima und die Einzelstammnutzung – letztlich das differenzierte, baumindividuelle Vorgehen – für alle Baumarten ideal. Die nachwachsende Waldgeneration wird im Halbschatten der alten Bäume erzogen und erwächst dadurch feinastiger und geradschaftiger – ein Beispiel für das Ausnutzen biologischer Abläufe im naturgemäßen Waldbau.

8. Eine existentielle Rahmenbedingung für Waldbau insgesamt sind waldgerechte Bestände von Reh- und Rotwild. Derzeit müssen unsere Schalenwildbestände, bis auf punktuelle Ausnahmen, als überhöht bezeichnet werden. Denn die Überweidung der Kraut-, Strauch- und nachwachsenden Baumschicht hemmt substantiell die Umsetzung der Ziele. Das Einregulieren und Anpassen überhöhter Schalenwildbestände stellt eine dringende Aufgabe dar.

In unseren Wäldern fressen heute – bedingt durch jagdlich-hegerische Unvernunft – 5–7mal mehr Rehe als 1934, dem Zeitpunkt des Inkrafttretens des Reichsjagdgesetzes. Die Waldflächen, in denen Rotwild lebt, haben sich seit dieser Zeit verdreifacht. Die monetären Wildschäden erreichen jährlich nahezu Milliardenhöhe, während die Langzeitschäden durch Entmischung, Destabilisierung und Verlust der Schutzwirkung irreparabel und nicht quantifizierbar sind.

9. Das Einbinden naturschützerischer und landespflegerischer Gesichtspunkte ist fester Bestandteil des naturgemäßen Repertoires. Hierunter fallen das Belassen von alten Bäumen, die Gestaltung der Waldinnen- und Waldaußenränder, das Erhalten von Nischenbäumen (z. B. Spechtbaum, Insektenbaum), das Einbringen von selten gewordenen Baumarten und schließlich das Akzeptieren von natürlichen Sukzessionsabläufen.

10. Naturgemäße Waldwirtschaft fordert von den Bewirtschaftern geistiges und emotionales Engagement. Die Bereitschaft, sich Wissen anzueignen; die Fähigkeit, Zusammenhänge zu erkennen; das Gespür, Abläufe verstehen zu lernen und schließlich der Wille, dies alles synoptisch auch umzusetzen, sind unabdingbare Voraussetzungen für den naturgemäßen Waldbau.

Erfahrungen und Wertung

Aus naturgemäß bewirtschafteten Beispielsbetrieben können durch jahrzehntelange Arbeit nachvollziehbare Erfahrungen abgeleitet werden.

Die so behandelten Wälder zeigen eine erheblich verringerte Anfälligkeit gegen Schadfaktoren biotischer und abiotischer Natur. Die Walderneuerung erfolgt ökonomisch und ökologisch vernünftig auf großen Flächen über Naturverjüngung. Die beträchtlichen Starkholzanteile bringen betriebswirtschaftliche Freiheit und wirken qualitätsfördernd auf die Erziehung des Nachwuchses. Die Wälder sind ästhetisch ansprechend und verdienen die Bezeichnung 'Wald' – im Vergleich zu 'Forst' – voll und ganz. Der gesamten Palette der Nutz-, Schutz- und Erholungsfunktionen wird Rechnung getragen.

Aus der Sicht der Primärproduktion, also des Waldbaues, spricht somit viel für diese Weise der Waldgestaltung. Ernstzunehmende betriebswirtschaftliche Untersuchungen dokumentieren darüber hinaus auch die fiskalische Überlegenheit einer ökologischen Waldwirtschaft durch Erhöhung der Erträge und drastische Senkung der Kosten, vor allem im Holzernte- und Verjüngungssektor.

Die von Mitgliedern der Arbeitsgemeinschaft Naturgemäße Waldwirtschaft gestalteten Betriebe beweisen den Erfolg von unkonventionellen Waldbautechniken. Sie beweisen, daß durch konsequente Vermeidung von Kahlschlag, systematischer Schaffung von Mischbeständen, Ausnutzen von Naturverjüngung, Vorratspflege über alle Entwicklungsstadien und durch engagierte praktische Arbeit im Wald sich eine vorteilhafte Alternative zum klassischen Waldbau entwickelt hat. Daß ein naturgemäßer Waldbau dringend notwendig ist, belegen anschaulich die Naturkatastrophen der letzten Jahrzehnte, denen ca. eine Million Hektar Wald zum Opfer fielen – Naturkatastrophen, die in Wirklichkeit „Forst"-Katastrophen des Alterklassenwaldes und der Nadelholz-Reinbestände waren.

Ausblick

Die Waldfläche, auf der naturgemäße Waldwirtschaft betrieben wird, liegt europaweit auf Expansionskurs. Die Arbeitsgemeinschaft Naturgemäße Waldwirtschaft avancierte zum ernstgenommenen Gesprächspartner in Forstkreisen und darüber hinaus. Durch ihre Gedanken und Erfahrungen erhalten heute verkrustete forstliche Institutionen neue Impulse. Selbst heftige Kritiker, wie z. B. Landesforstverwaltungen, haben spätestens seit den verheerenden Kalamitäten der letzten Jahre die Unzulänglichkeit und Naturferne der konventionellen Forstwirtschaft erkannt. Durch Mißachtung von einfachen Naturgesetzen geht der Wald auf großer Fläche schlecht gerüstet in die Zukunft – eine Zukunft, die gerade seine ökologische Leistungsfähigkeit erfordert. Die Mitglieder der ANW sind bereit, die waldbauliche Diskussion im kommenden Jahrhundert mitzugestalten, nicht als Lehrmeister, sondern als erfahrene Praktiker.

Betriebswirtschaftliche Aspekte

KARL-FRIEDRICH SINNER

Wirtschaften oder wirtschaftliches Handeln ist nach SPEIDEL (1967) das planvolle Verfügen über knappe Mittel zum Zweck einer optimalen Befriedigung materieller und immaterieller Bedürfnisse. Unter den knappen Mitteln sind umfassend alle Komponenten eines Forstbetriebes zu verstehen, angefangen von der nicht vergrößerbaren Fläche, dem natürlichen Standortpotential, der Bestockung, bis hin zu Kapital und Arbeit. Planvolles Verfügen über diese Komponenten eines Forstbetriebes heißt, daß ein möglichst günstiges Verhältnis zwischen den eingesetzten Mitteln (Aufwand) und dem Zwecke (Ertrag) erreicht wird.

Forstbetriebe können auf Dauer nur überleben und die dringend benötigten und nachgefragten materiellen und immateriellen Güter liefern, wenn ein günstiges Verhältnis zwischen Aufwand und Ertrag gewährleistet ist, d. h. wenn ein entsprechendes Einkommen erwirtschaftet wird.

Hauptprodukt – und bis heute das nahezu einzig bezahlte Produkt eines Forstbetriebes – ist das geerntete Holz. Dieses Holz in Form der stehenden Bäume ist gleichzeitig das Produktionsmittel. Auf den Preis dieses Produktes hat der Forstbetrieb nur einen sehr beschränkten Einfluß. Wichtig ist jedoch, daß es in der Produktionspalette Holz sehr deutliche Preisunterschiede gibt, wobei Qualität und Stärke die entscheidenden Wertmerkmale darstellen. Von gleichrangiger Bedeutung für den wirtschaftlichen Erfolg eines Forstbetriebes ist die Aufwandseite, die Höhe seiner Kosten, die jeden fm produzierten Holzes belasten. Rationell arbeitende Forstbetriebe werden daher alle Anstrengungen unternehmen, sowohl den Wert ihres Produktes zu erhöhen als auch die Kostenbelastung zu minimieren.

Ökologische Waldwirtschaft in Form des Dauerwaldes oder der naturgemäßen Waldwirtschaft hat von Anfang an diesen entscheidenden betriebswirtschaftlichen Ansatz verfolgt. Der Hinweis auf die Entstehung des Bärenthorener Betriebes des Freiherrn von Kalitsch aus harten wirtschaftlichen Zwängen mag als Beleg genügen. Bei einer Betrachtung der ökonomischen Aspekte ökologischer Waldwirtschaft ist es zunächst notwendig, sich die wesentlichen Eigenschaften naturgemäßer Waldwirtschaft in Erinnerung zu rufen. Alfred MÖLLER (1923) hat in „Der Dauerwaldgedanke" die folgenden Eigenschaften angegeben:

- Stetigkeit des Waldwesens als Grundlage jeder Produktion
- Wahrung der Bodenkraft
- Erhaltung bzw. Schaffung von Mischbeständen
- Ungleichaltrigkeit zur Sicherung der permanenten Produktion wertvollen Holzes auf der ganzen Fläche
- Einzelstammnutzung, statt schlagweiser Nutzung.

Standortgerechte Baumartenwahl und die Definition der Nutzung nach dem Plenterprinzip kamen später dazu.

Diese Art der Waldwirtschaft unterscheidet sich von der herkömmlichen Art der Waldbewirtschaftung durch die ganzheitliche Betrachtung des Waldes als Ökosystem und in dem Verständnis der Waldwirtschaft als einer umfassenden Waldökosystempflege (HATZFELDT, 1992). Alle ökologischen Vorteile naturgemäßer Waldwirtschaft könnten jedoch kaum einen Waldbesitzer dazu bewegen, nach diesen Prinzipien zu wirtschaften, wenn sich die Vorteile dieser Waldbewirtschaftung nicht auch deutlich in Mark und Pfennig auszahlen würden.

Auf dem Weg zum Dauerwald

Unbestritten ist, daß in der Umbauphase eines Altersklassenwaldes in einen Dauerwald ein gewisser Nutzungsverzicht an stärkerem und wertvollerem Holz erforderlich ist, um entsprechend wertvolle Vorräte auf der Gesamtfläche aufzubauen. In der Regel kann dieser Nutzungsverzicht kompensiert werden durch eine Erhöhung des Hiebsatzes in Form konsequenter Waldpflege auf der gesamten Betriebsfläche mit dem Ziel der Förderung aller Wertvollen und der Entnahme aller Geringwertigen ohne allzu große Rücksicht auf den horizontalen Bestandesschluß des Altersklassenwaldes. Baumarten und Standorte setzen der Eingriffsstärke allerdings Grenzen; häufige Wiederkehr ist besser als schnelle massive Eingriffe.

Die Durchbrechung des Kronendaches und die Strukturierung des Waldes mit einer großen Spreitung der Durchmesser, dem Streben nach vertikaler Raumstruktur anstelle des Horizontalschlusses sind wesentliche Ziele dieser Phase. Gleichzeitig – intakte Wald-Wild Verhältnisse vorausgesetzt – beginnt in allen entstehenden Lücken die Walderneuerung, bei standortgerechter Bestockung kostenlos durch Naturverjüngung. Ist ein Umbau in standortgerechte Bestockung erforderlich, können durch dieses Vorgehen alle Vorteile der Verjüngungsökologie unter Schirm und im Lichtschacht ausgenutzt werden.

Betriebswirtschaftliche Auswirkungen:

Die verringerten Einnahmen aus der zurückhaltenden Nutzung von stärkeren und wertvolleren Bäumen können durch Intensivierung der Pflege und den damit verbundenen erhöhten Holzanfall nicht vollständig kompensiert werden. Wesentlich bedeutsamer ist jedoch die Reduzierung der Aufwandseite durch kostenlose Naturverjüngung bzw. gezielten Umbau unter Schirm. Tempo und Umfang derartiger Umbaumaßnahmen liegen in der Entscheidung des jeweiligen Waldbesitzers. Sie sind je nach wirtschaftlicher Leistungskraft zu steuern. Prinzipiell können sie so gestaltet werden, daß im Verhältnis von Aufwand zu Ertrag in dieser Umbauphase keine wesentliche Änderung eintritt.

Ausgrasungsarbeiten, Verminderung von in Massen ankommenden Weichlaubhölzern, Mischwuchsregelung, Stammzahlreduktion sind Kostenbelastungen, die in naturgemäß wirtschaftenden Betrieben, soweit sie überhaupt entstehen, auf ein Minimum absinken; teuer zu bezahlende Handarbeit wird durch biologische Automation weitgehend ersetzt. Die Aufwendungen für die nachwachsenden Waldgenerationen sinken auf ein Drittel bis ein Viertel der aus traditionell wirtschaftenden Betrieben bekannten Zahlen. Im Idealfall gehen sie bei sachgemäßer Anwendung des Plenterprinzipes auf Null zurück.

Mit diesen Maßnahmen wird die Forderung nach Stetigkeit des Waldwesens, der Wahrung der Bodenkraft, Schaffung bzw. Erhaltung von Mischwald und Ungleichaltrigkeit realisiert. Als Summenwirkung dieser Maßnahmen wird die permanente Produktion wertvollen Holzes auf der ganzen Fläche möglich. Mit zunehmender Dauer der Waldpflege nach dem Plenterprinzip verschieben sich die stehenden Holzvorräte in stärkere Dimensionen, die Produktion des teuren und nur zu geringeren Preisen absetzbaren Schwachholzes wird minimiert.

Das Idealmodell Plenterwald

Der Idealfall eines Dauerwaldes ist der Plenterwald. Alle vorliegenden Untersuchungen weisen darauf hin, daß in der Massenleistung zwischen einem Plenterwald und einer vergleichbaren Betriebsklasse im Altersklassenwald keine wesentlichen Unterschiede bestehen. Die Frage ist letztendlich auch zweitrangig, denn für den wirtschaftlichen Erfolg ist die Frage der Wertleistung und Wertnachhaltigkeit von entscheidender Bedeutung.

Der Vorteil des Plenterwaldes liegt in der wirtschaftlich nachhaltigen Produktion von Starkholz auf der Gesamtfläche. Ein Vergleich der Volumenleistung eines klassischen Plenterwaldes mit dem Ertragstafelmodell des entsprechenden gleichförmigen Hochwaldes macht die Unterschiede augenfällig (SCHÜTZ, 1989): Rund 80 Prozent der im Plenterwald produzierten Holzmenge ist Starkholz mit Durchmessern über 54 cm BHD. Im gleichförmigen Hochwald sind es nur 50 Prozent. Dies schlägt sich in der Wertleistung deutlich nieder.

Die Ergebnisse von SIEGMUND (1975) belegen einen Vorteil des Plenterwaldes in der Wertleistung in Höhe von 44 bis 54 Prozent gegenüber dem Kahlschlagbetrieb und von 41 bis 49 Prozent gegenüber dem Schirmschlagbetrieb. Auch zum Femelschlagbetrieb sind noch deutliche Mehrleistungen von 12 bis 15 Prozent festzustellen.

Tab. 1: Wertleistung verschiedener Betriebsarten
(nach SIEGMUND 1975)

Betriebsart	Wertleistung (netto) *)		Unterschied zum Kahlschlagbetrieb
	(in Prozent)	(DM/ha pro Jahr)	(DM/ha pro Jahr)
Plenterung	144 – 154	557 – 600	186 – 195
Femelschlag	132 – 139	503 – 548	134 – 141
Schirmschlag	103 – 105	380 – 425	11 – 22
Kahlschlag	100	362 – 414	0

*) Unterschiede je nach gewählter Modellvariante:
  Minimum = Handentrindung aller Nadelhölzer
  Maximum = keine Entrindung

In die gleiche Richtung weisen die Berechnungen von EBERT (1991): „Der stammgesunde stärkere Stamm bildet meist besser bezahltes Holz. Beispiel bei Eiche, Güteklasse B: Ein Baum mit 10 m Stammlänge bringt bei einem BHD von 40 cm einen Stamm von knapp eine Efm (à 390 – 30 = 360,– DM/fm) zum Nettowert von 360,– DM. Ein Baum mit derselben Stammlänge und dem BHD von 70 cm bringt einen Stamm von über drei Efm (à 700 – 20 = 680,– DM/fm) zum Nettowert von 2 040,– DM. Das Stammstück des stärkeren Baumes hat gut drei mal soviel Volumen und einen fünf bis sechs mal höheren Nettowert. Die Schirmfläche der stärkeren Eiche ist aber wahrscheinlich nur doppelt so groß.

REININGER vergleicht eine Fichte, Güteklasse B, mit 35 m Höhe und 56 cm BHD mit einer nur 20 m hohen und 24 cm BHD starken Fichte. Der stärkere Baum erlöst am Markt mit seinem achtfach größeren Volumen einen um 50fach höheren Preis.

Folgerung:

Die Nutzung derselben Holzvolumenmenge durch Ernte schwacher Bäume ergibt ein Mehrfaches an Baumentnahmen und Schirmflächenentnahmen gegenüber der Ernte von starken Bäumen. Die stärkere Schirmflächenentnahme ergibt eine größere Senkung im Flächenzuwachs. Der Nettoerlös würde jedoch nur ein Bruchteil dessen sein, was bei einer möglichen Ernte starker Bäume erzielbar ist.

Nutzanwendung:

Die volumengleiche Nutzung im Starkholz bringt weniger Zuwachsverlust und einen höheren Geldertrag.

Sowohl die höheren Erlöse durch Starkholzproduktion, der geringere Aufwand bei der Holzernte pro fm und die praktisch kostenlose Erneuerung und Erziehung des Waldes zahlen sich somit klar in Mark und Pfennig aus. Dies bekräftigt die Feststellung, die v. ARNSWALDT (1974) in seinem Buch „Wertkontrolle in Laubwäldern" gemacht hat, daß nämlich entscheidend für die Wertleistung eines Bestandes die Cambiumfläche in m^2/ha an der Summe aller Wertstämme ist. Sie steigt alljährlich mit zunehmendem Umfang der Stämme an. Diese Dynamik des Wirtschaften ist, wie EBERT zutreffend ausführt, der eigentliche Sinn jeder Wirtschaft; Werte schaffen können im Walde nur die Bäume selbst. Je wertvoller sie sind, desto wertvoller ist ihr Zuwachs.

Betriebsrisiko

Dauerwaldformen haben, je länger Wälder nach diesen ökologischen Prinzipien bewirtschaftet werden, ein deutlich geringeres Betriebsrisiko. MAYER (1977) gibt dazu folgende Hinweise:

„Bei den umfangreichen Sturmschäden 1967 im Forstkreis Emmental betrug beim Plenterwald das Windfallholz fünfzehn Prozent des Jahreshiebsatzes, bei benachbarten gleichförmigen Fichtenbeständen dagegen 150 Prozent des Jahresetats."

Selbstverständlich verhindert auch langjährige naturgemäße Bewirtschaftung nicht jeden Windwurfschaden, wie das Jahr 1990 gezeigt hat. Im Dauerwald kann durchaus ein dem Schlagwald vergleichbarer Holzanfall vorkommen. Das Schadensbild im Walde ist jedoch i. d. R. ein völlig anderes. Nach Aufarbeitung der Windwürfe ist nur auf einer Minimalfläche Neukultur erforderlich, da auf der ganzen Waldfläche Nachwuchs in unterschiedlichen Altersstufen vorhanden ist. Ebenso bilden flächige Würfe der Oberschicht die Ausnahme, so daß schon nach wenigen Jahren die Wunden ausgeheilt sind. Bezieht man diese Überlegungen in Form des Risikokostenkapitals, das notwendigerweise vorgehalten werden muß, in die betriebswirtschaftliche Kalkulation mit ein, so zeigt sich auch hier die deutliche Überlegenheit ökologischer Waldwirtschaft.

Ökologische Waldwirtschaft setzt ein tiefes Verständnis für den Wald voraus, das mit langjähriger Tätigkeit in überschaubaren Wirtschaftseinheiten wächst. Hinzu muß der klare Wille kommen, nach ökologischen Prinzipien ökonomisch zu wirtschaften, wie es EBERT (1991) in seinem Buch „Die Plenterung" für die Arbeit im Wald richtungsweisend formuliert hat:

„Die Aufgabe des Praktikers ist es, seine ganze Kraft dafür einzusetzen, der Ideallinie nahe zu kommen. Er darf nicht die bequeme Anpassung an die Gegebenheiten pflegen. Seinen Verstand soll der handelnde Förster nicht zur Rechtfertigung der realen Kompromisse einsetzen, sondern zur Änderung der Verhältnisse in Richtung auf eine baumgerechte Waldwirtschaft".

Literatur

AMON, W.: Das Plenterprinzip in der schweizerischen Forstwirtschaft. Büchler, Bern und Leipzig, 1937

BURSCHEL, P./HUSS, J.: Grundriß des Waldbaues. Parey, Hamburg und Berlin, 1987

ARNSWALDT, H. J. v.: Wertkontrolle in Laubwäldern. Festschrift zur Verleihung des Karl Abetz Preises, 1974

EBERT, H. P.: Die Plenterung. Schriftreihe der Fachhochschule für Forstwirtschaft Rottenburg a. N., Nr. 01 - 91, Rottenburg a. N., 1991

GAYER, K.: Der Waldbau. Wiegand Hempel Parey, Berlin, 1880

GAYER, K.: Der gemischte Wald, seine Begründung und Pflege, insbesondere durch Horst- und Gruppenwirtschaft. Parey, Berlin, 1886

HATZFELDT, H. v.: Ökologische Waldwirtschaft. In: Lünzer I. (Hrsg.): Die Erde bewahren – Dimensionen einer umfassenden Ökologie. Alternative Konzepte Band 80, Verlag C. F. Müller, Karlsruhe, 1992

MÖLLER, A.: Der Dauerwaldgedanke, 1923

MAYER, H.: Waldbau. G. Fischer, Stuttgart, 1977

NIEDERSÄCHSISCHE LANDESFORSTEN: 100 Jahre Waldbau auf natürlicher Grundlage im Forstamt Erdmannshausen. In: Aus dem Walde, Heft 45, 1992

REININGER, H.: Zielstärken – Nutzung. Österr. Agrarverlag, Wien, 1987

SCHÜTZ, J, Ph.: Der Plenterbetrieb, Fachbereich Waldbau. ETH Zürich, 1989

SIEGMUND, E.: Aufwand und Ertrag bei Waldbaulichen Betriebsformen. Untersucht am Modell von Tannen – Fichten – Buchen – Mischbeständen. Diss. Forstwiss. Fak. Universität München, Freiburg, 1975

SPEIDEL, G.: Forstliche Betriebswirtschaftslehre. Parey, Hamburg und Berlin, 1967

STEUER W.: Vom Baum zum Holz. DRW Verlag, Stuttgart, 2. Auflage 1990

Lebendiger Waldboden

Alles Leben dieser Erde ist in Systemen eingebunden. Der Oberbegriff ist das Sonnensystem, genannt nach der einzigen Energiequelle, die diesem Leben zugeordnet ist. Auch die drei großen Bereiche Erde, Luft und Wasser sind Systeme. Die lokalen Ausformungen, in die auch der Mensch hineingehört, nennen wir Ökosysteme. Auch sie sind unüberschaubar vielfältig und vielartig, über Jahrtausende stabil, das heißt also in etwa gleicher Zusammensetzung der Arten je nach ihren Verbreitungsgebieten. Sie bestehen aus Gruppierungen, deren wechselnde Zusammenordnungen das äußere Bild bestimmen.

Die Urform für Europa nördlich der Linie Pyrenäen – Alpen – Karpaten ist die offene Waldlandschaft, ein vielstufiger Wald aus Baum und Busch, unterbrochen durch kleinere und größere Flächen mit Weichgrünwuchs, Sumpf und Wasser. Dieses Urbild können wir uns nur rekonstruieren aus Resten und aus den Versuchen der Natur, bei Aufhören menschlicher Einflüsse ein solches System wieder aufzubauen. In dem ganzen Europa genannten Bereich gibt es seit Jahrtausenden Eingriffe des Menschen, aus denen unsere heutige Landschaft mit ihrer Aufteilung in Acker, Grünland und Wald, unterbrochen von Besiedlungsflächen, entstanden ist.

Ökosystemare Zusammenhänge

Während die Naturwissenschaften sich mit Arten und ihren Individuen seit Jahrhunderten beschäftigt haben, konnten die Gesetze der Ökosysteme erst seit einem Menschenalter aufgeklärt werden. Die Systemgesetze sind in allen Bereichen grundsätzlich gleich. Alle Glieder der Systeme haben im System bestimmte Aufgaben zu erfüllen, die alle dem Systemziel Leben und Leben fortsetzen dienen. Die Systeme sind autonom, das heißt sie überwachen sich selbst und regeln Veränderungen so ab, daß das Systemziel nicht gefährdet ist. Die Regelung selbst bedarf der Lebewesen, die für die jeweiligen Aufgaben vorgese-

Abb. 1: 80jähriger Fichtenbestand – Wurzelteller 15 cm, alle Wurzeln abgstorben, darunter total verdichteter Boden, die Mulde bleibt nach Niederschlägen voll Wasser, nichts versickert

hen sind oder gegebenenfalls damit beauftragt werden. Die Erhaltung der jedem System vorgegebenen Zusammensetzung ist automatisch dadurch gegeben, daß jede Art mit einer anderen Art so verbunden ist, daß beide Arten in einem ausgewogenen Verhältnis zueinander verbleiben. Alle Regelungen haben eine elastische Spanne, allein schon bedingt durch die vielfältigen Rhythmen des Lebens.

Die Besonderheit der Art wird deutlich in der Gestalt, die als sichtbares Kennzeichen der Art in der Erbmasse festgelegt ist. Sie muß von Generation zu Generation in gleicher Weise weitergegeben werden. Werden in einem Ökosystem einzelne Arten an ihrer Tätigkeit und Verbindung mit anderen Arten gehindert oder werden Arten ausgelöscht, so kann in einem gewissen Umfang eine Ersatzregelung stattfinden. Übersteigen die Schäden die Möglichkeiten der Selbstregelung, so müssen weitere Teile des Systems eingehen, bis schließlich eine sehr verarmte Restform, wie z. B. die Savanne, entsteht.

Der Ablauf des Lebens ist mit der Stoffumwandlung eng verknüpft. Vereinfachend kann man sagen, daß die Energieaufnahme aus dem

Abb. 2: Naturwald mit etwa 70jährigen Fichten

Sonnenlicht nur in den oberirdischen grünen Teilen der Pflanzen erfolgt. Die Energie wird in Form von Kohlehydraten eingelagert, aufgebaut aus CO_2 und Wasser. Die lebende Zelle kann diese Energieträger Kohlehydrate enthalten, sie selbst besteht im wesentlichen aus Eiweiß und Wasser. Der Grundanteil von Eiweiß ist Stickstoff, der in der Atmosphäre verbindungsfeindlich sein muß. Eiweißaufbau gibt es nur in lebenden Zellen und bedarf viel Energie. Die dafür zuständige Mikrobenwelt stellt sehr enge Ansprüche an ihre Umgebung. Die Mikroben arbeiten meist in einem sehr engen Temperaturbereich, bedürfen andererseits sowohl des Sauerstoffs, um die Energie aus dem Kohlehydrat herauszulösen, als auch zur Bindung an den Stickstoff, bedürfen ferner des Wassers in einem dünnen Film, also Feuchte. Alle Vorgänge benötigen eine Oberfläche, auf denen sich die Mikroben in die verschiedensten Gruppen zusammenordnen können, um die Stufen der Stoffumwandlung im Fluß zu halten.

Daher findet die Eiweißbildung bevorzugt im Boden statt, denn nur da ist eine sehr gleichbleibende Temperatur über lange Zeit vorhanden,

Abb. 3: Der gleiche Naturwald – 150jährige Fichte, alle Wurzeln frisch und lebendig, Fein- und Faserwurzeln mit Boden- und Humusteilchen verklebt

Abb. 4: Eiche-Naturverjüngung im Schutz von Weidenröschen

weitgehend unabhängig von den Schwankungen des täglichen Wetter-einflusses, selbst sehr gedämpft nur unter Einfluß der Jahreszeiten. Nur im Boden läßt sich eine so große Oberfläche herstellen, daß die unübersehbare Zahl von Mikroben (als Beispiel: eine Hand voll Erde kann bis zu Milliarden Mikroben enthalten) einen Arbeitsplatz finden. Unterhalb von einem Quadratmeter Oberfläche müssen sich viele Quadratkilometer Innenflächen entwickeln lassen. Man kann eine solche Struktur als Krümelstruktur oder Porosität beschreiben. Natürlich brauchen Mikroben auch Arbeitsflächen oberhalb des Bodens, auf Oberflächen von Pflanzen, Tieren und Gewässern, aber in ungleich geringerem Umfang.

Der unterirdische Wald

Im ungestörten Ökosystem wird diese Bodenstruktur durch die Zu-sammenarbeit von Wurzeln und Bodenleben hergestellt und erhalten. Eine Schutzdecke aus niederen Pflanzen und organischen Resten ver-hindert den schädlichen Einfluß von Sonne, Wind und Regen, sichert den Gasaustausch, nimmt Niederschlagswasser auf und gibt Wasser nur langsam weiter wie ein Schwamm und vermittelt die vom Wind mitgebrachten Mikroben in die verschiedenen Bodentiefen, soweit gewünscht. Der Erstaufbau dieses Bodensystems dauert mehr als 50 Jahre. Man kann es beobachten, wenn ein nahezu toter Tiefenboden freigelegt wird und der natürlichen Begrünung überlassen bleibt.

Die Größe der Arbeitsfläche im Boden, ein Kennzeichen der organischen Leistung eines Systems, hängt nicht nur von der Krümelstruktur ab, sondern auch davon, in welche Tiefe die Bewurzelung reicht und sich Bodenleben entwickeln kann. Hier macht sich Bodenart und Zustand, also die geologische Einordnung, geltend. Fels und Gesteinsschichten bilden eine absolute Grenze, zur Verdichtung neigende Böden bedingen eine raschere Abnahme der Porosität. Bewurzelung und Bodenleben sind schichttypisch verschieden, aber auch ihre Aufgaben. Mikrobenarten und Individuenzahlen ändern sich verständlicherweise mit der Tiefe, weil sich in den oberen Schichten eine große innere Oberfläche leichter herstellen läßt wie in den tieferen, andererseits die tieferen Schichten die gleichmäßigeren Umgebungsbedingungen haben. Deswegen ist jeder Pflanze auch eine vorwiegend zu durchwurzelnde Tiefe zugewiesen, damit die Zusammenarbeit zwischen Wurzeln und Bodenleben möglichst vielartig erfolgen kann.

Wurzeln und Bodenleben bedingen sich also gegenseitig. Ihre notwendige Lebensgrundlage, die Bodenstruktur mit den vielen Oberflächen, die gerade die richtige Feuchtigkeit enthalten und genügend Luftdurchsatz erlauben, ist ein gemeinschaftliches Werk. Die Kenntnis von den dort ablaufenden Vorgängen ist noch sehr gering. Natürlich ist die Beobachtung der oberirdischen Natur viel einfacher. Viele Vorgänge sind so kurzfristig, daß in den wenigen Beobachtungsjahren, die der Mensch in jeder Generation zur Verfügung hat, genügend Beobachtungen gesammelt werden können, die die Erfahrungswissenschaft in Jahrhunderten zusammengestellt hat. Anders im Boden. Zwar ist das Gefühl seit alten Zeiten vorhanden, daß die Wurzel eine entscheidende Rolle spielt: Die sogenannte Springwurzel, die die verschlossenen Türen aufsprengen läßt oder die Redensart „die Wurzel allen Übels" oder schließlich die Ausnutzung der Wurzeln sowohl für Medikamente wie für Geschmacksstoffe sprechen dafür, daß die Bedeutung der Wurzel erkannt ist, aber leider nur diese. Während die kausal denkende Wissenschaft im oberirdischen Bereich zum Teil brauchbare Untersuchungsformen und Ergebnisse gefunden hat, ist sie vom unterirdischen Bereich praktisch ausgeschlossen, weil sie abhängig ist von Laborexperimenten. Doch schon der Einstich von Stock und Spaten stört die unterirdische Zusammenarbeit und in einem herausgenommenen Bodenbrocken hat sich das Bodenleben nach wenigen Minuten völlig verändert. Immerhin hat gerade die Waldbodenforschung über die Wurzelpilze den Nachweis des direkten Übergangs von Mikrobenzellen in den Pflanzenleib gebracht.

Ganz abwegig, wenn auch nach dem Kenntnisstand des frühen 19. Jahrhunderts verständlich, war die Ansicht von anorganischen Chemikern, daß der Boden eine tote Materie sei, aus der sich die Pflanze mit wasserlöslichen Mineralien ernähre. Diese Theorie wurde von dem großen Chemiker des vergangenen Jahrhunderts, Liebig, über Jahrzehnte verfolgt, bis er im Alter erkennen mußte, daß sie falsch war und ist! Man hätte dies schon früher wissen müssen, da die biologische Wasserreinigung bekannt war, deren Aufgabe gerade im Boden darin besteht, alle Mineralien (und alle anderen Fremdstoffe) wasserunlöslich abzubinden. Wie hätte sich sonst die Mineralfreiheit von Bach, Fluß, See und vor allen Dingen der Ozeane über Millionen von Jahren aufrecht erhalten lassen!

Die Kenntnis des Bodenlebens ist schon darum notwendig um die Folgen menschlicher Eingriffe abzuschätzen. Der Mensch kann und braucht für die Natur nichts zu „machen". Der durchwurzelte, belebte Bodenraum ist eine unvorstellbare Riesenfabrik auf kleinstem Raum, ohne Rohstoffprobleme, denn sie braucht nur Wurzeln, Luft und Wasser, ohne Arbeiterprobleme, denn jeder lebt und pflanzt sich fort an seinem Arbeitsplatz und wird vom Nachbarn ernährt. Sie braucht kein Büro und keine Direktion, sondern nur den Atem ihres göttlichen Schöpfers, der auch den Boden durchweht.

Was ist zu tun?

Was macht der Mensch seit alter Zeit so falsch, daß ihm schon in der Bibel geweissagt wird: „Dein Acker wird nur noch Disteln und Dornen tragen", also Wüste geworden sein? Er zerstört die Vielfalt und zwingt den Boden, nur noch eine Pflanzenart zu tragen oder er läßt den ausgeschlagenen Waldboden liegen und verhindert die Neubegrünung durch seine Viehherden. Der europäische Landwirt hat seit der fränkischen Besiedlung gelernt, nach zwei Nutzungsjahren den Boden sich selbst zur Wildbegrünung zu überlassen und seit 100 Jahren, daß das Hintereinander von 10 bis 20 Pflanzenarten (Fruchtfolge) zusammen mit der Bodenlockerung die Vielfalt des Miteinander ersetzen kann. Der fränkische Waldwirt hatte gelernt, den Wald zu schonen und nur reif gewordene Bäume und Büsche herauszunehmen, bis die Übernutzung ihn seit etwa 250 Jahren dazu zwang, Monokulturen anzupflanzen. Diese Waldbodennutzung geht jetzt rasch zu Ende, beschleunigt durch die riesige Mikrobenzerstörung in Verbrennungsanlagen, wodurch die Schadstoffe in der Luft nicht abgebunden werden und auch der Boden an Mikroben verarmt.

Was kann der Waldwirt tun? Genügt es, auf den rasch zunehmenden Kahlflächen eine Hauptnutzungsart mit drei bis fünf Nebennutzungsarten, insgesamt möglichst viel Laubholz, auszupflanzen und das wilde Grünzeug durch Freischneiden zu zerstören? Damit erreicht man keinen Naturwald, da die Bodenverarmung nicht beseitigt wird und die willkürliche Mischung einiger Baumarten keine ökologische Pflanzengesellschaft ergibt.

Da sich das Schicksal des Waldes im Boden entscheidet, sollte man zuerst den Bodenzustand prüfen. Dazu braucht man nur einen Gärtnerspaten, mit dem man einen Graben aushebt und einen Flachspaten, mit dem man aus einer Seitenwand des Grabens einen Bodenziegel entnimmt und auf zwei Stützen absetzt. (Eine genaue Anleitung enthält die SÖL-Sonderausgabe Nr. 2 „Die Kontrolle der Bodenfruchtbarkeit"). Nun kann man die Krume von 0 bis 30 cm untersuchen auf Struktur, Feuchte und Durchwurzelung. Vom Bodenleben sieht man höchstens einen Regenwurm, aber man kann es leicht abschätzen. Nur da, wo im krümeligen Boden frische Feinwurzeln zu sehen sind, ist der Boden lebendig. Wer seinen Waldboden so noch nie gesehen hat, sollte nach Vertiefung des Grabens einen zweiten Ziegel aus der Schicht von 30 bis 60 cm Tiefe entnehmen. Einen groben Überblick erlauben die Wurzelteller von Windwürfen, soweit sie hochgekippt bleiben.

Leider ist das Ergebnis dieser Bodenprüfung in ganz Europa einheitlich bedrückend. Die frisch durchwurzelte Schicht endet bei 20 bis 30 cm Tiefe, manchmal schon bei fünfzehn. Eine gute Krümelung findet sich häufig nur bis fünf cm Tiefe. Unterhalb dieser Schicht finden sich nur abgebrochene oder tote Wurzeln, der Boden ist dicht und fast ohne Poren. Auch nach größeren Niederschlägen reicht die Feuchte nur bis auf Sohlen, die sich am Ende der belebten Schicht bilden. Daß darunter der Boden tot ist (auch wenn in günstigen Fällen die Mikroben nur schlafen), zeigen die ph-Werte von 3,5 und weniger. Das sind Zustände, wie sie auch beim Freilegen von tiefen Bodenschichten (Abbau) auftreten. An solchen Plätzen zeigt uns die Natur, wie sich Bodenbelebtheit durch Pflanzenwuchs entwickeln läßt, allerdings erst nach vielen Jahren. Wir haben im Schälwaldbetrieb ein Vorbild, wie man durch eine ca. zehnjährige artenreiche Wildbegrünung ärmste Standorte so anreichern kann, daß der Stockausschlag der Eichen in weiteren zehn Jahren Dunkelwald ansehnliche Holzmassen ausbilden kann.

Lehren aus der Landwirtschaft

Es ist also falsch, die Wildbegrünung zu bekämpfen, nur weil nach mehr als 100 Jahren Dunkelwald mit Bodenverarmung nur noch lästige Bodendecker wachsen, die auch die Jungpflanzen bedrücken. Unkräuter kann man nur durch artenreiche dichte Grünpflanzengemische unterdrücken. Diese braucht man aber sowieso, um das Bodenleben auf das Niveau zu heben, welches der junge Waldbaum benötigt. Leider erlauben unsere Kenntnisse über Waldgesellschaften noch keine optimalen Gründüngungsgemische zusammenzustellen. Die Aufgaben der landwirtschaftlichen Gründüngung sind sehr viel einfacher, weil diese nur höchstens ein Jahr zu wachsen braucht und auf mechanisch gelockertem Boden Wurzeltiefen von 30 cm in wenigen Wochen erreicht. Die Bodenlockerung schwächt außerdem die lästigen Deckpflanzen, da sie die Natur nicht mehr braucht.
Jedenfalls sollte auf jedem Kahlschlag und in jeden licht gewordenen Flecken Gründüngung gesät werden. Aus dem landwirtschaftlichen Sortiment kann man Lupinen, Buchweizen und Waldstaudenroggen nehmen. Wer in seinem Wald Ecken mit gemischten Baumbestand, Unterholz und mindestens an den Säumen auch Krautwuchs hat, sollte fleißig Samen sammeln und auf lichter werdenden Flecken ausstreuen.

Die Erfahrungen mit gesteuertem Grünbewuchs sind aber noch zu gering, um mehr festzustellen als eine positive Entwicklung auf Anwachsen und Fortentwicklung der eingesetzten Jungpflanzen. Ganz sicher ist jedoch, daß damit die Energie-Situation im tieferen Baumwurzelbereich nicht verbessert werden kann. In allen Beständen ohne Unterwuchs, unabhängig von den Baumarten, ist Leben und Leistung von der Energie abhängig, die sie selbst mit ihren Wurzeln in den Boden bringen. Selbst bei gesundem Wuchs und Wurzeltiefen von einem Meter und mehr, reicht diese Selbstversorgung nur für das eigene Leben, aber nicht für Neubildung und Versorgung eines reichen Bodenlebens. Dafür sind nicht nur viele andere Pflanzenarten nötig, sondern vor allem solche, die nur einen geringen Anteil ihrer Wurzelenergie für sich selbst verbrauchen und mit den übrigen 60 bis 80 Prozent den Energie-Akkumulator „Boden" wieder aufladen. Selbst eine Getreidepflanze entlädt den Akkumulator, wie viel mehr der Baum.

Man vergißt außerdem, daß alle Pflanzen, die Holz erzeugen, die darin enthaltene Energie dem laufenden Energiefluß des Systems entziehen. Die Holzbildung ist eine der erstaunlichsten Leistungen, die die Natur vollbringt. Während alle anderen organischen Massen nur eine kurze Lebensdauer haben, die Umsetzung und Verarbeitung sehr oft schon während des Lebens selbst beginnt und sich nach Lebensende ganz rasch fortsetzt, viele Lebewesen nicht älter als ein Jahr werden, viele Stoffverbindungen nur über Minuten oder Stunden vorhanden sind, wird hier ein organisches Material aufgebaut, das sich über Jahrhunderte in seinen Eigenschaften nicht verändert und gegenüber allen Umsetzungen, die mit der Grünmasse vor sich gehen, immun ist. So ist es verständlich, daß die Wurzeln eines Baumes an die Versorgung ihrer Umgebung wesentlich größere Anforderungen stellen muß als etwa die Wurzel einer einjährigen Getreidepflanze. Das Wurzelwerk muß also umfangreicher sein, es muß sehr viel mehr Neubildung haben gegenüber den wenigen Wurzelspitzen, die täglich eine Getreidepflanze abstößt und es muß sich nicht zuletzt auch aus Gründen der Standfestigkeit bis in Tiefen von einem Meter und mehr erstrecken und überall durch die Spitzen der Faserwurzeln die Zusammenarbeit mit dem Bodenleben erhalten, um den für das Leben nötigen Bodenraum zu schaffen und zu erhalten.

Über den Sorgen um die Wiederherstellung des lebendigen Boden-raumes und der Wiederaufladung des Akkumulators sollte man die Wiederherstellung der Bodendecke nicht vergessen. Auch sie ist ja durch die schädigende Luft zerstört worden, es war dies der erste Schritt der Bodenzerstörung. Die pflanzliche Abdeckung des Bodens im Wald ist zwar nur über wenige Jahre notwendig, um die Nachteile von Sonne und Regen in ihrer zerstörenden Wirkung in der Boden-oberfläche zu mindern oder auszuschalten. Die Gründüngung kann dabei aber helfen. Jeder Mischwald bildet sich sehr bald seine eigenen Deckschicht, die die Aufgaben der Regulation des Luftdurchsatzes, der Wasserspeicherung und der Feuchtewanderung erfüllt, sofern sie nicht wieder durch die Luft gestört wird.

Damit sind wir wieder am Ausgangspunkt unserer Überlegungen und damit Sorgen angekommen. Wir können den Wald nur dann wieder aufbauen, wenn der aus den jetzigen Pflanzungen entstandene Jung-wald nicht mehr durch Schadstoffe gestört wird – aber wer mag noch an einen solchen Wandel der Energiewirtschaft glauben? Trotzdem dürfen wir im Kampf darum nicht erlahmen.

Literatur

KRIETER, MANFRED: Ist Waldsterben bald schon Landschaftssterben? In: Der Bürger im Staat, 35. Jahrg. (1985), Heft 3

PREUSCHEN, GERHARDT: Mutter Erde kann nicht mehr leben. In: Der Bürger im Staat, 35. Jahrg. (1985), Heft 3

PREUSCHEN, GERHARDT: Der Boden – „kein Abfallsumpf". In: Umwelt, VDJ Verlag, Heft 8/86

PREUSCHEN, GERHARDT: Zur Wiederbelebung von Waldböden. In: Allgemeine Forstzeit-schrift, Nr. 34 (1987)

PREUSCHEN, GERHARDT: Ökologisches Grundwissen. SÖL-Sonderausgabe Nr. 33, 1991, Stiftung Ökologie und Landbau, Bad Dürkheim

PREUSCHEN, GERHARDT: Die Kontrolle der Bodenfruchtbarkeit – Eine Anleitung zur Spatendiagnose. SÖL-Sonderausgabe Nr. 2, 5. Auflage 1990, Stiftung Ökologie und Landbau, Bad Dürkheim

PREUSCHEN, GERHARDT: Ackerbaulehre nach ökologischen Gesetzen. Alternative Konzepte Band 75, 1991, Verlag C. F. Müller, Karlsruhe

Der Wald als Hüter der Quellen

FRITZ WIMMER

Der Wald ist seit frühester Menschheitsgeschichte ein Hüter der Quellen. Mit Zunahme von Bevölkerungsdichte, Industrie, Bebauung und Infrastruktur, ergänzt durch eine Intensivierung der Landwirtschaft, nehmen Landschaftsbestandteile, deren Nutzung die Wassernachlieferung nicht schädigen, eine besondere Stellung ein. Der Wald als naturnächstes und flächenstärkstes Landschaftselement hat deshalb heute mehr denn je eine zentrale Bedeutung für den Schutz der Lebensgrundlage Trinkwasser (MELOUN, 1981; BAYER. LANDESAMT FÜR WASSERWIRTSCHAFT, 1992). Das Wassereinzugsgebiet der Landeshauptstadt München im Mangfalltal, zu Füßen des Taubenberges, ist hierfür ein Beispiel.

Der Münchner Wasserschutzwald

Zunehmende Verseuchung des durchlässigen Untergrundes und fehlende Kanalisation hat die Stadt München gezwungen, die Wassergewinnung im Stadtgebiet aufzugeben. Bereits im Jahr 1880 kamen Untersuchungen des Hygienikers Max von Pettenkofer zu dem Ergebnis, daß sich die Quellen des Mangfalltales zur Wasserversorgung der Stadt bestens eignen. In den folgenden hundert Jahren gelang es einer weitsichtigen Grundstückspolitik der Stadt, dieses Gewinnungsgebiet im Voralpenland, 40 km südlich von München, für die langfristige Wasserversorgung zu sichern. Heute stammen jährlich 100 Millionen m^3 reinsten Trinkwassers, $3/4$ des Jahresverbrauchs der Landeshauptstadt und angeschlossener Gemeinden, aus den Quellen am Fuße des Taubenbergs. Das Wasser aus dem Gewinnungsgebiet Mangfalltal fließt im freien Gefälle dem ca. 100 m tiefer gelegenen Stadtgebiet zu.

Der städtische Grundbesitz im Wassereinzugsbereich umfaßt vorrangig Flächen des Fassungsbereiches und der Engeren Schutzzone. Ca. 1 500 ha sind heute Wald, ein Drittel des gesamten Waldbesitzes Münchens. Der Großteil der vormals landwirtschaftlich genutzten Flächen wurde bereits um die Jahrhundertwende aufgeforstet. Den vielerorts anzutreffenden Problemen der Grundwasserbelastung in Gebieten mit intensiver landwirtschaftlicher Nutzung wurde dadurch vorgebeugt (STADTWERKE MÜNCHEN, 1983).

Anforderungen an den Wald

Seit 43 Jahren wird der Wasserschutzwald durch stadteigenes Forstpersonal nach den Grundsätze der Arbeitsgemeinschaft Naturgemäße Waldwirtschaft (ANW) bewirtschaftet. Die beiden wichtigsten Aufgaben der Waldpflege sind:
– Gewährleistung einer hervorragendenWassergüte,
– Förderung einer hohen Wasserspende.

Um eine ausreichende Wassergüte zu gewährleisten, darf am Boden auftreffendes Niederschlagswasser auf dem Weg ins Grundwasser nicht durch zivilisatorische Einflüsse verunreinigt werden. Durch Aufforstung landwirtschaftlich genutzter Flächen wird die Fäkaldüngung, Kunstdüngung und Pestizidanwendung ausgeschaltet. Ein aus örtlich bewährten Baumarten zusammengesetzter Mischwald bewirkt eine dauerhafte Bodenbedeckung. Gemischter Laub- und Nadelabfall sorgt für humusreichen, mulligen Oberboden.

Ein solcher Oberboden hat drei wichtige Funktionen. Er dient als Filter:
– gegen organische Verunreinigung (durch Abbau über aktives Bodenleben - Mikrofauna und Mikroflora)
– gegen mechanische Einschwemmungen (durch physikalisches Abfangen in den feingeschichteten Waldbodenstrukturen)
– gegen chemische Verschlechterung (durch Mischbestände keine Huminsäurebildung wie in Nadelreinbeständen, fehlende Nitratausschwemmung durch Unterlassen von Kahlhieben, erhöhte Stickstoffbindung durch Laubbaumanteile, REHFUESS et al.)

Die Gunst des geologischen Ausgangsmaterials kommt hinzu. Kalkalpine Schotter und tonmineralreiche Tertiärdecken sorgen für vorteilhafte Nährstoffverhältnisse. Durch die „Basenpumpe" tiefwurzelnder Baumarten kann über den Laubabfall die Versauerungstendenz durch vorausgehende Fichtenreinbestände rückgängig gemacht werden (BRÜCKNER, 1987). Tiefwurzelnde Laubholzökosysteme speichern

Abb. 1: Talboden und Einhänge zum Mangfallfluß sind ausgekleidet mit gemischten Waldbeständen, in der Mitte das Gotzinger Kircherl

im Mineralboden mehr Stickstoff. Auch ist der Stickstoffeintrag mit dem Bestandesniederschlag bei Buche im Vergleich zur Fichte ca. 50 Prozent niedriger. Der ph-Wert unter Buche liegt gegenüber der Fichte um 0,5 Einheiten höher. Besonderes Augenmerk wird auf das Vorhandensein einer vitalen Bodenvegetation gelegt, die große Mengen an Stickstoff aufnimmt, in der Biomasse speichert und Nitrataustrag verringert (KREUTZER, 1993). In den reich strukturierten Beständen werden kalkhaltige Stäube aus der Umgebung ausgefiltert und tragen zu einer Abpufferung der sauren Niederschlagskomponenten bei (HÜSER, 1988).

Die Waldbetreuung soll aber auch die Wasserspende im Quelleneinzugsgebiet quantitativ begünstigen. Dabei geht es um die Verminderung der Verlustgrößen an Niederschlagswasser auf dem Weg zum Grundwasser. Zum Beispiel muß der Kronenauffang vermindert werden, der nach eigenen Untersuchungen der städtischen Forstverwaltung am Taubenberg in reinen Fichtenbeständen bis zu 35 Prozent des Niederschlages ausmacht. Scharfe Durchforstung und hohe Bestockungsanteile an winterkahlen Baumarten schaffen „offene Fenster" im

Kronendach für den Niederschlag. Eine planmäßige Abdeckung der Bestandsränder nach außen durch tiefreichende Kronen und Sträucher sowie ungleich hohe Kronenschichtung im Bestand verhindern Verdunstungsverluste, die infolge Durchwindung und Untersonnung entstehen können.

Die Aufrauhung des Bodens durch Kräuter und Sträucher vermeidet im geneigten Gelände den Wasserabfluß an der Oberfläche. Bei intensiven Niederschlägen, wie sie im Voralpenland durch Gewitterregen häufig sind, vermag ein lockerer Waldbodenzustand die großen Wassermengen wie ein Schwamm aufzusaugen und langsam an das Grundwasser abzugeben. Tiefwurzelnde Baumarten drainieren den Unterboden und leiten den Niederschlag unmittelbar und in alten Wurzelkanälen in die tiefer gelegenen Bodenschichten zum Grundwasserträger. Feuchtbiotope und Moorbildungen verfügen über eine große Speicherkapazität für schubweises Wasserangebot nach Gewittergüssen und Schneeabschmelze.

Aufgaben der Waldpflege

Nur ein gesunder Mischbestand aus den örtlich bewährten Baumarten ist im Stande, diese vielfältigen wasserwirtschaftlichen Anforderungen zu erfüllen.

Bei Jahresniederschlägen von 1 400 mm und einer Höhenlage von 585 m NN im Tal bis 896 m NN am Taubenberggipfel bieten die Naturwaldgesellschaften mit den Baumarten Buche, Tanne, Fichte, Bergahorn, Sommerlinde, Esche, Bergulme ein reiches Angebot für einen stabilen Waldaufbau. Die Vielfalt der Arten ist ein Garant für dauerhafte Bodenbedeckung mit Wald. Eine vertikale Schichtung von der Krautflora bis zum ungleichaltrigen Baumbestand sorgt für ein ausgeglichenes Bestandsklima und sichert aktiven und funktionsfähigen Humuszustand. Bei Windruhe, rascher Erwärmung im Frühjahr und später Abkühlung im Herbst unter den Laubbäumen wird die Versauerung unter Fichte zumindest abgeschwächt. Größere Kronen des Altbestandes infolge Einzelstammnutzung sowie die verschiedenen Stufen der Unterschicht nehmen mehr Nährstoffe auf, vor allem Stickstoff, speichern ihn und tragen somit zu einem ausgeglichenen und stetigen Nährstoffkreislauf bei (WEBER, 1993).

In diesen Mischbeständen führen baumartenspezifische Angriffe durch Insekten und Pilze sowie Ausfälle infolge Schneebruch, Hagel oder Wind nicht zu flächigen Bodenfreilagen mit stürmischer Stickstoffumsetzung und Nitratabgabe. Die Sicherung des natürlichen Brutraumangebotes für Vögel und eine Steigerung des Totholzanteiles (Quartiererhalt für Fledermäuse und Ameisen) fördert die natürlichen Lebensgemeinschaften und trägt zur Gesundheit der Wälder bei.

Wege zum Wasserschutzwald

Je nach Ausgangslage wurde das Idealbild eines Wasserschutzwaldes planmäßig in drei Schritten angestrebt:

1. durch Erstaufforstung landwirtschaftlicher Flächen in den inneren Schutzzonen mit Mischkulturen unter hoher Beteiligung standortheimischer Laubhölzer;

2. durch Umwandlung reiner Fichtenbestände aus der Erstaufforstungwelle um die Jahrhundertwende in die natürliche Waldgesellschaft Fichte, Tanne, Buche und sonstige Edellaubhölzer;

3. durch Erhaltung der vorhandenen natürlichen Mischbestände durch einzelstammweise Nutzung mit dem Ziel, die Ungleichaltrigkeit und den damit verbundenen vertikalen Kronenschluß zu fördern.

Ad 1.:

Bei Erstaufforstungen ist die standortkundliche Aussage entscheidend. Beeinflußt von neuen, wissenschaftlichen Erkenntnissen über Interzeptionsraten, Bestandesniederschlag, Nitratauswaschung und Stickstoffbindung (KREUTZER, 1993) ist den standortheimischen Laubhölzern Bergahorn, Esche, Kirsche, Sommerlinde und Stieleiche – in geschützten Lagen verbunden mit der Rotbuche – zur Erstbestockung ehemaliger landwirtschaftlicher Flächen den Vorzug zu geben. Wegen ihrer Eigenschaft als Stickstoffsammler sollte hingegen die Schwarzerle – früher meist als Vorwald benutzt – künftig nicht mehr eingesetzt werden.

Ad 2.:

Die Wiesenerstaufforstungswelle der Jahrhundertwende mit reiner Fichte hat zwar landwirtschaftlich genutzte Flächen in die Nutzungsform „Wald" überführt, dieser ist aber anfällig für Rotfäule, Windwurf, Borkenkäfer, Schneebruch und Hagelschlag. Darum dient diese

Waldgeneration heute als „Vorwald", um nach entsprechender natürlicher Auflockerung das stabile standortgemäße Baumartenspektrum des Bergmischwaldes unter ihrem Schirm einzubringen. Der erste Schritt war, die Lücken in Fichtenaltbeständen durch die schattenertragenden Baumarten Buche, Tanne und Linde in räumlich voneinander abgegrenzten Gruppen abzudecken. Für eine dauerhafte Schutzbestockung ist dies eine sinnvolle Investition. Die Erstanpflanzung von Japanlärchen und Fichten entlang des Taubenbergrückens (Höhenlage beinahe 900 m; tiefgründig verwitterter Molasseboden) erbrachte gestufte Bestände höchster Wuchsleistung und optimaler Funktionenerfüllung. Eine kontinuierliche Vorratspflege der wuchskräftigen Oberschichten dieser Erstaufforstungsbestände läßt die künstlich eingebrachten Mischbaumarten gleichzeitig nachschieben, was für Windruhe unter dem Kronenraum der Altbäume und für günstige Humusbildung sorgt. Ein Drittel aller über 80jährigen Fichtenreinbestände enthalten heute gesicherte Voranbauten aus stabilen Laubholzarten und Tanne - ein wichtiger Zeiger für die Zukunft einer dauerhaften Waldbedeckung im Wassereinzugsgebiet.

Abb. 2: Fichten aus der Aufforstungswelle um 1900 bilden den Schirm für die Einbringung der Baumarten Tanne und Buche

Abb. 3: Hangquellstollen am Fuße des Taubenberges, von reich strukturiertem Mischwald umgeben

Ad 3.:

Die übernommenen Bauernmischwälder ermöglichen bereits jetzt ein naturgemäßes „Gleiten". Die Nutzung erfolgt nach den Prinzipien der Plenterung. Auf ausreichende Laubholzanteile wird besonders geachtet. Die natürliche Verjüngung autochthoner Baumarten – wichtig für die langfristige Stabilität der Wälder – wird ausgenutzt.

Eine ausreichende Kontrolle der Schalenwildbestände muß natürlich gegeben sein. Die Jagd wird darum durch das eigene Forstpersonal ausgeübt. Wegen unübersichtlicher Waldstrukturen sind fundiertes, jagdhandwerkliches Können, ein großer persönlicher und zeitlicher Einsatz und volles Ausschöpfen aller jagdrechtlich zugelassenen Jagdmethoden für den Erfolg erforderlich.

Zur Sicherung bodenständigen Pflanzenmaterials bei Neukulturen werden anerkannte eigene Baumbestände beerntet und das Saatgut in Lohnanzucht gegeben. Die Wildlingsgewinnung erfolgt vor allem aus Naturverjüngungen der Tanne und Buche.

Wirtschaftliche Aspekte

Die naturgemäße Bewirtschaftung eines Wasserschutzwaldes lohnt sich auch unter betriebswirtschaftlichen Gesichtspunkten:
– die Naturverjüngung ist kostenlos;
– durch Einzelbaumentnahme und nachfolgende Verjüngung entfallen kostenträchtige Ausgrasungs- und Verdünnungsmaßnahmen – Licht und Schatten regeln das Aufwachsen;
– die Holzerntekosten sinken bei zunehmender Masse des Einzelstammes;
– der Markt kann zur rechten Zeit mit den nachgefragten Sortimenten bedient werden.

Minderaufwand und Mehrerlös schlagen sich nicht nur in einer günstigen Forstbetriebsabrechnung nieder; sie entlasten auch die öffentliche Hand und den Steuerzahler bei den Ausgaben für die Wasserbereitstellung. Trotz unangemessen niedriger Holzpreise belastet der Forstbetrieb des Münchner Wasserschutzwaldes den verkauften Kubikmeter Trinkwasser derzeit nur mit zwei Zehntel Pfennig. Im Vergleich zu heutigen Kosten der Wasseraufbereitung ist dies ein verschwindend geringer Betrag.

Rückblick

Die Entscheidung der Landeshauptstadt, sich rechtzeitig durch Land-
erwerb, Erstaufforstungen und naturgemäße Bewirtschaftung einen
eigenen Wasserschutzwald zu sichern, hat sich als eine erstklassige
Investition erwiesen. Obschon die Reinhaltung des Wassers nur eine
der vielen Funktionen des Waldes ist, verdeutlicht das Beispiel Münchens, welchen hoher Stellenwert diese Leistung des Waldes genießt.
Aus der Geschichte des Waldes im Mangfalltal läßt sich lernen, daß
Waldwirtschaft immer dann, wenn ihre gesellschaftlichen Wirkungen
(z. B. Wasserschutz) wirklich ernstgenommen werden, zwingend naturgemäß orientiert sein wird. Denn im Vergleich mit ihr muß der traditionelle Altersklassenwald versagen. Ein Wasserschutzwald, der nur
aus Fichtenreinbeständen besteht, könnte den heutigen wasserwirtschaftlichen Anforderungen der Stadt weder quantitativ noch qualitativ genügen.
Sicherlich hat der Wasserschutzwald Münchens zur Entwicklung einer
naturgemäßen Waldwirtschaft in Deutschland beigetragen. Fest steht
aber auch, daß seine über Jahrzehnte hinweg naturgemäße Bewirtschaftung von großem Nutzen für die Bewohner der Stadt war, ist und
sein wird.

Literatur

BAYER. LANDESAMT FÜR WASSERWIRTSCHAFT: Nitrateintrag in das Grundwasser unter
  Waldgebieten in Bayern. Informationsberichte 1992

BRÜCKNER, J./REHFUESS, K. E./MAKESCHIN, F.: Braunerden auf Schotterterrassen im
  Alpenvorland unter Grünland, Fichten - Erstaufforstung, Laubbaumfolgebestand und altem
  Wald. In: Mitt. Ver. Forstl. Standortskunde und Forstpflanzen, 1987, Heft 33, S. 49-61

HÜSER, ROLF/REHFUESS, KARL EUGEN: Schriftenreihe der forstwirtschaftlichen Fakultät
  der Universität München und der bayer. forstlichen Versuchs- und Forschungsanstalt, 1988,
  Heft 86

KREUTZER, KARL/ROTHE, ANDREAS: Der Einfluß des Waldes auf Wasserqualität und
  Stoffaustrag. Abschlußbericht zum Forschungsprojekt B 46, 1993

MELOUN, KARL: Frisches Wasser für Wien – die Quellenschutzforste der Stadt. In: Allgemeine Forstzeitschrift Nr. 42, 1981, S. 1123-1125

REHFUESS, KARL EUGEN: Waldböden: Entwicklungen, Eigenschaften und Nutzung. 2. Auflage 1990, Parey-Verlag Hamburg, Berlin

STADTWERKE MÜNCHEN, WASSERWERKE: Hundert Jahre Münchner Wasserversorgung.
  Jubiläumsband, 1983

WEBER, GABRIELE: Über den Einfluß von naturnaher Waldwirtschaft auf den chemischen
  Bodenzustand. In: Der Dauerwald, 1993, Nr. 8, S. 32-35

Naturschutz und naturgemäße Waldwirtschaft

HUBERT WEIGER

Trotz jahrhundertelanger Nutzung und Übernutzung und trotz erheblicher Flächenverluste durch die mittelalterlichen Rodungsperioden bedeckt der Wald nach wie vor fast ein Drittel der Fläche Deutschlands (31 Prozent). In einigen Bundesländern, wie Rheinland-Pfalz und Hessen, sogar 41 Prozent.

Wälder sind die am höchsten entwickelten und langlebigsten Ökosysteme des Festlandes. Sie bilden den bedeutendsten Lebensraum für die heimische Tier- und Pflanzenwelt. Da ohne das massive Wirken des Menschen fast ganz Mitteleuropa mit Ausnahme der Hochgebirge, der Meeresküsten und einzelner Sonderstandorte wie Hochmoore mit einem dichten Waldkleid zu 90 Prozent bedeckt wäre, (ELLENBERG, 1982) finden sich nach wie vor im heutigen Wald erhebliche Teile der Lebensgemeinschaften und Arten der ursprünglichen Landschaft.

So lebt fast die Hälfte der insgesamt in Deutschland vorkommenden 2728 Farn- und Blütenpflanzenarten in Wäldern (SUKOPP, 1990), insgesamt ein Drittel haben dort ihren Schwerpunkt des Vorkommens. Die Zahl der Tierarten und ihre Individuendichte ist im Wald größer als in jedem anderen terrestrischen Lebensraum. Von den rd. 40 000 wirbellosen Tierarten in Deutschland, davon etwa 30 000 Insektenarten, kommen allein in den Wäldern etwa 6 800 Arten vor, wobei 1 800 Arten eng an diesen Waldtyp gebunden sind. Von den über 260 Brutvogelarten sind fast 50 Prozent der Arten in irgendeiner Form an Wälder gebunden.

Wälder haben aber nicht nur eine zentrale Bedeutung für die Sicherung waldspezifischer Lebensgemeinschaften, sondern auch

landeskulturelle Funktionen

– günstige Beeinflussung von Boden, Wasser, Luft und Klima
– Schutz gegen Erosion, Lawinen, Wind
– Schutz gegen Emissionen

soziale und kulturelle Funktionen

– Verbesserung der Umweltqualität für den Menschen
– Sicherung der Erholungsfunktion
– ästhetische, emotionale und kulturelle Wirkungen

ökonomische Funktionen
- Bereitstellung des wichtigsten einheimischen nachwachsenden Rohstoffes Holz
- mittel- bis längerfristige Bindung des Kohlendioxids
- begrenzte Absorption anthropogener Umweltbelastungen.

Aufgrund dieser herausragenden Funktionen ist der Wald gerade in Deutschland unersetzbar, dem Land unter den Industriestaaten der Erde, welches durch Bevölkerungsdichte und intensive wirtschaftliche Tätigkeit heute eines der Länder mit der weitaus höchsten Umwelt- und Ressourcenbeanspruchung ist. Wegen der zentralen Bedeutung des Waldes für die Sicherung des Naturhaushaltes müßten die Fragen der Waldflächensicherung und der naturschutzverträglichen Waldbewirtschaftung seit Jahrzehnten zentrale Aufgabenfelder des Naturschutzes sein. Im verbandlichen und im behördlichen Naturschutz war und ist das bisher aber kaum der Fall.

Naturschutz ist weitgehend wirkungslos

Zwar hat sich der Naturschutz in den letzten Jahrzehnten durchaus für die Flächensicherung stadtnaher Wälder eingesetzt, doch die Instrumente des behördlichen Naturschutzes für die Sicherung großer Landschaftsräume, wie die Ausweisung von Landschaftsschutzgebieten, haben sich dabei als weitestgehend wirkungslos herausgestellt. So erlitt der Nürnberger Reichswald mit jährlich 300 ha seine größten Waldflächenverluste nach 1965, dem Jahr, in dem er zum Landschaftsschutzgebiet ausgewiesen wurde. Erst durch den vom Bund Naturschutz entfachten massenhaften Bürgerprotest konnten 1979 ca. 40 000 ha stadtnahe Wälder als Bannwald nach dem Bay. WaldG ausgewiesen und vor weiteren Waldzerstörungen gerettet werden. Auch die Ausweisung großer Waldgebiete im Alpenraum als Naturschutzgebiete (z. B. Ammergauer Berge) hat den katastrophalen Rückgang naturnaher Bergmischwälder nicht verhindern können.

Bei der Rettung des Waldes vor seiner Zerstörung durch den Dauerstreß der zahllosen Luftschadstoffe hat sich zwar der verbandliche Naturschutz stark engagiert, der behördliche Naturschutz kann wegen fehlender Kompetenzen aber selbst in diesem zentralen Umweltbereich nicht durch Auflagen zur Luftschadstoffreduzierung oder durch Verhinderung luftbelastender Projekte tätig werden.

Auch in der Frage der Waldbehandlung kann sich der behördliche Naturschutz außerhalb von Schutzgebieten wegen der Privilegierung der forstwirtschaftlichen Nutzung nach dem BNatSchG nicht einmischen. So konnte es geschehen, daß jahrzehntelang naturnahe Laubwälder in Nadelreinbestände umgewandelt wurden. Die Antwort des Naturschutzes auf den Hilferuf von Prof. Mülder „Rettet die Buchenwälder" (1982) angesichts der gewaltigen Buchenwaldvernichtungsaktionen in Nordhessen in den 70er und 80er Jahren war nur der Vorschlag, Buchenaltholzinseln als Reservate auszuweisen, um wenigstens einige Prozent der ursprünglichen naturnahen Waldbestockung zu retten.

Die Idee des Naturschutzes

Es gibt für diese Situation eine Vielzahl von Gründen, die in der Geschichte des Naturschutzes und auch in offensichtlichen Mängeln der aktuellen Naturschutzpolitik liegen. Der Naturschutz in Deutschland ist zwar nicht eine Zeiterscheinung der letzten Jahrzehnte, sondern hat eine geschichtliche Entwicklung, die bis in die Anfänge des letzten Jahrhunderts zurückreicht. Der Begriff „Naturschutz" wurde von Prof. Ernst Rudorff geprägt, einem Berliner Musikprofessor, der in seiner Heimatschutzrede von 1888 bereits den ganzheitlichen Lebensschutz als Ziel des Naturschutzes forderte, denn „die Menschheit ist auf dem besten Wege, über dem Jagen nach materiellen Vorteilen die Schönheit der Welt zu zerstören, dem irdischen Dasein jeden edleren Reiz zu rauben, ja unserem gesamten höheren Geistesleben die Wurzeln abzugraben." – „Die Flurbereinigung überträgt das kahle Prinzip der geraden Linie und des Rechtecks blind in die Wirklichkeit und ist in ihrer praktischen Durchführung so brutal, daß eine Feldflur, über die das Unwetter dieser Regulierung dahingezogen ist, aussieht wie ein fleischgewordenes Rechenexempel ..." – „...Was in unseren Tagen auf dem Spiele steht, ist, den Verwüstungen eines modernen Nivellierungssystems um jeden Preis Einhalt zu gebieten."
Damit war die Idee des Naturschutzes mit den beiden Hauptzielen formuliert: den Schädigungen der Landschaft entgegenzutreten sowie „Natur in ihrer Ursprünglichkeit zu erhalten". Vorläufer dieses Natur-

schutzgedankens waren einzelne lokal agierende Initiativen Ende des 19. Jahrhunderts, die sich zum Schutz einzelner auffallender Tier- und Pflanzenarten (Orchideen) sowie geologischer Besonderheiten gebildet hatten. Träger war das gehobene Bildungsbürgertum, welches der Zeitströmung der Romantik entsprechend die Landschaft entdeckte und sich für den Schutz degradierter und übernutzter, aber ästhetisch schöner Lebensräume von den knorrigen Wettereichen bis hin zu Wacholderheiden einsetzte.

Während Rudorff unter Naturschutz noch den Schutz der Gesamtlandschaft verstand, wurde der Naturschutz in der Folgezeit reduziert und in Form der Sicherung kleiner, über die Landschaft verstreuter Reservate (Naturdenkmäler) umgesetzt.

Die Definition des Naturschutzes im Reichsnaturschutzgesetz von 1935 als Sicherung der Lebensräume seltener oder gefährdeter Tier- und Pflanzenarten und Sicherung von Naturdenkmälern, Naturschutzgebieten und von Landschaftsteilen in der freien Natur, deren Erhaltung wegen ihrer Seltenheit, Schönheit, Eigenart oder wegen ihrer wissenschaftlichen, heimatlichen, forst- oder jagdlichen Bedeutung im allgemeinen Interesse liegt, verfolgt ebenfalls einen reduzierten Naturschutz auf Teilflächen und mit Teilzielen.

Erst das Bundesnaturschutzgesetz von 1976 definierte als Ziele des Naturschutzes und der Landschaftspflege in § 1 BNatSchG, daß „Natur und Landschaft im besiedelten und unbesiedelten Bereich so zu schützen, zu pflegen und zu entwickeln sind, daß

1. die Leistungsfähigkeit des Naturhaushaltes
2. die Nutzungsfähigkeit der Naturgüter
3. die Pflanzen- und Tierwelt sowie
4. die Vielfalt, Eigenart und Schönheit von Natur und Landschaft als Lebensgrundlage des Menschen und als Voraussetzung für seine Erholung in Natur und Landschaft nachhaltig gesichert sind.

Damit sind die Ziele des Naturschutzes auf der ganzen Landesfläche zu beachten, d.h. auch flächendeckend im Wald.

Naturschutz im Wald

Eine nachhaltige Nutzung des Lebensraumes Wald, welche die allgemeinen Ziele des § 1 BNatSchG beachtet, steht nicht im Widerspruch zum Naturschutz, sie entspricht auch dem Auftrag des Naturschutzgesetzes. Der in diesem Lebensraum nachhaltig erzeugte Rohstoff Holz ist der wichtigste einheimische, ohne Umweltbelastungen erzeugte, nachwachsende Rohstoff. Er muß bereits heute zu 50 Prozent seines Bedarfs importiert werden, wobei allerdings die Holz- oder Holzproduktimporte größtenteils aus Gebieten stammen, in denen keine nachhaltige Holznutzung, wie z. B. in den Tropen, stattfindet oder naturzerstörende Holzernteformen, wie Großkahlschläge in den borealen Nadelwäldern, vorherrschen.

Allgemeine Ziele des Naturschutzes (PLACHTER, 1991) sind heute vorrangig Sicherung des Bestandes aller Organismenarten, der Schutz abiotischer Ressourcen und von Ökosystemen und der Erhalt biologischer Grundfunktionen. Sie erfordern, daß sich der Naturschutz weniger mit dem „Ob" als mit dem „Wie" der Landnutzung beschäftigt. Denn für die Beachtung der Ziele des Naturschutzes im Wald ist nicht vorrangig die Tatsache entscheidend, daß überhaupt Biomasse in Form des Holzes entnommen wird, sondern die Frage unter anderem, wieviel Biomasse zu welchem Zeitpunkt und mit welchen Methoden, d. h. Auswirkungen auf das Ökosystem Wald, geerntet wird, welche Baumarten in welcher Mischung, Altersstruktur, Schichtung und Bestandsreife vorhanden sind und ob die Dynamik der natürlichen Waldabläufe auch im genutzten Wald grundsätzlich gesichert wird.

Traditionell hat sich der Naturschutz allerdings nicht mit diesen Fragen befaßt. Zum einen fehlten und fehlen ihm bis heute die Instrumente zur Durchsetzung ganzflächig naturverträglicher Landnutzungsformen, zum anderen entsprach es dem geschichtlich bedingten Verständnis des Naturschutzes, es bei sektoralen Einzelschutzmaßnahmen, z. B. mit dem Schutz einzelner Arten oder Landschaftsbereiche, zu belassen. Dabei standen Lebensräume außerhalb des Waldes im Vordergrund der Schutzbemühungen, in vielen Fällen war die Schutzwürdigkeit aufgrund der Kriterien „Vorkommen seltener, gefährdeter Arten" Ergebnis jahrhundertelanger Übernutzung oder gar von Naturzerstörungen. Der Naturschutz, der sich vergeblich für die Rettung eines Waldes vor einem Steinbruch einsetzt, kann aber nicht nach der erfolgten Waldrodung die Ausweisung des Steinbruchs als Naturschutzgebiet wegen der Ansiedlung eines Uhu-Brutpaares beantragen, wenn er nicht unglaubwürdig werden will. Gleiches gilt für die diskutierte Unterschutzstellung von Kahlflächen, die durch das Waldsterben in den Mittelgebirgen entstanden sind. Derart auf Einzelartenschutz reduzierte Naturschutzmaßnahmen führen dazu, daß das Grundanliegen des Naturschutzes zur beliebigen Disposition gestellt und Schutzmaßnahmen zum Alibi für die großflächige Naturzerstörung werden.

Auch der aus kulturellen und Artenschutzgründen sicherlich berechtigte Schutz historischer Landnutzungsformen ist nicht nur vor dem Hintergrund zu diskutieren, wie unter völlig anderen Rahmenbedingungen historische Landnutzungsformen heute noch gesichert werden können, sondern muß auch berücksichtigen, welchen Stellenwert in einem Gesamtschutzsystem solchen Gebieten zukommt. Es geht also um eine Diskussion der Prioritäten des Naturschutzes und um die konkreten Ziele des Naturschutzes im Bereich der Landnutzungssysteme.

Situation heute

Eine kritische Standortbestimmung des Naturschutzes erfordert heute nicht nur eine erheblich erweiterte Zielsetzung, sondern auch neue Instrumente zur Durchsetzung dieser Ziele. Denn die klassischen Instrumente des Naturschutzes wie Flächensicherung durch Schutzgebiete (Reservatsstrategie), elitärer Artenschutz (Beschränkung auf wenige besonders gefährdete Tier- und Pflanzenarten) und die Eingriffs- und Ausgleichsregelungen der Naturschutzgesetze haben zu keiner durchgreifenden Verbesserung der Natur- und Umweltsituation geführt.

Selbst in seinen Vorranggebieten, wie z. B. den Naturschutzgebieten, kann Naturschutz seine Zielsetzungen heute nicht durchsetzen. Beispiel: mehr als die Hälfte der bayerischen Naturschutzgebiete ist durch verordnungswidrige Nutzungen beeinträchtigt. Eine detaillierte Untersuchung von 177 Naturschutzgebieten in Bayern (KLEINE, 1991) ergab, daß bei einem Flächenanteil von 54 Prozent forstlicher Nutzung in diesen Naturschutzgebieten folgende forstliche Nutzungsarten festgestellt wurden:

Niederwald	0,6 Prozent
Mittelwald	0,7 Prozent
Plenterwald	13,7 Prozent
Altersklassenwald	39 Prozent

Es dominieren somit Altersklassenwälder, wobei in 21 Prozent der Schutzgebiete Beeinträchtigungen durch forstliche Intensivierungsmaßnahmen (wie Waldumwandlung), in 18 Prozent Schäden durch Wildverbiß und in 14 Prozent Schäden durch forstlich bedingte Bodenverdichtung festgestellt wurden.

Trotz Zunahme der Zahl der Naturschutzgebiete auf 4 870 (BRD 1992) und einen Flächenanteil von 1,8 Prozent nimmt die Zahl der gefährdeten Tier- und Pflanzenarten weiter zu. Allein in Bayern hat sich innerhalb der letzten 15 Jahre (LfU 1992) der Prozentsatz der gefährdeten Pflanzenarten von 28 Prozent auf 38 Prozent und die Zahl der gefährdeten Tierarten von 40 Prozent auf 52 Prozent erhöht. Die Eingriffs- und Ausgleichsregelung der Naturschutzgesetze führt in der Praxis dazu, daß der Naturschutz vor allem zu einem Eingrünungsinstrument degradiert wird – Blumenschmuck auf dem Leichensarg der Natur. Was hilft dem Naturschutz ein neues Amphibienbiotop als Ausgleichsmaßnahme für den Eingriff, wenn großflächig geschlossene Waldkomplexe von neuen lebensraumzerschneidenden Straßen zerschnitten werden?

Die desolate Situation des Naturschutzes ist deshalb Anlaß, die in der Praxis einseitig auf Artenschutz reduzierten Ziele und Instrumente des Naturschutzes kritisch zu hinterfragen und die seit 1976 durch das BNatSchG vorgegebenen umfassenden Zielsetzungen endlich konkret zu formulieren. Ziel des Naturschutzes im Wald kann es heute nicht mehr sein, vorrangig Relikte historischer Waldnutzungsformen oder waldfreier Sonderstandorte zu schützen (und sich deshalb mit der überwiegenden Art der Waldbehandlung nicht zu befassen), sondern Ziel muß es sein, durch die naturverträgliche Art der Nutzung die Ziele des Naturschutzes im Wald flächendeckend zu sichern. Dazu zählen u. a.:

– Sicherung der Funktionen des Waldes durch Umbau vom schlagweise genutzten Altersklassenwald in Dauerwaldformen, welche einzelstammweise nach dem Plenterprinzip genutzt werden,

– Sicherung bzw. Schaffung der standortspezifischen Waldökosysteme durch standortheimische Baumarten und -rassen und deren Mischung bzw. Förderung möglichst reifer Wälder einschließlich deren Zerfallsphasen,

– die Sicherung der Dynamik des Ökosystems Wald, Sicherung seltener Waldtypen und von typischen Kleinstrukturen.

Naturgemäße Waldwirtschaft und Naturschutz

Diesen Zielsetzungen wird durch die naturgemäße Waldwirtschaft und ihre Prinzipien (wie konsequente Vorratspflege, Anwendung des Plenterprinzips und Erhaltung oder Schaffung standortgerechter, stufig aufgebauter ungleichaltriger Mischbestände) weitestgehend Rechnung getragen. Die folgenden neun zentralen Aussagen der ANW von 1991 zu Waldwirtschaft und Naturschutz verdeutlichen, wie naturgemäße Waldwirtschaft Ziele des Naturschutzes beachtet bzw. diese noch mehr als bisher integrieren wird.

1. Durch die stetige, auf Erhalt von Elastizität und Stabilität bedachte naturgemäße Waldwirtschaft ist die Leistungsfähigkeit und Nutzbarkeit des Ökosystems Wald sowie die Sicherung der Naturgüter Boden, Holz, Flora und Fauna, Wasserhaushalt, Luft und Klima besonders gut gewährleistet.

2. Den Forderungen nach Schutz und nachhaltiger Sicherung der Vielfalt, der Lebensräume, -bedingungen und -gemeinschaften von Tieren und Pflanzen kann im naturgemäß bewirtschafteten Walde dadurch entsprochen werden, daß die im Zuge der Evolution und sukzessionalen Entwicklung an die jeweiligen Umweltbedingungen angepaßten Baumarten der heimischen Waldvegetation in starkem Maße berücksichtigt werden. Sie sollen deshalb stets mindestens einen Anteil erhalten, der ihre natürliche Regeneration garantiert. Andererseits muß die Möglichkeit bestehen, auch nicht heimische standortgerechte Baumarten am Waldaufbau und der Produktion zu beteiligen, wenn zu erwarten ist, daß sie sich in vorhandene Vegetationsmuster verträglich einfügen.

3. Der zu sichernden Vielfalt der Tier- und Pflanzenarten kommt zusätzlich der aus naturgemäßer Waldwirtschaft resultierende Strukturreichtum (Mischung von Baumarten, Stufigkeit, Mehrschichtigkeit, Ungleichartigkeit) sehr entgegen. Die Vielfalt der damit verbundenen ökologischen Nischen schafft ständig wechselnden Lebensraum auch für die jeweils standortheimischen Pionier- und Nebenbaumarten, die Strauchschicht sowie für die Bodenvegetation und die zugehörige Fauna – vorausgesetzt, daß die Schalenwildbestände auf ein tragbares Maß reduziert sind. An den Waldrändern soll Artenreichtum und Stufigkeit besonders gefördert werden.

4. Für die Glieder der Waldlebensgemeinschaft, die auf alte, starke, beschädigte, absterbende oder tote Bäume angewiesen sind, ist ein angemessener Anteil von Bäumen oder Baumteilen dem natürlichen Ausreifen, Absterben und Zerfall zu überlassen.

5. Das Nutzungsprinzip der naturgemäßen Waldwirtschaft begünstigt die Floren- und Faunenelemente der reiferen Phasen von Waldökosystemen, benachteiligt dagegen die nicht waldtypischen Arten und ausgesprochene Katastrophenfolger (z. B. Kahlschlagbewohner). Die Erfahrung lehrt andererseits, daß – wie Naturwälder – auch naturgemäße Wirtschaftswälder nicht frei von insbesondere abiotischen Heimsuchungen bleiben, so daß auch die letztgenannten Arten Überlebenschancen behalten.

6. Der angestrebte hohe Starkholzanteil am produzierenden Holzvorrat führt zu relativ hoher Vorratshaltung, langen Produktionszeiträumen und weitgehend kontinuierlichen Stoffkreisläufen. Daraus resultieren – auch im Sinne des Naturschutzes – positive Wirkungen für den Schutz von Boden und Wasser (Menge, Stetigkeit, Qualität). Entsprechendes gilt – angesichts der drohenden Klimaerwärmung – für die hohe Festlegungsrate von Kohlendioxid in vorratsreichen Wäldern. Nicht zuletzt tragen gemischte, altbaumreiche und gut strukturierte Wälder in besonderem Maße zur Vielfalt und Schönheit von Natur und Landschaft bei.

7. Auf kleinstandörtlich vorhandene Besonderheiten, seltene Waldgesellschaften, historische Waldformen, seltene Tier- und Pflanzenarten soll entsprechend ihrer jeweiligen Bedeutung Rücksicht genommen werden.

8. Waldpflege, Einzelbaumnutzung und die Gewährleistung weiterer Funktionen setzen eine Grunderschließung des Waldes mit durch LKW befahrbaren Wegen sowie ein Netz zusätzlicher Rückewege und -linien voraus. Der langfristige Produktionsprozeß zwingt zu gleichermaßen bestandes- wie bodenpfleglichem Maschineneinsatz, der in Teilbereichen durch den Einsatz von Pferden wirksam ergänzt werden kann. Die spezifische Art naturgemäßer Waldbehandlung ist geeignet, die Verwendung von Bioziden sowie künstliche Düngung weitestgehend zu vermeiden. Kompensationskalkungen zum Ausgleich saurer Einträge sind gleichwohl zulässig.

9. Angesichts der in Mitteleuropa kaum noch vorhandenen Urwälder ist es notwendig, ein System standörtlich repräsentativer, möglichst „naturnah" zusammengesetzter Wälder als „Naturwaldreservate" ihrer eigenen Entwicklung zu überlassen. In Anzahl und Größe sind sie auf das für die waldkundliche Forschung erforderliche Maß zu begrenzen. Wälder mit speziellen Vorrangfunktionen (Naturschutz, Erholung, Wasserschutz) lassen sich – wie Beispiele zeigen – mit den waldbaulichen Methoden naturgemäßer Waldwirtschaft vorteilhaft pflegen und entwickeln. In besonderen Fällen auszuweisende Naturschutzgebiete in Wäldern bleiben – wie die Naturwaldreservate – in der Zuständigkeit der Forstwirtschaft. Erforderliche spezielle Behandlungsweisen ergeben sich aus den Schutzverordnungen oder Verträgen.

Karl Gayers Prinzipien sind immer noch wegweisend

Die naturgemäße Waldwirtschaft ist damit ein bewährtes Konzept, um die Zielsetzungen des Naturschutzes (naturschutzgerechte Waldwirtschaft) mit der Forstwirtschaft (nachhaltige ökonomische Erzeugung des Rohstoffes Holz) integrativ zu verbinden. Dieses Konzept ist nicht neu, es fehlt nur seine flächendeckende Umsetzung.

So formulierte der Münchner Waldbauprofessor Karl Gayer bereits Ende des letzten Jahrhunderts den klassischen Fundamentalsatz der Holzzucht: die natürlichen Erzeugungskräfte des Standorts fortgesetzt und sorgfältig zu pflegen und sie ununterbrochen in voller Tätigkeit unseren Zwecken dienstbar zu machen. Damit wird in herausragender Weise dem Organismus Wald als Dauerwald Rechnung getragen. Mittel dazu ist eine dem Standort gemäße Bestockung. Dies erfordert im Regelfall den aus mehreren Baumarten gemischten und verschiedenartigen Wald mit möglichst stufigem Bestandsaufbau, es erfordert die Erhaltung von Mischung und Stufung über das ganze Bestandsleben hinweg und es erfordert die natürliche und langfristige Waldverjüngung.

Gayer hatte recht mit seiner Beurteilung: Reine Bestände unterliegen den Gefahren, die von Seiten der Natur drohen, im höheren Maß als gemischte Bestände, sie haben weniger Widerstandskraft gegen Sturm, Schneedruck, Insekten, Pilze, Feuer usw. Es ist sicherlich kein

Ruhmesblatt für die Forstwirtschaft, wenn nach SEITSCHEK (1989) eine Aufstellung des außerplanmäßigen Holzanfalls für die Jahre 1951–1988 ergibt, daß etwa ein Viertel der gesamten Holznutzung in Bayern als zwangsläufige Nutzung anfiel. Im Zeitraum von 1982–89 haben die zufälligen Ergebnisse noch erheblich zugenommen, was auf eine erhebliche Stabilitätsschwäche vor allem in nadelholzreichen Gebieten zurückzuführen ist. Die Sturmkatastrophe 1990 mit einem Anfall von 72 Mio. fm Holz hat drastisch die besondere Windwurfgefährdung der Fichte, die mit über 80 Prozent am Sturmholzaufkommen beteiligt war, verdeutlicht. Im Verhältnis zur Eiche war sie um den Faktor sieben mehr gefährdet.

Wenn Aufgabe und Ziel der heutigen Forstwirtschaft die nachhaltige und möglichst optimale Erfüllung der privat- und volkswirtschaftlichen wie der gesellschaftspolitischen Aufgaben des Waldes ist, müssen deshalb endlich flächendeckend die Gayer'schen Prinzipien umgesetzt werden. Dies setzt die Erhaltung der Produktivität des Bodens und der Stabilität der Bestände voraus. Im naturgemäßen Wald wird beides durch die dauernde Erhaltung einer standortgemäßen Mischbestockung mit stufigem Aufbau erreicht.

Die Zielsetzungen von Karl Gayer tragen auch modernsten ökologischen Erkenntnissen voll Rechnung. Nach ODUM (1970) weisen Ökosysteme im Klimaxstadium das Maximum an Biomasse und die größte Artenvielfalt auf. Die systemimmanenten Zusammenhänge sind optimal entwickelt. Die Stabilität ist am höchsten. Stabil heißt dabei, das System ist widerstandsfähig gegen Störungen und gegen übermäßige Populationsschwankungen beteiligter Arten sowie ausbalancierfähig gegenüber eingetretenen Störungen. Das Klimaxstadium eines Ökosystems weist allerdings eine geringere Produktivität auf als jüngere Sukzessionsstadien.

Das Ziel des naturgemäßen Waldes erweist sich damit als ein Konzept der Forstwirtschaft, das die Eigenschaften von Klimaxstadien bewußt zur Aufgabenerfüllung anwenden und einsetzen will. Die dabei gegebenenfalls in Kauf zu nehmende Schmälerung an organischer Produktion wird durch größere Wertleistungen dieser Produktion kompensiert.

Durch eine Vielzahl forstökologischer Untersuchungen ist belegt, daß gerade die Wohlfahrtswirkungen des Waldes durch naturgemäß bewirtschaftete Wälder am besten gewährleistet werden. Denn Naturnähe, Strukturreichtum, Diversität und Reife sind Voraussetzungen für die Sicherung aller Sozialfunktionen des Waldes, wie Boden/Klima/ Wasserschutz. Das gilt auch für die Artenerhaltung.

Beispiel: Artenschutz

Untersuchungen im Nationalpark Bayerischer Wald haben gezeigt, daß der Vogelartenreichtum von naturnahen Fichten-Tannen-Buchen-Altbeständen zwischen 100 und 150 Jahren mit 50 Brutvogelarten, davon 14 auf der Roten Liste stehenden Vogelarten fast so groß ist wie in entsprechenden Urwaldresten mit 55 Vogelarten und wesentlich größer als in den jüngeren Altersklassen einförmig aufgebauter Wirtschaftswälder mit 20 bzw. 25 Brutvogelpaaren. Ähnliche Ergebnisse wurden im Forstamt Ebrach im Steigerwald festgestellt: So wies ein 15jähriger Vorwald (Aspen, Birken, Weiden) 9 Arten/10 ha, ein 150jähriger Buchen-Eichenbestand 17 Arten/10 ha und ein 250jähriges Buchen-Altholzbestand sogar 24 Arten auf. (SPERBER, 1989) Baumkronenbewohner wie Habicht, Wespenbussard, Mäusebussard, Stammbewohner wie Spechtarten, Höhlenbenutzer wie Hohltaube, Rauhfußkauz, Meisen und Schnäpper benötigen ältere Baumbestände. Von 86 vom Aussterben bedrohten Vogelarten sind allein 24 existentiell an alte Wälder gebunden. Mindestens 37 Tierarten sind als „Nachmieter" auf Spechthöhlen angewiesen. Durch Erhöhung der Umtriebszeit und durch plenterartige Strukturierung der Bestände kann also die Artenvielfalt in den Wäldern wesentlich erhöht werden. Plenterartig bewirtschaftete Dauerwälder machen nach SPÄTH (1992) fast alle speziellen Artenschutzmaßnahmen im Wald überflüssig, da im Gegensatz zum Altersklassenwald die enge Verschachtelung der Altersstufen nicht räumlich und zeitlich getrennt wird.

Die Bedeutung alternder Baumstämme wird dadurch deutlich, daß etwa 90 Prozent der 190 Bockkäferarten Mitteleuropas auf diese Baumstämme angewiesen sind. Gerade aus speziellen Artenschutzgründen ist deshalb eine Erhöhung des Totholzanteils auf 2 Prozent des Holzvorrates in Wirtschaftswäldern und auch ein Verzicht auf Nutzung in besonders wichtigen Schutzgebieten eine berechtigte Forderung des Naturschutzes. Die naturgemäße Waldwirtschaft hat inzwischen diese Zielsetzung (Biotopholzmehrung) in ihre Grundsatzerklärung von 1991 aufgenommen. Noch wichtiger ist allerdings die flächendeckende Umsetzung des Konzeptes des naturgemäßen Waldbaues mit einem möglichst hohen Anteil von alten Beständen, da dieses den Zielsetzungen des in die Nutzung integrierten Artenschutzes und damit der grundlegenden Zielsetzung des Naturschutzes entspricht.

Artenvielfalt ist durch die Mischung entscheidend zu beeinflussen. Zum Beispiel weisen Kiefernalthölzer mit Laubholzunterbau doppelt so viele Vogelarten auf wie entsprechende Kiefernmonokulturen. Solche Kiefernaltbestände mit Laubholzunterbau führen zu einer deutlichen Populationsverringerung von kiefernschädlichen Insekten (Spanner, Eulen) gegenüber entsprechenden Reinbeständen. Auch das von Verfechtern des Altersklassenwaldes und des Einzelartenschutzes häufig angeführte Argument, daß Kahlflächen gerade im Interesse des Schmetterlingsschutzes erforderlich sind, trifft nach SPÄTH (1992) nicht zu.

So kann das Überleben der 39 in Baden-Württemberg festgestellten waldbewohnenden Tagfalter und etwa 400 Nachtfalterarten besser durch standortgerechte, reich strukturierte und ungleichaltrige Laubmischwälder, Erhalt von Raupenpflanzen, wie Weichhölzer und Krautvegetation, und durch gezieltes Wald- und Wegrandmanagement gesichert werden als durch naturwidrige, zu einer horizontalen Isolation des Waldökosystems führenden Kahlschlagwirtschaft.

Zusammenfassung

Das Ziel eines naturgemäßen Waldbaus hat sich als ökologisch richtig, ökonomisch zukunftsbezogen und gesellschaftspolitisch tragfähig erwiesen. Es muß einen jeden von uns mit Bewunderung erfüllen, daß dieses Konzept bereits vor über 100 Jahren theoretisch entwickelt wurde. Es besagt, daß wir aus dem Wald den höchstmöglichen Nutzen an Holz, Wohlfahrts- und Umweltwirkungen ohne Störung des Beziehungsgefüges und der Gleichgewichtszustände nachhaltig ziehen können. Daraus ergibt sich die Forderung, Waldstrukturen zu schaffen, die weitgehend die natürliche Selbstregulierung des Produktionsprozesses ermöglichen. Wirtschaftlichkeit im Wald heißt, nicht durch ein Mehr an Maschinen, sondern durch größere Naturnähe die Ertragssituation zu verbessern, d. h. biologisch zu optimieren. Dies bedeutet, daß die Forstwirtschaft vom bisherigen Altersklassenwald Abschied nehmen muß. Der erfolgreiche Aufbau von vielfältigen Plenterwaldstrukturen in unterschiedlichen Waldbesitzformen, so im öffentlichen Wald genauso wie im Klein- und Großprivatwald, ebenso auch auf unterschiedlichsten Standorten, zeigt, daß dies sehr wohl möglich ist. Die zentrale Forderung des Naturschutzes an die Forstwirtschaft ist, naturgemäße Waldwirtschaft auf ganzer Fläche zu betreiben und keine Segregationsmodelle als naturschützerische Alibiveranstaltung zu akzeptieren. Der verbandliche Naturschutz hat kein Interesse an Forstwirtschaftskonzepten, die auf isolierte Reservate, auf Altholzinseln, auf Waldrandstreifenprogramme, auf entsprechende Aufhiebe zur Vergrößerung der Freiflächen in den Wäldern für Tagfalter und andere Insekten hinauslaufen und die andererseits den maschinengerechten Wald einschließlich Kahlschlagwirtschaft akzeptieren. Dies würde letztlich, wie in der Landwirtschaft, zu einer verhängnisvollen Trennung der Waldwirtschaft in Nutz- und in Schutzgebiete münden. Dadurch ist aber weder die nachhaltige Sicherung der Holzproduktion noch die Aufrechterhaltung der überragenden Sozialfunktionen des Waldes zu erreichen. Wir brauchen Naturschutz auf ganzer Fläche durch umweltverträgliche Waldnutzung.

Am 14. 12. 1928 hielt der bedeutende bayerische Waldbaureferent Geheimrat Dr. Rebel, von der Bayer. Ministerialforstabteilung beim Bund Naturschutz in Bayern, dessen 1. Vorsitzender damals der Forstbotaniker Prof. von Tubeuf war, einen grundlegenden Vortrag. Das Thema des Vortrags von Dr. Rebel lautete: Naturschutz im Wald. Rebel führte u. a. dazu aus: „Nicht ‚Naturschutz im Wald' hätt ich's benennen sollen, ‚Wald als Naturschutz' würde treffender gewesen sein, wobei freilich stillschweigend vorausgesetzt wäre, daß der Wald kein Kunstwald sein darf, vielmehr ein Wald sein muß, der ungeachtet seiner Zweckbestimmung als Wirtschaftsobjekt etwas natürliches, etwas ursprüngliches an sich hat, in dem Vielfalt und Wechsel herrscht …" Weiter formulierte er: „Gemischt, ungleichaltrig, abwechslungsreich – vom Boden bis zu den Wipfeln locker gefüllt sei der Waldaufbau – stetig, kleinflächenweise, streifen-horstförmig, dabei tunlichst im Schutze des Altholzes und womöglich durch Selbst-

besamung vollzieht, sich in der Abnutzung die Erneuerung …"
„Unser Wald kann das Uniformierte nicht ertragen; vielgestaltig,
arten- und formenreich soll er bleiben oder werden. Etwas von
Wildnis muß der Wirtschaftswald an sich haben, sonst stirgbt seine
Natur vor lauter Kultur. Nur die Waldwirtschaft als solche kann
Schönheit, Heimat und Naturschutz verbürgen. Was wirtschaftlich
sein soll, muß vor allem naturgemäß sein." Im Jahr 1928 wurden
damit bereits Grundsätze formuliert, die heute nicht besser ausgesprochen werden können.

Literatur

AMMER, U.: Naturschutzstrategien im Wirtschaftswald. FoWiCbl, 111, H.4, 1992

ELLENBERG, H.: Vegetation Mitteleuropas mit den Alpen. 2. Auflage, Stuttgart, 1982

KLEINE, H. D.: Ergebnisse der Zustandserfassung aus 177 Naturschutzgebieten in Bayern. Ber. ANL/15/S.15-22, Laufen, 1991

MÜLLER, D.: Helft unsere Buchenwälder retten. Wilhelm-Münker-Stiftung, Siegen, DRW-Verlag Weinbrenner, 1982

PLACHTER, H.: Naturschutz. UTB 1563, G. Fischer Verlag, Stuttgart, 1991

SUKOPP, H. et al.: Rote Liste der in der BRD ausgestorbenen, verschollenen, und gefährdeten Farn- und Blütenpflanzen. In: Schriftenreihe für Vegetationskunde, Heft 19, Bonn-Bad Godesberg, 1990

SPÄTH, V.: Naturschutz im Wald. Hg. NABU, LV-Baden-Württemberg, Kornwestheim, 1992

SPERBER, G.: Waldbau als Naturschutz. Jahrb. Verein zum Schutz der Bergwelt, München, 1989

WEIGER, H.: Die Forstwirtschaft aus der Sicht des Naturschutzes. In: Baden-Württembergischer Forstverein, 21, Stuttgart, 1983

WEIGER, H.: Vorschläge des Naturschutzes zum Waldumbau in Oberfranken. In: Jahresbericht des Bayerischen Forstvereins, S. 198-210, München, 1990

Spannungsfeld Wald und Jagd

Elisabeth Emmert-Straubinger

In Mitteleuropa als ursprünglichem Waldland ist die Geschichte der Jagd eng mit der Geschichte des Waldes verbunden. Das Spektrum der Dominanz jagdlicher Anforderungen an den Wald reicht von der Sicherung der herrschaftlichen Besitzungen und Jagdausübung in den Königsforsten des Mittelalters, über den Erhalt von Laubwäldern zur Rot- und Schwarzwildhege barocker Landes- und Kirchenfürsten bis zur Wildschutzzone mit jagdlicher Nutzung ausschließlich für sozialistische Spitzenfunktionäre.

Aber nicht nur die Jagd drückt – manchmal allzu kräftig – ihren Stempel der von ihr genutzten „Kulisse Wald" auf, auch der Wald spielt für die Lebensmöglichkeiten der Wildtiere eine wesentliche Rolle.

Vor allem für die Verbreitung des Schalenwilds (Rot-, Dam-, Muffel- und Rehwild), das als markantester Trophäenträger im Mittelpunkt des jagdlichen Interesses steht, ist er als vergleichsweise naturnaher Lebensraum von essentieller Bedeutung. Aufgrund der Lebensfeindlichkeit der intensiv genutzten Agrarsteppen sind heute größere Waldflächen für diese Arten die einzigen Ganzjahreslebensräume und wichtige Refugien. So sind fast 40 Prozent der bundesdeutschen Waldfläche (alte Bundesländer) als Rotwildgebiete ausgewiesen.

Doch das Schalenwild nutzt den Wald nicht nur als Aufenthaltsort, sondern auch als Nahrungsquelle. Seine Vorliebe für die Gehölzverjüngung kann fatale Folgen für den Waldbau haben. Da die verschiedenen Baumarten unterschiedlich gerne verbissen werden, kommt es bei unnatürlichen, überhöhten Schalenwildbeständen zu deutlichen Entmischungseffekten. Die Auswirkungen sind bereits seit Jahrzehnten wissenschaftlich nachgewiesen und seitens der Forstwirtschaft mehr oder minder offen beklagt worden. Qualitätsmindernde Schäl- und Fegeschäden als Eintrittspforten für Sekundärschädlinge (Pilze) können ganze Waldgebiete entwerten und destabilisieren.

Von Menschen unbeeinflußte Wälder haben sich in Anwesenheit von Schalenwild zu artenreichen Mischbeständen mit Tanne, Eiche und

Edellaubholz sowie vielen selteneren Baum- und Straucharten entwickelt. Ein geringes Maß an Verbiß ist in einem intakten Ökosystem tolerierbar und „eingeplant".

Einerseits ist der Wald in weiten Teilen Europas nicht mehr naturnah, andererseits sind die Populationen des wiederkäuenden Schalenwilds ebensowenig in einem naturnahen Zustand, sie sind vielmehr künstlich hochgepäppelt („gehegt") aufgrund partikularistischer jagdlicher Interessen - nur 0,3 Prozent der Bevölkerung sind zur Jagdausübung berechtigt.

Die mit der Hege verbundene flächendeckend praktizierte Winterfütterung hebt den natürlichen witterungsbedingten Nahrungsengpaß auf und verhindert eine entsprechende physiologische Umstellung des Wildes auf sehr geringe Energieaufnahme. Hohe Verbißschäden sind die Folge. Hinzu kommt, daß sich in der Kulturlandschaft die Lebensbedingungen für das Schalenwild stetig verbessert haben, sei es durch die Ausrottung der natürlichen Feinde, durch Waldauflichtung oder aufgrund der Ausweitung der Landwirtschaft. Doch statt durch intensive Bejagung diesem Effekt entgegenzuwirken und ein Gleichgewicht zwischen dem Wild und seiner Umwelt zu erhalten, wurden und werden seitens der Jägerschaft möglichst hohe Schalenwilddichten angestrebt.

Dieser Gegensatz bedingt den gegenwärtigen Zielkonflikt zwischen der traditionellen, zum Selbstzweck durchgeführten Freizeitjagd und den Bestrebungen der Waldbesitzer, die angesichts von Immissions- und Sturmschäden mit nachfolgenden Insektenkalamitäten den Waldumbau vorantreiben müssen.

„Waldsterben von unten"

Die genannten Auswirkungen zu hoher Schalenwildbestände sind besonders drastisch in den Regionen, in denen eine großflächige Zäunung nicht möglich ist. In der Bundesrepublik gilt das vor allem für den Gebirgswald.

Abbildung 1 zeigt die Anteile der wesentlichen Komponenten (Tanne, Buche und Fichte) des ursprünglichen standort- und funktionsgerechten Bergmischwaldes nach Daten der bayerischen Großrauminventur 1970/71 des Instituts für Waldwachstumskunde der Forstlichen Versuchsanstalt München.

Der Prozentsatz der vom Wild bevorzugten Buche geht seit 1850 stetig zurück, während der Fichtenanteil ansteigt. Dramatisch ist das fast völlige Verschwinden der Tanne in den Verjüngungen, die als stabilisierendes Element im Gebirgswald auch in Zukunft dringend erforderlich wäre. In dieser ökologisch wertvollen und labilen Region ist der

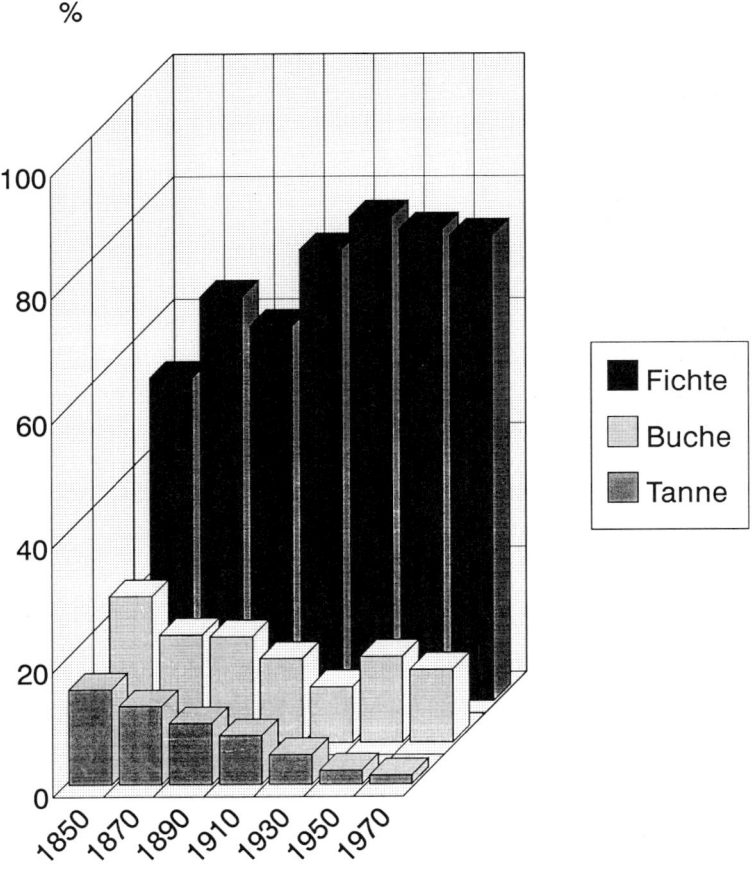

Abb. 1: Prozentuale Flächenanteile im bayrischen Hochgebirge der Baumarten Fichte, Tanne und Buche von 1850 bis 1970 (nach BURSCHEL, 1977)

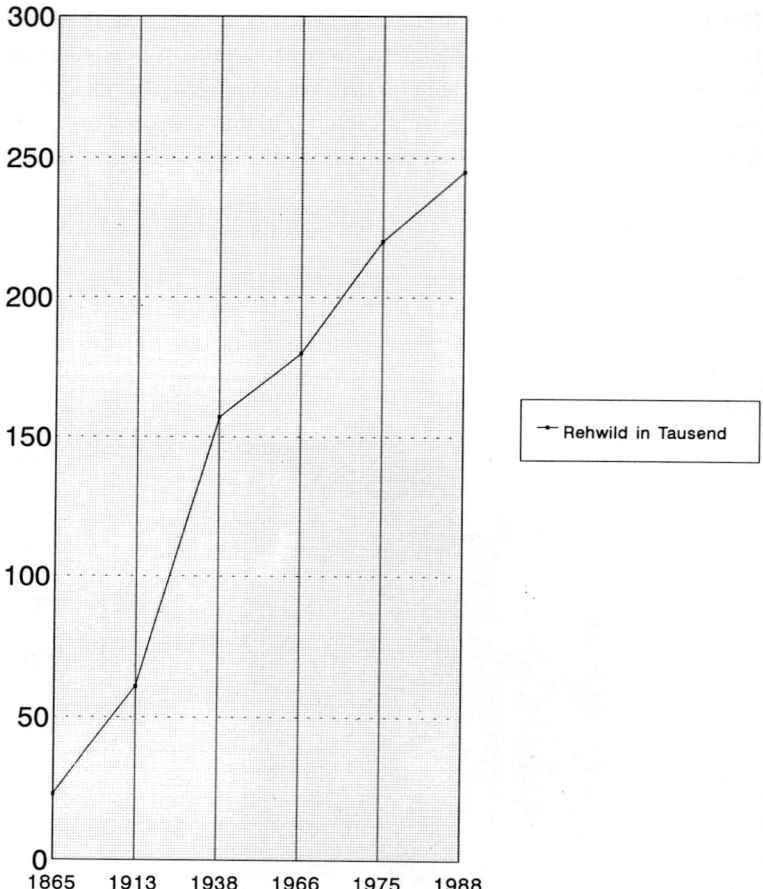

Abb. 2: Entwicklung der Rehwildstrecke in Bayern im Zeitraum von 1865 bis 1988 (DJV Handbuch 1991, MEISTER et al., 1984)

Bergmischwald in seiner Funktion als Erosions- und Lawinenschutz unersetzlich (ein Hektar künstlicher Lawinenverbauung kostet eine Million DM). Gerade hier können wir uns den Luxus überhöhter Bestände an Hirsch, Gams und Reh nicht mehr leisten.

Starker Verbiß mindert die Qualität und Quantität der Bodenvegetation des Waldes. Denn auch darin gibt es von Natur aus Pflanzenarten, die „lieber" gefressen werden (Türkenbund, Weidenröschen, Storchschnabel u. a.) und solche, die vom Wild weitgehend verschmäht werden (Reitgras, Adlerfarn). Es ist nachgewiesen, daß bei den vorhandenen Wildbeständen Überweidungseffekte eintreten, die die Blüten- und Fruchtentwicklung, Artenvielfalt und Biomasse der Krautschicht erheblich reduzieren. Infolgedessen verlieren Kleinlebewesen und streuzersetzende Bodenorganismen ihre Lebensgrundlage. Die Nahrungsnetze und Stoffkreisläufe werden lückig, örtlich können ganze Teile von Waldlebensgemeinschaften ausfallen. Derselbe Effekt einer ökologischen Verarmung und Destabilisierung ist bei dem verbißbedingten Ausfall von Baumarten im Waldökosystem zu verzeichnen, da jeder Gehölzart hunderte verschiedene Arten (nicht Individuen!) von Insekten und anderen Wirbellosen sowie Pilzen, Flechten und Moosen spezifisch angepaßt sind.

Schalenwildpopulationen sind flexibel genug, um in verarmten Wäldern und Kunstforsten existieren zu können. Die meisten der natürlich vorhandenen Lebensgemeinschaften haben sich in einer viele Generationen dauernden Evolution miteinander entwickelt und können das nicht.

Analog zum Artenschwund im Wald stellt Abbildung 2 die Entwicklung der Rehwildabschüsse in etwa dem gleichen Zeitraum dar, bezogen auf ganz Bayern.

Wildstrecken sind eine Meßlatte der vorhandenen Wilddichten. Eine Verzehnfachung der Abschußzahlen in 120 Jahren läßt auf eine ebenso nachhaltige Steigerung des Bestands schließen. Eine ähnliche, wenn auch nicht ganz so drastische Steigerung zeigen die Rotwildstrecken.

Zäunung ist keine Lösung

Die Forstwirtschaft hat die Wilddichte als dominierenden Faktor hinsichtlich der Baumartenzusammensetzung der nachwachsenden Waldgeneration seit langem erkannt. Dennoch wurde versucht, ohne konsequente jagdliche Eingriffe (Reduktionsabschuß) standortgerechte Mischbestände zu erzielen. Das Wild wird mit chemischen oder mechanischen Hilfsmitteln von den gefährdeten Jungpflanzen ferngehalten. Als flächenwirksamste Methode gehört heute die Zäunung von Kulturen und Verjüngungen zum waldbaulichen Standardrepertoir nahezu aller Forstbetriebe.

Nach Angaben der Bundeswaldinventur von 1990 sind etwa 190 000 ha Wirtschaftswald in den alten Bundesländern gezäunt. Bei einer durchschnittlichen Zaungröße von einem Hektar entspricht dies einer Zaunlänge von ca. 80 000 km. Würde man alle Schalenwild-Aussperrzäune in den alten Bundesländern aneinanderreihen, reichten sie zweimal um den gesamten Erdball.

Die gezäunte Fläche entspricht etwa drei Prozent der Gesamtwaldfläche. Auf den ersten Blick erscheint das nicht dramatisch. Bei einer durchschnittlichen Umtriebszeit – über alle Baumarten und Waldtypen hinweg – von 120 Jahren und der Standdauer einer Zaungeneration von acht Jahren ergibt sich jedoch, daß pro Umtriebszeit, also in einer Waldgeneration, 45 Prozent des Waldes gezäunt werden müssen. Dabei ist zu bedenken, daß sich die Zäunungsfläche aufgrund der Sturmschäden nach Wiebke seit der Bundeswaldinventur noch deutlich erhöht hat, sie dürfte jetzt bei mindestens 230 000 ha liegen.

Hinsichtlich der Kosten können für Auf-, Abbau sowie Unterhalt 15,– bis 20,– DM pro laufendem Meter veranschlagt werden. Pro Hektar entstehen also Kosten von ca 6 000 bis 8 000,– DM. Noch teurer sind in der Regel Einzelschutzmaßnahmen gegen Verbiß- und Schälschäden. Nach Angaben des bayerischen Waldbaureferenten Seitscheck aus dem Jahr 1988 wurden in der bayerischen Staatsforstverwaltung jährlich mehr als 20 Millionen DM für Waldschutzmaßnahmen gegen Wild aufgewendet – mehr als 30,– DM je Hektar Holzbodenfläche!

Die Zäunung ist jedoch nur wirksam bei häufiger Kontrolle und wenn auch außerhalb der Zäune angepaßte Wilddichten erreicht sind. Im Hochgebirge oder Mittelgebirgslagen mit Steilhängen oder hohen Schneelagen ist sie ohnehin erfolglos.

Schalenwild als waldbaulicher Standortfaktor

Der Münchner Waldbauprofessor Nikolaus Köstler hat bereits Mitte der 50er Jahre drastisch, aber wirklichkeitsnah formuliert: „Seit Mitte des 19. Jahrhunderts wurde eine bürgerliche Jagdleidenschaft gefördert, die vielfach zum Ausbau eines eigenen Jagdkultes führte, auf dessen Altar die Gesundheit und die Natürlichkeit ganzer Waldgebiete geopfert wurden." Die Aussage ist noch immer berechtigt, wie die angeführten Beispiele beweisen. Durch seine selektierende Wirkung kommt dem Wild in den anthropogen bedingten Überpopulationen ein ökologischer Stellenwert zu, den es unter natürlichen Verhältnissen nicht innehätte.

Dies ist nicht nur aus waldbaulicher, sondern auch aus gesamtgesellschaftlicher Sicht unerwünscht. Die Jagdgesetze schreiben zwingend vor, daß Wildbestände den „landschaftlichen und landeskulturellen Verhältnissen" angepaßt sein müssen und Beeinträchtigungen der forstwirtschaftlichen Nutzung zu vermeiden sind. Dazu gehören neben der Holzproduktion ebenso die vielfältigen weiteren Wohlfahrtswirkungen des Waldes (Boden- und Wasserschutz, Lärmschutz usw.). Das Bundeswaldgesetz fordert deshalb, den „standortgemäßen Zustand des Waldes" zu bewahren oder wiederherzustellen. Wilddichten, die diesen Vorgaben nicht entsprechen, sind nicht gesetzeskonform.

Die Vergangenheit hat gezeigt, daß selbst aufwendige Schutzmaßnahmen den großflächigen Erhalt standortgerechter, artenreicher Wälder nicht sichern können, geschweige denn umfassende Waldumbaumaßnahmen. Das gilt erst recht für den naturnahen Waldaufbau mit einzelstammweiser Nutzung. Dessen Ziel ist nicht die partienweise Verjüngung bzw. Bestandsbegründung, sondern eine permanente Waldpflege und Baumnutzung. Die zeitliche und räumliche Bindung durch Zaunflächen bedeutet eine starke Einengung des Arbeitsfeldes und entspricht letztlich einem altersklassenweisen Verfahren. Ebensowenig führen Fütterungs- und sonstige Äsungsverbesserungsmaßnahmen zu einer Entlastung der Waldvegetation, sie erhöhen nachgewiesenermaßen die Wilddichten und damit den Verbißdruck.

Forderungen an den Jagdbetrieb

So ist die drastische Absenkung der Schalenwilddichten der einzig probate und in Zukunft unerläßliche Weg zu einem Ausgleich zwischen Wald und Wild. Trotz häufig anderslautender Lippenbekenntnisse hat die Forstwirtschaft jedoch überhöhte Wildbestände toleriert, wenn nicht sogar aktiv gefördert. Waldbauliche Erfolge sind in allen naturgemäßen Beispielsbetrieben des In- und Auslands nirgends ohne drastische Eingriffe in zu hohe Wildbestände möglich gewesen. Nicht nur die Waldwirtschaft, auch die Jagdausübung muß naturgemäß sein, – und „naturgemäß" sind in Waldgebieten eben auch geringe Schalenwildbestände. Eine lebensraumverträgliche, also im eigentlichen Wortsinn ökologische Jagd bewirtschaftet das Schalenwild waldorientiert. Sie strebt die Erhaltung aller ursprünglichen und möglichen Lebensgemeinschaften und Arten an. Ihr Weltbild wandelt sich von einem cervidozentrischen zu einem silvozentrischen.

Um diese jagdlichen Zielvorstellungen in die Praxis umsetzen zu können, sind Reformen des dafür maßgeblichen rechtlichen Rahmens der Jagdausübung erforderlich. Die geltenden Jagdgesetze schränken einerseits die Möglichkeit einer effektiven wald- und wildgerechten Schalenwildbejagung stark ein, beinhalten aber andererseits Vorschriften, die mit berechtigten Anliegen des Natur- und Tierschutzes nicht vereinbar sind. Nach den Vorstellungen des Ökologischen Jagdverbandes sind folgende Bereiche neu zu regeln:

– Die Abschußhöhe kann nicht von einer absoluten, in der Realität kaum nachvollziehbaren Wilddichte abgeleitet werden, sondern muß sich ausschließlich an den Zielen und Forderungen des Naturschutzes und einer naturnahen Land- und Forstwirtschaft orientieren. Dazu sollen nur Mindestabschüsse festgesetzt werden; eine Klassifizierung der zu erlegenden Stücke ist – wenn überhaupt – nur aus wildbiologischen Gründen, nicht aus denen einer Trophäenhege vorzunehmen. Die Vorgaben sind anhand lebensraumspezifischer Parameter und Methoden (Verbißgutachten, Schälschadensinventur, Weiserzäune etc.) zu kontrollieren.

– Die Fütterung, die in Mitteleuropa für das Überleben der heimischen Arten nicht erforderlich und zur Verhütung von Wildschäden ungeeignet ist, ist grundsätzlich zu untersagen.

– Die Wilddichten sind der Lebensraumkapazität anzupassen, um Wildschäden im Wald zu verhindern. Eine finanzielle Entschädigung kann die ökologischen Langzeitschäden nicht ausgleichen. Bei eingetretenen Schäden darf jedoch keine Pauschalierung oder Einschränkung der Ersatzpflicht auf sogenannte „Hauptbaumarten" möglich sein. Alle standortheimischen Gehölze der potentiellen natürlichen Vegetation müssen generell ohne Schutzmaßnahmen einbringbar sein und aufwachsen können.

– Der Schrotschuß auf Rehwild ist zu erlauben, nur so können in waldreichen Revieren die erforderlichen Drückjagden effektiv sein.

– Die Jagdzeiten sind an biologische und tierschützerisch-jagdethische Erfordernisse anzupassen, dürfen aber zur Minderung des Jagddrucks die Abschußerfüllung nicht unnötig erschweren. Unerläßlich ist eine Synchronisierung der Jagdzeiten aller Arten, Geschlechter und Klassen beim Schalenwild, insbesondere die Verlängerung der Jagdzeit für den Rehbock.

– Faunenfremde Populationen von Dam-, Sika- und Muffelwild, die bereits vorhanden sind und nicht wieder eliminiert werden können, sind auf einem Niveau zu halten, das die heimische Tier- und Pflanzenwelt nicht beeinträchtigt.

Die Jagd ist pragmatisch und abgekoppelt von den Hemmnissen überholter Traditionen und neofeudalistischen Brauchtums auszuüben. Geringere Wilddichten machen das Jagen nicht weniger reizvoll und schon gar nicht unmöglich. Eine trophäenzentrierte Bejagung in überkommener Hegetradition werden sie nicht mehr erlauben.

Ausblick und Weitblick

Angesichts der aktuellen Umweltsituation – weltweit sind alle natürlichen Lebensgrundlagen und eine Vielzahl von Artengemeinschaften bedroht – muß sich auch die Jagd der Sicherung und Wiederherstellung einer vielfältigen Mitwelt unterordnen.

Die Rahmenbedingungen für die Jagdausübung haben sich in Deutschland in den letzten Jahrzehnten drastisch verändert. Die Lebensräume der heimischen Tier- und Pflanzenwelt werden durch Landwirtschaft, Industrie, Verkehr und Freizeitaktivitäten immer stärker genutzt und in ihrer Größe und Qualität ständig gemindert. Viele Arten reagierten darauf mit deutlichen Populationsrückgängen. Einige starben bereits aus; andere, darunter das Schalenwild, haben sich stark vermehrt und ausgebreitet. Diese Entwicklung, die aus traditionelljagdlicher Sicht auf den ersten Blick positiv ist, wird mit großflächigen Floren- und Faunenveränderungen und hohen Wertverlusten, insbesondere im Ökosystem Wald, erkauft.

Der Wald ist in Europa der noch am wenigsten belastete Naturraum. Sein Schutz und Fortbestand gehört zu den wichtigsten naturschützerischen Aufgaben, der sich auch die Jagd unterzuordnen hat. Jagd kann aber nur dann „angewandter Naturschutz" sein, wenn endlich eine konsequente und zielführende Schalenwildbejagung einen echten Reduktionseffekt bewirkt und wieder ein ausgeglichenes Verhältnis zwischen den heimischen freilebenden Wiederkäuerpopulationen und ihrem Lebensraum besteht.

Das „Schalenwildproblem" ist sicherlich das Haupthindernis auf dem Weg zur standortgerechten und gemischten Waldverjüngung. Es ist aber auch das Kernproblem für eine Jagd der Zukunft und für die Zukunft der Jagd. Ohne dessen schnelle und wirkungsvolle Lösung wird die Jagd nach herkömmlichem Muster in unserer zunehmend ökologiebewußten Gesellschaft keine Daseinsberechtigung mehr haben.

Die Jägerschaft steht in einer Bringschuld, die sie nur bei drastischer, kompromißloser und radikaler Änderung ihrer Zielsetzungen und Praktiken zu erfüllen in der Lage sein wird.

Wald und Klima

MICHAEL WEBER UND PETER BURSCHEL

Das Problem

Durch menschliche Aktivitäten werden jährlich weltweit etwa 28 Milliarden Tonnen des Treibhausgases Kohlendioxid (CO_2) freigesetzt. Vier Fünftel davon sind auf die Nutzung fossiler Rohstoffe und ein Fünftel auf die Zerstörung von Wäldern zurückzuführen. Zusammen mit der Emission weiterer anthropogener Treibhausgase (Methan, FCKW, N_2O) führt das dazu, daß der natürliche Treibhauseffekt der Atmosphäre verstärkt wird. Dadurch wird die Wärmeausstrahlung in den Weltraum verringert und es wird wärmer. Für die nächsten Jahrzehnte muß daher nach den Berechnungen der Klimatologen mit einem Anstieg der globalen Mitteltemperatur um 1,5 bis 4,5° C gerechnet werden (EK 1992). Besorgniserregend an diesem Befund ist nicht nur das Ausmaß der Veränderungen sondern vor allem die Schnelligkeit mit der diese eintreten werden. Andere Risiken, denen Wald mittelbar oder unmittelbar ausgesetzt ist, können sich verstärken: Zunahme der Windgeschwindigkeit, vermehrtes Auftreten von Dürreperioden oder Gradationen von Waldschädlingen. Von weiteren Auswirkungen auf die sozioökonomischen Verhältnisse in der Bundesrepublik und vieler anderer Teile der Welt sei hier nur auf ökologisch bedingte Wanderbewegungen als Folge von Klimaänderungen hingewiesen.

Eine vordringliche Aufgabe der Umweltpolitik muß es daher heute sein, Maßnahmen zu ergreifen, die geeignet sind, den aus der Balance geratenen globalen Kohlenstoffkreislauf wieder in ein annäherndes Gleichgewicht zu bringen. Bei diesen Bemühungen können Wald und Forstwirtschaft eine ganz entscheidende Rolle spielen.

Der Wald im Kohlenstoffhaushalt

Bei der Photosynthese der Bäume wird der Luft Kohlendioxid entzogen und als organisch gebundener Kohlenstoff – mit einem Anteil von 50 % wichtigster Bestandteil des Holzes – festgelegt. Weltweit ist auf

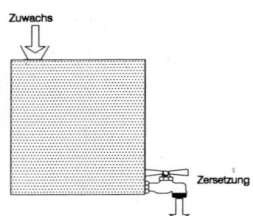

Speicher gefüllt
Dieser Zustand ist in Primärwäldern
zu finden, die sich in der Fließgleich-
gewichtsphase befinden. Die langfristig mögliche maximale Biomasseakkumulation ist erreicht. Auf- und
Abbauprozesse (= Zu- und Abfluß)
halten sich die Waage.

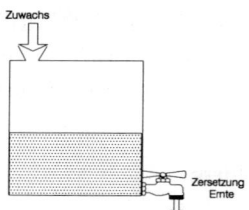

Speicher leer
Durch Beseitigung des Waldes
wurde der Speicher fast völlig
geleert. Wird eine solche - z.B.
landwirtschaftliche - Fläche wieder
bewaldet, findet bei großem Zufluß
fast kein Abfluß statt: besonders
rasches Auffüllen des Speichers.

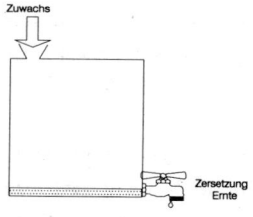

Speicher teilweise gefüllt
Durch Exploitation des Primärwaldes
wurde die akkumulierte Biomasse
verringert. Wegen der einsetzenden
intensiven Produktion überwiegen
die Aufbauprozesse den Abbau bei
weitem: mehr Zu- als Abfluß, der
Speicher füllt sich wieder.

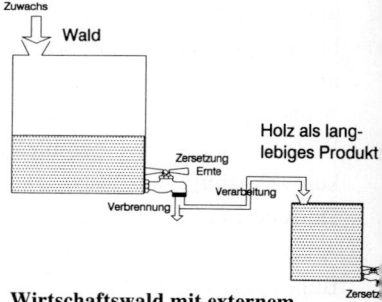

**Wirtschaftswald mit externem
Speicher „Holzprodukte"**
Im Wirtschaftswald ist der Kohlenstoffspeicher deutlich kleiner als in
einem Primärwald auf gleichem
Standort, weil die Nutzung einsetzt,
bevor die maximale Biomasseakkumulation erreicht ist. Aus dem
geernteten Holz hergestellte Produkte bilden jedoch einen zusätzlichen Speicher außerhalb des Waldes, dessen Größe vom Umfang und
der Art der Holzverwendung abhängig ist. Die Verwendung von Holz
für langlebige Produkte erhöht also
die Speicherwirkung des Waldes und
leistet somit ebenfalls einen Beitrag
zur Entlastung der Atmosphäre.

Abb. 1: Wald und Holzprodukte als Kohlenstoffspeicher

diese Weise Kohlenstoff in ähnlicher Größenordnung gebunden, wie die Atmosphäre dieses Element als CO_2 enthält. Wälder stellen somit gigantische Kohlenstoffspeicher dar (Abb. 1).

Ein wichtiges Ziel bei den Bemühungen zur Begrenzung des CO_2-Anstiegs in der Atmosphäre muß es sein, diesen Speicher durch Schutz der noch existierenden Wälder vor Zerstörung zu erhalten und damit die Freisetzung von CO_2 zu verhindern.

Durch die Ausweitung der Waldfläche oder die Erhöhung der Vorratsmenge in den vorhandenen Wäldern kann atmosphärisches CO_2 wieder gebunden werden. Dies zu erreichen, muß vor allem die Forstwirtschaft als ihre ureigenste und dringende Aufgabe betrachten.

Aber noch weitere wesentliche Eigenschaften des Waldes bzw. des in ihm produzierten Rohstoffes Holz sind in diesem Zusammenhang von Bedeutung:

– Wird das im Wald produzierte Holz nach der Ernte zu Produkten verarbeitet, so bleibt der darin enthaltene Kohlenstoff für deren Lebensdauer gebunden. Die Speicherwirkung wird also verlängert bzw. um einen „Produktspeicher" außerhalb des Waldes erhöht (vgl. Abb. 1).

– Die energetische Nutzung von Holz setzt nur soviel Kohlenstoff frei, wie der Atmosphäre zuvor entzogen wurde. Bei nachhaltiger Forstwirtschaft entsteht ein geschlossener CO_2-Kreislauf. Die Substitution fossiler Energieträger durch Holz ist deshalb eine wesentliche Möglichkeit, die Anreicherung von CO_2 in der Atmosphäre zu verzögern.

– Der Energiebedarf für die Gewinnung, Be- und Verarbeitung von Holz ist erheblich geringer als der anderer Materialien für die gleiche Verwendung. Mit der Substitution solcher energieaufwendiger Materialien wie Aluminium, Stahl oder Beton durch Holz kann daher ein weiterer Beitrag zur Vermeidung anthropogener CO_2-Emissionen geleistet werden.

Aus der Kumulation aller aufgeführten Wirkungen, sie ist in Abb. 2 für den einfachen Fall eines Fichtenbestandes im schlagweisen Betrieb dargestellt, ergibt sich ein erhebliches Potential zur Minderung des CO_2-Anstiegs in der Atmosphäre und damit zur Abmilderung der Klimaänderung. Aus der Abbildung ist vor allem zu ersehen, daß das volle Potential eines Wirtschaftswaldes zur Entlastung der Atmosphäre nur ausgeschöpft werden kann, wenn nicht nur die Speicherwirkung optimal genutzt sondern Holz erzeugt und zur Substitution fossiler Energieträger oder energieaufwendiger hergestellter Rohstoffe verwendet wird.

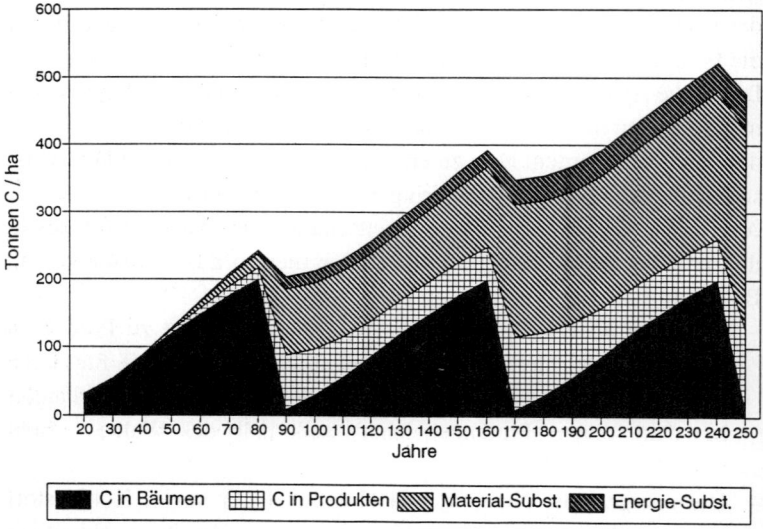

Abb. 2: Kumulierte CO_2-Minderungsleistung des Waldes, dargestellt am besonders einfachen Beispiel eines Fichtenbestandes

Zunächst wachsen die Fichten 80 Jahre lang und akkumulieren in ihrer Biomasse große Mengen an Kohlenstoff. Mit der Ernte werden diese abrupt und vollständig entnommen, bzw. als Schlagabraum innerhalb weniger Jahre auf dem Waldboden zu CO_2 zersetzt. Die Verwendung des geernteten Holzes, die bereits mit den ersten Durchforstungen einsetzen kann, kompensiert die Speicherverluste im Wald weitgehend: 32 Prozent seines C-Vorrates bleiben in langlebigen Produkten gebunden; der CO_2-Minderungseffekt durch die Energiesubstitution macht weitere 6 % und der durch die Materialsubstitution 38 % aus. Die durch Energie- und Materialsubstitution erreichbaren Entlastungen der Atmosphäre summieren sich im Laufe der Zeit, da Kohlenstoff, der einmal nicht aus fossilen Brennstoffen freigesetzt wurde, dieser auf Dauer erspart bleibt.

Mit der derzeit in vielen staatlichen Forstbetrieben erkennbar werdenden Abwendung von der Produktion von Holz als Wirtschaftsbetrieb hin zum Dienstleistungsunternehmen in Sachen Naturschutz und Erholung wird die Forstwirtschaft deshalb ihrer Verantwortung gegenüber den künftigen Generationen, auch bei noch so naturnaher Arbeitsweise nicht gerecht. Hinzu kommt, daß die Sicherung der meisten Waldfunktionen keinerlei forstlicher Maßnahmen bedarf und damit jede Art des Waldbaus obsolet macht, da sich in Mitteleuropa ohnehin jede Fläche aus sich heraus bewaldet und Wald bleibt, solange der Mensch das nicht verhindert.

Die eigentliche *ökologische* Aufgabe der Forstwirtschaft ist somit heute die naturnahe Produktion des Rohstoffes Holz und seine Bereitstellung in möglichst großer Menge für vielfältige Verwendungen. Der Begriff ökologisch ist dabei nicht nur in einem lokalen oder nationalen sondern in einem globalen Zusammenhang zu verstehen: Jede Veränderung des CO_2-Gehaltes der Luft, gleichgültig ob sie sich als Freisetzung aus oder Bindung in Biomasse äußert, wirkt sich auf das Ganze der Erdatmosphäre aus, im einen Fall positiv und im anderen negativ.

Auswirkungen von Klimaänderungen auf den Wald

Verbreitung und Zusammensetzung von Wäldern sind vorwiegend durch klimatische Faktoren bestimmt. Vor allem sind das Temperatur und Niederschläge. Änderungen des Klimas, wie sie in den nächsten Jahrzehnten zu erwarten sind, müssen daher auch Folgen für die Waldvegetation haben.

Dazu gibt es inzwischen einige Erkenntnisse der Wissenschaft, die allerdings meist eher theoretischen Charakters sind. Erste realitätsnähere Untersuchungen zu den Auswirkungen von Klimaänderungen auf das künftige Wachstum der Baumarten wurden am Lehrstuhl für Waldbau und Forsteinrichtung der Universität München für die Buche durchgeführt (FELBERMEIER, 1993). In Abb. 3 ist das Wachstum der Buche in Bayern, ausgedrückt durch die Bestandeshöhe bei gegebenem Alter, in Abhängigkeit von der Jahresmitteltemperatur und dem Jahresniederschlag wiedergegeben. Daraus ist zu ersehen, daß diese Baumart auch in den trocken-warmen Lagen des Untersuchungsgebietes beste Wuchsleistungen erreicht. Daraus kann geschlossen werden, daß die Buche in unserem Raum keineswegs an die Grenze ihrer Wärmetoleranz stößt. Vielmehr ist anzunehmen, daß sie im Falle einer Erwärmung um 1 bis 2°C bei ansonsten gleichbleibendem Klimacharakter, insbesondere unveränderten Feuchtigkeitsverhältnissen während der Vegetationszeit, Lebens- und Konkurrenzkraft voll erhalten kann. Dieser Befund ist insofern überraschend, als ihr Optimum bisher immer im eher kühl-ozeanischen vermutet wurde.

Aus den Ergebnissen dieser Studie ist zu ersehen, daß Empfehlungen an die forstliche Praxis, bei der Bestandesbegründung verstärkt auf wärmeliebende Baumarten zu setzen, zum gegenwärtigen Zeitpunkt mit äußerster Vorsicht zu begegnen ist. Das gilt jedenfalls solange nicht feststeht, ob es wärmer und feuchter oder wärmer und trockener wird. Die Forstwissenschaft ist deshalb dringend gefordert, die noch weitgehend ungeklärten Wechselwirkungen zwischen Klima und der Baumverbreitung weiter aufzuklären.

Auswirkungen der Klimaveränderung sind aber nicht nur durch die Änderung der „durchschnittlichen" Verhältnisse zu erwarten. Damit einhergehenden Änderungen der Häufigkeit und des Ausmaßes von

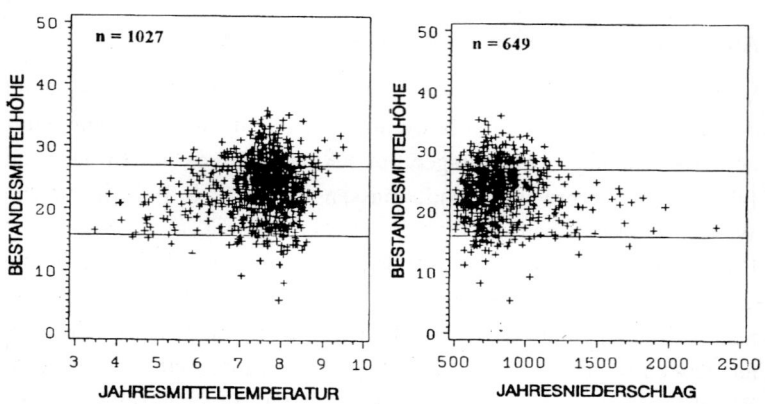

Abb. 3: Bestandesmittelhöhen (m) bayer. Buchenbestände
(Alter 70–80 Jahre) und langjährige Mittel der Jahresdurchschnitts-
temperaturen und Jahresniederschläge (aus FELBERMEIER, 1993)

Horizontale Linien: Vergleichswerte der Bu-Ertragstafel, mäßige Durchforstung;
Obere Linie: I. Ertragsklasse; Untere Linie: IV. Ertragsklasse

klimatischen Extremereignissen wie Dürren, Naßschneefällen und Stürmen dürfte, zumindest mittelfristig, eine wesentlich größere Bedeutung beizumessen sein. Die katastrophalen Schäden, von denen die Forstwirtschaft in den letzten Jahrzehnten mit großer Regelmäßigkeit, zuletzt 1990 in Form der Orkane Vivian und Wiebke, heimgesucht wurde, geben eine Vorstellung von dem, was hier möglicherweise auf die Wälder und die Forstwirtschaft zukommt.

Da es in Mitteleuropa praktisch nur Wirtschaftswälder gibt, wird die Anpassung an sich ändernde Klimabedingungen vorwiegend durch menschliche Eingriffe gesteuert. Daraus sollte jedoch keinesfalls der Schluss gezogen werden, daß Wirtschaftswälder weniger gefährdet sind als Naturwälder, die aufgrund ihrer Langlebigkeit nur zu noch langsamerer Anpassung in der Lage sind als jene. Auch im Wirtschaftswald kann einer Fülle von Gefährdungen nur in beschränktem Maße und mit großer Unsicherheit begegnet werden. In Übersicht 1 sind die Optionen zusammengestellt, die bestehen, um waldbaulich auf Klimaänderungen zu reagieren. Die Liste der Gefährdungen läßt erkennen, daß Klimaänderungen den Zustand unserer Wälder auch dann spürbar verändern werden, wenn waldbauliche Gegenmaßnahmen ergriffen werden.

Folgerungen für den Wald der Zukunft

Für die künftige Waldbewirtschaftung ergeben sich aus den dargestellten Zusammenhängen Anforderungen der unterschiedlichsten Art:

- Die Funktion des Waldes als Kohlenstoffspeicher muß als wesentliches Element in die forstlichen Nutzungskonzepte integriert werden. Für die Forstwirtschaft ergibt sich daraus, daß Wälder mit hohen Vorräten geschaffen bzw. erhalten werden müssen. Alle waldbaulichen Maßnahmen sind so auszuführen, daß CO_2-Freisetzungen, z.B. durch unpflegliche Bodenwirtschaft, vermieden werden. Dafür ist eine nie unterbrochene *Dauerbestockung* eine Voraussetzung und der Begriff des Dauerwaldes bekommt ein ganz neues Gewicht.
- Die Rolle des Waldes als Lieferant des besonders vorteilhaften Rohstoffes und Energieträgers Holz wird an Bedeutung gewinnen und zwar in CO_2-ökologischer Hinsicht. Das muß sich zugleich

Übersicht 1: Reaktionen der Waldvegetation auf unterschiedliche Effeke von Klimaänderungen sowie Möglichkeiten zu waldbaulichen Anpassungsmaßnahmen (BURSCHEL et al., 1992)

Effekt	Reaktion der Waldvegetation	Waldbauliche Reaktionsmöglichkeiten
Temperaturzunahme bei Wahrung der Evapotranspirationsrate durch entsprechende Niederschlagszunahme	Beschleunigung der Umsetzungsprozesse im und auf dem Boden, regional mit zusätzlicher CO_2-Emission verbunden. Besonders bedeutsam im Boreal.	Einschränkung aller die Umsetzungsprozesse zusätzlich fördernden Maßnahmen: Kahlschläge, Bodenbearbeitungen, Düngung.
	Zunahme der Respirationsrate, verbunden mit einer Abnahme der Nettoproduktion, wo diese schon jetzt maximal ist. Folge: Zuwachsverluste.	Nicht beeinflußbar.
	Zunahme der Nettoproduktion, wo bisher Temperaturmangel begrenzender Faktor ist wie in hohen Gebirgslagen und nördlichen Waldgebieten, weil die Photosynthese stärker ansteigt als die Respiration.	Ausnutzung der verbesserten Produktionsverhältnisse durch schnelles Einbringen von anspruchsvollen Baumarten in die begünstigten Regionen.
	Veränderung der Konkurrenzverhältnisse zwischen verschiedenen Baumarten und zwischen Bäumen und Bodenvegetation.	Anpassung der Verjüngungs- und Durchforstungskonzepte.
	Veränderung der Resistenz von Bäumen gegenüber biotischen Gefährdungen; Verbesserung der Lebensbedingungen von Schadorganismen.	Keine Voraussagen möglich; Gegenmaßnahmen schwierig oder ökologisch bedenklich.
Temperaturzunahme bei Erhöhung der Evapotranspirationsrate in der Vegetationszeit ohne entsprechende Niederschlagserhöhung	Kommt es zur Unterschreitung der Minimumansprüche an die Wasserversorgung, so sind Produktionsverfall, Krankheitsanfälligkeit und schließlich Ausfall einer oder mehrerer Baumarten die Folge.	Unmittelbare Gegenmaßnahmen sind dann nicht möglich. Bei rechtzeitiger Erkennung oder Prognose regionaler Trends und langsamer Entwicklung ist Umstellung auf widerstandsfähigere Baumarten möglich.
		Forstliche Reaktionen werden dann besonders problematisch, wenn aus südlicheren Breiten stammende Arten – z. B. mediterrane – nach Norden verschoben werden sollen, da sie oft nicht frosthart sind und am neuen Anbauort von tiefen Temperaturen getroffen werden, selbst wenn solche nur noch in Intervallen von Jahrzehnten auftreten.

Effekt	Reaktion der Waldvegetation	Waldbauliche Reaktionsmöglichkeiten
Zunahme von Witterungsextremen, v. a. Sturm- und Naßschnee-Ereignissen sowie Trockenperioden	Nehmen Stärke und Häufigkeit von Sturmereignissen zu, worauf einiges hindeutet (z. B. DRONIA, 1990), so wird die Stabilität der mitteleuropäischen Wirtschaftswälder, v. a. der nadelholzgeprägten, immer wieder überfordert werden. Gleiches gilt, wenn Naßschneefälle im Temperaturbereich um 0°C häufiger auftreten, was vor allem dann wahrscheinlicher wird, wenn bei Anstieg der durchschnittlichen Wintertemperaturen die Niederschläge gleich bleiben oder zunehmen.	Stark beschleunigte Ernte gefährdeter Bestände, also vor allem Nadelhölzern, und Ersetzung durch sturm- und schneefestere Arten, v. a. Laubhölzer. Stabilitätsorientierter Waldbau auf der gesamten Waldfläche.
	Äußert sich eine Klimaveränderung durch Zunahme der Häufigkeit von Trockenperioden, was sich zunächst nur wenig auf klimatologische Parameter auszuwirken braucht, so kann das zu gravierenden Schäden an der Baumvegetation führen, wobei Arten mit eher ozeanischem Klimaoptima besonders betroffen wären. Im tropischen Südostasien führt z. B. eine Zunahme der dort mit den El Niño-Ereignissen verbundenen Niederschlagsverringerung zu schwer prognostizierbaren Konsequenzen für den dortigen immergrünen Regenwald.	Waldbauliche Gegenmaßnahmen sind praktisch nicht möglich.
Zunahme des CO_2-Gehaltes der Luft	Da CO_2 als wichtigster Nährstoff in suboptimalen Anteilen in der Luft enthalten ist, müßte seine Zunahme zu einer Verstärkung der Photosynthese führen. Diese schlägt sich solange im Zuwachs nieder, wie erhöhte Respirationsraten infolge ansteigender Temperaturen das nicht kompensieren. Gleichzeitig wird die Photosynthese bei höheren CO_2-Konzentrationen wassereffektiver: pro Photosyntheseeinheit wird weniger Wasser verdunstet. Daraus könnte sich eine verbesserte Dürreresistenz ergeben.	Bessere Kenntnisse über diese baumphysiologischen Zusammenhänge können langfristige Entscheidungen waldbaulicher Art stark beeinflussen.

ökonomisch vorteilhaft auswirken, denn ohne Wirtschaftlichkeit keine Forstwirtschaft. Die Wälder müssen deshalb möglichst vielfältige Holzsortimente hochwertiger Qualität in großer Menge liefern. Auf das Waldbild der Zukunft wird sich das vor allem durch größere Vielfältigkeit nach Baumartenzusammensetzung und Struktur der Bestände auswirken. *Stabilität und Mischung* sind waldbauliche Voraussetzungen zur Erreichung solcher Ziele womit GAYER's Forderungen neue Aktualität gewinnen.

– Eines der wesentlichsten Kriterien, die künftige Wälder erfüllen müssen, wird die Stabilität gegen biotische wie abiotische Gefährdungen sein. Dazu ist es notwendig, die heute vielfach noch dominierende kollektive Stabilität der Bestände durch individuelle Stabilität von Einzelbäumen und Baumgruppen zu ersetzen oder doch wenigstens zu ergänzen. Nur so kann großflächigen Schäden, wie sie in den letzten Jahrzehnten mit großer Regelmäßigkeit eingetreten sind, entgegengewirkt werden. Plenterwälder, die eine besonders stabile Form des Wirtschaftswaldes darstellen, aber auch *plenter- und femelartige Strukturen* und Aufbauweisen zeigen, in welche Richtung die Entwicklung gehen muß. Der Weg dorthin ist jedoch ein langsamer und er wird nur dann erfolgreich sein, wenn jeder Schritt mit großer Vorsicht und stabilitätsbewußt getan wird.

– Künftige Bestände müssen ihr Leben unter Klimabedingungen verbringen, die sich im Laufe ihres Lebens ändern werden. An die Angepaßtheit und Anpassungsfähigkeit der Bestände werden also in Zukunft besonders hohe Anforderungen gestellt. Diesen Bedingungen werden am ehesten Wälder gerecht, die aus *standortangepaßten Populationen* verschiedener Baumarten bestehen. Überlegungen, den Gefährdungen durch Anbau fremdländischer, an die künftigen Klimabedingungen vermeintlich besser angepaßter Baumarten, zu begegnen sind solange höchst bedenklich, wie weder über die Art der Klimaänderungen noch über das Anpassungspotential der Arten fundierte Erkenntnisse vorliegen. Noch ausgeprägter gilt das für züchterische oder gar gentechnische Manipulationen. Das breite, im Gegensatz zu landwirtschaftlichen Kulturen nicht eingeengte genetische Potential unserer Wälder ist die beste Ausgangsbasis für alle Anpassungsprozesse, die mit Umweltveränderungen in Gang kommen.

– Wald ist nicht nur Kohlenstoffspeicher und Holzproduzent. Er ist auch Lebensraum für eine reiche Tier- und Pflanzenwelt. Bäume, Begleitvegetation und Tierleben bilden eine ebenso effektive wie empfindliche Funktionsgemeinschaft, deren Wechselspiel von den Klimaveränderungen betroffen sein wird. Wald der Zukunft muß daher so beschaffen sein, daß er der ganzen Biozönose für Anpassung und Überleben günstige Voraussetzungen bietet. *Vielgestaltige, gut strukturierte Wälder* mit, trotz intensivierter Holznutzung ausgeglichenem Verhältnis zwischen lebender und toter Substanz, bieten dafür die günstigsten Voraussetzungen.

Faßt man all diese Aspekte zusammen, so kommt man zu dem Schluß, daß der Wald der Zukunft *möglichst naturnah* sein muß. Die Sicherung und Nutzung natürlicher Prozesse sowie die Wahrung von Stoffkreisläufen ist die Voraussetzung für wirklich nachhaltigen Waldbau, der auch künftige Belastungen berücksichtigt. Dabei muß der Wald aber auch, und zwar noch mehr als heute, Wirtschaftswald sein. Ökologie und Ökonomie im Forstbetrieb müssen daher in wesentlich stärkerem Maße als bisher in Einklang gebracht werden. Naturgemäße Formen der Waldwirtschaft erfüllen die oben genannten Anforderungen besonders gut: Boden- und vorratspflegliche Wirtschaft, Naturverjüngung, wirtschaftliche Ausnutzung biologischer Prozesse, wodurch der Eintrag fossiler Energie in die biologische Produktion – ganz anders als in der Landwirtschaft – auf ein Minimum reduziert bleibt, hohe Wertschöpfung und vor allem die für diese Wirtschaftsform nötige permanente Nähe der Forstleute zum Wald bieten die größte Gewähr dafür, daß den Gefährdungen dieser Vegetationsform erfolgreich begegnet werden kann.

Literatur

BURSCHEL, P./WEBER, M./KÜRSTEN, E.: Stellungnahme zur Anhörung der Enquete-Kommission des Deutschen Bundestages zum Schutz der Erdatmosphäre am 16./17.01.1992. Lehrstuhl für Waldbau und Forsteinrichtung der Univ. München

DRONIA, H.: Vivian und Wiebke – auch in Zukunft Begleiterscheinungen der Forstleute? In: Tageszeitung Hannover, 1990, S. 16-19

ENQUETE-KOMMISSION (EK) „Schutz der Erdatmosphäre" des Deutschen Bundestages: Klimaänderung gefährdet globale Entwicklung. Economica Verlag, Bonn, Verlag C.F. Müller. Karlsruhe, 1992

FELBERMEIER, B.: Einfluß von Klimaänderungen auf die Areale von Baumarten – Methodenstudie und regionale Abschätzung für die Rotbuche (Fagus sylvatica L.). in Bayern. Forstl. Forschungsberichte München, Bd. 134, 1993

TEIL III: BEISPIELE

Ökologische Waldwirtschaft in Niedersachsen

HANS-JÜRGEN OTTO

Historischer Hintergrund bis zum Jahr 1945

Wie kaum eine andere Landschaft Deutschlands ist vor allem das norddeutsche Flachland während 2000 Jahren seit der jüngeren Steinzeit verändert worden, nirgends sonst war die Entwaldung so ausgreifend, nirgends der Raubbau an der verbleibenden Vegetation so gravierend. Waren im Flachland die ungeregelte Nutzung, der Brennholzbedarf der Lüneburger Saline und das Plaggenhauen des Heidehumus die hauptsächlichen Ursachen der Waldverwüstung, so führte im Harz der Bedarf des Erzbergbaus zur Entwaldung, allerdings auch zu frühen Ansätzen einer geregelten Forstwirtschaft. Auch im übrigen niedersächsischen Bergland war die Waldbeeinträchtigung durch Holzentnahme, Streurechen und Vieheintrieb ausgeprägt.

Aufgrund der lange währenden Waldverwüstung begann die hiesige Waldwirtschaft nirgends in intakten Urwäldern, sondern auf Ödland, in herabgewirtschafteten Restwäldern, auf Heiden und auf Wehsandfeldern. Das bedeutet eine fundamental andersartige ökologische Ausgangslage als beispielsweise in Nordamerika. Was man heute an vielen Stellen als naturschutzwürdig erachtet, ist immer das Ergebnis von 250 Jahren nachhaltiger Forstwirtschaft.

Die Folgen der Entwaldung waren dramatisch. Vor allem das eiszeitliche Flachland, in dem kein hinderliches Relief, kein Steilhang dem Zugriff des Menschen wehrte, war bis auf ein oder zwei Prozent im Nordwesten, bis auf sechs oder sieben Prozent in der Lüneburger Heide, entwaldet. Der Plaggenhieb, welcher den Heidehumus als Streu für Viehställe entnahm, legte die Sandböden bloß und öffnete sie damit der Winderosion. Von Sandstürmen, welche die Sonne verdunkelten, wird daher berichtet, und bei den ersten Aufforstungen mit der Pionierbaumart Kiefer mußten um jede Pflanze Heideplaggen gelegt werden, damit sie nicht gleich wieder vom Treibsand zugedeckt wurden.

Das späte 18. und vor allem das 19. Jahrhundert brachten die Umkehr mit riesigen, meist mit Kiefer, im Bergland mit Fichte ausgeführten Aufforstungen, die bis heute zu einer Bewaldung von etwa 20 Prozent der Landesfläche führten. Die Nadelholzanpflanzungen berührten fast nirgends die noch bestehenden Laubwälder. Es ist erwiesen, daß die absolute Laubwaldfläche im 19. Jahrhundert kaum absank. Das Fallen der prozentualen Laubwaldanteile kam allerdings dadurch zustande, daß fast alle hinzukommenden Heide- und Ödlandaufforstungen mit Nadelbäumen bestockt wurden, so daß die relativen Anteile des Laubholzes ständig abnahmen.

Niedersachsen verdankt diese im 19. Jahrhundert recht ungewöhnliche Verteidigung des Laubwaldes vor allem dem berühmten Nachklassiker Heinrich Christian Burckhardt, der die forstliche Entwicklung im Königreich Hannover maßgeblich prägte.

Die hervorragende landeskulturelle Wirkung der großflächigen Aufforstungen im 19. und frühen 20. Jahrhundert bleibt als historische Tat gerecht zu würdigen. Für den heutigen Wald, der aus ihnen entstand, gilt allerdings, daß er aus diesen Gründen in den allermeisten Fällen noch als Pionierwald aus ein- oder zweischichtigen Altersklassenwäldern besteht, die oft als Reinbestände vorkommen und oft nicht einmal eine standortgemäße Bestockung darstellen. Dennoch sind seit dem ausgehenden 19. Jahrhundert auch in Niedersachsens Staatswäldern verschiedene Ansätze einer naturnahen Waldwirtschaft zu erkennen.

Im Jahr 1892 übernahm Forstmeister Erdmann das Revier Neubruchhausen (heute Erdmannshausen) und ging in ihm bis in die 20er Jahre dieses Jahrhunderts waldbaulich ungewöhnliche Wege. Das Ergebnis seiner Wirtschaft ist ein vielfältig gemischter, stufig strukturierter Wald, der heute den Musterbeispielen naturgemäßer Waldwirtschaft zuzurechnen ist.

Im Jahr 1941 übernahm der aus Sachsen stammende Forstmeister W. Wobst das Forstamt Seesen (heute Stauffenburg) am Harzrand und schuf in ihm einen der weithin berühmt gewordenen naturgemäßen Wirtschaftswälder (vgl. den folgenden Beitrag).

Niedersachsen besitzt damit seit längerer Zeit zwei Beispielsbetriebe der naturgemäßen Waldwirtschaft: eines mit Kiefer und Buche (sowie Lärche, Weißtanne, Douglasie) im Pleistozän-Flachland in Erdmannshausen; eines mit Buche, Edellaubbaumarten und Fichte im Bergland im Forstamt Stauffenburg.

Neuere Entwicklungen von 1945 bis zur Gegenwart

Forstmeister Wobst mußte in einer Zeit, in welcher der sog. Dauerwaldstreit noch nicht abgeebbt war, seine Ideen gegen eine oft widerstrebende, naturgemäßem Gedankengut nicht zugeneigte Forstverwaltung verteidigen und durchsetzen. Als prägende Gestalt und Leiter der Arbeitsgemeinschaft „Naturgemäße Waldwirtschaft", die nach dem Krieg gegründet wurde, gelang es ihm dennoch, auch in Niedersachsen eine ansehnliche Schar von Forstleuten in seinem Sinne zu erziehen.

Unabhängig von diesen positiven Ansätzen führten dennoch teilweise äußere Zwänge, aber auch der Widerstreit der waldbaulichen Konzeptionen in der Zeit nach dem Zweiten Weltkrieg zu mitunter recht gegenläufigen Entwicklungen.

Zu den äußeren Zwängen gehörte die Notwendigkeit, 160 000 ha Kahlflächen, die aus Reparationshieben zugunsten der britischen Siegermacht entstanden waren (= 16 Prozent der Landeswaldfläche!) rasch wieder aufzuforsten. Der Not gehorchend und aus Mangel an vielfältigem Pflanzenmaterial entstanden so nach dem Krieg wiederum großflächige Altersklassen-Reinbestände aus Fichte und Kiefer, die sich heute in der zweiten und dritten Altersklasse befinden.

Zu den damals gewollten und heute zu bedauernden Entwicklungen ist ferner ein Ministerialerlaß vom Ende der 60er Jahre zu rechnen, der den Abtrieb ertragsschwacher Buchenbestände verfügte. Diese Anordnung hatte zwar nur wenige Jahre Bestand, aber doch fielen ihr nicht wenige Buchenbestände zum Opfer und wurden durch Fichte ersetzt.

Solchen negativ zu beurteilenden Entwicklungen standen positive gegenüber. Als wichtigste, in einem Erstaufforstungsland ganz unverzichtbare Maßnahme muß die im Jahre 1947 einsetzende flächendeckende Standortkartierung im Staatswald bezeichnet werden. Ohne sie wäre die Ablösung der oft die Standorte nicht ausreichend ausnutzenden Pionierbestockungen undenkbar gewesen.

Nachdem die historischen Ansätze eines ökologisch begründeten Waldbaus nicht vergessen waren, vollzog und vollzieht sich die Entwicklung einer ökologischen Waldwirtschaft im Staatswald Niedersachsens nunmehr in mehreren Etappen.

Der erste Schritt konnte unter den historischen Voraussetzungen des niedersächsischen Waldes zunächst nur lauten: Die richtige Baumart und die richtige Mischung auf den richtigen Standort!

Die langfristige, regionale Waldbauplanung auf standörtlicher Grundlage, mit Erlaß im Februar 1974 verkündet, vollzog diesen Schritt. In Auswertung der Standortkartierungsergebnisse entwickelte sie im wesentlichen eine langfristige Zielvorgabe der standortangepaßten Baumartenverteilung. Der Orkan vom 13. November 1972, der in den Landesforsten neben einem Schadholzanfall von 7 Mio. Fm eine Aufforstungsfläche von rd. 25 000 ha hinterließ, hat die Realisierung dieser Planung in kurzer Zeit kräftig befördert.

Mit dieser ersten großräumigen Planung ist es zunächst gelungen, in sorgfältiger Standortanpassung die Laub- und Mischwaldanteile des Staatswaldes spürbar ansteigen zu lassen, wofür die Zunahme der Eichenfläche zwischen 1974 und etwa 1990 um rd. 7 000 ha und die der edlen Laubbaumarten (vor allem Esche und Bergahorn) um etwa 4 000 ha – eingemischt in Buchenbestände – sowie 3 000 ha Voranbauflächen von Buche unter Fichte im Harz die sinnfälligsten Beispiele sind.

Im Laufe der 70er Jahre hatten neben den bestehenden, naturgemäß geführten Forstämtern Erdmannshausen und Stauffenburg eine Reihe weiterer Wirtschafter den Wunsch, nach den Grundsätzen der Arbeitsgemeinschaft Naturgemäße Waldwirtschaft (ANW) Waldbau zu betreiben.

Ohne behördliche Anordnung oder Genehmigung wurde den Wünschen nach Einführung der naturgemäßen Waldwirtschaft in Forstämtern der Landesforstverwaltung mit wohlwollender Kenntnisnahme stattgegeben. Auf diese Weise sind seit Beginn der 70er Jahre die Forstämter Rosengarten, Osterholz-Scharmbeck, Sprakensehl, Sellhorn und Lappwald als naturgemäße Beispielsbetriebe hinzugekommen. Weitere, gut geführte Forstämter unterscheiden sich in ihrem waldbaulichen Vorgehen nur marginal oder sind auf dem Wege einer entsprechenden Entwicklung. Als Beispiele hierfür seien die Forstämter Bovenden, Lauterberg und Andreasberg genannt.

Das Programm zur langfristigen, ökologischen Waldentwicklung in den Niedersächsischen Landesforsten von 1991

In den Jahren 1989 und 1990 folgte in Ergänzung und Weiterentwicklung der langfristigen, regionalen Waldbauplanung von 1974 ein weiterer Schritt, der in seinen Zielen über die einfache Standortanpassung der Anbauten erheblich hinausgeht und nun auch Waldstrukturen, Nutzungs- und Verjüngungsformen sowie viele andere Aspekte (zum Beispiel eine Harmonisierung der Waldwirtschaft mit den Wünschen des Naturschutzes) anstrebt.

Dem Programm wurden konsequent Erkenntnisse der modernen Waldökologie zugrundegelegt. Insbesondere dynamische Prozesse in Urwäldern wurden als Erkenntnisquelle und Grundlage waldbaulichen Handelns herangezogen.

Das Programm, als Regierungsprogramm mit Kabinettsbeschluß vom 23. 7. 1991 auch politisch verbindlich gemacht, enthält 13 Grundsätze, deren wichtigste im folgenden zitiert werden:

Erster Grundsatz: Bodenschutz und standortgemäße Baumartenwahl

Vorrangig ist die Erhaltung bzw. Wiederherstellung der vollen natürlichen Leistungskraft der Waldböden. Sie bilden die Grundlage für gesunde, vielfältige und leistungsstarke Wälder. Die Bildung hochwertigen Grundwassers unter Wald wird dadurch gesichert.

Die natürlichen Standortkräfte sollen nicht nivelliert oder auf ein künstlich höheres Niveau angehoben werden. Dazu gehört auch das Unterlassen dauerhafter Entwässerungsmaßnahmen von Feuchtstandorten. Intakte Böden sind zu pflegen. Durch frühere Mißwirtschaft – zum Beispiel nach Heide oder durch Schadstoffeinträge aus der Luft – gestörte Böden sollen wieder hergestellt werden, sofern keine anderen ökologischen Belange entgegenstehen.

In den Landesforsten sind ausschließlich Wälder aus standortgemäßen Baumarten zu begründen, dabei sollen natürliche Waldgesellschaften in starkem Maße gepflegt und nachgezogen werden. Grundlage dafür sind die forstlichen Standortkartierungen. Ihre Ergebnisse sind, gegliedert nach ökologischen Wuchsräumen (forstliche Wuchsbezirke), planerisch umzusetzen.

Zweiter Grundsatz: Laubwald- und Mischwaldvermehrung

In den Landesforsten sind zur Erhöhung und zum Schutz der Artenvielfalt in größtmöglichem Umfang Mischwälder zu erziehen. In Anpassung an die jeweiligen natürlichen Verhältnisse genießt die Vermehrung von Laubmischwald einen Vorrang. Reinbestände sind auf die von Natur aus seltenen, extremen Standorte zu beschränken.

Der Anteil der Laubbaumarten beträgt in den Landesforsten gegenwärtig 37 Prozent. Er soll langfristig auf 65 Prozent erhöht werden. Der Anteil der Nadelbaumarten dagegen soll sich in diesem Prozeß, der für den Gesamtwald der Landesforstverwaltung etwa die Spanne eines Bestandeslebens umfassen wird, von 63 Prozent auf 35 Prozent verringern.

Aufgrund der Klima- und Bodenbedingungen können $9/10$ der Landesforsten als Mischwald entwickelt werden. Nur $1/10$ der Standorte ist so arm oder extrem, daß auf ihnen Reinbestände aus Laub- oder Nadelbäumen nachgezogen werden müssen.

Dritter Grundsatz: Ökologische Zuträglichkeit

Das im Laufe der Evolution und der natürlichen Waldentwicklung in den verschiedenen Wuchsräumen entstandene Baumartenspektrum soll großräumig gefördert werden.

Die Mischung mit Baumarten, die diesem Baumartenspektrum nicht angehören, ist möglich, soweit dies aus forstlichen Gründen erforderlich ist und dadurch die Waldökosysteme in ihrer Leistungsfähigkeit, Stabilität und Elastizität nicht beeinträchtigt werden.

Vierter Grundsatz: Bevorzugung natürlicher Waldverjüngung

Soweit die Landesforsten nach Standortanpassung und Mischung bereits einem naturnahen Zustand entsprechen oder nahekommen, sollen sie bevorzugt aus natürlicher Ansamung verjüngt werden.

Soweit noch Pionierbestockungen, nicht standortgemäße und genetisch ungeeignete Wälder vorkommen, sind die Möglichkeiten zu einer Pflanzung unter dem Schirm des alten Waldes auszuschöpfen. Dabei sind ökologisch angepaßte Saatgut- und Pflanzenherkünfte zu verwenden.

Fünfter Grundsatz: Verbesserung des Waldgefüges

Die Stabilität des Waldes und das Angebot an ökologischen Nischen sollen – außer durch Anpassung an die standörtlichen Möglichkeiten und durch die unterschiedlichen Eigenschaften der Baumarten – auch durch vertikal gegliederte Waldstrukturen erhöht werden.

Kahlschläge sollen, soweit wie möglich, vermieden werden. Sie sind kleinflächig zulässig, soweit Pionierbestockungen, genetisch ungeeignete oder standortuntypische Bestockungen auf andere Weise nicht in standortgemäße Mischwälder umgewandelt werden können.

Sechster Grundsatz: Zielstärkennutzung

Wald soll alt werden und, soweit wie möglich, einzelstamm- oder gruppenweise nach Hiebsreife genutzt werden.

Siebenter Grundsatz: Erhaltung alter Bäume, Schutz seltener und bedrohter Pflanzen- und Tierarten

Bei der selektiven Nutzung des Waldes sollen in vermehrtem Umfang und möglichst flächendeckend alte und starke Bäume einzeln, in Gruppen oder Kleinflächen erhalten werden, um Lebensraum für Tiere und Pflanzen der Alterungs- und Zerfallsphasen des Waldes zu sichern.

Auf der gesamten Waldfläche kommen viele seltene oder bedrohte Pflanzen- und Tierarten vor. Sie sind im Rahmen der ökologisch ausgerichteten Waldbewirtschaftung zu erhalten und zu fördern. Seltene und in ihrem Bestand bedrohte heimische Baumarten sollen auf geeigneten Standorten gezielt nachgezogen werden. Ihr genetisches Potential ist zu sichern.

Die nachfolgenden Grundsätze Acht, Neun und Zehn betreffen den zusätzlichen Aufbau eines Netzes von Waldschutzgebieten, die Gewährleistung besonderer Waldfunktionen sowie die Waldrandgestaltung. Sie werden hier aus Platzgründen nicht dargestellt.

Elfter Grundsatz: Ökologischer Waldschutz

Der biologische Forstschutz genießt Vorrang vor technischen Maßnahmen. Diesem Grundsatz entspricht als vorbeugende Maßnahme die Fortentwicklung und Pflege einer standortangepaßten größtmöglichen Arten- und Strukturvielfalt von Mischwäldern. Sie führt zu optimaler Vernetzung.

Der Einsatz ökosystemfremder Stoffe zur Abwehr von Schäden ist nur zulässig, wenn eine existentielle Gefährdung von Beständen und Wäldern und ihrer Funktionen besteht. Der Einsatz hat dem Prinzip der relativ höchsten Umweltverträglichkeit zu folgen. Deshalb sind biotechnische Maßnahmen zu bevorzugen. Soweit sie nicht zur Verfügung stehen oder nicht ausreichen, dürfen nur selektiv wirkende Mittel in der geringstmöglichen Dosis zum Einsatz kommen. Nach Möglichkeit soll ihre Anwendung zur Minimierung der jeweiligen Dosis mit biotechnischen Verfahren kombiniert werden.

Zwölfter Grundsatz: Ökosystemverträgliche Wildbewirtschaftung
In Übereinstimmung mit den jagdrechtlichen Bestimmungen sind in angemessenem Umfang Wildbestände als Teil der Waldlebensgemeinschaft zu hegen. Die Entwicklung des ökologischen Waldbaus darf andererseits durch überhöhte Wildbestände nicht gefährdet werden.
Wildbestände sind folglich durch jagdliche Maßnahmen so zu regulieren, daß die Artenvielfalt und Entwicklung des Waldes zu größerer Naturnähe nicht behindert werden.
Auf der Grundlage verbesserter wildökologischer Kenntnisse sollen die Jagdmethoden laufend verbessert werden.

Dreizehnter Grundsatz: Ökologisch verträglicher Einsatz der Forsttechnik
Die Pflege des Waldes soll behutsam die natürlichen dynamischen Prozesse steuern. Der biologischen Rationalisierung ist also Vorrang einzuräumen. Die Forsttechnik hat sich an den ökologischen Erfordernissen auszurichten. Es sind Verfahren anzuwenden, die die Waldböden und die Waldbestände in ihrer Struktur- und Artenvielfalt schonen.

Schlußbemerkungen

Das als endgültiger Schritt zu einer ökologischen Waldwirtschaft gedachte Programm erfordert umfassende Maßnahmen zu seiner Umsetzung. Da Wald nur allmählich geformt und gesteuert werden kann, werden durch die zitierten Grundsätze mehrere Generationen von Forstleuten gebunden, bis der erwünschte Zustand überall erreicht ist.

Für die Gegenwart bedeutet dies Planung, Schulung und fortlaufende Optimierung des Vollzugs.

Zahlreiche Waldbilder in Niedersachsen zeigen schon heute, daß die Entwicklung konsequent begonnen wurde. Der Erfolg dieser Wirtschaftsweise ist Anreiz und Befriedigung für alle, die gehalten sind, die beschriebenen Ziele waldbauliche Wirklichkeit werden zu lassen.

50 Jahre naturgemäße Waldwirtschaft im Staatlichen Forstamt Stauffenburg

HERMANN WOBST

Das Forstamt liegt, stark parzelliert, im westlichen Vorland des Harzes. Die nördlichen Teilflächen gehören zum Wuchsgebiet „Weserbergland" mit seiner typischen Schichtrippenlandschaft, aufgebaut aus dem Wechsel der Grundgesteine von Trias, Jura und Kreide, die südlichen zum Wuchsgebiet „Südniedersächsisches Bergland", einer aus Formationen der Trias gebildeten Schichtstufenlandschaft. In sechs Revierförstereien umfaßt das Forstamt 1 711 ha Staats- und 3 725 ha Betreuungswald. Letzterer verteilt sich auf 39 Genossenschafts-, zwei Stadt- und zwei Kirchenforsten.

Standortverhältnisse

Bei Höhenlagen zwischen 120 und 400 m über NN verteilen sich im Staatswald die wichtigsten bodenbildenden Substrate wie folgt auf:
- Kalkgesteine (Muschel- und Jurakalke)   mit 50 %
- Lößlehme über Kalkgestein   mit 8 %
- Meist mittleren Buntsandstein   mit 23 %
- Lößlehme über Buntsandstein   mit 16 %
- Tongesteine   mit 3 %.

Das Klima ist gekennzeichnet als typisch atlantisches, regenreiches, humides, mild-kühles Berglandklima. Abhängig von der Höhenlage, die zum Westrand des Harzes hin ansteigt, ergibt sich eine Schwankungsbreite für Temperatur und Niederschlag:
- mittlerer Jahresniederschlag   780 – 900 mm
- mittlerer Niederschlag von Mai bis September   370 – 450 mm
- mittlere Jahrestemperatur   7,2 – 8,2° C
- mittlere Temperatur von Mai bis September   13,5 – 14,6° C

Ausgangssubstrate und Klimabedingungen haben im Staatswald Böden entstehen lassen, die zu fünf Prozent sehr gute, zu 55 Prozent gute und zu 40 Prozent ziemlich gute Nährstoffversorgung aufweisen. Nach dem Wasserhaushalt werden sie zu 21 Prozent als nachhaltig frisch, zu 63 Prozent als frisch, zu nur 14 Prozent als mäßig frisch und zu zwei Prozent als grund- und stauwasserbeeinflußt beschrieben. Das bewegte Relief läßt Sonn- und Schattenhänge mit zusammen 70 Prozent der Fläche dominieren, Ebenen und Plateaulagen finden sich auf 17 Prozent, Täler und Mulden auf fünf Prozent und Rücken, Kuppen, Steilhänge machen zwei Prozent aus.

Geschichte der naturgemäßen Waldwirtschaft

Durch verschiedene Umorganisationen wurde das Forstamt in Größe und Ausformung mehrfach verändert. Naturgemäße Waldwirtschaft setzte demgemäß zu unterschiedlichen Zeitpunkten ein.

Der Anfang wurde von Dr. Willy Wobst gemacht, der das Forstamt von 1943 bis 1962 leitete. Auf sein Drängen hin wurde ihm zugestanden, den isoliert liegenden 800 ha großen Staatswald der heutigen Revierförsterei Gittelde nach „naturgemäßen Grundsätzen" zu bewirtschaften. 1950 wurde dieser Bereich als „Betriebsklasse Landteil" gesondert erfaßt und seither in seiner naturalen und betriebswirtschaftlichen Entwicklung getrennt von den übrigen Staatswaldflächen verfolgt. Im Jahre 1967 wurde die naturgemäße Bewirtschaftung auf weitere 406 ha ausgedehnt und umfaßt jetzt 911 ha in der „Betriebsklasse Gandersheim".

Das Beispiel des „Versuchsbetriebs" im Staatswald machte in den Betreuungsforsten zunächst nur wenig Schule. Mit fortschreitender Dauer der Einflußnahme und allmählich sichtbarer werdendem Erfolg der naturgemäßen Waldwirtschaft im Staatswald fand er jedoch schließlich Eingang in die Betreuungsforste. Ihre große Zahl, die unterschiedliche Dauer und der noch recht heterogene Grad der naturgemäßen Waldbehandlung auf diesen Flächen lassen zusammenfassende Darstellungen dieser Entwicklung hier nicht zu. Alle folgenden Informationen beziehen sich deshalb ausschließlich auf den Staatswald.

Waldbauliche Vorgeschichte

Der Staatswald läßt als fast ausschließlich ehemals braunschweigischer Wald noch heute deutliche Spuren der damaligen Wirtschafts-

Abb. 1: Umbau reiner Nadelholzbestockung (Fichte 70jährig, LKl. 13) auf lößüberlagertem mittlerem Buntsandstein durch Auffüllung von Sturmwurflücken auf labilen Kleinstandorten (Quellhorizonte) mit Weißtanne und Roterle sowie durch Voranbau von Buche an den Innensäumen und auf kleineren Lücken. Die sehr wechselnden Lichtverhältnisse und allmählich verbesserten kleinklimatischen Bedingungen haben reichliche Naturverjüngung von Fi, Dgl und Lä ankommen lassen. Infolge nicht absolut stabiler Ränder an den Windwurflücken, an denen es immer wieder zu Einzelwurf oder -bruch kommt, ergeben sich fließende Übergänge. (Aufnahme 1985)

weise erkennen. Früher Übergang zum Hochwald hatte großflächige Reinbestände von Buche und Fichte zur Folge. Selbst auf Kalkstandorten herrschten reine Buchenwälder vor; Brennholzzucht und Dunkelschlag hatten die Edellaubbäume stark dezimiert. Zählbare Mischungsanteile wies allenfalls die Esche auf. In gewissem Umfang gab es darüber hinaus, vor allem auf Buntsandstein, Mischbestände aus Buche und Fichte, auf lößüberlagerten Kalken auch Buchen-Lärchen-Mischbestände, schließlich mit geringen Flächen auch Mischbestände aus Eiche und Buche sowie von Fichte mit Lärche und Douglasie.

Standortwidrige Bestockungen fanden sich auf Kalkstandorten in Form von Fichtenreinbeständen und Buchen-Fichten-Mischbeständen, letztere aus Erstaufforstung nach Acker- oder Weidenutzung mit meist sehr geringer Buchenqualität infolge weiter Pflanzverbände.

In der Betriebsklasse Landteil betrug der Anteil der über 100jährigen Bestände, besonders von Buche, fast 50 Prozent der Gesamtfläche. Diese Altbestände waren meist überbestockt, wiesen hohe Anteile geringer Qualitäten auf und, gemessen am Alter, zu geringe Durchmesser bei jedoch starker Durchmesserspreitung. Auch in den jüngeren Beständen konnte der Pflegezustand im allgemeinen nicht befriedigen, zu Teilen gewiß auch wegen der bis 1947 fast völlig fehlenden Erschließung mit befestigten Wegen.

Abb. 2: Mischbestand aus 152jähriger Fichte, LKl. 12 (60), 154jähriger Buche, LKl. 9 (35) und gleichalter Stieleiche, LKl. 7 (5), B° = 0,4 (B° = Bestockungsgrad), über Mischverjüngung von 1–25jähriger Buche (70) und Fichte (30), B° = 0,8. Wegen sehr mäßiger Qualität der Buche (Altbestand aus weitständiger Pflanzung) orientierten sich die Nutzungen zunächst stark an der Entrümpelung des Bu-Vorrates. Die sich dadurch einstellende eher schirmschlagartige Belichtung begünstigte in der Verjüngung die Buche. (Aufnahme 1985)

Zielbestockung

Das generelle Leitbild eines naturgemäßen Waldes sind struktur- und vorratsreiche, stabile Mischwälder aus standortgerechten Baumarten. Dies aus der vorgefundenen Situation heraus zu verwirklichen, bedeutet einen langfristigen Überführungs- und Umbauprozeß und erfordert klare Vorstellungen über die künftige Zielbestockung.

Die ziemlich homogene Standortausstattung erlaubte es, abhängig vom Grundgestein, lediglich zwei Leitbilder vorzusehen:

- Auf Kalkstandorten: Laub-Mischwälder mit je hälftigen Flächenanteilen von einerseits Buche und andererseits Edellaubbäumen; bei starker Lößauflage bis zehn Prozent Nadelbäume (Lärche, Fichte).
- Auf Buntsandsteinböden (auch lößüberlagerten): Laub-Nadelbaum-Mischwälder mit je hälftigen Flächenanteilen von Laub- (Buche, Eiche, Bergahorn, Roterle) und Nadelbäumen (Fichte, Douglasie, Weißtanne, Lärche).

Erste Schritte

Mit Beginn der naturgemäßen Waldbehandlung wurden:

- alle flächigen und linearen Hiebsfronten (Kahlhiebe, rasche Großschirmschlagverjüngungen, Saumschläge) stillgelegt;
- die Bestandespflege in allen jungen und mittelalten Beständen intensiviert;
- die überdichten Buchenalthölzer zunächst „entrümpelt", d. h. von den reichlich vorhandenen schlechten Qualitäten befreit, wozu die Überhiebe der Kriegs- und Nachkriegszeit gute Gelegenheit boten;
- die Erschließung mit festen Wegen energisch vorangetrieben.

Auf diese Weise wurde das Schwergewicht waldbaulicher Tätigkeit in die Bestände hineinverlegt, zugleich deutlicher Ausdruck für die Abkehr von flächenweisem Denken und Handeln zugunsten einzelbaumweiser Pflege und Nutzung.

Im weiteren Verlauf ergaben sich daraus vielfältige Möglichkeiten,

- den produzierenden Holzvorrat in seiner Struktur (Stärke, Qualität, Baumartenanteile) zu verbessern;
- die Plastizität und das Lichtungszuwachsvermögen besonders der Buche zu vermehrter Starkholzproduktion zu nutzen;

Abb. 3: Reinbestand von 157jähriger Buche, LKl. 9, B° = 0,5 auf gut bis sehr gut nährstoffversorgten, frischen Mischlehmböden aus stark lößbeeinflußten oder lößüberlagerten Muschelkalkverwitterungslehmen. Auf etwa halber Fläche über geschlossenem Nachwuchs von im Mittel 20jähriger Buche; hier wurden von 1954–1986 rd. 330 Efm.o.R./ha genutzt. Nachwuchs relativ stammzahlarm, infolge Überschirmung aber durch Wipfelschäftigkeit und rasche natürliche Astreinigung von sehr guter Schaftqualität. (Aufnahme 1985)

- kleinklimatisch vorteilhafte Strukturen zu schaffen und zu fördern und damit die Möglichkeiten natürlicher Verjüngung als Mittel zur Walderneuerung auszuweiten;
- in den Altbeständen allmählich zur langfristigen Zielstärkennutzung überzugehen;
- unter dem Schirm der so behandelten Altbestände feinastige und wipfelschäftige Nachwüchse heranzuziehen und sich differenzieren zu lassen.

Langfristiger Umbau

Die Ausgangslage mit ihrem hohen Anteil von Reinbeständen und etlichen standortwidrigen Bestockungen zwang in erheblichem Umfange zu künstlicher Bestandesbegründung. Weit überwiegend wurden dazu Naturverjüngungen mit standortgerechten Mischbaumarten er-

Abb. 4: Auf ziemlich gut nährstoffversorgten, nachhaltig frischen Hangstandorten aus Fließerden von Buntsandsteinverwitterungsmaterial und Löß Mischbestand von 172jähriger Fichte, LKl. 12 und 162jähriger Buche, LKl. 9, B° = 0,7 mit 1–33jährigem Nachwuchs von Buche und Fichte aus Naturverjüngung. (Aufnahme 1986)

gänzt. Dies erfolgte meist in Form von gruppen- bis horstweisem Voranbau auf im Zuge der Vorratspflege und Zielstärkennutzung geschaffenen Löchern, insbesondere in den großen Buchenaltholzkomplexen. Dabei wurde dem Wechsel des Kleinstandorts durch entsprechende Variation der Baumartenwahl und -mischung gefolgt.

Ähnlich konnte man vorgehen, um vorzeitig und mehrfach durchbrochene jüngere Fichtenbestände langfristig in standortgerechten Mischwald umzubauen. Die natürliche Verjüngung der jeweils vorhandenen Baumarten wurde dabei, besonders auf Buntsandstein, oft erst durch die Voranbauten ausgelöst. Dies ist besonders im Hinblick auf das beachtliche Verjüngungspotential der Buche von Bedeutung, weil man mit Vorausverjüngung der Buche Gefahr läuft, kaum noch Platz und Zeit zu finden, um den erwünschten hohen Anteil an Mischbaumarten einzubringen. Solche Verhältnisse ergaben sich ungewollt auf Teilflächen, als sich aus alten Buchenreinbeständen auf den verjüngungsfreudigen Kalkstandorten schon nach den ersten Entrümpelungen flächige Buchenverjüngungen einstellten. Auch auf Buntsandstein besteht eine gewisse Tendenz, selbst aus Buchen-Fichten-Mischbeständen heraus, zu flächig reiner Buchenverjüngung, wenn auch meist auf kleineren Arealen. Eine eher femelartige Hiebsführung gestattet es aber, auch die Fichte mit zu verjüngen.

In Teilbereichen war es schließlich auch erforderlich, neue Bestände auf der Freifläche künstlich zu begründen. Dies galt für größere Sturmflächen, die vor allem in den Jahren 1962, 1967, 1972 und 1976 entstanden, aber auch für Flächen aus planmäßigem Abtrieb von Fichtenreinbeständen, welche durch hohes Alter, vorausgegangene Stürme oder falschen Standort (Kalk) zu labilisiert waren, um für Laubholzvoranbau noch eine Chance zu haben. Nach kurzfristigem Wiederanbau von reiner Fichte (Buntsandstein), aus heutiger Sicht sicher ein Fehler, wurden danach Mischkulturen auf der Freifläche begründet.

Jagd

Die große Flächen und lange Zeiträume einnehmenden Umbauten besaßen selbstredend auch ihr jagdliches Problem. Mit Ausnahme einer Revierförsterei, die mit 350 ha Staatswald Teil eines größeren

Muffelwildvorkommens ist, gibt es ansonsten im ganzen Forstamt nur Rehwild als verbeißendes Schalenwild. Schwarzwild hat sich erst in jüngerer Zeit fast überall auch als Standwild etabliert.

In der Anfangsphase war offensichtlich nur ein geringer Rehwildbestand vorhanden, weil es in den überdichten Beständen buchstäblich nichts zu (ver)beißen gab. Mit allmählicher Auflichtung, stärkerer Durchforstung, aufkommender Verjüngung wurden auch die Lebensbedingungen des Rehwildes (Äsung, Deckung) ständig verbessert. Wahrscheinlich hat es sich danach rascher vermehrt, als in steigenden Abschußraten zum Ausdruck kam. Besonders in der Zeit der ersten und sich über längere Zeit steigernden Einbringung bisher fehlender Mischbaumarten mußten deshalb sehr viele Zäune gebaut oder andere Schutzmaßnahmen ergriffen werden. Parallel dazu wurden die Abschüsse erhöht. Sie lagen in den letzten Jahren bei sieben bis neun Stück pro 100 ha. Dabei waren auch die Jagdmethoden den veränderten Waldstrukturen anzupassen. Besonders für die Jagd auf das weibliche Rehwild wurde die klassische Ansitzjagd mehr und mehr und mit gutem Erfolg durch weiträumig durchgeführte Anrührjagden ersetzt. Rückläufiger Ergänzungsbedarf und schärfere Bejagung haben in den letzten Jahren zu spürbarer Entspannung des Verbißproblems geführt.

Natur- und Landschaftsschutz

Die beschriebenen, vordergründig rein wirtschaftlich begründeten Maßnahmen haben den Wald zugleich, gemessen an der Ausgangslage, sehr viel stärker strukturiert, und zwar vertikal (zwei- oder mehrschichtig bis ungleichaltrig) und horizontal (wechselnde Baumartenzusammensetzung). Diese Zunahme an Heterogenität ist mit Vermehrung der ökologischen Nischen für Flora und Fauna gleichzusetzen. Zusätzlich zu der allein daraus resultierenden Verbesserung der Lebensbedingungen, z. B. für die Nebenbaumarten, Strauch- und Krautschichten, wurden besondere Biotope, wie Waldaußen- und -innenränder, Feuchtgebiete, Fließgewässer, Altholzreste, Horst- und Höhlenbäume und Totholz erhalten, gefördert und entwickelt.

Der Strukturreichtum, die Vielfalt der Formen und Farben und ihr Wechselspiel im Lauf der Jahreszeiten verschaffen dem Wald darüber hinaus hohe ästhetische Qualitäten, stärken seinen Erholungswert und

Abb. 5: Auf nachhaltig frischen, ziemlich gut nährstoffversorgten Hangstandorten aus mächtigen Lößlehmen über Buntsandstein Mischbestand von 161jähriger Buche LKl. 8 und 159jähriger Fichte, LKl. 12, B° = 0,3 mit Nachwuchs von 1–26jähriger Buche, Fichte und Lärche aus Naturverjüngung. (Aufnahme 1992)

bereichern das Landschaftsbild. Seine Flächenfunktionen (Boden, Klima, Wasser und Luft) sind durch Dauerbestockung ununterbrochen gewährleistet.

Naturale Ergebnisse

In der Betriebsklasse Landteil wurden seit 1950, in der Betriebsklasse Gandersheim seit 1971 zusätzlich zur klassischen Forsteinrichtung Stichprobeninventuren durchgeführt. Sie haben zum Ziel, die Entwicklung der Vorräte nach Höhe, Baumartenanteilen, Stärkestruktur, Qualität (ab 1991) mit einem höheren Grad an Genauigkeit zu ermitteln und Aufschluß zu geben über Menge und Zusammensetzung der Verjüngung sowie über die Höhe des Zuwachses (ab 1981).

Die Betriebsklasse Landteil ist in zwei, die Betriebsklasse Gandersheim in drei standörtlich bzw. organisatorisch verschiedene sogenannte „Befundeinheiten" (BE) wie folgt untergliedert:

Betriebsklasse	BE	Grundgestein	ha Holzboden
Landteil	1 2	Muschelkalk Buntsandstein	270 495
Landteil	1 + 2		765
Gandersheim	3 4 5	Muschelkalk Buntsandstein Muschel-/Jurakalk Rfö. Greene	366 129 381
Gandersheim	3 – 5		876
Sa. Forstamt	1 – 5		1641

Die Zeitreihe der in Abständen von zehn Jahren ermittelten Daten erlaubt es, sowohl die jeweils zurückliegende Periode auf die Richtigkeit der Bewirtschaftung zu überprüfen als auch Vorgaben für die Zukunft herzuleiten, und zwar mit steigender Sicherheit, je länger die Zeitreihe wird.

In der hier gebotenen Kürze können nur einige der wichtigsten Ergebnisse stark zusammengefaßt und knapp kommentiert werden.

Vorratsentwicklung nach Baumartenanteilen

Die Vorratshöhe entspricht derzeit genau der Zielsetzung (Tab. 1). Veränderungen sind jedoch noch anzustreben im Verhältnis von Laub- zu Nadelbäumen sowie innerhalb der Laubbäume zwischen Buche und den Edellaubbäumen (Alh). Langfristig soll die Dominanz der Buche (47 Prozent) und der Laubbäume insgesamt (71 Prozent) durchaus gewahrt bleiben.

Wie die Entwicklung bislang verlaufen ist und wie die Ziele mit dem Standort variieren, sei an den Befundeinheiten 1 und 4 verdeutlicht (Tab. 2).

In der BE 1 ist zu erkennen: Abbau der nicht standortgerechten Fichte, Anstieg der Edellaubbäume zu Lasten der Buche. Tiefpunkt der Vorratsabsenkung nach notwendigem Abbau der Altholzvorräte offenbar

	Ei	Bu	Alh *)	Aln **)	Sa. Lbh	Fi	Dgl	Ki	Lä	Sa. Ndh	Total
Ist Vfm/ha	11	215	25	3	254	51	3	1	20	75	329
Ziel Vfm/ha	9	155	68	3	235	72	10	0	13	95	330
Ist (%)	3	65	8	1	77	16	1	0	6	23	100
Ziel (%)	3	47	20	1	71	22	3	0	4	29	100

*) anderes Laubholz mit höherem Umtrieb
**) anderes Laubholz mit niederem Umtrieb

überschritten. Noch erforderlich: Edellaubbäume weiter fördern, restliches Nadelholz nutzen. In der BE 4 zeigt sich: Der relativ kurze Zeitraum hat vorläufig erst bescheidene Veränderungen bewirkt, die Buche hat zugunsten von Nadelbäumen, Eiche und anderen Laubbäumen verloren. Noch erforderlich: Erhebliche Verschiebungen zwischen den Hauptbaumarten zugunsten der Nadelbäume.

Tab. 2: Anteile der Baumarten am Vorrat in Prozent

BE	Inventur	Ei	Bu	Alh *)	Aln **)	Fi/Dgl	Ki/Lä	Sa.	Vfm/ha
1	1950	2	77	6	0	14	1	100	322
	1971	4	73	12	1	9	1	100	251
	1991	3	66	24	1	4	1	100	263
	Ziel	3	56	40	1	0	0	100	300
4	1971	5	70	1	0	15	9	100	296
	1981	4	63	1	2	21	9	100	329
	1991	8	56	2	3	20	10	100	314
	Ziel	5	36	2	2	52	3	100	340

*) (s. Tab. 1)
**) (s. Tab. 1)

Vorratsstruktur nach Stärkeklassen

Über das Bemühen, zu hohen Vorräten mit hohen Starkholzanteilen zu gelangen, die ihrerseits entsprechende Starkholzanteile im Zuwachs und in der Nutzung zur Folge haben, geben die folgenden Tabellen 3 und 4 Auskunft (Schwachholz enthält den Durchmesserbereich von 7 bis 25 cm BHD, Mittelholz reicht von 25 bis 50 cm BHD, Starkholz hat mehr als 50 cm BHD; die Zieldurchmesser betragen für Buche 70 cm BHD (Kalk) bzw. 65 cm BHD (Buntsandstein), für die Fichte 55 cm BHD).

In Tabelle 3 wird die kontinuierliche Steigerung der Starkholzanteile besonders im Laubholz deutlich, wie auch die zeitbedingte Differenz zwischen den beiden Betriebsklassen. Im Nadelholz sind die guten Ausstattungen an Mittelholz beachtlich.

Tab. 3: Entwicklung der Stärkegliederung des Vorrats in Prozent

BE	Inventur	Laubholz			Nadelholz			Vfm/ha
		Schwach-	Mittel-	Starkh.	Schwach-	Mittel-	Starkh.	
2	1950	13	63	24	19	63	18	353
	1971	7	50	43	23	60	17	385
	1991	5	30	65	11	66	23	364
	Ziel	20	40	40	20	55	25	375
3	1971	24	60	16	32	61	7	303
	1981	16	59	25	32	59	9	367
	1991	11	54	35	27	57	16	372
	Ziel	20	40	40	20	60	20	305

Im forstamtsinternen Vergleich (Tab. 4) zeigt sich, daß bei gleichem Durchschnittsvorrat der längere Vorlauf im Landteil eine deutlich höhere Starkholzausstattung sowohl über alle Baumarten hinweg als auch besonders in der Buche bewirkt hat. Dies wiederum setzt sich um in deutlich geringeren Stammzahlen pro Hektar und damit höheren Stückmassen je Baum.

Tab. 4: Vergleich der Betriebsklassen Landteil (L) und Gandersheim (G)

Betriebs klasse	Vorratsanteile (%)			Vfm je ha	Stammzahl je ha	Vfm je Stamm
	Schwach-	Mittel-	Starkholz			
a) alle Baumarten						
L	11	43	46	329	487	0,68
G	17	51	32	328	581	0,51
b) nur Buche						
L	9	30	61	198	249	0,80
G	13	49	38	230	354	0,65

Hiebssatz, Nutzungen und Zuwachs

Der Entwicklungsunterschied zwischen den Betriebsklassen spiegelt sich auch wider in der Struktur der gesamten Laubholznutzung, wie die folgende Tabelle 5 untermauert:

Abgesichert durch eine respektable Gesamtmenge von über 200 000 Erntefestmeter Laubholz aus über 20 Forstwirtschaftsjahren sind die Differenzen im Stammholzprozent einerseits und in den Stärkeklassen 4 und 5 andererseits schon bemerkenswert. Über den Hiebssatz und die Nutzungen in der Vergangenheit informiert die Tabelle 6.

Für den hohen Laubholzanteil am Gesamtvorrat sind die tatsächlich gezogenen Nutzungen beachtlich hoch gewesen, und auch der neue Hiebssatz liegt nur geringfügig darunter. Grund dafür ist auch der für die Periode 1982 bis 1991 in erstaunlicher Größenordnung von 12 bis 13 Vfm/ha ermittelte Zuwachs.

Tab. 5: Gliederung der Laubholznutzung in Prozent Forstwirtschaftsjahre 1968 bis 1991

Betr.- klasse	Stammholzstärkeklassen					Sa. Sth.	Ind.- + Brennh. + n.aufg. Derbh.	Ges.anfall Efm. o.R.
	1–2b	3a	3b	4	5+			
L	3	6	7	18	21	55	45	111 790
G	5	8	8	13	9	43	57	96 510

Tab. 6: Hiebssatz und Nutzungen

Betriebs-klasse	Periode	Hiebssatz (H) Efm. o.R./ha	Nutzung (N) Efm. o.R./ha	N in % von H
L	1950–1961	5,2	6,2	119
	1962–1971	6,2	7,7	124
	1972–1981	8,1	10,4	129
	1982–1991	9,1	9,0	99
	1992–2001	8,9	–	–
G	1972–1981	4,1	5,4	132
	1982–1991	7,5	7,3	97
	1992–2001	7,1	–	–

Verjüngungsinventur

Die Verjüngungsinventur erfaßt den gesamten Jungwuchs/Nachwuchs bis 7 cm BHD. Bezogen auf die Gesamtfläche von 1641 ha befand sich 1991 reichliche Verjüngung auf insgesamt 912 ha, davon waren von wirtschaftlicher Bedeutung für den Folgebestand 511 ha, 462 ha erwuchsen unter Schirm, der Rest auf der Freifläche.

Betriebswirtschaftliche Ergebnisse und Ausblick

Im abgelaufenen Forsteinrichtungszeitraum (1982–1991) betrug der durchschnittliche Reinertrag 102,– DM/ha/Jahr.

Ein gleichzeitig angestiegener Vorrat, verbesserte Vorratsstruktur, die angesammelte Verjüngungsreserve und vermehrt zu Gebote stehende Mittel zu waldbaulicher Rationalisierung (Naturverjüngung, differenzierende und qualitätsfördernde Wirkung des Schirms, Minimierung der Schwachholzproduktion) bieten auch künftig Möglichkeiten zur Ertragssteigerung einerseits und Senkung des Aufwandes andererseits. Die seit Beginn der naturgemäßen Waldwirtschaft eingetretene Veränderung des Waldes läßt sich zusammenfassend wie folgt beschreiben: Die Wälder haben gewonnen an

– Vielfalt der Arten, Biotope und Strukturen,

- Stabilität und Elastizität,
- Fähigkeit zu natürlicher Regeneration,
- naturaler Substanz und Nutzbarkeit,
- ökonomischer Leistungsfähigkeit,
- Stetigkeit ihrer Flächenfunktionen,
- ästhetischem Reiz und Erholungswert.

Gleichwohl ist der begonnene Umbau noch keineswegs beendet, und es wird gewiß weiterer 50 Jahre bedürfen, den angestrebten optimalen Zustand zu erreichen.

Literatur

WOBST, WILLY: Naturgemäße Waldwirtschaft im Forstamt Stauffenburg. In: Allg. Forstzeitschrift, Jahrg. 17 (1962), H. 47, S. 763-766

WOBST, WILLY/WOBST, HERMANN: Ergebnisse aus drei Holzvorratsinventuren im sogenannten Landteil des Niedersächsischen Forstamts Stauffenburg. In: Allg. Forstzeitschrift, Jahrg. 30 (1975), H. 17, S. 358-361

UNTERBERGER, WALTER/WOBST, HERMANN: 40 Jahre naturgemäße Waldwirtschaft im Landteil des Staatlichen Forstamts Stauffenburg. In: Aus dem Walde – Mitteilungen aus der Niedersächsischen Landesforstverwaltung, H. 39, Verlag M. & H. Schaper, Hannover 1985

WOBST, HERMANN: Der Entwicklungszustand im Forstamt Stauffenburg. In: Allg. Forstzeitschrift, Jahrg. 47 (1992), H. 11, S. 616-618

Naturgemäße Waldwirtschaft im Gebirgswald

Gebirgswald gibt es nur im Süden Deutschlands. Von Natur aus bedeckt er die Täler und die Hänge bis auf etwa 1800 Meter NN hinauf. Die Standorte des Gebirgswaldes weisen einige Besonderheiten auf:

- Die Hänge sind meist viel steiler und auch länger.
- Die Wärme nimmt von unten nach oben rasch ab. Deshalb finden sich unterschiedliche natürliche Waldgesellschaften vom wärmeliebenden Laubwald bis zum kälteresistenten Nadelwald nahe beieinander.
- Die Niederschläge sind hoch, die Erosions- und Lawinengefahr ist groß.
- In diesem hervorragenden Erholungsgebiet sind die meisten Täler dicht besiedelt, viele Straßen durchziehen auch die Hänge.
- Viele alte Wälder sind noch naturnah aufgebaut; große Bereiche sind als Naturschutzgebiete ausgewiesen.

Naturgemäße Waldwirtschaft ideal für funktionsgerechten Gebirgswald

Nach dem Waldfunktionsplan haben 40 Prozent des Gebirgswaldes besondere Bedeutung für den Bodenschutz, 22 Prozent für den Lawinenschutz und 46 Prozent für den Gesamtbereich des Wasserschutzes (Schutz vor Hochwassern und Schutz des Trinkwassers). Manche Waldflächen haben mehrere dieser „Vorrangfunktionen" gleichzeitig zu erfüllen. Der größte Teil des Gebirgswaldes ist vorrangig Schutzwald. Das Bayerische Staatsministerium für Ernährung, Landwirtschaft und Forsten hat im Jahr 1991 für den Schutzwald u. a. formuliert: „Der Schutzwald muß seine Funktionen möglichst wirkungsvoll und dauerhaft erfüllen. Dies wird am ehesten erreicht durch

- ein geschlossenes, die Hänge überziehendes Waldkleid;
- eine reiche, vielfältige innere Struktur, die sich am leichtesten in kleinflächig ungleichaltrigen und gemischten Wäldern erzielen läßt.

Abb. 1 a (1989) und 1 b (1993): Voraussetzung zur Sanierung des Gebirgswaldes war eine entscheidende Reduzierung des Wildverbisses. Neben der Verringerung des Schalenwildbestandes wurden in den letzten 15 Jahren 9 von 12 Rotwildfütterungen abgebaut und die restlichen mit einem Wintergatter umgeben

Dieser unregelmäßige, vielschichtige Aufbau bewirkt
– kontinuierlichen Schutz; fallen alte Bäume aus, so stehen junge in nächster Nähe bereit, um deren Aufgaben zu übernehmen;
– hohe Stabilität gegen die extremen, von außen wirkenden Naturgefahren des Hochgebirges wie Sturm, Schnee, Lawinen und Steinschlag."
Ein solcher Waldaufbau wird am ehesten durch eine naturgemäße Waldbewirtschaftung erreicht.

Beispiel: Forstamt Bad Reichenhall

Die Ziele der Waldnutzung waren im Forstamt Bad Reichenhall in den letzten 120 Jahren dieselben wie in anderen Hochgebirgsforstämtern. Es weist aber folgende Besonderheiten auf:

- Für die Salzgewinnung wurden einige Jahrhunderte lang riesige Holzmengen benötigt und auf großen Schlägen eingeschlagen.
- Die Nachhaltigkeit der Holznutzung wurde sehr früh definiert.
- Der Übergang zur vorrangigen Jagdnutzung erfolgte erst um 1870.

Das Forstamt Bad Reichenhall liegt ganz im Südosten Bayerns im Einzugsbereich der Saalach. Für die Pflege von etwa 10 000 ha Staatswald wurde die Zahl der Forstreviere im Jahr 1993 auf fünf reduziert. Zwei weitere Reviere betreuen rd. 10 000 ha Nichtstaatswald, überwiegend Kleinprivatwald. Der Staatswald liegt im Hochgebirge und in den Flysch-Vorbergen. Die Böden der Gebirgswälder sind überwiegend flachgründig, steinig und trocken mit der Gefahr des Humusschwundes bei Freilage (Kahlschlag!). Tiefgründige, tonige Böden neigen zu Dichtlagerung, Vernässung und Rutschung. Die Niederschläge reichen von 1 400 mm/Jahr in den Tallagen bis hinauf zu etwa 2 500 mm/Jahr in den Hochlagen. Starkregen mit mehr als 50 mm/Tag sind nicht selten. In den Tälern fallen ca. 20 Prozent als Schnee, in den Hochlagen sind es bis zu 50 Prozent. Die Wachstumsphase der Bäume reicht von 140 Tagen in den Tallagen und sonnseitigen Hanglagen bis zu 70 Tagen in den Hochlagen.

Die natürlichen Wälder waren sehr vielfältig

Die rasche klimatische Änderung vom Tal zu den Hochlagen bestimmt auch die natürliche Waldzusammensetzung. Sie reicht von Laubwäldern in Talnähe über ein breites Band des „Bergmischwaldes" (Laubbäume, Fichte, Tanne) bis zu einem „Buschwald" aus Latschen oder Grünerlen. Nur örtlich kommt eine schmale Zone des natürlichen Nadelwaldes vor. Im natürlichen Gebirgswald hat sich die Verjüngung meist auf kleinen Lücken im Schutze der alten Bäume langsam hochgeschoben. Wo die Lücken z. B. durch Sturm größer wurden, haben sich sofort zahlreiche „Pionierpflanzen" wie z. B. Weidenröschen, Vogelbeeren und Bergahorne angesiedelt. Sie sind rasch aufgewachsen. In ihrem Schutz konnten sich die Hauptbaumarten nach oben schieben. Dadurch wurden Humusschwund und die verschiedenen Erosionsformen (z. B. Bodenabtrag durch Gleitschnee und Lawinen, Rutschungen) weitgehend verhindert.

Der „ewige Wald" als Vorläufer einer nachhaltigen Landnutzung

Im Reichenhaller Talbecken haben frühe Kundschafter schon vor etwa 4000 Jahren Salzquellen entdeckt. Seitdem siedeln hier Menschen. Für die Salzgewinnung wurde das Salzwasser solange erhitzt, bis das Wasser verdampfte; Salz blieb übrig. Als Heizmaterial stand nur Holz zur Verfügung. Dreitausend Jahre lang hatte die kleinflächige Holznutzung meist nur geringe Auswirkungen auf den Waldzustand. Das änderte sich zu Beginn des 16. Jahrhunderts. Die bayerischen Herzöge hatten alle Salzquellen aufgekauft. Die Salzproduktion wurde erheblich gesteigert. Der Holzbedarf stieg sehr stark an. Schon 1509 taucht der Begriff des „ewigen Waldes" auf. Bis zum Jahr 1529 wurden alle Wälder in „Waldbüchern" beschrieben. So sollte eine nachhaltige Versorgung der Salinen mit dem wertvollen Holz gesichert werden. Die Holzvorräte reichten trotzdem bald nicht mehr aus. Von 1616–1619 wurde eine Soleleitung von Reichenhall nach Traunstein als erste „Pipeline" der Welt gebaut. Im Jahr 1661 wurde in Reichenhall eine nachhaltige Holznutzung so definiert: „Gott hat die Wäldt für den Salzquell erschaffen auf daß sie ewig wie er continuieren mögen/ also solle der Mensch es halten: Ehe der alte ausgehet, der junge bereits wieder zum verhacken hergewaxen ist". Diese frühe Definition einer nachhaltigen Nutzung der Natur zeugt von der Verantwortung gegenüber künftigen Generationen.

Trotz grober Hiebe wachsen wieder naturnahe Mischwälder auf

Das Holz konnte nur mit dem Wasser nach Reichenhall transportiert werden. Deshalb war das schwerere Laubholz nicht begehrt; es versank zu oft. Die hölzernen Klausen zum Aufstauen des Wassers haben etwa 20 Jahre gehalten. In dieser Zeit mußte das Holz im Einzugsbereich der Klausen eingeschlagen sein. Das Holz wurde deshalb auf großen Schlägen gewonnen. Meist wurden fast nur die stärkeren Nadelbäume abgehackt. Alle Bäume unter 7 cm Durchmesser blieben stehen. Die Akkordnehmer, die „Holzmeister" wurden immer wieder aufgefordert, die stärkeren Laubbäume wegzuhacken. Da diese zeitaufwendige Arbeit aber kaum bezahlt wurde, blieben Laubbäume stehen. Auf diesen „groben Schirmschlägen" haben sich sofort die Pionierpflanzen angesiedelt. Nach Weidenröschen und Zwergholunder kamen Weide, Kirsche, Aspe, Vogelbeere und Ahorn. Sie sind rasch aufgewachsen und haben Erosionen sowie Humusabbau verhindert. In ihrem Schatten konnten nach 10 bis 30 Jahren wieder Tannen, Buchen und Fichten aufwachsen und einen neuen Bergmischwald bilden. Trotzdem wurde die Ungleichaltrigkeit nach jedem „Salinenhieb" etwas geringer. Auch der Anteil der Laubbäume und der Tannen hat etwas abgenommen. Der „Dreiklang" aus Laubbäumen, Tannen und Fichten ist trotz dieser sehr groben Eingriffe bis in die Mitte des vorigen Jahrhunderts aber erhalten geblieben. Pionierpflanzen, Laubbäume und Tannen konnten aber nur bei einem weitgehend ungestörten Gleichgewicht zwischen Pflanzendecke und großen Pflanzenfressern aufwachsen. Wenige Hirsche und Rehe haben von Mai bis Oktober eine Fülle an frischer Kräuter- und Blätternahrung gefunden; ihr Verbiß hat die natürliche Waldentwicklung kaum gestört. Ab Oktober sind sie dann ins schneeärmere Flachland hinausgezogen. Im Winterhalbjahr war „das Gebirge wildleer", wie es in einem alten Akt heißt. Die Gemsen sind aus Angst vor dem schnellen Luchs und dem ausdauernden Wolf nicht in den eigentlichen Wald eingedrungen; sie sind in den felsdurchsetzten Hochlagen geblieben.

„Naturnahe Mischwälder" als Vorbild der Landschaftsplanung

Um 1850 hat die Forstverwaltung für die Gebirgswälder den Nachhaltigkeitsbegriff weiterentwickelt. Ab jetzt gilt: „Die Erfahrung und der natürliche Fingerzeig, daß auch hier in diesen Gebirgs-Waldungen, die aus Fichten, Tannen und Buchen gemischten Bestände den Boden auf höherer Produktionskraft erhalten und den ungünstigen elementarischen und anderen nachteiligen Einflüssen erfolgreicheren Widerstand bieten, als reine Fichtenbestände, bestimmt dazu, überall die Erhaltung, beziehungsweise die Erziehung gemischter Bestände als ersten und obersten Grundsatz gelten zu lassen ...". Damit wird die nachhaltige Sicherung der Bodenfruchtbarkeit und die Stabilität in den Vordergrund gestellt. Die forstliche Planung im Hochgebirge wurde ein Vorbild moderner Landschaftsplanung.

Immer weniger naturnahe Mischwälder konnten aufwachsen

Entgegen dem eindeutigen Ziel sind in den letzten 130 Jahren immer weniger naturnahe Mischwälder aufgewachsen. Der „naturnahe Mischwald" (Bergmischwald, Laubmischwald, Fichten-Tannen-Wald) dürfte ursprünlich etwa 85 Prozent der Holzbodenfläche eingenommen haben. Von 1900 bis 1980 wurden diese Bestandsformen jedoch nur auf vier Prozent der Holzbodenfläche erzielt. Der Grund dafür liegt in krassem Wertewandel. Die Trophäenjagd hatte bis 1865 keine Rolle gespielt. Im Jahr 1866 wurde die Eisenbahn bis Reichenhall gebaut. Damit konnte billige Kohle antransportiert werden. Das Holz verlor seinen überragenden Wert. Die Wälder waren frei für eine andere Nutzung. Und das war die gesellschaftlich hoch angesehene Trophäenjagd. Die Jagd wurde in den meisten Staatswäldern verpachtet. Wie in der Nachbarschaft, setzte sofort eine intensive „Aufhege" des Schalenwildes durch Fütterung und Abschuß-Hindernisse ein. Die Zahl des Schalenwildes stieg rasch auf ein Mehrfaches an.

Rot- und Rehwild wurden durch die Fütterung auch im Winterhalbjahr in den mittleren Berglagen zurückgehalten. Von dort aus zogen sie in niedrigere Schneelagen und haben dort die Knospen der Bäume und Sträucher verbissen. Das Gamswild hat seinen Lebensraum nach der Ausrottung von Wolf und Luchs in den gesamten Bergwald hinein ausgebreitet. Die Pionierpflanzen und die jungen Tannen, Ahorne und Buchen konnten an immer weniger Standorten aufwachsen.

Die Trophäenjagd mit hohen Schalenwild-Beständen ließ sich am ehesten mit fichtenreichen Wäldern kombinieren. Diese wurden nach 100 bis 120 Jahren flächig verjüngt. Viele Förster haben versucht, langfristige Verjüngungsverfahren anzuwenden. Sie erzielten bei dem hohen Verbiß aber letztlich nur lückige, vergraste Bestände. Das Ergebnis von etwa 110 Jahren vorrangiger Jagdwirtschaft waren vielfach fichtenreiche, einschichtige, instabile Wälder. Daneben gab es noch alte, gutgemischte Waldteile, die aber stark verlichtet und vergrast waren. Die Sturm-Schneebruch- und Käfergefahr hatte in den naturfernen Waldteilen sehr stark zugenommen. In den lückigen Altbeständen wurden Humusabbau, Schneeschurf und rascher Wasserabfluß immer bedrohlicher. Der Gebirgswald konnte auch im Reichenhaller Raum seine Schutzfunktionen immer weniger erfüllen.

Die forstliche Erfolgskontrolle hat weitgehend geschwiegen

Die Trophäe wurde zum Status-Symbol. Sie war gesellschaftlich viel angesehener als ein naturnaher junger Wald oder ein immer mehr schwindender Gewinn aus dem Holzverkauf. Die Pflicht-Trophäenschauen wurden zur wichtigsten Erfolgskontrolle der Waldnutzung. Die forstliche Erfolgskontrolle stellt 1875 fest, daß „wieder vollkommen befriedigende Verjüngungen" nachwachsen. Im Jahr 1892 wird hingegen über „wenige gelungene Verjüngungen und ganze Bergseiten einnehmende, verlichtete Bestände mit vergrastem ... Boden" geklagt. Bei den Ursachen fehlt jeder Hinweis auf den Wildverbiß. Das bleibt weitere 70 Jahre so.

Ganz entscheidend war, daß die forstliche Erfolgskontrolle die Fläche des zielgerechten jungen Mischwaldes nicht erhoben hat. Die forstliche Planung und Erfolgskontrolle war bis etwa 1870 Vorbild jeder Landschaftsplanung. Zu den Folgen der Trophäenjagd hat sie weitgehend geschwiegen und deshalb ihre Vorbildfunktion verspielt.

Maßnahmen für den Wiederaufbau naturnaher Mischwälder

In den letzten 15 Jahren wurde dem Wiederaufbau naturnah gemischter und gestufter Wälder der Vorrang vor der Trophäenjagd eingeräumt.

Dazu wurden:

– naturnahe alte Wälder nur dann verjüngt, wenn das Aufwachsen einer naturnahen Verjüngung gesichert war;
– alle Kahlschläge vermieden;
– naturferne mittelalte Wälder in naturnahe Wälder umgebaut;
– jüngere und mittelalte Wälder in Richtung auf eine bessere Stabilität gepflegt und
– nicht mehr funktionsfähige Schutzwälder saniert.

Wie überall im bayerischen Hochgebirge kommt die Verjüngung in den alten, gutgemischten Bergwäldern noch freudig an. Ab einer Größe von 10 bis 20 Zentimetern setzt dann bei Tanne, Esche, Ahorn, Buche und Fichte der Wildverbiß ein. Die Intensität dieses Verbisses ist örtlich sehr verschieden. Nicht beeinflussen läßt sich die Dauer der „braunen Jahreszeit" zwischen grünen Blättern und weißem Schnee.

Abb. 2 a (1989) und 2 b (1993): Als Ergebnis der Verringerung des Wildverbisses haben die jungen Tannen schon eine Höhe bis zu drei Metern erreicht. Sie wachsen im Halbschatten viel schneller als die gleichaltrigen Fichten

Sie hängt hauptsächlich von der Schneelage ab. In der Staatsjagd wurden die beiden anderen Hauptfaktoren Fütterungsnähe und Wilddichte verändert durch:

– Auflösung aller Rehfütterungen im Bergwald
– Abbau von neun Rotwildfütterungen und Bau von Wintergattern um die verbliebenen drei Fütterungen
– weitgehender Abbau aller Gesichtspunkte der Trophäenjagd
– Einführung von Drückjagden auf Rot-Gams- und Rehwild
– Beteiligung zahlreicher „revierloser Jäger" an der Jagd
– Reduktion des Rotwildbestandes auf etwa die Hälfte
– sehr kräftige Reduktion des Gamswildbestandes im Waldbereich.

Diese Maßnahmen haben den erbitterten Widerstand der Trophäenjäger und des Landesjagdverbandes ausgelöst. Der Forstamtsleiter wurde schon im Jahr 1982 beschuldigt, daß er das Schalenwild ausgerottet habe. Trotzdem konnte fast jedes Jahr mehr Schalenwild erlegt werden. Die Erlegung des in den Verordnungen vorgesehenen Drittels an Jungwild (auch bei den Gemsen), wurde bei der „Hegeschau" als „Kindermord" angeprangert. Es ist verständlich, daß eine solche Kampagne Eindruck auf viele Privatjäger und auch Förster machte.

Die Durchsetzung dieser wildbiologischen und jagdlichen Maßnahmen war nur mit großem Beharrungsvermögen möglich. Man mußte überzeugt sein, daß nur auf diese Weise wieder naturnahe und funktionsfähige Bergwälder aufgebaut werden können.

Die ersten Erfolge stellen sich ein

Je mehr Fütterungen aufgelöst und Wilddichten reduziert wurden, desto mehr Pionierpflanzen, Buchen, Ahorne und schließlich auch Tannen begannen aufzuwachsen. Unter den über 80jährigen Waldteilen konnte bisher auf mehr als 1000 ha eine Vorausverjüngung aufwachsen. Wo die erste Wildfütterung ins Tal verlegt und ein Wintergatter gebaut wurde, haben die jungen Tannen inzwischen eine Höhe bis zu vier Metern erreicht. In der Staatsjagd konnte der Zaun- und Einzelschutz weitgehend eingestellt werden. Ausnahmen bilden Waldteile, in die Schalenwild in der „braunen Jahreszeit" aus Nachbarjagden einwechselt.

Eine überraschende Entwicklung ist in einigen Schneeheide-Kiefern-Wäldern eingetreten. Nach einer entscheidenden Verringerung des Wildverbisses wachsen dort nicht nur junge Kiefern, sondern auch zahlreiche Sträucher und Laubbäume wie Vogel- und Mehlbeeren, Ahorne, Buchen und auch Eschen auf. Mittelfristig werden sich diese Kiefernwälder auf degradierten Böden auf erheblichen Teilflächen wieder in kiefernreiche Laubwälder entwickeln.

Viele Schutzwälder sind zu sanieren

Von etwa 80 km² Waldfläche sind rd. 85 Prozent Schutzwald. Der größte Teil dieser Schutzwälder war früher dicht bewaldet. Jetzt sind etwa 820 ha dieser Schutzwälder nicht mehr funktionsfähig; sie müssen dringend saniert werden. Die Kosten dafür belaufen sich auf etwa 90 Millionen DM. Das sind die Folgekosten einer 110jährigen, naturfernen Trophäenjagd. Um sie zu verschleiern, leisten besonders die Trophäenjäger erbitterten Widerstand gegen die Schutzwald-Sanierung.

Seit 1982 hat das Forstamt Erfahrungen beim Auspflanzen steiler Flächen mit „Topfpflanzen" gesammelt. In die „Töpfe" dieser Pflanzen ist Langzeit-Dünger eingelagert. Sie werden deshalb vom Schalenwild noch stärker verbissen als andere Bäumchen. Eine „Topfpflanze" kostet etwa 5,– DM, bis sie im Boden ist. Wenn diese Pflanzen verbissen werden, läßt sich der finanzielle Verlust nicht mehr leugnen. Es entsteht deshalb ein weit größerer Druck auf die Verantwortlichen und die Jäger, den Verbiß durch jagdliche und wildbiologische Maßnahmen zu reduzieren.

Im vordringlichen Sanierungsgebiet „Weißwand" über der Deutschen Alpenstraße wurden seit 1988 etwa 265 000 Topfpflanzen gepflanzt. Nur 24 Prozent davon waren Fichten. Die stärker verbißgefährdeten Baumarten wurden zunächst zu etwa 80 Prozent verbissen. Die Jagd ist in diesem extrem steilen, fast ganz bewaldeten Gebiet sehr schwierig. Im Jagdjahr 1984 wurden dort vier Stück Schalenwild je km² erlegt, 1990 bis 1992 waren es viermal soviel. Der Verbiß beträgt jetzt weniger als 10 Prozent.

Im Schutzwald ist es besonders wichtig, daß wieder ein naturnaher, ungleichaltriger Wald aufgebaut wird. Bei Fällungen wurden Eingriffe über Truppgröße auch dort vermieden, wo das Holz örtlich als „Schnee- und Steinschlagbremsen" eingebaut wurde. Pflegemaßnahmen und örtlich gezielte Pflanzungen gehören außerdem zu dieser besonderen Form der naturgemäßen Waldwirtschaft.

Abb. 3: Viele Schutzwälder müssen jetzt aufwendig technisch saniert werden. Die hölzernen Bauwerke halten etwa 25–30 Jahre. Bis dahin sollen die Pflanzungen deren Funktion übernehmen. Der Wildverbiß konnte auf das dazu notwendige, sehr niedrige Ausmaß reduziert werden

Die Umstellung von der hochgeachteten Trophäenjagd zur vielfach unerwünschten Sanierung der Wälder war nur bei einem weitgehenden Wertewandel möglich. Das Verständnis dafür war nicht immer vorhanden. Das hat teilweise schmerzliche Bremsspuren bei vielen Betroffenen hinterlassen. Die Umstellung der Jagd- und Waldwirtschaft war aber notwendig, um eine positive Ausgangslage für den Wiederaufbau naturnaher und funktionsfähiger Wälder zu erreichen.

Aufgaben der Zukunft

Trotz einer positiven Ausgangslage am Forstamt Bad Reichenhall bleibt in der Zukunft überörtlich und örtlich noch viel zu tun:

- Der Wertewandel von der vorrangigen Trophäenjagd hin zum Wiederaufbau naturnaher Wälder muß auf allen Ebenen der Forstverwaltung nicht nur mit Worten anerkannt werden.
- Wenn ein naturnaher Wald tatsächlich Ziel der Forstwirtschaft ist, muß er auch örtlich als Erfolgsmaßstab kartiert werden.
- Die vorgedachte Feinerschließung mit permanenten Seiltrassen im steileren Gelände ist in die Tat umzusetzen.
- Der Abschuß ist besonders beim Rehwild und in schwer zugänglichen Lagen noch zu erhöhen. In Wäldern mit Vorausverjüngung ist dies erfolgversprechend nur bei Stöberjagden mit Hunden möglich.
- Jüngere Waldteile sollten zur Erzielung einer besseren Mischung und Stufung auch abseits von Forstwegen gepflegt werden.

Nekrolog

Im Jahr 1509 wurde erstmals der „ewige Wald" erwähnt. Im selben Jahr wurde der erste „Waldmeister" in Reichenhall als Hüter der Nachhaltigkeit ernannt.

Nach der Umstellung der Waldwirtschaft von der hochgeachteten Trophäenjagd zur vielfach unerwünschten Sanierung der Wälder wird 1994 der letzte Forstmeister von Reichenhall abtreten. Nach den vorliegenden Informationen wird es das Forstamt Bad Reichenhall dann nicht mehr geben.

Naturnahe Waldwirtschaft in Schlägl

HEINRICH REININGER

Das Stift Schlägl, 1218 von den Grafen Falkenstein als Rodungskloster gegründet, liegt im Mühltal des österreichischen Böhmerwaldes. Derzeit werden vom Stift Schlägl, in der Dreiländerecke Bayern-Tschechei-Österreich, 6000 ha Wald mit einem Jahreseinschlag von 35000 fm bewirtschaftet.

In fünf Revieren und einem gut ausgestatteten betriebseigenen Fuhrpark werden 43 Arbeitskräfte beschäftigt. Unabhängig vom Forst sind als Nebenbetriebe die Brauerei, Gaststättenbetriebe, E-Werk, Gärtnerei, Seminarzentrum, Tischlerei, Meierhof (verpachtet) zu nennen. Während der Wintermonate stehen die Forstarbeiter der Skiliftgesellschaft Hochficht (Beteiligungsbetrieb mit sieben Skiliften) zur Verfügung.

Standortbedingungen

Tiefgründige Verwitterungsböden über Urgestein (Granite unterschiedlicher Zusammensetzung, Gneise, Schiefergneise) ergeben mittlere bis gute Standortbonitäten. Die im vorigen Jahrhundert geübte Streunutzung führte zu Oberbodendegradation (Heidelbeere) und Begünstigung der Fichte.

Das vorwiegend ozeanisch getönte Klima bringt 1000 mm Niederschlag, der spürbare kontinentale Klimaeinschlag (Böhmwinde) drückt die durchschnittliche Jahrestemperatur auf 5° Celsius. Vergleichbare Höhenlagen im Alpengebiet haben einen um 1° Celsius höheren Jahresdurchschnitt aufzuweisen.

Ursprünglich waren Mischwälder von Fi-Ta-Bu (Ah, Es, Ul) gegeben. Die derzeitige Bestandesmischung von Fi-73, Ta-4, Bu-23 zeigt eine starke Tendenz zur Bildung von Reinbeständen (reine Fichte, reine Buche). Die Fichte hat zu Lasten der Buche an Areal gewonnen, die Tanne wurde seit dem Ende der freien Jagd (1880) durch Wildeinwirkung (Rehwild) stark zurückgedrängt. Obwohl die Fichte Optimalbedingungen vorfindet, konnte auch die Tanne durch Schutzmaßnahmen (Zäunung, Einzelschutz) in der 1. und 2. Altersklasse wieder an Boden gewinnen.

Betriebsgeschichte

Das Forstamt des Stiftes Schlägl ist in den letzten 150 Jahren allen Modeströmungen des Waldbaues gefolgt, so daß die derzeitige Bestockung einen Altersklassenwald mit gleichaltrigen und gleichförmigen Beständen darstellt.

Mit dem Verschwinden der letzten Urwälder um 1850 und der Einstellung der Trift wurden die Großkahlschläge aufgegeben, die Breite der Schläge immer mehr eingeengt. Seit 1920 ist Schlägl Naturverjüngungsbetrieb, es wurde der Saumschlag (Saumfemel) mit wechselndem Erfolg angewendet. Einem Kahlschlagverbot folgend, das um 1940 erlassen wurde, kam es im Zuge erhöhter Umlagenerfüllung zu umfassenden Bestandesentrümpelungen. Die daraus resultierenden Schirmstellungen hatten die großflächige Einleitung der Naturverjüngung zur Folge, die in den Nachkriegsjahren – auf Kniehöhe ange-

Abb. 1: Langfristige Verjüngungszeiträume sichern das Aufkommen der Tanne

wachsen – eine rasch fortschreitende Räumung der Altbestände nach sich zog. Diese vorwiegende Abnutzung des Starkholzes, wie der 1957 folgende Windwurf (130 000 fm) machten das Schwinden der Altholzreserven bewußt.

Das Räumungsverbot von 1960

Die bevorzugten Verjüngungshiebe mit der raschen Förderung und Abdeckung der Naturverjüngung durfte nicht mehr oberstes Gebot des Waldbaues bleiben, sollten auch die bisher vernachlässigten Durchforstungen systematisch nachgeholt werden.

Dazu wurden die Säume eingestellt, die Räumungen über Naturverjüngung kurzerhand verboten. Auch die Begradigung von Schlagrändern, wie die Aufnutzung von Bestandesresten nach Windwurf wurde als nachrangig zurückgestellt. Absoluten Vorrang bekamen Pflegearbeiten ohne Unterschied des Bestandesalters. Die Nutzung wurde auch in Altbeständen auf ausschließliche „Innenarbeit", also pflegliche Entnahmen beschränkt.

Der große Schritt vom Naturverjüngungsbetrieb zum Pflegebetrieb war damit getan. Flächennutzungen waren abgeschafft, die Individualität des Einzelstammes erkannt. Von den schematischen Räumungen über „drängender Naturverjüngung" wurde der Übergang zur individuellen Leistungsbeurteilung und zu einzelstammweiser Nutzung vollzogen.

Der Wesensunterschied zum galloppierenden Schirmschlag der 40er und 50er Jahre lag vor allem in der Eingriffsstärke. Erst die Tendenz zur Wahrung des Gleichgewichts von Zuwachs und Nutzung im Einzelbestand, orientiert die Vorratspflege nach dem Plenterprinzip.

Das Normalwaldmodell

Mit berechtigtem Stolz verweist die Forstwirtschaft, als eine der wenigen Sparten, auf die Vermeidung von Übernutzungen und gewährleistet über das Aufforstungsgebot die nachhaltige Bereitstellung des Rohstoffes Holz. Schon 200 Jahre lang ermöglicht das Normalwaldmodell von Hundeshagen die Nachhaltigkeit der Holzlieferung. Nach dem Alter gestuft werden immer neue Bestände zur Nutzung eingereiht, wodurch eine endlose Folge gewährleistet wird.

Abb. 2: Die Fichte zeigt eine der Tanne ähnliche Schattenfestigkeit

Bei kritischer Betrachtung liegt eine geschickte Aneinanderreihung aussetzend bewirtschafteter Teilflächen vor, und der Zeitraum des Umtriebes sorgt für die Wiederbestockung der abgenutzten Holzflächen. Auf diese Weise kann auch im schwedischen Großkahlschlag nachhaltig gewirtschaftet werden. Obwohl sogar eine Steigerung der Zuwachsleistung verzeichnet wird, muß die Ökologie letztlich auf der Strecke bleiben.

Ökologische Nachhaltigkeit

Höhere ökologische Anforderungen werden der Forstwirtschaft ein neues Nachhaltsdenken abverlangen. Ökonomie und Ökologie sollen nicht im Widerspruch zueinander stehen, sondern sich harmonisch ergänzen. Diese Forderung wird durch Wahrung der Nachhaltigkeit im Einzelbestand erfüllt. Aus dem Plenterwald ist die Wahrung der Nachhaltigkeit in den Einzelbestand zu übernehmen, das Gleichgewicht von Zuwachs und Nutzung im Einzelbestand bis herab in die kleinste Behandlungseinheit anzustreben.

Diese neue, verfeinerte Nachhaltigkeit ist im Plenterprinzip verankert und soll Grundlage für die künftige Bewirtschaftung unserer Wälder sein. Das verfeinerte Nachhaltsdenken sorgt mit dem Gleichgewicht von Zuwachs und Nutzung für langfristige Schirmstellungen, die das Wesen des Dauerwaldes sind. Die Wahrung der Nachhaltigkeit im Einzelbestand vermittelt neben einem verbesserten Bestandesinnenklima und der Beschattung des Waldboden, den natürlichen Wachstumsrhythmus des Waldes und die Automation der biologischen Produktion.

Pflegeblöcke erleichtern die Nutzungsplanung

Die Wahrung des Gleichgewichts von Zuwachs und Nutzung im Einzelbestand ist im Zuge von Flächennutzungen nicht denkbar, sie verlangt nach der Einzelbaumwirtschaft, die systematisch die ganze Betriebsfläche erfaßt. Eine angemessene Konzentration der Nutzung führt zur Bildung von Pflegeblöcken.

Abb. 3: Etwa 70 Prozent der Betriebsfläche sind in Verjüngung begriffen

220

Die Anzahl der Pflegeblöcke in einem Revier ist an das Nutzungsintervall (Wiederkehr der Nutzungen in Jahren) gebunden, das in Schlägl derzeit mit sechs Jahren eingehalten wird. Bei einer Reviergröße von 1 200 ha und einem Nutzungsintervall von sechs Jahren ergeben sich 200 ha große Pflegeblöcke. Bei einem Jahreshiebssatz von 8 000 fm pro Revier errechnet sich eine durchschnittliche Eingriffsstärke von 40 fm/ha. Die tatsächliche Entnahme aus dem Bestand richtet sich nach den waldbaulichen Erfordernissen und wird bestandesindividuell mit 10 bis 70 fm/ha in den Jahreshiebsplan aufgenommen. Noch stärkere Eingriffe gefährden nicht nur die Stabilität des Bestandes, sie erschweren auch die Erfüllung des Flächensolls im Pflegeblock.

Der endgültige Pflegezustand kann normalerweise nicht mit nur einem Pflegeeingriff erreicht werden. Deshalb werden die Entnahmestämme nach Dringlichkeitsstufen gereiht und in mehreren Pflegedurchgängen genutzt. Das Ziel ist der Aufbau und die bestmögliche Gestaltung des Produktionspotentials nach Qualität, Leistungsfähigkeit und Baumartenzusammensetzung.

Ein System paralleler Rückewege

Der Zugang zum Einzelbaum wird durch Rückewege erleichtert. Schlägl verfügt über ein System paralleler Rückewege mit einem Abstand von 50 m. Die Hangwege werden mit einem max. Gefälle von 15 Prozent trassiert, die Fallinie wird streng gemieden. Um Erosionsschäden durch das Niederschlagswasser vorzubeugen, wurden in Abständen von jeweils 50 m Wasserkehren angelegt. Schon im Zuge der Trassierungsarbeiten wird das Gefälle des Weges auf die Hälfte (etwa acht Prozent) zurückgenommen und die Trasse talseitig quergeneigt.

Rückefahrzeuge, mit Breitreifen und Doppelseilwinde ausgestattet, verbleiben auf den Wegen und ziehen das Holz mit dem Seil aus dem Wald. Um Rückeschäden am verbleibenden Bestand zu unterbinden, wird die baumlange Ausbringung des Holzes vermieden.

In Österreich hat sich der Verkauf von Blocklängen eingebürgert. Zur vollen Erfüllung der individuellen Käuferwünsche wird nur auf Bestellung geschlägert. Das Holz wird in Doppellängen ausgehalten, um die Stück-Masse hoch zu halten, und an der Straße vom Beifahrer (zwei Mann - ein Fahrzeug) kurz geschnitten.

Rückewege werden heute grundsätzlich mit dem Bagger angelegt. Gute Rückewege erlauben eine bessere Auslastung der eingesetzten Schlepper, erleichtern die Bergfahrt und rentieren durch niedere Instandhaltungskosten. Die Finanzierung der Rückewege wurde weitgehend durch die Vergabe des Restholzes an Selbstwerber ermöglicht.

Bewirtschaftung nach dem Plenterprinzip

Die Wahrung der Nachhaltigkeit im Einzelbestand erlaubt die periodische Abschöpfung (6 Jahre) des Zuwachses im Bestand. Diese Methode in gleichaltrigen Beständen angewendet, führt zur Plenterung des Altersklassenwaldes. Es hat sich folgende Reihung der Nutzungseingriffe herausgebildet:

Standraumregelung   – Stabilität, Struktur
Schadholzentnahme, Selektion   – Qualität
Mischungsregelung   – Bodenpflege
Ernte, Zielstärkennutzung   – Struktur, Erneuerung

Ein immerwährendes Waldwachstum verlangt nach einer permanenten Standraumregelung. Zur Sicherung der Bestandesstabilität muß der Dichtschluß von Beständen vermieden werden, um Kronenschwund, h/d-Wertminderung und Labilisierung des Bestandes hintan zu halten. Die Standraumregelung kann in allen Altersstufen Hand in Hand mit selektiver Auswahl, im Altholz auch über die Ernte herbeigeführt werden. Gut ausgewählte Entnahmestämme werden gleichzeitig mehreren Nutzungskriterien entsprechen. Die Entnahme des jeweils schlechteren Stammes soll dem jeweils besseren förderlich sein. Wipfelbrüche, Rückeschäden, Schälschäden, Immissionen und Rotfäule werden Anlaß für selektive Eingriffe sein. Es gilt das Leistungsvermögen eines jeden Baumes nach seinem Wert zu beurteilen, um dann den Stamm mit den größeren Zukunftserwartungen zu fördern.

Die Mischungsregelung wird sich standortgerecht an natürlichen Waldgesellschaften orientieren. In Schlägl wird man die vielfach unterrepräsentierte Buche aus bodenpfleglichen Gründen fördern. Entlang von Straßenrändern und Rückewegen werden Weichlaubgehölze, wie Eberesche, Salweide und Aspe belassen.

222

Wechselwirkung von Pflege und Stabilität

Beständige Standraumregelung dient nicht nur der Pflege, sondern zugleich auch der Stabilisierung der Bestände. Mit der Auflockerung des Kronendaches und Erhöhung des Umlichtungsgrades für den Einzelbaum wird der drohende Kronenschwund unterbunden. Damit soll eine beständige Verbesserung des h/d Wertes, der Kronenlänge und des Wurzelsystems erreicht werden.

Die Stärke des Pflegebetriebes ist wohl darin gelegen, daß der gesamte Hiebsatz über die Pflege realisiert wird, und die Pflege über das Durchforstungsalter hinausgehend in allen Altersstufen zur Anwendung kommt. Dem Einzelbaum werden zunehmende Umlichtungsgrade gewährt und – wie im Naturwald – der Aufstieg zum „Solitär" ermöglicht. Erweist sich der Einzelbaum als stabil, ist es der ganze Bestand. Professor Burschel zeigt im Universitätsforst von München inmitten eines ausgedehnten Schadensgebietes eine solitäre Fichte, die bisher allen Sturmbelastungen standzuhalten vermochte. Auch die Fichte erweist sich bei richtiger Behandlung als sturmfest!

Abb. 4: Der Leistungsausfall genutzter Zielstärkenstämme wird von entwicklungsfähigen Nachbarstämmen übernommen

Der Windsturm vom 1. 3. 1990 deckte in Schlägl mit einer Schadholzmenge von rund 30 000 fm den Jahreshiebssatz von 6 fm/ha weitgehend ab. Es gab jedoch keine großflächigen Zerstörungen, meist handelte es sich um Einzelbrüche und -würfe, gelegentlich um gruppenweise Auflichtungen, die im Naturverjüngungsbetrieb keine höheren Kulturkosten nach sich zogen. Obschon das geringere Schadensausmaß auch die Folge einer geringeren Windgeschwindigkeit sein kann, ist die Möglichkeit einer bereits gewonnenen höheren Bestandesstabilität nicht auszuschließen. Das in den letzten 25 Jahren erhobene statistische Datenmaterial würde diesen Schluß durchaus zulassen. Die zufälligen Ergebnisse sind sowohl in der End- wie in der Vornutzung (jünger als 80 Jahre) laufend zurückgegangen. In der Vornutzung hat die Schadensmenge von ursprünglich 25 Prozent auf nunmehr 10 Prozent, in der Endnutzung von anfänglich 25 Prozent auf durchschnittlich 15 Prozent abgenommen, wobei Immissionen und Käferholz der letzten Jahre inbegriffen sind.

Seit dem Ende der Trassenhiebe für den Straßenbau werden alle regulären Nutzungen im Wege der Durchforstung oder in den Baum und Althölzern im Wege der Plenterung (Einzelstammentnahmen) durchgeführt.

Strukturdurchforstung

Oberster Wirtschaftsgrundsatz bleibt die Beachtung des Stück-Masse-Gesetzes. Das bedeutet im Durchforstungsalter strenge Vermeidung jeglicher Tendenz zur Niederdurchforstung. Unter Wahrung einer gekennzeichneten Anzahl von 250 bis 300 Zukunftsstämmen (Z 1) werden möglichst alle Eingriffe in das herrschende Kronendach verlegt. Damit soll eine unmittelbare Förderung der Zukunftsstämme (Z 1) erreicht werden, es soll aber auch aus den nachgereihten Sozialklassen eine lebensfähige zweite Schicht erhalten bleiben.

Naturwälder haben die Fähigkeit, sich von unten her, also aus sich selbst, beständig zu erneuern. Auch der Wirtschaftswald ist zu dieser natürlichen Wuchsdynamik befähigt, wenn im Wege einer kontinuierlichen ansteigenden Lichtzufuhr das Wachstum unterständiger Stämme aktiviert und gesteigert wird.

Diese Art von Strukturdurchforstung kann als Modifikation der gebräuchlichen Z-Stammdurchforstung gesehen werden. Mit der Zurücknahme der Z-Stammzahl von bisher 400 auf nunmehr 300 Stück in der Auslesedurchforstung nähern sich die beiden Verfahren an. Vor allem dann, wenn die „Endnutzung" im Wege der Plenterung langfristig vor sich geht und die Wahrung der Nachhaltigkeit im Einzelbestand beachtet wird. (ABETZ, 1993)

Strukturierende Läuterung

Eine weitere Absenkung des Schwachholzanfalles kann in künstlich begründeten oder früh abgedeckten Jungbeständen durch eine Vorverlegung strukturierender Maßnahmen in das Läuterungsstadium erreicht werden. Von der GOLTZ (1991) hat in Jungbeständen mit einer Durchschnittshöhe zwischen drei bis fünf Meter, in Abständen von etwa drei Meter, im Sinne Schädelins Kandidaten ausgewählt, aus denen später die Zukunftsstämme (Z 1) rekrutiert werden sollen. Die Entnahme aller sonstigen Stämme aus dem herrschenden Bereich soll eine raschere Entwicklung der Z 1 – Kandidaten, zugleich aber auch eine rechtzeitige Lichtzufuhr zugunsten der in diesem Stadium noch vorhandenen, lebensfähigen Schicht in Bodennähe bewirken. Damit soll eine noch stärkere Höhendifferenzierung des aufwachsenden Bestandes erreicht, vor allem aber ein Hereinwachsen der zweiten Schicht (Z 2) in den herrschenden Kronenraum (Z 1) verhindert werden.

Die strukturierende Läuterung schließt eine Lücke im Waldbehandlungskonzept, wodurch es nun möglich ist, die Bestandesüberführung zum Dauerwald in allen Altersstufen des schlagweisen Hochwaldes gleichzeitig in Angriff zu nehmen.

Erfolge des Plenterprinzips

Der Überführungszeitraum, der über Stadien des Dauerwaldes zum Plenterwald führt, wird mit 100 bis 200 Jahren angenommen. Die Überführungserfolge durch Anwendung des Plenterprinzips aber stellen sich schrittweise ein und werden unmittelbar ab dem Umstellungszeitpunkt wirksam.

Abb. 5: Dauerschirmstellungen tragen zur Erhaltung der natürlichen Baumartenmischung des Bergwaldes bei

Zunächst erbrachten die selektiv geführten Nutzungen viel geringwertiges Holz mit hohen Anteilen an Güteklasse C und Braunholz, das zu Zeiten der Hochkonjunktur zu guten Preisen verkauft werden konnte. Der Zuwachs wurde damit auf gesundes Holz gelenkt, wodurch jetzt Holz besserer Qualität genutzt werden kann.

Der steigende Anfall geringwertiger Sortimente (Braunbloche, Faserholz, Brennholz) ließ es angezeigt erscheinen, vom bisherigen Massenhiebssatz und von der Orientierung nach Festmetern zu einem Werthiebssatz überzugehen. Die Beachtung der Wertnachhaltigkeit geschah in vereinfachter Weise durch Festhalten an den gewohnten Einschlagsmengen von sägefähigen Sortimenten. Überschritten wurden lediglich die bisherigen Anteile an Brenn- und Faserholz, die jedoch wertmäßig kaum zu Buche schlagen.

Nutzungsergebnis nach Stärkeklassen

Die Art der Nutzung nimmt wesentlichen Einfluß auf den Stärkeklassenanfall des Einschlages. Die allgemeine Tendenz zeigt eine

Abnahme der schwachen und eine Zunahme der starken Dimensionen. Als weitgehend konstant erweist sich der Anfall der Stärkeklasse 2 b (25 bis 29 cm Mdm) mit etwa 20 Prozent des sägefähigen Materials. Die Stärkeklassen 3 a und 3 b haben beständig leicht zugenommen. Die Stärkeklassen 2 a und 4 + zeigen spiegelbildlich eine entgegengesetzte Entwicklung. Der Abnahme der Stärkeklasse 2 a von 24 Prozent auf 15 Prozent steht eine beständige Zunahme des Holzanfalles in der Stärkeklasse 4 + von 15 Prozent auf nunmehr 25 Prozent gegenüber.

Tab. 1: Stärkeklassenanfall des Einschlages

	Sägefähige Sortimente Anteile in %						
Stärkeklassen	1a	1b	2a	2b	3a	3b	4 +
1960–1970	4	12	24	20	15	10	15
1987–1991	0	7	15	21	18	14	25

Waldbaulich gesehen liegen die Schwerpunkte der Nutzungseingriffe im Gaußschen Gipfel der Stärkeklassenverteilung und erbringen viel Holz der Stärkeklasse 2 b. Es ist aber auch eine zunehmende Verlagerung der Eingriffe an das rechte, starke Ende des Durchmesserfächers erkennbar, wodurch zunehmend mehr Holz der Stärkeklasse 4 + anfällt.

Die Verlagerung der Nutzung in die rechte, stärkere Hälfte des Durchmesserfächers geht nicht abrupt vor sich, sondern folgt der „Stetigkeit des Waldwesens" (MÖLLER, 1922). Innerhalb von 30 Jahren haben die starken Dimensionen um 18 Prozent zu-, die schwachen Sortimente um 18 Prozent abgenommen. Die Fortsetzung dieser Tendenz wird schon in weiteren 20 bis 30 Jahren das Ende der Schwachholznutzung herbeiführen.

Das Auszeichnen geschieht ausschließlich nach waldbaulichen Gesichtspunkten, eine Auszeichnung mit der Kluppe auf ausgesprochene Zielstärkestämme ist nicht denkbar.

Einsparungen an Kultur und Läuterungskosten

Inzwischen hat die 30 Jahre dauernde schlagfreie Wirtschaft das Waldbild verändert. Die jährliche Abnutzungsfläche von 50 ha wurde

30 Jahre lang nicht realisert. Es sind also 1 500 ha Altholz der 6. und 7. Altersklasse verblieben, die durch Einzelstammnutzung aufgelokkert, nun über einer reichlichen Naturverjüngung stehen.

Einsparungen an Kulturkosten und Jungwuchspflege schlagen in der Bilanz sehr positiv zu Buche. Auch bei der Gegenverrechnung der Sorgfaltsprämien für gerichtete Fällung und bestandesschonende Rückung verbleibt ein Gewinn. Bei einem Ansatz von S 30 000,– für Kulturkosten pro Hektar und S 8 000,–/ha Läuterungskosten, errechnet sich bei einem Abtriebsergebnis von 500 fm/ha eine Festmeterbelastung von S 76,– per Festmeter. Die Rückekosten betragen in der Endnutzung S 80,– per Festmeter. Durch die biologische Rationalisierung können also Einsparungen erzielt werden, die in der Höhe der Rückekosten gelegen sind.

Dauerschirmstellung fördert die Naturverjüngung

Die Tendenz zur Wahrung der Nachhaltigkeit im Einzelbestand ergibt langfristige Abnutzungszeiträume und dauerhafte Schirmstellungen über der Naturverjüngung.

Am Beginn der Umstellung auf einzelstammweise Nutzung wird sich das vorsichtig geöffnete Kronendach immer wieder schließen, so daß sich sehr günstige Ansamungsbedingungen ergeben und wiederholte Samenjahre genützt werden können. Meist wird sich die Naturverjüngung problemlos einstellen. Eine zu starke Beschattung erweist sich für das Gelingen der Naturverjüngung weitaus weniger hinderlich als eine zu plötzliche Lichtzufuhr, die meist zu rascher Vergrasung führt. Mißerfolge im Verjüngungsbetrieb sind meist auf zu stark geführte Besamungs- und Lichtungshiebe zurückzuführen.

Ist die Verjüngung erst einmal gesichert, hat der Waldbauer freie Hand in der Hiebsführung. Die Gebundenheit an das Gleichgewicht von Zuwachs und Nutzung wird aber auch hier vor einem zu raschen Vorgehen bewahren.

Natürliche Läuterung und Stammzahlreduktion

Langfristige Schirmstellungen sind die Voraussetzung für eine erfolgreiche Erziehung des Nachfolgebestandes. Der Plenterwald verfügt über permanente Schirmstellungen.

Die Wirkung des Halbschattens leitet eine Höhendifferenzierung des Jungwuchses ein, die mit einer natürlichen Stammzahlreduktion einher geht. Dieser Läuterungseffekt zeigt dann seine stärkste Wirkung, wenn die Jungwüchse den Kronenraum des Oberbestandes erreichen. Es kommt zur totalen Abdunklung des Bestandesinnenraumes und zum stärksten Schattendruck, wie er auch in terminalen Stadien des Naturwaldes gegeben ist. Wird die Auffüllungstendenz und das Bestreben des Waldes, das Kronendach wieder zu schließen, wie im Naturwald genutzt, ist eine durchforstungsfreie Bewirtschaftung unserer Wälder möglich.

Der Überlappungseffekt von Altholz und Verjüngung reduziert also die Läuterungskosten in den Jungwüchsen. Andererseits werden Jungbestände mit einem Überhalt von Altholz überstellt, wodurch die Starkholzzucht weitergeführt wird. Es liegt eine Kombination von Kosteneinsparung und gleichzeitiger Ertragssteigerung vor, wie sie der Altersklassenwald nicht kennt.

Solange in Schlägl die Naturverjüngung unter Schirm steht, werden daher keine Läuterungen vorgenommen. Die Eingriffe beschränken sich auf die Beseitigung der im Zuge der Rückung beschädigten Stämmchen.

Aufastung und Qualitätsholzerzeugung

Im Schatten aufkommende Jungwüchse entwickeln sich feinastiger, wodurch auch eine bessere Astreinigung erzielt wird. Das legendär gewordene Resonanzholz aus den Urwäldern der Karpaten, das es auch im Böhmerwald gibt, ist auf diese Weise gewachsen. Naturnaher Waldbau ist also befähigt, Qualitätsholz hervorzubringen. Bestände des Dauerwaldes befinden sich auf dem Wege zum Wertholzbetrieb.

Vorratskonstanz in allen Altersklassen

Die Art der Nutzung, ob einzelstammweise oder flächig, hat auf die Vorratshaltung der Betriebsklasse keinen wesentlichen Einfluß. Einzelstammwirtschaft bewirkt jedoch eine Umverteilung der Vorräte zu einer weitgehend konstanten Vorratshaltung in allen Altersklassen.

Verjüngte Altholzbestände werden als Verjüngungsklasse vorgereiht, wodurch auch die 1. Altersklasse mit Vorräten ausgestattet wird (Naturverjüngung mit Überhalt). In Schlägl wurden auf diese Weise die 4., 5. und 1. Altersklasse dem Durschnittsvorrat der Betriebsklasse schon weitgehend angenähert (WOHLMACHER, 1992):

Tab. 2: Vorratshaltung in Altersklassen

Schema	Altersklassenwald Vfm						Einzelstammwirtschaft Vfm					
	I	II	III	IV	V	Sa.	I	II	III	IV	V	Sa.
Vorrat normal	–	180	370	505	710	1765	71,9	87,6	317,5	–	–	–
Verjüngungskl.	–	–	–	–	–	–	396,8	–	–	407,7	429,7	1765

Schlägl verfügt derzeit über einen Durchschnittsvorrat von 353,6 Vm, der mit dem angeführten Altersklassenmodell gut vergleichbar ist. Wesentlich gemildert werden die Vorratsabsenkungen, die bei schlagweiser Nutzung zwischen 710 Vfm im Altholz und Null Vfm auf der Blöße liegen können. Bei einzelstammweiser Nutzung betragen die Vorratsschwankungen nur 10 bis 15 Prozent des jeweils stockenden Vorrates.

Natürlicher Wachstumsrhythmus des Waldes

Eine weitgehend gleichmäßige Vorratshaltung über alle Altersklassen ermöglicht es dem Einzelbaum, wiederum dem natürlichen Wachstumsrhythmus zu folgen. Unter Schirm erwachsen, genießt der Einzelbaum in der Jugend Schutz und Erziehung durch die Ernte, bzw. die Population, um sich später unter Lichtwuchsbedingungen voll entfalten zu können. Er wird dann selbst Schutzfunktion für die Nachfolgegeneration übernehmen.
Die höhere Stabilität des Einzelstammes wird Elementarschäden vermeiden helfen. Sollte dennoch ein Sturmereignis zu Schäden führen, wird auf der Flächeneinheit eine Holzmenge zu Fall gebracht, die gegenüber einer normal bestockten 5. Altersklasse nur vermindert ist (GROSS, 1990).

Geduld nicht erforderlich

Der Überführungszeitraum, der über Stadien des Dauerwaldes zum Plenterwald führt, wird mit 100 bis 200 Jahren angenommen. Die Überführungserfolge werden aber nicht erst mit dem Erreichen dieses fernen Zieles wirksam, sondern erfließen unmittelbar aus der Anwendung des Plenterprinzips.

Auch Schlägl verfügt leider über keinen Plenterwald, und doch konnten innerhalb von 30 Jahren wesentliche Vorteile realisiert werden, die bisher dem Plenterwald vorbehalten waren. Die Vorteile, die sich aus der Anwendung des Plenterprinzips ableiten, sind also für jeden Forstmann zugänglich und erlebbar.

Der Entwicklungsfortschritt zeichnet sich auch auf den Revierkarten ab. Die Verjüngung steht unter Schirm, eine freie 1. Altersklasse mit nur vier Prozent der Gesamtfläche fällt heute kaum noch auf. In zehn Jahren wird es als Folge des Altersklassensprunges auch keine 2. Altersklasse mehr geben. Im Wege der biologischen Rationalisierung und im Zusammenwirken mit der Strukturdurchforstung kann das Schwachholzproblem dann als behoben betrachtet werden.

Literatur

ABETZ P.: Argumente gegen die Kritik an der Z-Baum orientierten Auslesedurchforstung. In: Holz-Zentralblatt, Nr.19, Stuttgart, 1993

BURSCHEL P.: Für den Gebirgswaldbau FWCBL 96, 1977

GOLTZ H. v. d.: Strukturdurchforstung der Fichte. In: AFZ Nr. 13, 1991

GROSS G.: Exkursionsführer Pfalzgrafenweiler, 1990

MÖLLER A.: Der Dauerwaldgedanke. 1922

REININGER H.: Zielstärkennutzung oder die Plenterung des Altersklassenwaldes. Österreichischer Agrarverlag, 1989

STERBA H.: Nachhaltskontrolle in einem Zielstärkennutzungsbetrieb. In: ÖFZ 4/93

WOHLMACHER J.: Diplomarbeit an der Univ. f. Bodenkultur Wien, 1992

Naturgemäße Waldwirtschaft in Couvet

Louis-André Favre

Der Wald von Couvet (Kanton Neuenburg, Schweiz) ist in der ganzen Schweiz wie auch im Ausland bekannt. Als die Wiege der kontrollierten Plenterung verdankt er sein Ansehen Henry Biolley (1858–1939), der 37 Jahre lang Leiter des Kreisforstamtes Couvet und anschließend zehn Jahre Vorsteher des Forstdienstes des Kantons Neuenburg war. Biolley erwarb sich bei den Forstleuten weltweite Aufmerksamkeit dadurch, daß er sich konsequent für die Beachtung der Naturgesetze sowohl im Waldbau als auch in der Forsteinrichtung einsetzte: im Waldbau durch die Befürwortung des Plenterprinzips, in der Forsteinrichtung durch die praktische Anwendung der Kontrollmethode. Ein halbes Jahrhundert nach seinem Tod hat sein Werk voll Bestand behalten, weil die von ihm aufgestellten Grundsätze nicht an Gültigkeit verloren haben. Im Gegenteil: Diese Grundsätze gewinnen heute in dem Maß an Bedeutung, in dem die Öffentlichkeit sich zunehmend der Notwendigkeit bewußt wird, ökologische Gesetzmäßigkeiten in allen Bereichen der menschlichen Tätigkeit zu berücksichtigen.

Der Wald von Couvet ist indessen kein Ausnahmefall. Alle anderen Wälder der Region und praktisch sämtliche öffentlichen und privaten Wälder des Kantons Neuenburg werden seit hundert Jahren nach derselben Methode behandelt. Allerdings ist im Vergleich mit den anderen Wäldern des Kantons im Wald von Couvet die Entwicklung hin zum idealen Plenterwald am weitesten vorangeschritten. Auch war er der erste Wald in der Schweiz, welcher der Kontrollmethode unterstellt wurde. Schließlich sind über ihn viele Arbeiten in forstlichen Zeitschriften erschienen.

Geographische Lage und Vegetationsverhältnisse

Eingerahmt vom Neuenburgersee und der Landesgrenze zu Frankreich, liegt das Gebiet des Kantons Neuenburg vollständig innerhalb der Jura-Bergkette. Sein westlicher Teil wird durch das Val-de-Travers gebildet, einem engen, von SW nach NO verlaufenden Tal, in dessen Zentrum die Ortschaft Couvet liegt.

Jahresniederschlag: 1 290 mm (Mittel 1952–1991); Mittlere Jahrestemperatur: 6,5° C; Vegetationsperiode im Wald: ca. 5 Monate.
Waldfläche: Durch Zukäufe erhöhte sich die Fläche des Gemeindewaldes von 138 ha im Jahr 1890 auf gegenwärtig 180 ha, die den beid-
seitigen Talhängen entsprechend in zwei Betriebsklassen eingeteilt
sind.

Betriebsklasse I (Nordhang)

Fläche: 55 ha (ohne Zukäufe), eingeteilt in 13 Abteilungen.
Lage: Nach Norden exponierter Hang. Im unteren Teil mäßig geneigt,
in den oberen Partien steil bis sehr steil. Meereshöhe 760–1020 m.
Geologie: Molasse mit alpiner Moräne-Überlagerung in der unteren
Partie. Oberer Jura (Malm), teilweise mit Kalkgeröll stark überlagert,
in der oberen Partie.
Bodentyp: Hang-Rendzina auf Karbonatgestein.
Natürliche Waldgesellschaften: Tannen-Buchen- und Buchenwälder.

Betriebsklasse II (Südhang)

Fläche: 83 ha (ohne Zukäufe), eingeteilt in 16 Abteilungen.
Lage: Hauptsächlich nach Süden exponierter Hang. Mittleres bis star-
kes Gefälle. Meereshöhe 770–1060 m.
Geologie: Oberer Jura und Kreideformation.
Bodentyp: Kalkhaltige Braunerde.
Natürliche Waldgesellschaften: Buchen- und Tannen-Buchenwälder.

Frühere Waldbehandlung

Bis zum Erlaß des ersten kantonalen Forstgesetzes von 1869 wurde
der Gemeindewald Couvet, wie die meisten neuenburgischen Wälder,
ohne klare Ordnung genutzt. Am gebräuchlichsten war eine Art unge-
regelter Plenterung zur laufenden Befriedigung der Bedürfnisse der
ansässigen Bevölkerung. Zweimal jährlich, im Frühjahr und Herbst,
bezeichnete die Forstkommission der Gemeinde die zu schlagenden
Bäume, wobei individuelle Lose aus einem oder mehreren Bäumen
verschiedener Art und Dimension gebildet wurden: starke Tannen und
Fichten für die Zimmerei und Schreinerei; astige Buchen für Brennholz; Stangenhölzer für den Bau und Unterhalt von Einfriedungen

usw. Diese Lose wurden in öffentlicher Versteigerung auf dem Stock verkauft. Holz durfte nur für den Eigengebrauch erworben werden. Übertretungen dieser Vorschrift hatten den Ausschluß vom Bezugsrecht über mehrere Jahre zur Folge.

In den meisten Gemeinden führte diese Art des Holzbezuges im Lauf der Zeit zu Übernutzungen der Wälder wie auch zu schweren Fäll- und Rückeschäden als Folge vielfach rücksichtslosen Vorgehens mancher Käufer. In Couvet indessen wurde die Holznutzung dank der Weitsicht der Gemeindebehörden im Rahmen des Zuwachses gehalten. Auch leistete dort die Behörde Pionierarbeit, indem sie schon 1856 den Weidgang in den Wäldern auf der Nordseite des Dorfes (in der späteren Betriebsklasse II des Gemeindewaldes) verboten hatte. Trotz der mit der überlieferten regellosen Plenterung verbundenen Mißbräuche hatte diese Art der Nutzung doch den Vorteil, daß dem Wald seine naturnahe Zusammensetzung und seine strukturelle Vielfalt erhalten blieben.

In der Erkenntnis, daß bei Weiterführung der überlieferten Nutzungspraxis die Nachhaltigkeit ihrer Wälder nicht mehr gewährleistet werden konnte, richteten die neuenburgischen Gemeinden 1864 eine Petition an die kantonale Regierung, ein Forstgesetz zu erlassen und eine Forstdienst-Organisation einzurichten. Diese beiden Anliegen wurden 1869 verwirklicht.

Der aus dem alemannischen Teil der Schweiz stammende, erste ernannte Kreisforstinspektor, der forstlich nach den Grundsätzen der

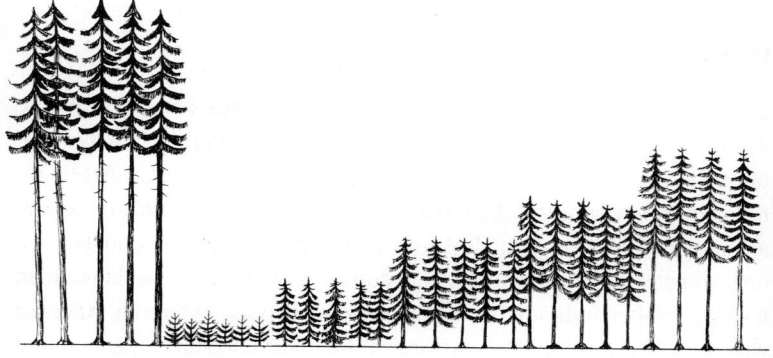

Abb. 1: Gleichförmiger Hochwald, nach Altersklassen abgestuft, im Kahlschlagverfahren genutzt

Bodenreinertragslehre ausgebildet war, fand im Val-de-Travers aus allen Baumarten und Baumaltern zusammengesetzte Wälder von großer „Unordnung" vor. Um Ordnung in die Holznutzung zu bringen, nahm er sich vor, diesem Durcheinander abzuhelfen und die bisher übliche extensive Plenterung durch einen flächenweisen Schlagbetrieb zu ersetzen. Er teilte die Wälder in so viele Parzellen ein, wie die gewählte „Umtriebszeit" Jahre zählte. Die regelmäßige Folge verschiedener Altersklassen sollte einen „Normalzustand" des Waldes herbeiführen und jedes Jahr sollte diejenige Parzelle, deren Bestand das vorgesehene Umtriebsalter erreicht hatte, kahlgeschlagen werden. Diese Waldbaumethode erforderte kostspielige Pflanzungen, um den durch die Kahlschläge zerstörten natürlichen Nachwuchs zu ersetzen. Es entstanden hauptsächlich Fichten-Monokulturen.

Zum Glück dauerte der Versuch zur Einführung des schlagweisen Altersklassenbetriebes in den Wäldern des Val-de-Travers nur zehn Jahre. Da der Wald der Gemeinde Couvet vorratsreicher war als jener der Nachbargemeinden, ließ der Forstinspektor darin zuerst die vorhandenen Altholzreserven entnehmen; der erste Kahlschlag war erst für das Jahr 1880 vorgesehen. In demselben Jahr kehrte er aber in seinen Herkunftskanton zurück. Als sein Nachfolger wurde Henry Biolley ernannt, der als hervorragender Waldbauer und Forsteinrichter der Entwicklung eine ganz andere Richtung gab.

Pflegliche Plenterung und Kontrollmethode

Als überzeugter Befürworter eines naturgemäßen Waldbaus trat Henry Biolley am 1. Januar 1881, im Alter von erst 22 Jahren, sein Amt an. Er stellte fest, daß die zwischen 1870 und 1880 im Kahlschlagbetrieb genutzten Waldteile stark von Sturmschäden betroffen waren. Im Gegensatz dazu hatten die noch nicht derartig behandelten Wälder, insbesondere jene von Couvet, kaum nennenswert gelitten. Biolley verzichtete auf die Weiterführung der von seinem Vorgänger begonnenen fortschreitenden Saumhiebe und hielt statt dessen an der überlieferten Plenterung fest, die er aber durch Entwicklung klarer Behandlungsgrundsätze in den Rang eines geregelten, pfleglichen Waldbauverfahrens erhob.

Bei diesem Vorhaben mußte er jedoch einen schweren Mangel feststellen: Es fehlte an jeglicher Einrichtungsmethode, die sich zur Anwendung in geplenterten Wäldern geeignet hätte. Alle damals bekannten Methoden regelten die Nutzung durch Festlegung und Kontrolle der Fläche der jährlich zu liquidierenden Bestände. Ohne eine sinnvolle Planung ist aber eine nachhaltige Waldbewirtschaftung nicht möglich. Biolley mußte also zur Erfüllung seiner Anliegen neue Wege suchen. Eine ausschließlich auf waldökologische Betrachtungen gestützte Ertragsregelung, so wertvoll Unterlagen solcher Art auch sein mögen, hätte die waldbesitzenden Gemeinden kaum überzeugt und hätte ihnen gegenüber auch nicht verantwortet werden können. Biolley fand die Lösung durch die praktische Anwendung einer genialen Idee: der Kontrollmethode. Er selbst schrieb darüber: *„Nun aber ist es nicht Schwärmerei für die Plenterung, die mich zur Kontrollmethode geführt hat, sondern es ist vielmehr die Kontrolle, die mich zur Plenterung geführt hat, weil sie mich gelehrt hat, den Wald selber nach dem Geheimnis seiner Behandlung zu fragen ...".*

Abb. 2: Plenterwald

Die pflegliche Plenterung

Die Plenterung bildet die Methode zur Behandlung von Plenterwald. Ihr Ziel ist die dauernde Erhaltung der Waldstruktur in einem ausgewogenen Gleichgewichtszustand, was durch gleichzeitige Eingriffe in

Gemeindewald von Les Verrières „Les Cornées"

alle Bestandesschichten – immer einzelstammweise, nie flächenhaft – erreicht wird. Ein Plenterwald ist ein stufiger und gemischter Wald, der sich aus den standortheimischen Baumarten zusammensetzt und in dem Bäume aller Alter – vom Sämling bis zum starken Altholz – gleichzeitig in engem Zusammenleben aufwachsen. Nachwuchs aus natürlicher Versamung ist auf der ganzen Fläche allgegenwärtig. Er ist ein Naturwald, den der Mensch zur Befriedigung seiner Bedürfnisse pflegt und nutzt, indem er darin nach dem Vorbild des Urwaldes für die dauernde Erhaltung einer optimalen, vielfältigen Zusammensetzung und Struktur sorgt.

Im Vergleich zum periodisch kahlgelegten Altersklassenwald bietet der pfleglich geplenterte Wald die unbestreitbaren Vorteile der dauernden Erhaltung des biologisch aktiven Bodens und der Widerstandsfähigkeit gegen Schädigungen abiotischer wie biotischer Herkunft. Seine durchgehend stufige Struktur, die für Windströmungen relativ durchlässig ist, verleiht ihm eine hervorragende Stabilität, während gleichaltrige Waldbestände mit geschlossenem Kronendach durch Sturm häufig flächenweise gebrochen oder geworfen werden. Er leidet wenig unter starken Schneefällen, indem die herrschenden Baumindividuen dem empfindlicheren Unterwuchs Schutz bieten. Schließlich erschwert er dank seiner Mischung verschiedener Baumarten und Baumalter die Ausbreitung holzschädigender Insekten und Pilzkrankheiten.

Ein weiterer Vorteil besteht in der Kostenlosigkeit des natürlichen Nachwuchses. Dadurch erübrigt sich eine künstliche Wiederbepflanzung, wie sie auf Kahlschlagflächen meist nötig und mit hohem Aufwand verbunden ist.

Die pflegliche Plenterung erlaubt dem Waldbesitzer, seinen Wald in dem Zustand der Entwicklung zu erhalten, der ihm den größten Nutzen sichert. Es genügt, daß er einzelstammweise zerstreut Bäume erntet, bevor ihr Wert altersbedingt zurückgeht. Er hilft dem für die Zukunft unerläßlichen Nachwuchs, sich zu entwickeln; er greift in alle Schichten des Bestandes ein, um denjenigen Baumindividuen Raum und Licht zu gewähren, die sich durch ihre Form, ihre Wuchskraft und ihre technischen Qualitäten auszeichnen. *„Die Natur nachahmen, ihr Werk unterstützen und fördern, dies soll der Leitgedanke des Försters sein"* (Adolphe Parade, französischer Forstmann, 1802–1864).

Die Kontrollmethode

Die Kontrollmethode wurde vom französischen Forstmann Adolphe Gurnaud (1825–1898) erfunden, ausgearbeitet und anläßlich der Weltausstellung in Paris im Jahr 1879 der Öffentlichkeit vorgelegt. Doch ist es das Verdienst von Henry Biolley, sie mit Erfolg angewandt und verbreitet zu haben. Ihr Grundgedanke ist sowohl genial als auch ausgesprochen einfach. Ihr Ziel ist zu produzieren, und zwar

- zeitlich ununterbrochen,
- so viel als möglich,
- so gut wie möglich.

Die Natur stellt dem Forstmann einerseits den Boden, andererseits die Atmosphäre zur Verfügung. Der Waldbestand bezieht seine Substanz aus diesen beiden Elementen: aus dem Boden das Wasser und die Mineralstoffe, aus der Atmosphäre die Kohlensäure. Diese verwandelt sich unter der Einwirkung von Sonnenlicht und -wärme durch Photosynthese in Zellulose und Lignin. Es liegt nun am Förster, den Wald so zu formen, daß aus den von der Natur kostenlos zur Verfügung gestellten Gegebenheiten die größtmöglichen Werte erzeugt werden. Nur im gepflegten und kontrollierten Plenterwald kann dieses Ziel voll und ganz erreicht werden.

Ohne jeden Schematismus sucht die Kontrollmethode experimentierend die für das genannte Ziel optimale Waldverfassung zu finden. Dazu verwendet sie folgende Mittel:

- periodische vollständige Vorratsaufnahme
- Stehendkontrolle sämtlicher Nutzungen
- Anwendung eines Massentarifs für stehendes Holz
- Einteilung des Waldareals in Abteilungen mit festen Grenzen.

Eines der wichtigsten Ziele dieses Experimentierens ist die Ermittlung des Zuwachses. Man erhält ihn als Differenz von zwei sich folgenden Vorratserhebungen, vermehrt um die Masse des in der Zwischenzeit genutzten Holzes. Der Vergleich der so ermittelten Zuwachse – sowohl in der Zeit (in der gleichen Abteilung) wie auch im Raum (zwischen den verschiedenen Abteilungen) – erlaubt dann, durch sukzessive Annäherung die Höhe und Zusammensetzung jenes Ideal-Vorrates zu ermitteln, der dauernd die optimale Produktion gewährleistet.

Es ist offensichtlich, daß bei der Prüfung der Resultate die selbst im Innern eines Waldes unterschiedlichen natürlichen Gegebenheiten berücksichtigt werden müssen: Exposition, Höhe über Meer, Geländeneigung, Art des geologischen Untergrundes, Zusammensetzung und Fruchtbarkeit des Bodens, Höhe der mittleren Temperatur und der jährlichen Niederschlagsmenge, u. a. m.

Die Höhe des so ermittelten Zuwachses bildet die Grundlage zur Festsetzung des Hiebsatzes. Dieser wird tiefer, gleich oder höher als der Zuwachs gewählt, je nachdem ob der Vorrat erhöht, auf seinem gegenwärtigen Stand erhalten oder vermindert werden soll.

Die von Gurnaud erdachte und von Biolley in die Praxis umgesetzte Kontrollmethode verdankt ihren Namen dem Umstand, daß sie dem Forstmann erlaubt, die Wirkung seiner Eingriffe in den Wald zuverlässig kontrollieren zu können.

Ausgehend von Couvet wurde die Anwendung der Kontrollmethode sukzessive auf alle neuenburgischen Wälder und im Gefolge auch auf andere Schweizer Kantone ausgedehnt. Trotz der von Gurnaud unternommenen Anstrengungen fand sie hingegen in Frankreich nie offizielle Anerkennung. Interessehalber sei festgehalten, daß im gleichen Jahr, in welchem sie von Biolley für Couvet eingeführt wurde, Hufnagl den gleichen Schritt in Slovenien vornahm. Heute wird die Kontrollmethode örtlich beschränkt in verschiedenen europäischen und überseeischen Ländern angewandt, vielfach allerdings nur zu Versuchszwecken.

Die kontrollierte pflegliche Plenterung

Auf der Suche nach dem optimalen Leistungseffekt hat Biolley es ausgezeichnet verstanden, die Methode der waldbaulichen Behandlung und ihrer Kontrolle harmonisch zu verbinden, indem er das Konzept der pfleglichen, kontrollierten Plenterung entwickelte. Für die Waldbewirtschaftung ist sie gleichzeitig einfach, sicher und wirkungsvoll. Während bei den auf die Bodenreinertragslehre gestützten Bewirtschaftungsmethoden die Ertragsregelung weitgehend das waldbauliche Vorgehen bestimmt, hat bei der pfleglichen, kontrollierten Plenterung die waldbauliche Tätigkeit den Vorrang, wobei die Forsteinrichtung lediglich deren Objektivität zu gewährleisten hat. Biolley hat die hohe Berufung des Forstmannes eindrücklich wie folgt umschrieben: *„Sie offenbart den wohlüberlegten Einsatz des wirtschaftenden Menschen, der die Natur liebt und ihr Wirken achtet. Als solcher lehnt er es ab, die Naturerscheinung Wald mißbrauchen und mißhandeln zu wollen, sondern er nimmt volle Rücksicht auf deren eigene Bedürfnisse. Er unterstützt und fördert das Wirken der unabwendbaren Gesetzmäßigkeiten von Werden und Vergehen. Er führt die Entwicklung auf dem kürzestmöglichen Weg zu optimaler Leistung, ohne sich dabei in unnütze Handlungen verwickeln zu lassen."*

Statistische Ergebnisse

Ein Hauptanliegen für den Wald von Couvet ist die unverändert fortgesetzte Anwendung der 1890 eingeführten Kontrollmethode wie auch ihrer technischen Mittel (Art der Vorratserhebung, Massentarif, Aufteilung in Durchmesserstufen und Stärkeklassen). Alle sich folgenden Aufnahmeergebnisse sind daher unmittelbar untereinander vergleichbar. Ihre laufend archivierte Sammlung ist von unbestreitbar hohem Wert.

Um die Vergleichbarkeit zu gewährleisten, sind sämtliche in diesem Kapitel enthaltenen Zahlenangaben auf die ursprüngliche Waldfläche des Jahres 1890 bezogen. Sie sind ausgedrückt entweder in Prozenten oder in Silven pro Hektare (eine Silve, abgekürzt sv, ist die Einheit des Massentarifs für die Ermittlung des Volumens der stehend gemessenen Bäume; sie entspricht angenähert einem Kubikmeter Holzmasse).

Betriebsklasse I (nach Norden exponierter Hang)

Beschaffenheit der Bestände:
Vor hundert Jahren bot dieser Wald das Bild eines bunten Mosaiks aus teils ungleichförmigen und gemischten, teils gleichförmigen Beständen mit durchwegs hohen bzw. zu hohen Holzvorräten. Die von Biolley begonnene und von seinen Nachfolgern fortgesetzte Aufgabe bestand in der Überführung aller Bestände in eine vollkommene Plenterform mittels zielgerichteter Plenterdurchforstungen. Diese Art der Behandlung, die viel Feingefühl und Geduld erfordert, konnte praktisch ohne Zuwachseinbußen und vor allem ohne negative Aus-

wirkung auf das Risiko von Sturmschäden durchgeführt werden. Das heutige Bild des Waldes zeigt, daß trotz der hierfür benötigten langen Zeiträume dem angestrebten Ziel zumeist schon recht nahe gekommen ist.

Baumarten:

Im Verlauf eines Jahrhunderts veränderte sich das Vorratsverhältnis von Tanne/Fichte/Laubbäume von 67/33/0 Prozent auf 58/30/12 Prozent. Schon sehr früh war die Notwendigkeit einer Anhebung des Anteils heimischer Laubbaumarten auf das für ein gutes Gedeihen des Wald-Ökosystems unabdingbare Maß erkannt worden.

Stehender Vorrat:

Dieser mußte von 1890 bis 1932 allmählich herabgesetzt werden, um die Überführung in die angestrebte Plenterform zu ermöglichen. Nachdem sich dieser Vorgang auf gutem Wege befand, konnte der Wirtschafter dazu übergehen, die Höhe des optimalen Vorrates ausfindig zu machen, d.h. desjenigen Vorrates, der ununterbrochen den vorteilhaftesten Zuwachs an Holzmasse erzeugt. Seit 40 Jahren bewegt sich dieser Vorrat zwischen rund 360 und 370 sv/ha.

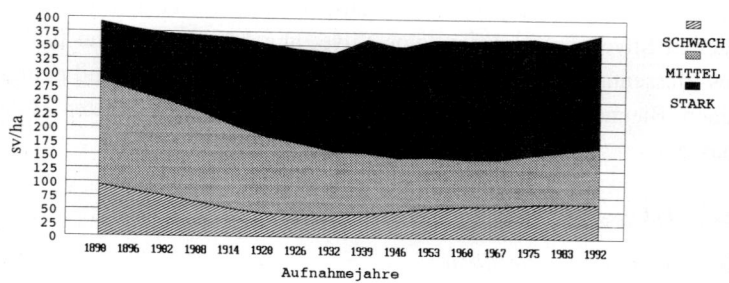

Abb. 3: Entwicklung des Vorrates in sv/ha, Betriebsklasse I

Stärkeklassen:

Im Verlauf eines Jahrhunderts hat sich das Volumenverhältnis von Schwachholz/mittlerem Holz/Starkholz des stehenden Vorrates von 24/49/27 Prozent auf 17/28/55 Prozent verändert.

242

Tab. 1: Stehend-Vorrat und Stärkeklassen, Betriebsklasse I (Serie I)

SERIE I Aufnahmejahre	1890	1896	1902	1908	1914	1920	1926	1932	1939	1946	1953	1960	1967	1975	1983	1992
Vorrat sv/ha	392	380	371	368	364	353	343	337	362	348	362	361	363	365	357	372
Mittelstamm sv	1,1	1,1	1,2	1,3	1,4	1,5	1,6	1,6	1,6	1,6	1,6	1,5	1,5	1,4	1,4	1,4
Schwachholz in % des Vol.	24	22	20	17	14	12	12	12	12	14	15	16	16	17	18	17
Mittelstark " " "	49	48	47	45	42	40	38	35	31	28	26	24	24	25	27	28
Starkholz in % des Vol.	27	30	33	38	44	48	50	53	57	58	59	60	60	58	55	55
Tanne in % der Stammzahl	58	59	60	59	59	59	58	57	56	54	55	54	55	56	56	53
Fichte " " "	42	41	40	38	37	36	35	35	34	32	29	27	25	24	24	24
Laubbäume " "	0	0	0	3	4	5	7	8	10	14	16	19	20	20	20	23
Tanne in % des Vorrates	67			67				63			62	62	62	61	60	58
Fichte in % des Vorrates	33			32				34			32	30	30	31	31	30
Laubbäume in % des Vor.	0			1				3			6	8	8	8	9	12

Legende Schwachholz : Durchmesserklassen 20-25-30 cm
Mittelstark : Durchmesserklassen 35-40-45-50 cm
Starkholz : Durchmesserklassen 55 cm und mehr

Kluppierungsschwelle : 17,5 cm
Erste Durchmesserstufe: 17,5 - 22,5 cm

sv (Silve) = Masseinheit für das Stehend-Holz

Das Überwiegen des Starkholzanteils findet seine Rechtfertigung darin, daß im Plenterwald der Zuwachs des einzelnen Baumes mit seinem Durchmesser ansteigt. Zudem beruhte der finanzielle Wirtschaftserfolg bis in die jüngste Zeit vor allem auf dem hohen Starkholzanteil der Nutzungen. Andererseits zeigt die Erfahrung, daß bei einer rund 55 Prozent des Gesamtvorrates übersteigenden Beibehaltung von Starkholz für das Aufkommen der natürlichen Verjüngung Schwierigkeiten entstehen.

Zuwachs:

Die durch die wechselnden Witterungseinflüsse bedingten Zuwachsschwankungen werden geringer, je mehr sich der Wald der optimalen Plenterform nähert. Mittelwert des Zeitraumes 1890-1991: 8,1 sv/ha/ Jahr (Zuwachs am Anfangsvorrat) + 1,4 sv/ha/Jahr (Einwuchs von unten über die Meßschwelle), total 9,5 sv/ha/Jahr.

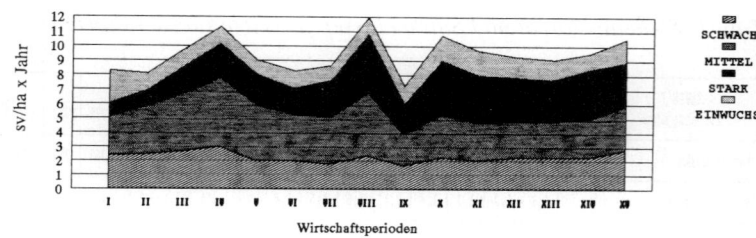

Abb. 4: Jährlicher Zuwachs in sv/ha, Betriebsklasse I (Serie I)

Im Verlauf von 102 Jahren haben die Bestände mit guter Plenterform eine Holzmasse erzeugt, die dem 3,4fachen des ursprünglich vorhandenen Gesamtvorrates entspricht. Der „Erneuerungszeitraum" beträgt also 30 Jahre.

Tab. 2: Zuwachs und Nutzungen, Betriebsklasse I (Serie I)

SERIE I Wirtschaftsperioden	I	II	III	IV	V	VI	VII	VIII	IX	X	XI	XII	XIII	XIV	XV
Zuwachs Schwachholz sv/ha,Jahr	2,4	2,5	2,7	3,0	2,0	2,0	1,8	2,4	1,7	2,3	2,1	2,3	2,3	2,3	2,8
Zuwachs Mittelstark sv/ha,Jahr	2,7	3,3	4,0	4,8	3,9	3,3	3,3	4,4	2,2	3,0	2,6	2,5	2,5	2,7	3,1
Zuwachs Starkholz sv/ha,Jahr	0,9	1,1	1,8	2,3	2,1	1,8	2,5	4,0	2,1	3,7	3,3	3,1	2,9	3,4	3,0
Laufender Zuwachs	6,0	6,9	8,5	10,1	8,0	7,1	7,6	10,8	6,0	9,0	8,0	7,9	7,7	8,4	8,9
In % des Anfangsvorrates	1,6	1,8	2,3	2,7	2,2	2,0	2,2	3,2	1,7	2,7	2,2	2,2	2,1	2,3	2,5
Einwuchs in sv/ha,Jahr	2,3	1,2	1,2	1,2	1,0	1,2	1,1	1,2	1,3	1,7	1,7	1,4	1,4	1,1	1,6
Gesamtzuwachs in sv/ha,Jahr	2,3	8,1	9,7	11,3	9,0	8,3	8,7	12,0	7,3	10,7	9,7	9,3	9,1	9,5	10,5
Vorgeseh. Nutzungen sv/ha,Jahr	7,3	8,2	7,9	9,6	10,5	9,7	10,2	8,8	9,1	9,7	9,1	10,6	10,6	10,6	9,2
Effekt. Nutzungen sv/ha,Jahr	10,5	9,4	10,3	11,7	11,0	10,2	9,8	8,3	9,4	8,5	10,0	9,0	8,9	10,5	9,8

Betriebsklasse II (nach Süden exponierter Hang)

Beschaffenheit der Bestände:

Das Ziel der waldbaulichen Behandlung bestand in der Überführung der ehemaligen Waldweide (deren Beweidung seit 1856 eingestellt war) in Plenterwald. Um die natürliche Entwicklung zu beschleunigen, wurden die größeren Lücken ausgepflanzt, insbesondere mit Buche und Kiefer. Die Überführung wurde erleichtert durch die Ungleichförmigkeit aller Bestände wie auch durch deren Südexposition. Auch wenn sich da und dort als Folge der früheren Beweidung verein-

244

zelt noch schadhafte Fichten und stark astige Buchen finden lassen, ist die Qualität der Bestände wesentlich besser geworden. Die Überführung in die Plenterstruktur befindet sich überall auf bestem Wege.

Baumarten:
Im Verlauf eines Jahrhunderts veränderte sich das Vorratsverhältnis von Tanne/Fichte/Laubbäume von 29/59/12 Prozent auf 42/33/25 Prozent. Aus Gründen der Waldhygiene war es notwendig, den Anteil der Fichte zugunsten der anderen Baumarten vorübergehend zu senken und die Laubbäume stark zu begünstigen.

Stehender Vorrat:
Die Vorratserhöhung wurde bewußt verlangsamt – der Vorrat stieg von 232 sv/ha auf 332 sv/ha –, weil das Hauptaugenmerk der waldbaulichen Behandlung auf die Gesundung und auslesende Durchforstung der Bestände zu richten war. Die optimale Höhe des Vorrates wird in naher Zukunft erreicht sein.

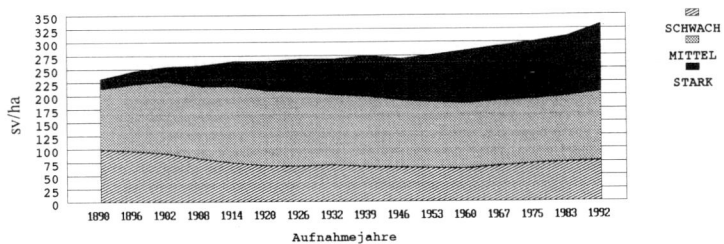

Abb. 5: Entwicklung des Vorrates in sv/ha, Betriebsklasse II

Stärkeklassen:
Der angestrebte Aufbau des Vorrates mit 20 Prozent Schwachholz, 40 Prozent mittlerem Holz und 40 Prozent Starkholz, welcher dem Ideal für diese Betriebsklasse entsprechen dürfte, ist auf dem Wege der Verwirklichung.

Tab. 3: Stehend-Vorrat und Stärkeklassen, Betriebsklasse II (Serie II)

SERIE II Aufnahmejahre	1890	1896	1902	1908	1914	1920	1926	1932	1939	1946	1953	1960	1967	1975	1983	1992
Vorrat sv/ha	232	246	255	257	265	265	269	269	275	269	276	284	293	301	310	332
Mittelstamm sv	0,8	0,8	0,8	0,9	1,0	1,0	1,0	1,0	1,1	1,1	1,1	1,1	1,1	0,9	1,1	1,1
Schwachholz in % des Vol.	43	39	36	32	28	26	25	26	24	24	23	22	23	24	24	23
Mittelstark " " "	49	51	53	53	54	53	52	49	48	47	45	43	42	40	40	39
Starkholz in % des Vol.	8	10	11	15	18	21	23	25	28	29	32	35	35	36	36	38
Tanne in % der Stammzahl	22	20	22	24	24	25	25	24	25	28	32	36	39	43	42	42
Fichte " " "	60	60	57	52	50	48	47	46	44	40	34	31	28	25	23	21
Laubbäume " "	18	20	21	24	26	27	28	30	31	32	34	33	33	32	35	37
Tanne in % des Vorrates	29		31					33			38	36	38	40	40	42
Fichte in % des Vorrates	59		55					47			37	40	38	38	37	33
Laubbäume in % des Vor.	12		14					20			25	24	24	22	23	25

Legende Schwachholz : Durchmesserklassen 20-25-30 cm
Mittelstark : Durchmesserklassen 35-40-45-50 cm
Starkholz : Durchmesserklassen 55 cm und mehr

Kluppierungsschwelle : 17,5 cm
Erste Durchmesserstufe: 17,5 - 22,5 cm

sv (Silve) = Masseinheit für das Stehend-Holz

Zuwachs:

Die Erhöhung des Vorrates führte zu einer wesentlichen Steigerung des Zuwachses. Mittelwert des Zeitraumes 1890–1991: 6,0 sv/ha/Jahr (Zuwachs am Anfangsvorrat) + 1,6 sv/ha/Jahr (Einwuchs von unten über die Meßschwelle), total 7,6 sv/ha/Jahr.

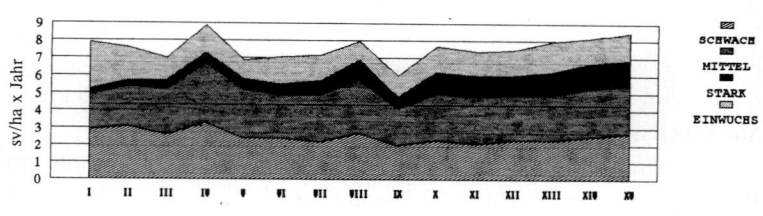

Abb. 6: Jährlicher Zuwachs in sv/ha, Betriebsklasse II

246

Tab. 4: Zuwachs und Nutzungen, Betriebsklasse II (Serie II)

SERIE II Wirtschaftsperioden	I	II	III	IV	V	VI	VII	VIII	IX	X	XI	XII	XIII	XIV	XV
Zuwachs Schwachholz sv/ha,Jahr	2,9	3,1	2,6	3,3	2,4	2,4	2,2	2,7	2,0	2,3	2,1	2,3	2,3	2,5	2,7
Zuwachs Mittelstark sv/ha,Jahr	2,0	2,3	2,6	3,4	2,8	2,5	2,7	3,1	2,1	2,7	2,7	2,6	2,6	2,8	2,8
Zuwachs Starkholz sv/ha,Jahr	0,3	0,3	0,5	0,6	0,6	0,6	0,8	1,1	0,7	1,2	1,2	1,1	1,3	1,4	1,4
Laufender Zuwachs	5,2	5,7	5,7	7,3	5,8	5,5	5,7	6,9	4,8	6,2	6,0	6,0	6,2	6,7	6,9
In % des Anfangsvorrates	2,2	2,2	2,2	2,8	2,3	2,1	2,1	2,5	1,7	2,3	2,1	2,1	2,1	2,2	2,2
Einwuchs in sv/ha,Jahr	2,7	1,9	1,3	1,6	1,1	1,6	1,5	1,1	1,2	1,5	1,4	1,5	1,8	1,5	1,6
Gesamtzuwachs in sv/ha,Jahr	7,9	7,6	7,0	8,9	6,9	7,1	7,2	8,0	6,0	7,7	7,4	7,5	8,0	8,2	8,5
Vorgeseh. Nutzungen sv/ha,Jahr	3,8	4,7	6,8	6,0	7,1	6,3	5,8	6,6	6,4	6,7	6,3	6,3	6,3	6,3	6,4
Effekt. Nutzungen sv/ha,Jahr	5,6	5,7	6,6	7,4	7,1	6,5	7,1	7,2	6,8	6,7	6,7	6,3	7,0	6,7	7,1

Betriebsklasse I + II

Jungwuchspflege:

Die Pflege des Nachwuchses (unterhalb der Meßschwelle von 17,5 cm BHD) erfordert 2 – 3 Std./ha/Jahr, bezogen auf die Gesamtfläche.

Zwangsnutzungen:

Der Anteil der Zwangsnutzungen an der Gesamtnutzung betrug:

1947 – 1966: 6,5 Prozent

1967 – 1991: 9,5 Prozent.

Die in der neueren Zeit eingetretene Erhöhung steht im Zusammenhang mit der allgemein beobachteten Vitalitätsverminderung vieler Wälder.

Vorratserhebung:

Der Arbeitsaufwand für die Aufnahme des gesamten stehenden Vorrates 1992 (Vollkluppierung) betrug 3 Std./ha, entsprechend 1,75 Prozent der gesamten Betriebsausgaben (ohne Investitionen) des Jahres 1992. Der Aufwand für die periodische Vorratserhebung wiederholt sich alle 8 Jahre.

Betriebswirtschaft:

Abbildung 7 zeigt die schnelle und zunehmende Geldertragsverschlechterung der Waldungen von Couvet seit 1981. Diese mißliche

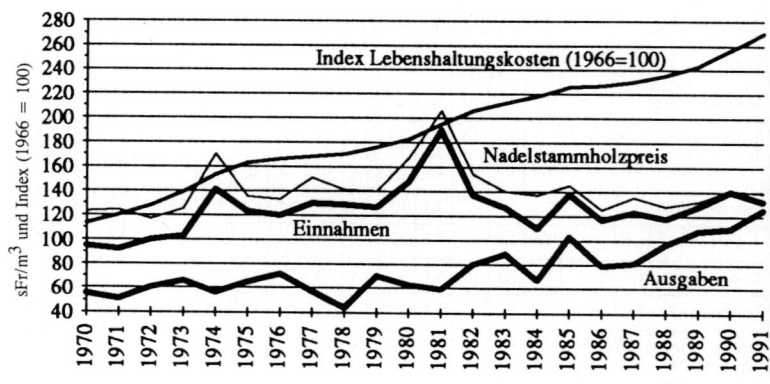

Abb. 7: Einnahmen und Ausgaben nach Forstwirtschaftsjahren in sFr/m³

Entwicklung ist die Folge der stagnierenden Holzpreise und der durch die Lohnsteigerungen verursachten Ausgabenexplosion. In der letzten Periode (1984–1991) belief sich die Betriebsrechnung pro Jahr im Durchschnitt auf folgende Werte:

Tab. 5: Nettoertrag in der letzten Wirtschaftsperiode 1984–1991

	sFr/Jahr	sFr/m³	sFr/ha
Fläche: 163 ha Gesamtnutzung: 1 280 m³			
Bruttoertrag	161 587,–	126,-	992,–
Ausgaben	123 564,–	96,–	758,–
Nettoertrag	38 023,–	30,–	234,–

Schlußbetrachtungen

Der Rückblick auf die Entwicklung des Waldes von Couvet im Verlauf der letzten hundert Jahre bestätigt die hervorragend günstigen Wirkungen des von Biolley begonnenen waldbaulichen Vorgehens: Die Anwendung des Plenterprinzips erlaubte die Überführung zweier vollständig verschiedener Bestandesformen – von gleichförmig strukturierten Waldteilen einerseits und von früher beweidetem Wald und bestockten Weiden andererseits – in die angestrebte höchstentwickelte Betriebsform, den gepflegten Plenterwald.

Von allen Waldbauverfahren ist die Plenterung dasjenige, das den bestmöglichen Nutzen aus den Selbstregulierungskräften des Wald-Ökosystems zieht: Der Baumnachwuchs stellt sich kostenlos ein; seine Pflege erfordert wenig Aufwand und Kosten; der Zuwachs erfolgt zur Hauptsache an den stärkeren Baumdimensionen mit einem hohen Anteil wertvollen Nutzholzes; der Aufwand und die Kosten der Holzernte sind verhältnismäßig gering, weil sie sich auf wenige, dafür aber starke Stämme konzentriert. Dazu kommen noch die Vorteile einer erstaunlich hohen Stabilität geplenterter Bestände sowie – dank der Anwendung der Kontrollmethode – der Einfachheit, Leistungsfähigkeit, Geschmeidigkeit und Zuverlässigkeit der Betriebsführung. Zusammen ergibt das ein Optimum an Wirtschaftlichkeit.

Allerdings bleiben auch dem Wald von Couvet zwei beunruhigende Erscheinungen der neueren Zeit nicht erspart, die in praktisch allen Wäldern Europas festzustellen sind: die überhöhten Schalenwildbestände und der Vitalitätsverlust der Wälder. Einsetzend etwa um die Mitte der siebziger Jahre wurde auch hier das Gleichgewicht von Wald und Wild brüsk gestört; innerhalb weniger Jahre fiel seither die gesamte natürliche Verjüngung von Tannen und Ahornen dem Verbiß durch die zu hohen Rehwildbestände zum Opfer. Den Behörden, der Bevölkerung, den Naturschutzvertretern muß bewußtgemacht werden, daß ein zu reichlicher Wildbestand unvereinbar ist mit einem naturgemäßen Waldbau. Was den allgemein beobachteten Vitalitätsverlust („Waldsterben") der Wälder anbetrifft, scheint sich zu bestätigen, daß der gepflegte Plenterwald davon weniger schwer betroffen wird als der gleichförmige Altersklassenwald; doch ist das ein schwacher Trost.

Unserer Generation obliegt die drängende Aufgabe, alles Notwendige zu unternehmen, um unsere stark bedrohte Umwelt gesundzuerhalten. Nur wenn das gelingt, kann der gepflegte Plenterwald mit seiner großzügig erfüllten Leistung als Schutz-, Nutz- und Erholungswald auch kommenden Generationen voll dienstbar sein.

Übersetzung ins Deutsche durch Dr. sc. techn. Alfred Huber, Forstingenieur, Lahnstraße 23, CH-8200 Schaffhausen

Naturnahe Waldwirtschaft in Frankreich

BRICE DE TURCKHEIM

Am Anfang des 19. Jahrhunderts war die Ausgangssituation der geregelten Forstwirtschaft in den Ländern Deutschlands und Frankreichs ziemlich ähnlich. Die Wälder waren übernutzt, die Vorräte zusammengeschrumpft und große Blößen erstreckten sich über weite Flächen. Sowohl die Holzproduktion als besonders auch die Schutzfunktionen des Waldes waren nicht mehr gewährleistet. Überschwemmungen, Versandungen, Lawinen und Bodenerosion waren die Folgen.

Im Zuge der Reorganisation der Holzproduktion wurde die Plenterung als liederlich und waldfeindlich verpönt, da sie beschuldigt wurde, Übernutzungen zu rechtfertigen. Dieser Gedankengang war ähnlich desjenigen in Baden, wo der Femelbetrieb ab 1833 verboten wurde. Dieses Bewirtschaftungssystem wurde nach und nach in den Staatswäldern ausgemerzt. In Gemeindewäldern des Juras, wo der Einfluß des staatlichen Forstdienstes weniger vorherrschend war, aber auch in Privatwäldern, wurde die Plenterung allerdings mehr oder weniger beibehalten.

Das Plenterprinzip

Um das Jahr 1880 wurde das Plenterprinzip wieder zu Ehren gebracht vor allem durch die genialen Analysen von Gurnaud. Die Erfindung der Kontrollmethode trug dazu bei, den Vorwurf der Unordnung und der Unzuverlässigkeit zu entkräften. Der Streit um diese neuen Ideen bewegte die ganze Forstverwaltung und kam sogar vor die Nationalversammlung. Schließlich wurde die Plenterung wieder als eine normale, nicht zu verachtende Betriebsmethode anerkannt. Dennoch hat sie die zugunsten des Altersklassenwaldes verlorenen Gebiete nicht wieder zurückerobern können.

Im Gedankenaustausch mit den Förstern des Neuenburger Juras – vor allem mit Henry Biolley – entwickelte sich die höchste Form der Plenterung, die Pflege- und Kontrollplenterung.

Vom Anfang des 20. Jahrhunderts bis zum zweiten Weltkrieg wurde in Frankreich der Plenterung immer mehr Aufmerksamkeit geschenkt. Hauptsächlich die Vogesen und die Forstschule Nancy waren wichtige Zentren der Forschungen über das Plenterprinzip. In der Geschichte der Plenterung und ihrer Nachhaltigkeitskontrolle dürfen Namen wie Schaeffer, Gazin, d'Alverny, de Liocourt, Algan nicht fehlen, auch wenn die moderne Lehre ihre Gedanken jetzt manchmal als überholt erscheinen lassen.

Das Zeitalter der Altersklassenwaldwirtschaft

Nach 1945/50 wurde die Plenterung nicht mehr als modern angesehen. Verschiedene Einflüsse sind dafür verantwortlich. Zum Teil war es das Vorbild der deutschen Forstwirtschaft. Die alte Boden- und Waldreinertragslehre, die Suche nach der höchsten Verzinsung des Kapitals, spielten dabei eine Rolle. Eine andere Überlegung war, einen maschinen- und mechanisationsgerechten Wald aufzubauen. Endlich ist hier der Einfluß der großen bewunderungswerten Aufforstungstätigkeit zu nennen, die durch den Nationalen Forstfond (F.F.N.) in Gange gebracht wurde. Etwa zwei Millionen Hektar wurden seit 1950 angepflanzt, fast ausschließlich große einaltrige Monokulturen von Nadelbaumarten. Das Ziel war dabei, so schnell wie möglich höchste Einkünfte aus diesen Investitionen zu erwirtschaften. Um die Jahre 1950/60 kam die Angst vor einem zukünftigen Papierholzmangel hinzu, der durch große Plantagen behoben werden sollte.

In den Jahren 1950 bis 1980 war also der Altersklassenwald die Mode. Alle Bestrebungen gingen dahin, den Kapitalumlauf zu beschleunigen. Betriebe, die naturnah arbeiteten, wurden als überholt betrachtet. Ihre Besitzer versteckten sich ... und sie arbeiteten im Stillen weiter.

Neue Untersuchungen und Konzepte

In den Jahren nach 1980 wurden an der Forsttechnikerschule Les Barres bei Orléans (Ecole Nationale des Ingénieurs des Techniques Forestières ENITEF) unter der Leitung von jungen Professoren Studien erstellt, die eindeutig die großen Vorteile von unregelmäßigen

Mischbeständen gegenüber Altersklassenwäldern bewiesen. Auf diese Weise fand naturnahes Gedankengut Eingang in die Verwaltung und in die Waldpflege, nicht zuletzt da ehemalige Schüler der ENITEF in verantwortliche Positionen hineinwuchsen.

Leider fanden viele dieser Gedanken bei ihren Vorgesetzten kein Gefallen. In einer Rationalisierungswelle wurde die ENITEF im Jahr 1991 aufgehoben, die Professoren wurden versetzt und zum Schweigen gebracht. Glücklicherweise sind jedoch einige von ihnen an die Hochschule Nancy versetzt worden, sodaß Hoffnung besteht, daß die naturnahe Lehre weitergeführt werden wird.

Die Mittelwaldwirtschaft

Ein ganz anderer Gedankengang, der in Frankreich zur naturnahen Waldbewirtschaftung führte, geht vom Mittelwaldbetrieb aus.

Die Zielsetzung des Mittelwaldes, die perfekt auf die früheren wirtschaftlichen Verhältnissen eingestellt war (hoher Brennholzbedarf, Preisspanne zwischen Brennholz und Stammholz nicht größer als 1 : 2, geringe Lohnkosten), mag heute überholt sein. Die Mittelwaldbewirtschaftung war aber durchaus vernünftig: Wenige Jahre nach dem Mittelwaldhieb wurden die natürlichen Sämlinge wertvoller Baumarten von den Stockausschlägen freigestellt und gepflegt. Etwaige Fehlstellen wurden mit Großpflanzen ausgebessert und vervollständigt. Fünf bis acht Jahre vor dem nächsten Hieb wurde der nachwachsende Bestand wieder gepflegt und gute Heister oder Stangen von ihren Bedrängern freigestellt, damit sie standfest werden und sich nicht nach dem Hieb umbiegen.

Die Kontrolle der Nachhaltigkeit wurde durch regelmäßige Inventuren durchgeführt, manchmal nach Brusthöhenumfang oder Durchmesser, oft aber nur mit Altersangaben. In einigen Privatbetrieben kann auf diese Weise die Bestandsgeschichte ohne Unterbrechung über 100 und mehr Jahre zurückverfolgt werden. Außerdem wurden Regeln und Normen aufgestellt, wie die Bestände nach dem Hieb auszusehen haben. Das war der eigentliche Ursprung der Kontrollmethode.

Die weitverbreitete Meinung, nach der ein Mittelwald schlechteres Holz auf den Markt bringt als der Hochwald, ist oft ganz falsch. Bei

manchen Baumarten sucht die holzverwertende Industrie schnell-
gewachsene, dicke, vollholzige Stämme ohne Fehler, aber auch ohne
Länge, so besonders bei Buche, Esche, Ahorn, Kirsche, Birke. Diese
Sortimente sind oft viel eher im Mittelwald zu finden. Sogar Eiche
braucht keineswegs immer viel schlechter zu sein als im Hochwald,
besonders wenn der Mittelwald oberholzreich ist.

Mittelwald und Plenterwald

Es besteht eine gedankliche Verwandtschaft des oberholzreichen
Mittelwaldbetriebes mit der Plenterung. Beide arbeiten mit Einzel-
stammpflege. Jeder Baum wird nach seinem Produktionspotential ein-
geschätzt und erst dann geerntet, wenn er hiebreif ist. In beiden Betriebsarten wird die örtliche Baumartenmischung gepflegt und der
Boden nie ganz entblößt. Geringe Standortunterschiede können ohne
Planungsschwierigkeit berücksichtigt werden. Es ist kein Zufall, daß
sich viele Baumarten im Mittelwald halten konnten, die im Hochwald
durch einseitige Buchen- oder Eichenwirtschaft ausgemerzt wurden.
Der große Unterschied besteht jedoch darin, daß der Mittelwaldhieb
viel seltener erfolgt als der Plenterhieb, daß also viel mehr Holz auf
einmal geerntet wird und daß hauptsächlich der Unterstand abgeholzt
wird. Daher fällt beim Mittelwaldhieb mehr kleines und dünnes Holz
an. Wie im Plenterwald ist aber der Erntemittelstamm im Oberholz
beträchtlich dicker als im Hochwald.
Mittelwald wie auch Plenterwald sollten in Frankreich so schnell und
so vollständig wie möglich in Hochwald umgewandelt werden, also
in Altersklassenwald mit kurzen Verjüngungszeiträumen und womöglich ohne Baumartenmischung. Eine solche Umwandlung bringt aber
große Geldausgaben und Risiken mit sich. Denn zur schnellen Verjüngung kann nicht verhindert werden, daß wertvolle Zuwachsträger
vorzeitig geopfert werden. Wird aber ein Bestand zur Ernte zurückgestellt, müssen ebenfalls Opfer gebracht werden, da hiebsreife Bäume
zu spät gefällt werden, um den Bestand ja nicht zu „durchlöchern". So
läßt man gute Bäume ihren Alterstod erwarten, nur um der guten
Ordnung willen! Eine unregelmäßige Population kann nicht ohne
große Opfer in ein einfaches Schema eingezwängt werden; das gilt
nicht nur für Waldbestände!

Die naturnahe Waldwirtschaft

Als Reaktion auf diese übertrieben vereinfachende Umwandlungs-
methode fanden die Prinzipien der naturnahen Waldwirtschaft bei
Forstleuten, die mit den offiziellen Konzepten unzufrieden waren,
einen wunderbar frischen Nährboden. Hinzu kamen die schlimmen
Stürme von 1982, 1984, 1987 und 1990, deren Folgen viele Leute
über die Risikoverträglichkeit von Bestandsstrukturen nachdenken
und einsehen ließen, daß Mischung und Struktur die beste Vorbeu-
gung gegen diese Schäden sind.

Zusammenfassend kann also gesagt werden, daß die naturnahe
Waldwirtschaft in Frankreich sich auf mindestens drei Voraussetzungen stützt:

- die althergebrachte Plenterung in Mittelgebirgen;
- die Mittelwaldwirtschaft in Laubwaldgebieten;
- die großen Risiken des Altersklassenwaldes.

Vielleicht mehr noch als in Deutschland kommt die Sorge um die
Rentabilität der Waldwirtschaft hinzu, vielleicht weil der Privatwald
einen größeren Anteil an der Waldfläche in Frankreich einnimmt und
vielleicht weil der Druck der politischen Umweltschützer etwas geringer als in Deutschland ist.

Nach diesem kurzen Überblick der geschichtlichen Entwicklung der
Konzeptionen der naturnahen Waldwirtschaft in Frankreich sei es erlaubt, an drei praktischen Beispielen deren Verwirklichungen aufzu-
zeigen. Es wird absichtlich davon abgesehen, die traditionnellen Plen-
tergebiete der Vogesen und des Jura zu behandeln, um Betriebe in
Gegenden darzustellen, wo eine naturnahe Wirtschaft eigentlich nicht
zu erwarten wäre.

Lonné

Der Betrieb von Lonné (ca. 400 ha) ist ein ehemaliger Eichenmittel-
wald, der in einem der besten Traubeneichenwuchsgebiete Westfrank-
reichs liegt. Das ozeanische Klima führt zu gut über das ganze Jahr
verteilte Niederschläge von ca. 720 mm und einer Temperatur im
Jahresmittel von 9° Celsius, ohne sehr große Unterschiede. Mit einem
Boden auf schwach saurem Lehm auf Tertiärschichten ergibt sich ein
sehr guter Eichenstandort, mit Beimischung von Buche, Edelkastanie,
Hainbuche.

Tab. 1: Entwicklung des Vorrats und der Holzernten – 15 ha – nur Eiche – nur Oberholz (oder Oberschicht) – Derbholz in fm/ha

Brusthöhen-umfang (cm)	1936				1968			1981	1991	1993	1991
	Bestand vor dem Hieb fm	Mittel-wald-hieb fm	Bestand nach dem Hieb fm	Ent-nahme %	Hieb fm	Reserve fm	Ent-nahme %	Hieb fm	Hieb fm	Vorrat fm	Ent-nahme %
60– 80	39	0,5	38	1,3	–	19	0	–	0,4	10,1	3,4
90–110	21	8	13	37	0,4	20	1,7	1,8	4,7	26,8	19,4
120–150	52	40	13	76	7	77	7,9	3,6	13,3	71,6	19,1
160–180	31	27	3	89	15	27	36,3	5,4	11,7	70,2	20,1
190–210	11	10	1	96	10	3	75,3	3,6	8,8	61,9	16,7
≥ 220	9	7	2	80	11	–	100	–	1,1	22,9	4,5
Total	163	94	70	57	44	147	23,2	16,2	40,0	263,7	17,5

Die Umtriebszeit der Mittelwaldschläge betrug von 1892 bis 1922 18 Jahre; bis 1960 26 Jahre. Diese Betriebsart wurde dann abgeschafft, um den Wald in Hochwald überzuführen. Der Wirtschaftsplan von 1961 sah zunächst Pflegehiebe im Umlauf von 13 Jahren vor, jetzt (1992) von zehn Jahren, mit einer bescheidenen „Musterung" alle fünf Jahre, um Eichenverjüngungen je nach Bedarf Licht zu geben.

Die Umwandlung läßt sich anhand der Vorratsentwicklung in zwei Abteilungen demonstrieren :

Der Zuwachs – ohne Unterschicht – war 1936 bis 1968 ca. 5,94 m³/ha/ Jahr und 1968 bis 1993 6,93 m³/ha/Jahr.

Nach dem Hieb im Jahr 1936 – ein „starker" Mittelwaldhieb mit Entnahme von 57 Prozent des Vorrats der Oberschicht – und 100 Prozent desjenigen der Unterschicht! – war der Vorrat auf nur 70 m³/ha gesunken. Die Hiebe entnahmen seither mehr als 100 m³/ha besonders dickes und dickstes Holz. Trotzdem erholte sich der Bestand gut. Heute enthält er sehr schöne Horste von erstklassigen Eichenstangen, die noch nicht in der Inventur auftreten, aber die die Zukunft des Bestandes sind. Der jetzige Vorrat von 264 m³/ha ist möglicherweise etwas zu hoch für die Erneuerung des Bestandes, aber es sollen keine Zuwachsopfer hingenommen werden.

Eine andere Abteilung soll zeigen, wie der Pflegehieb durchgeführt wird und was entnommen wird. Der letzte Hieb erfolgte 1976, 13 Prozent des Vorrats wurde geerntet, d. h. 28 m³/ha im Oberholz. Der verbleibende Bestand weist 1976 folgende Bestandsdaten auf:

Tab. 2: Verbleibender Bestand – Eiche – nach Pflegehieb

BHD (cm)	Stammzahl	Vorrat (m³/ha)
25	16	6,3
30 – 40	45	51,1
45 – 50	31	67,5
55 – 60	15	50,2
≥ 65	3	12,1
Total	110	187,2

Aus dieser Aufstellung sieht man klar, wie gut der Bestand strukturiert ist, und wie hoch die Möglichkeiten der Vorratspflege auf lange Dauer sind!

Der Mittelstamm des verbleibenden Vorrats war 1,7 m³, der Ernte 1976 2,5 m³, Ernte 1993 2,9 m³. Stets wird auf den stärksten Stamm geschlagen, ohne aber die Pflege in den geringeren Dimensionen zu vernachlässigen. Der nächste Pflegehieb erfolgt im Wirtschaftsjahr 1993/94.

Auf einem Probestreifen von knapp fünf ha wurde ein Vergleich, zwischen Ernte und verbleibendem Vorrat angestellt, dessen Resultate folgende sind:

Tab. 3: Vergleich zwischen Vorrat und Ernte eines Pflegehiebes –
Probestreifen: ca. 5 ha – Eiche – Derbholz in fm

Brusthöhen-umfang cm	Verbleibender Bestand		Ernte		Entnahme % des Vorrats vor dem Hieb
	Stammzahl	Vorrat (fm)	Stammzahl	Volumen (fm)	
60– 80	28	10,6	–	–	–
90–110	63	48,2	2	2,7	5
120–150	126	212,8	11	17,5	8
160–180	96	289,4	19	56,2	16
190–210	50	205,6	11	45,0	18
220–260	23	132,7	7	40,5	23
Total	386	899,5	50	161,8	15

Auch hier sieht man wie sich die Holzernte gegenüber dem verbleibenden Bestand verhält: die Ernte entnimmt eher dicke Bäume, aber auch in den geringen Kategorien wird geschlagen.

Um die Überlegungen des Wirtschafters zu analysieren, wurden auf dieser Probefläche die Auszeichnungskriterien ausgewertet. Auf 52 zur Ernte ausgezeichneten Bäumen wurden zwölf Bäume prioritär zur Ernte, ein kranker Baum mit einem Pilz, 36 Bäume um besseren zu helfen, drei Bäume für die Verjüngung und 16 Bäume für mindestens zwei Kriterien angezeichnet. Diese Verteilung ist ziemlich charakteristisch für einen normalen Plenterhieb.

Es könnten weitere Betriebe vorgestellt werden, in denen die Mittelwaldumwandlung in naturnahe Hochwaldbestände schon längere Zeit angestrebt wird. Beispiele sind einige Stieleichenwälder im Saône-Tal in Burgund oder auf den Lehmplateaux von Lothringen, Buchenwälder auf der Kalkzone Lothringens oder ein Edellaubholz Betrieb in der Picardie. Aus Platzmangel kann es hier nicht geschehen. Statt dessen soll ein Betrieb beschrieben werden, in dem eine ehemalige Pflanzung mit dem Ziel Plenterwald naturnah bewirtschaftet wird.

Bouscadié

Der Privatwald Bouscadié liegt auf den Südausläufern der Cevennen, die südöstliche Urgesteinskette des Zentralmassivs, in der Nähe der kleinen Industriestadt Mazamet. Die Höhenlage ist 650 bis 800 m. Hohe Niederschläge (1200 bis 1500 mm) sind ungleich auf die Jahreszeiten verteilt, die Monate Juli bis September sind fast ohne Regen. Durch die Lage am Rande der Vertiefung zwischen Pyrenäen und Zentralmassiv, wo sich die Luftmassen zwischen Atlantik und Mittelmeer bei Luftdruckunterschieden ausgleichen, sind heftige Stürme keine Seltenheit. Ein wichtiger Standortfaktor sind ebenfalls schwere Naßschneefälle. Die schwachsauren tiefgründigen Böden sind mit wenigen Ausnahmen – Felskuppen und Moore – von erstklassiger Fruchtbarkeit. Der Wildbestand ist (noch) sehr gering.

Der 180 ha große Privatwald ist durch Aufforstung von Weideflächen in der Zeit von 1870 bis 1970 entstanden. Je nach der Zeitepoche waren die verwendeten Baumarten Fichte, Weißtanne, Douglasie, und Waldkiefer als Pionier.

Seit den zwanziger Jahren ist das langfristige Pflegeziel der Besitzer der Plenterwald. Schon vor dem letzten Weltkrieg besuchten sie die bekannten Plenterwälder des schweizer und französischen Juras. Der Grund dazu war die Einsicht, daß Stürme und Naßschnee einen Wald erfordern, der stabil ist. Seit 1930 wird die Kontrollmethode angewandt, leider mit überholten Handelsmassen, die einen einwandfreien Vergleich mit den jetzigen Festmetern nicht erlauben.

Vollständige Kluppungen erfolgten alle zehn Jahre ab 1960. Die Bestände wurden alle fünf Jahre durchgepflegt. Ganz klassisch entnahm der Hieb jeweils die schlechtesten Bäume, um den Besten zu helfen. Kleine und größere Sturmlücken, die sich nicht von selbst verjüngten, wurden ausgepflanzt, wobei vor allem der Buche einen wichtigen Platz eingeräumt wurde.

Der Minoritätsbaumart wurde stets den Vorrang gegeben. Aus Stabilitätsgründen und wegen ihrer besseren Vitalität wurde die Tanne vor der Fichte begünstigt. Zieldurchmesser sind für die Douglasien und einzelne Fichten und Tannen BHD 90/95 cm. Die Naturverjüngung – auch von Fichte und Douglasie – stellt sich langsam überall ein. Die Buche, die der Besitzer um 1960/70 noch als bedroht ansah, muß jetzt bald bekämpft werden, wenn nicht zu große Flächen von ihr erobert sein sollen.

Die Vorratsentwicklung des ganzen Waldes (in Silven pro ha) war höchst erfreulich, wie aus der nächsten Tabelle zu ersehen ist. Die Holzernten haben in der Periode 1960/90 folgende Holzmengen entnommen, welche zum Vergleich den 1960 gekluppten Vorräten gegenübergestellt sind:

Tab. 4: Vorrat und Ernte in Bouscadié

	Holzernten 1960/90		Vorräte 1960	Vorräte 1990
	m³/ha	m³/ha/Jahr	sv/ha	sv/ha
Ganzer Wald	278	9,3	277	344
Abt. 2	450	15,0	504	501
Abt. 5	232	7,7	246	348
Abt. 10	287	9,6	371	368
Abt. 16	353	11,8	432	401

In der Abt. 5 steht die große Tanne „Gaston", benannt nach dem Urgroßvater der jetzigen Besitzer, dem Begründer dieses Waldes. Heute produziert dieser Baum (BHD ca. 130 cm) einen Festmeter Holz in drei Jahren. Der Inhalt war in 1965 ca. 12 m³, heute beträgt er ca. 24 m³.

Hervorzuheben ist außerdem, daß die Ernten in den drei Jahrzehnten 1960/90 genau die Vorräte entnommen haben, die am Anfang der Periode aufstockten. In der Diskussion mit den Altersklassenwald-Verfechtern kommt immer wieder die Frage langer Produktions-zeiträume auf. Die Kritik ist, daß der Umlauf der Kapitalien viel zu langsam erfolgt, wenn dicke alte Bäume produziert werden. Das Beispiel von Bouscadié zeigt jedoch wie falsch diese Kritik ist.

Hätte der Besitzer, der damals dem Spott und der Kritik seiner Kolle-gen ausgesetzt war, den Vorrat seines Waldes im Kahlschlagverfahren geerntet, hätte er im Jahre 1960

1. keine größere Menge Holz geerntet als tatsächlich im Zeitraum 1960/90,
2. kaum ein Viertel dickes Holz (BHD 55+) geerntet, während er tatsächlich 1960/1990 einen viel größeren Prozentsatz dickes Holz gehauen hat,
3. hätte er heute Bestände mit weniger Vorrat und fast nur dünnes Holz,
4. hätte er große Kosten für Aufforstung und Pflege gehabt,
5. und wäre er ein hohes Risiko eingegangen durch Schnee- und Sturmwurf oder -bruch.

Bei diesen waldbaulichen Überlegungen ist es wichtig, sowohl aus Stabilitätsgründen als aus lichtökologischen Zuständen, daß ein großer Anteil des Vorrats heute aus dicken Bäumen besteht. Es ist nicht gleichgültig, ob der Zielvorrat von 400 m^3 aus 300 bis 350 Bäumen bestehen von 1,1 bis 1,3 m^3 Volumeninhalt pro Stück oder aus 150 Bäumen von 2,5 bis 3 m^3. Mit einem Holzvorrat von 154 m^3/ha mit BHD 55 cm und darüber ist fast 45 Prozent des Gesamtvorrats in Bouscadié dickes Holz.

Trotz seiner kleinen Fläche ist Bouscadié ein Musterbetrieb, der für die ganze Region zukunftsweisend ist.

Landsberg

Der Privatwald Landsberg in den östlichen Vorbergen der Vogesen (160 ha) wurde lange als Niederwald behandelt. Er wurde im Jahr 1863 zum ersten Mal vom badischen Förster Adolf Schmitt eingerich-tet. Der Tannenhochwald von 85 ha sollte im Femelbetrieb bewirtschaftet werden, im „Umtrieb von 120 Jahren, denn in der Gegend finden nur die starken Sortimente einen vorteilhaften Absatz." Diese Bewirtschaftung erfolgte mit geringen Änderungen bis 1930. Die Wirtschaftsgrundsätze von 1933 ordneten die Umwandlung der in östlicher Exposition auf gutem Standort gelegenen Niederwaldbestände an. Weißtannenhorste und Verjüngungen wurden sorgfältig von den verdämmenden Weichhölzern befreit; Buchen, Ahorne und sogar Haselnuß sollten aber mit dem Ziel gepflegt werden, einen gemischten Hochwald von Tannen und Laubhölzern zu erhalten.

Gleichzeitig wurde die Kontrollmethode als Planungshilfe eingeführt. Die Inventuren wurden gleich nach dem Schlag im sechsjährigen Turnus ausgeführt. Da einige Abteilungen vor dem letzten Weltkrieg vollständig und regelmäßig gekluppt wurden, kann ihre Entwicklung über fast 60 Jahre hinweg gut verfolgt werden.

Es zeigt sich, daß der Vorrat seit dem Anfang dieses Jahrhunderts stark gesteigert werden konnte und jetzt im Mittel über die ganze Fläche 250 sv. erreicht hat. Da in den letzten Jahrzehnten nicht der volle Zuwachs geerntet wurde, hat sich die Holzernte mit 6 m^3/ha/Jahr nicht sehr erhöht. Bemerkenswert ist aber, daß sich der Anteil des Stammholzes von weniger als 20 Prozent auf jetzt fast 60 Prozent erhöht hat.

Eine Beispielsabteilung ist Erltal VI, dessen Vorrat seit 60 Jahren kaum fünf Prozent um 300 sv/ha geschwankt hat, wo im siebenjährigem Hiebsumlauf ca. 7 m^3/ha/Jahr geerntet wird und wo der Vorrat ungefähr in 30 bis 36 Jahren geschlagen wird.

Der Aufwand für die Pflege ist minimal. In den letzten 30 Jahren wurden nur drei kleine Horste mit Fichte und Kirsche angepflanzt und leichte Pflegeeingriffe getätigt, die auf die drei Jahrzehnte verteilt nur wenige Minuten pro ha und Jahr ausmachen. Künstlich wurden schöne, vitale Tannenstangen auf 7 bis 9 m geastet, um zukünftig erstklassiges Tannenfurnier zu produzieren. In dieser Abteilung hat die Automation der biologischen Produktion bei guter Wertproduktion einen Höhepunkt erreicht, wobei die ästhetische Wirkung im Landschaftsbild sehr anmutend ist.

Schlußbetrachtung

Insgesamt kann gesagt werden, daß sich die naturnahe Bewirtschaftung der Wälder Frankreichs sowohl in der Meinung der verantwortlichen Forstleute als auch im täglichen Wirken der Praktiker in Beispielsbetrieben erfreulich entwickelt hat. Selbstverständlich sind wir noch weit vom Ziel entfernt. Andauernde Arbeit, Überzeugung, und beispielhaftes Handeln werden noch jahrelang notwendig sein, bis Kahlschlag, Altersklassenwirtschaft und Monokulturen endgültig der Vergangenheit angehören. Auch muß scharf darüber gewacht werden, daß nicht unter dem Motto Einzelstammwirtschaft und Zieldurchmesserdurchforstung die Wälder weiter geplündert werden.

Unsere Hoffnung ist aber nicht unbegründet, daß die naturnahe Waldwirtschaft in den nächsten Jahren große Fortschritte erzielt wird, zum Wohle unserer Wälder, ihrer Besitzer, der ganzen Volkswirtschaft und als Beispiel für einen besseren Umgang mit der gesamten Mitwelt.

TEIL IV: ANHANG

Grundsatzerklärung der Arbeitsgemeinschaft Naturgemäße Waldwirtschaft (ANW)

1. Ziele

Die Grundidee naturgemäßer Waldwirtschaft liegt in der ganzheitlichen Betrachtung des Waldes als dauerhaftes, vielgestaltiges, dynamisches Ökosystem.

Die naturgemäße Waldwirtschaft strebt an, durch Nutzung der in Waldökosystemen ablaufenden natürlichen Prozesse die Waldbewirtschaftung zu optimieren. Sie erreicht dies durch eine Verbindung ökologischer und ökonomischer Erfordernisse.

Dabei kann jeder Forstbetrieb die vom jeweiligen Wald zu erbringenden Funktionen je nach Lage, Größe, Standort und Besitzart spezifisch wichten.

Die verschiedenen, für die Stetigkeit des Waldökosystems erforderlichen Entwicklungsstadien sind nicht flächenweise voneinander getrennt, sondern in derselben Wirtschaftseinheit zeitlich und räumlich neben- und/oder übereinander angeordnet.

Die Auswertung jahrzehntelanger, praktischer Erfahrungen naturgemäß wirtschaftender Betriebe und wissenschaftlicher Publikationen führt zu folgenden Grundsätzen naturgemäßer Waldwirtschaft:

2. Waldbauliche Grundsätze

Schonender Umgang mit dem Standortpotential
Dem Schutz, der Erhaltung und ggf. Wiederherstellung der Produktionskraft der Waldböden kommt besondere Bedeutung zu.

Naturgemäße Waldwirtschaft unterläßt demzufolge grundsätzlich Kahlschlag, sie vermeidet Ganzbaumnutzung sowie unpflegliche Rücke-, Bodenbearbeitungs- und Meliorationsverfahren. Durch einzelstammweise Nutzung reduziert sie die Störung der Stoffkreisläufe auf das nutzungsbedingte Minimum und erhält so das Waldinnenklima.

Standortgemäße Baumartenwahl

Standortgemäße Baumartenwahl ist die Grundlage zur Sicherung der Standortkräfte und risikoarmer Produktion. Dabei sollen Baumarten der natürlichen Waldgesellschaft in möglichst lokal angepaßten Herkünften mit hohen Anteilen beteiligt sein. Die Beteiligung nicht heimischer und nicht der natürlichen Waldgesellschaft angehörender Baumarten ist hierbei nicht ausgeschlossen.

Baumartenmischung

Auf den meisten mitteleuropäischen Standorten sind vielfältige standortgemäße Baumartenmischungen denkbar. Solche Mischungen ergeben produktive, strukturreiche Wälder, die sich im Normalfall natürlich verjüngen.

Einzelstammweise Pflege und Nutzung

Die konsequente Anwendung einzelstammweiser Pflege und Nutzung (Plenterprinzip) im Sinne einer permanenten Auslese und Vorratspflege führt zum Dauerwald: Je nach Standortkraft und Lichtökologie der Baumarten entstehen allmählich gemischte, stufige, ungleichaltrige und strukturreiche Dauerbestockungen. Nutzung, Pflege und Walderneuerung finden auf gleicher Fläche und zur gleichen Zeit statt. Eingriffe erfolgen in relativ kurzen Intervallen mit mäßiger Stärke und orientieren sich am wirtschaftlichen und funktionellen Wert eines jeden Baumes.

Der wirtschaftliche Wert des Einzelbaumes ist abhängig von der Qualität des produzierten Holzes, die sich in Schaftform, Dimension, Zuwachs und Gesundheitszustand des Baumes widerspiegelt. Der funktionelle Wert des Einzelbaumes wird bestimmt durch seine Aufgaben als Mischungs- und Strukturelement sowie durch seinen ökologischen Wert.

Somit ergibt sich für jeden Einzelbaum ein individueller Hiebsreifezeitpunkt.

3. Erfahrungen

Aus Forstbetrieben, die langjährig nach diesen Grundsätzen wirtschaften, können folgende Erfahrungen abgeleitet werden:

Waldbau/Ertragskunde
- verringertes Risiko gegen biotische und abiotische Schäden
- höhere Starkholzanteile bei Vorrat, Zuwachs und Nutzung
- höhere Anteile von Naturverjüngung
- verbesserter Schutz des Nachwuchses vor Frost, Hitze, Sonne, Wind und Konkurrenzvegetation
- qualitätsfördernde Erziehung des Nachwuchses bei natürlicher Stammzahlreduzierung unter Schirm
- Erhaltung autochthoner genetischer Potentiale

Betriebswirtschaft
- verringertes Betriebsrisiko und verbesserte Vorrats- und Nutzungsstruktur führen langfristig zu erhöhten Erträgen
- Minderung des Aufwandes ergibt sich bei der Holzernte (geringe Schwachholz-, erhöhte Starkholzproduktion), der stetigen Walderneuerung (Naturverjüngung) sowie bei Schutz und Pflege des nachwachsenden Waldes
- der Dauerwald erlaubt flexible Reaktionen auf aktuelle Marktbedürfnisse.

Forsteinrichtung
Naturgemäße Waldwirtschaft erfordert Planung und Kontrolle nach Masse, Wert, Struktur und Nähe des Waldes zur natürlichen Waldgesellschaft im Sinne einer ökonomischen und ökologischen Nachhaltigkeit. Ideal eignet sich hierfür die permanente Kontrollstichprobe. Die herkömmlichen Forsteinrichtungsverfahren sind für einen naturgemäß bewirtschafteten Forstbetrieb auf Dauer nicht anwendbar.

Schutz- und Erholungswirkungen
Die geschilderten waldbaulichen Mittel ermöglichen eine große Vielfalt in der Gestaltung von Wäldern auch bezüglich ihrer Schutz- und Erholungsfunktionen.

Jagd
Naturgemäße Waldwirtschaft erfordert zwingend waldverträgliche Schalenwilddichten, bei denen die Verjüngung aller Baumarten auf der Gesamtfläche des Waldes jederzeit ohne Zaunschutz möglich ist.

PRO SILVA

BRICE DE TURCKHEIM

Die Beiträge in diesem Band haben zur Genüge gezeigt, daß die naturnahe oder naturehrfürchtige Waldbewirtschaftung nicht nur auf festen theoretischen, wissenschaftlichen Kenntnissen beruht, sondern auch in einer Vielzahl von Betrieben in ganz Europa mit Erfolg praktiziert wird. Auch gibt die naturnahe Waldwirtschaft befriedigende Antworten auf ethische Fragestellungen, wie die des Platzes des Menschen in seiner Mitwelt und in der Schöpfung.

Der naturnahe Wirtschaftswald ist ein Beispiel für die vielfältige Funktionstüchtigkeit, die der Mensch von einem Ökosystem erwarten kann, wenn er es im Sinne eines Patrimoniums pflegt und nicht als ein Dominium ausbeutet.

Dennoch ist diese Bewirtschaftungsart in Europa noch weit davon entfernt, die allgemeine Regel zu sein; ja, es gibt viele andere Nutzungskonzeptionen. Die einen behandeln den Wald noch mit landwirtschaftlichen Prinzipien: man pflanzt oder sät, man pflegt, man läßt wachsen, man erntet und man fängt wieder von vorne an. Wichtigstes – manchmal einziges – Ziel ist die Erwirtschaftung von hohen ökonomischen Vorteilen, im allgemeinen eine möglichst wertvolle Ernte in kürzester Zeit, ohne große Rücksicht auf die Erhaltung der Standortgüte, wobei sich die Nachhaltigkeit durch die Altersklassenverteilung ergibt. Mechanistische Gedankengüter, wie zum Beispiel die Bodenreinertragslehre, sind noch längst nicht alle in die Museen überholter Techniken abgestellt.

Ja, manche Befürworter dieses Vorgehens meinen manchmal ganz ehrlich, naturnah zu arbeiten, wenn die Erneuerung der Bestände natürlich erfolgt, womöglich mit einer langen Verjüngungszeit; und wenn zudem die Bestände mehr oder weniger gemischt sind, glauben sie, daß nichts daran zu ändern sei oder nur ganz geringe Einzelheiten. Auf der anderen Seite stehen die strengen Naturschützer, die eigentlich am liebsten den Wald ohne jede Bewirtschaftung sehen möchten. Sie trachten danach, zum Teil durch das Beispiel der Altersklassenwirtschaft und des Kahlschlagbetriebes abgeschreckt, daß keine Förster im Walde mehr tätig sind, es sei denn als Konservatoren von Naturdenkmälern.

Gewiß ist es keineswegs einfach, sich aus althergebrachten Denkmustern herauszureißen. Das notwendige „Umdenken" ist nicht jedermanns Sache; dafür muß man Verständnis haben. Waldbauprofessoren, die wie manche Franzosen ehrlich und öffentlich bekennen, daß sie jahrelang ihren Schülern eine falsche Lehre beigebracht haben, sind eine große Seltenheit. Auch ist es für die Forschung viel einfacher und es bringt auch raschere Ergebnisse, sich mit einfachen Baumkollektionen zu befassen als komplizierte Ökosysteme zu studieren, in denen die Beziehungen zwischen den verschiedensten Lebewesen außerordentlich schwer zu durchschauen sind.

Aus allen diesen Gründen – Dissens mit der „öffentlichen" Lehrmeinung, Gegensätzlichkeiten zu den „extremen" Naturschützern, einer antikonformistischen Denkweise, die die „Unordnung" im Walde nicht fürchtet sondern ausnützt – waren die naturnah denkenden Forstleute in Europa isoliert: sie arbeiteten im Stillen, trotz Kritik und Verachtung und ließen in der Regel nichts von sich hören oder sehen. Oft konnten sie sich sogar des Zweifels nicht erwehren, ob sie nicht altmodisch wären, denn sie wußten nicht, daß sie tatsächlich modern waren, ja zukunftsweisend.

Die Gründung von PRO SILVA

Eine große und wichtige Ausnahme war die deutsche Arbeitsgemeinschaft Naturgemäße Waldwirtschaft (ANW), die nach sehr bescheidenen Anfängen, unter heftigster Kritik und sogar Bekämpfung durch die öffentliche Lehre, nach 25 bis 30 Jahren ihres Bestehens doch noch großes Ansehen und Aufmerksamkeit erlangte.

Anläßlich einer Exkursion der ANW in den slowenischen Wäldern im Spätsommer 1987 entstand der Gedanke, daß die naturnah denkenden Forstleute Europas eigentlich viel zahlreicher seien als angenommen. Ein wichtiger erster Schritt zur Verbreitung ihrer Ideen wäre, daß diese Förster sich zunächst einmal besser kennenlernen. So wurde von Dusan Mlinsek, Professor für Waldbau an der Universität von Ljubljana, vorgeschlagen, daß nach dem Modell der ANW ein Zusammenschluß auf europäischer Ebene mit dem Ziel gegründet wird, das naturnahe Denken in der gesamten europäischen Forstwirtschaft zu verbreiten.

Der Vorschlag wurde von leitenden Persönlichkeiten der ANW und von anderen Waldbauern in anderen Ländern enthusiastisch angenommen. Nach eingehenden Besprechungen und Vorarbeiten, die sich über fast zwei Jahre ausdehnten, wurde am 22. 9. 1989 in Robanov Kot, in den Julischen Alpen von Slowenien, nach einer achttägigen Exkursion von 33 Forstleuten aus zehn europäischen Ländern die Gründung von PRO SILVA beschlossen.

Der Aufruf von Robanov Kot ist die Grundsatzerklärung von PRO SILVA. Dessen vollständiger Wortlaut lautet:

Aufruf an alle europäischen Forstleute, Waldbesitzer und Waldfreunde: Eine Gruppe von Forstleuten aus zehn europäischen Ländern gründete einen

Verband der naturnah denkenden Forstleute in Europa.

Er gab sich den Namen „PRO SILVA".

Der Grund für diese Entscheidung ist, daß die Wälder vielfältigen Gefahren ausgesetzt sind. Der Verband will eine europaweite Bewegung für stabile und gesunde Wälder auslösen.

Er hält es für notwendig, die Forstwirtschaft zu umfassender Pflege der Waldökosysteme fortzuentwickeln, um damit ihre Leistungsfähigkeit und Nutzbarkeit nachhaltig zu sichern.

Auf dem Wege einer freien, naturnahen, geduldigen waldbaulichen Behandlung sollen Vielfalt, Strukturreichtum, Naturverjüngung und Aufbau der Wälder aus standortsgerechten Baumarten gefördert werden.

Der Verband macht sich zur Aufgabe:

- *die Zusammenarbeit und gegenseitige Unterstützung zwischen den Ländern zu fördern;*
- *die Arbeit und die Initiative der praktisch tätigen Forstleute, Waldbesitzer und Waldfreunde aktiv zu unterstützen;*
- *den Austausch von Erfahrungen, insbesondere am Beispiel entsprechend wirtschaftender Betriebe, zu fördern und zu organisieren;*
- *die forstliche Wissenschaft zu koordinierter und waldökosystembezogener Forschung und Lehre aufzufordern;*

- *die Gesetzgebung im Sinne ganzheitlicher Waldbetrachtung zu unterstützen;*
- *die Kontakte aller mit allen zu pflegen, welche eine Verbesserung der Stabilität, Lebenskraft und allseitigen Leistungsfähigkeit des europäischen Waldes als notwendig ansehen.*

Der Verwaltungsrat von PRO SILVA besteht aus einem Vertreter jeden Landes plus drei bedeutende Persönlichkeiten. Sein erster Präsident war der Schreiber dieser Zeilen, jetziger Präsident ist Jaap Kuper, in Apeldoorn, Niederlande.

Die Statuten von PRO SILVA wurden von Herrn Dr. Meyer, Advokat in Straßburg, erarbeitet nach dem lokalen elsässischen Recht – das die Vorteile der deutschen und der französischen Gesetzgebung vereinen soll - und am Gericht von Straßburg eingetragen.

Strategie von PRO SILVA

Seit seiner Entstehung breitet sich PRO SILVA mit einer Strategie der Stützpunkte und der persönlichen Verbindungen in 18 europäischen Ländern aus. Kontakte in jüngster Zeit lassen die Verbreitung in mehreren anderen Ländern erwarten, besonders in Skandinavien und in Osteuropa. Es wurden auch Beziehungen zu überseeischen Ländern geknüpft, so daß eine spätere Verbreitung ausserhalb Europas durchaus denkbar ist.

PRO SILVA ist eine Föderation von Landes- oder Regionsverbänden. Es gilt das Prinzip der Subsidiarität, nach dem jede Handlung, jede Arbeit, jeder Beschluß auf der niedrigstmöglichen Stufe ausgeführt werden soll, so nah wie möglich von den einzelnen im Walde tätigen Forstleuten und Waldbesitzern. Solange keine Landesverbände gegründet sind, werden auch natürliche Personen als Mitglieder aufgenommen.

Beispiel: Frankreich

Als Beispiel einer erfreulichen Entwicklung kann der Fall Frankreich kurz geschildert werden, weil der Schreibende ihn besser als andere kennt; in den Niederlanden, im Vereinigten Königreich, in der Schweiz, in Nord- und Südbelgien und in Österreich war die Entwicklung in etwa dieselbe.

Im Anschluß an die Exkursion von Robanov Kot trafen sich die vier französischen Teilnehmer, um einen Verband PRO SILVA-France ins Leben zu rufen.

Mehrere Artikel in französischen Forstzeitschriften erklärten die Ziele und die Möglichkeiten der naturnahen Waldwirtschaft und forderten Interessenten und Sympathisanten auf, mit einem der Unterzeichner, dessen Adresse angegeben wurde, Kontakt aufzunehmen. Durch Veröffentlichungen des Aufrufs von Robanov Kot, durch persönliche Beziehungen, in Vorträgen und Waldbegehungen wurde immer wieder für die Idee von PRO SILVA geworben.

So kam es schließlich zu einem Treffen auf dem Kloster Odilienberg, unweit von Straßburg, bei dem am 9. September 1990 PRO SILVA-France gegründet wurde, mit rund 110 Gründungsmitgliedern. Da inzwischen die Anzahl der Mitglieder auf fast 300 angestiegen ist, wurden Regionalgruppen gebildet, die nach dem Muster der ehemaligen CETEF (Zentrum für forstlich-technische Studien) und der ANW regelmäßig Waldbegehungen in kleineren Gruppen organisieren.

Was macht PRO SILVA?

Die Tätigkeiten von PRO SILVA waren bisher im wesentlichen folgende:

1. Die Übersetzung des Aufrufes von Robanov Kot in die meisten europäischen Sprachen. Ziel ist, daß es kein Gebiet in Europa mehr geben soll, wo man nicht von PRO SILVA spricht, egal ob im Guten oder im Schlechten.

2. Der Verwaltungsrat organisierte jedes Jahr kleine Tagungen, so in Niedersachsen, in Griechenland und in der Slowakei, demnächst in Großbritannien. Diese Begegnungen haben das gegenseitige Verstehen verbessert; das Gedankengut von PRO SILVA wurde im jeweiligen Land verbreitet.

3. In verschiedenen Ländern wurden PRO SILVA-Verbände gegründet.

4. Im Juni 1993 wurde ein großer Kongreß in Besançon organisiert, an welchem über 700 Forstleute aus 24 Ländern teilnahmen. In zweitägigen Exkursionen wurden verschiedene Waldbaufragen anhand von praktischen Beispielen und Problemstellungen behan-

delt. Zwei halbe Tage im Kongreßsaal waren grundsätzlichen Vorträgen und einer Zusammenfassung gewidmet.

Ziele

Dem Aufruf von Robanov Kot folgend, sind die heutigen Ziele von PRO SILVA folgende:

1. Ausbreitung des Verbandes in allen Ländern Europas, wo PRO SILVA noch nicht tätig ist; Gründung und Festigung der Landesverbände unterstützt von Kontakten, Besuchen, Vorträgen und Zeitschriftenartikel.

2. Beispielsbetriebe sollen eingerichtet werden, damit gezeigt werden kann, wie ein Wald naturnah bewirtschaftet wird, mit welchen Erfolgen, auch mit welchen Hindernissen und wie diese überwunden werden können.

3. Außer in Slowenien, der Schweiz, Norditalien und im französischen Jura, sind Beispielsbetriebe mehr oder weniger vereinzelt. Von diesen Stützpunkten aus soll die Verbreitung ölfleckenartig erfolgen.

4. Stellungnahme zu allgemeinen forstlichen Fragen, die Einfluß auf den Waldbau und insbesondere auf die naturnahe Waldwirtschaft haben; zum Beispiel die Wildbewirtschaftung und das Jagdwesen, die Förderungspolitik der einzelnen Staaten sowie der europäischen Gemeinschaft und die Steuerpolitik. PRO SILVA entwickelt auch eine langfristige Strategie zur Holzproduktion und Holzverwendung: ob man zum Beispiel dickes oder dünnes Holz, Wertholz oder Massenware als Produktionsziel anstreben soll.

5. Der Austausch von Erfahrungen und Kenntnissen zwischen den Ländern soll gefördert werden, zum Beispiel durch Austausch von jungen Forstleuten, gegenseitigen Besuchen, gemeinsame Untersuchungen über Rentabilität und finanzielle Fragen, auch über Landesgrenzen hinweg.

6. Beeinflussung von Lehre und Forschung im Sinne der naturnahen Waldwirtschaft.

7. Die Terminologie soll geklärt werden, damit alle wissen, um was es geht, wenn dieser oder jener Ausdruck gebraucht wird. Manche Ausdrücke müssen aus unserem Wortschatz verschwinden.

Erschwernisse

Am Anfang der Bewegung gab es zwei Tendenzen, die unterschiedliche Strategien befürworteten. Die einen, zumeist in zentraleuropäischen Alpenländern heimisch, wollten nichts wissen von Fremdländeranbau oder Kleinkahlschlag: sie befürworteten den Plenterwald als die allein seligmachende Betriebsart. Andere, in standörtlich weniger begünstigten Gebieten tätig, wollten eine zu große Einengung der Grundsätze verhindern und trachteten danach, dem Einzelnen im Walde größere Freiheit zu lassen.

Im Aufruf von Robanov Kot ist darum weder der Fremdländeranbau noch der Kahlschlag ausdrücklich verboten. Es wurde darauf bestanden, daß im Einzelfalle zu entscheiden sei, was mit einwandfreiem ökologischen Handeln vereinbar ist oder nicht. Wir wollen eine einheitliche naturnahe Waldgesinnung bei unseren Kollegen und Mitarbeitern haben und die Verantwortung des Einzelnen fördern, aber sicherlich keine Modelle, keine Schemata aufstellen.

Ein anderes Mißverständnis unter den Mitgliedern konnte ebenfalls behoben werden. Für manche Mitglieder war das alloberste Gesetz der Waldbehandlung die Erhaltung der natürlichen Waldökosysteme. Wegen der vielleicht etwas einseitigen Formulierung dieser Vorstellungen fanden andere, besonders die Freunde aus Westeuropa, daß dann die wirtschaftlichen Ziele des Waldbaues vernachlässigt würden – im Widerspruch zu den Prinzipien von Robanov Kot. Ihre Ansicht war es, daß die Produktion von Gütern und von Dienstleistungen das Wichtigste sei und daß die Rentabilität der Holzproduktion nicht zu kurz kommen dürfe: Der Mensch stehe im Zentrum des wirtschaftlichen Handelns.

Eine Einigung wurde schließlich erzielt, da alle akzeptierten, daß die ökonomischen Bedürfnisse des Menschen nicht auf die Dauer von einem kranken Ökosystem gestillt werden können. Zwar steht die menschliche Ökonomie im Mittelpunkt des Handelns, aber dabei darf der Mitwelt keinen Schaden zugefügt werden, denn die heutige Gesellschaft ist nur die Nutznießerin des Eigentums der nachfolgenden Generationen. Die naturnahe Waldwirtschaft ist in diesem Sinn richtungsweisend für die gesamte menschliche Wirtschaft.

Diese Diskussionen im Rahmen von PRO SILVA ließen den Wunsch erkennen, unseren Wortschatz genauer zu überprüfen.

Einerseits ist es nötig, daß gewisse Begriffe, die aus der Alters-
klassenwald-Terminologie stammen, wie Abtrieb, Hiebsalter, Umtrieb
usw. nicht mehr verwendet werden. Andererseits ist keine Verständigung möglich, wenn nicht die Begriffe für alle Gesprächspartner den
gleichen Sinn haben und wenn nicht für gleiche Zustände gleiche
Begriffe gebraucht werden.

Für die harmonische Ausbreitung der naturnahen Waldwirtschaft
brauchen wir eine neue Terminologie; nur so können „traditionelle"
Förster und Verantwortliche die Wichtigkeit von vielen neuen Ge-
dankengängen erfassen. PRO SILVA soll auch zu diesen begrifflichen
Klarstellungen beitragen.

Die von der naturnahen Waldwirtschaft geprägte Harmonie zwischen
Ökonomie und Ökologie, zwischen Wirtschaft, Rentabilität und Um-
weltpflege haben eine wegweisende Bedeutung.

PRO SILVA will letztlich der Gesellschaft zu einer besseren Behandlung unseres ganzen Planeten verhelfen.

Bibliographie

RAINER KÖPSELL

Der bibliographische Teil dieses Buches enthält eine Auswahl von Publikationen zum Themenbereich „Ökologische Waldwirtschaft bzw. naturnaher Waldbau oder naturgemäße Waldwirtschaft". Es ist eine Zusammenstellung von Artikeln aus forstlichen Fachzeitschriften und selbständigen Veröffentlichungen.

Bei der Fülle von Publikationen zu dem Thema konnte hier nur eine bescheidene Auswahl getroffen werden.

Zur Verbesserung der Übersichtlichkeit wurden die Titel in die Schwerpunkte

– Grundlagen ökologischer Waldwirtschaft
– Aspekte ökologischer Waldwirtschaft
– Erfahrungen mit ökologischer Waldwirtschaft
– Zusammenfassende Darstellungen und weiterführende Literatur

gruppiert, die sich nach der Gliederung des Buches ausrichten. Artikel oder selbständige Schriften wurden entsprechend ihrer Kernaussage nur jeweils einem Themenschwerpunkt zugeordnet.

Grundlagen ökologischer Waldwirtschaft

BACKMUND, F.: Naturgemäße Waldwirtschaft – ein neues Schlagwort? In: Forstwissenschaftliches Centralblatt, Jahrg. 72 (1953), S. 144-148.

BAUER, F.: Zeitgemäße Waldwirtschaft. In: Allgemeine Forstzeitschrift, Jahrg. 45 (1990), S. 719-720.

DANNECKER, K.: Neue Schule der Waldbautechnik. In: Allgemeine Forstzeitschrift, Jahrg. 6 (1951), S. 249-254.

DANNECKER, K.: Umbau der waldbautechnischen Begriffe? In: Allgemeine Forstzeitschrift, Jahrg. 5 (1950), S. 87-91.

DANNECKER, K.: Waldbau ohne Zeitbegriff. In: Allgemeine Forstzeitschrift, Jahrg. 5 (1950), S. 295-299.

DIETERICH, V.: Waldnaturnahe Forstwirtschaft. In: Forstarchiv, Jahrg. 21 (1950), S. 81-87.

EBERT, H.: Zur Frage der naturgemäßen Waldwirtschaft. In: der Forst- und Holzwirt, Jahrg. 9 (1954), S. 336-339.

FÄHSER, L.: Naturnahe Waldwirtschaft im technisierten Industriezeitalter – Aufwendige Spielerei oder ökonomisch-ökologische Notwendigkeit? In: Schweizerische Zeitschrift für Forstwesen, Jahrg. 135 (1984), S. 189-205.

FÄHSER, L.: Die ökologische Orientierung der Forstökonomie. In: Forstarchiv, Jahrg. 58 (1987), S. 550-560.

FÄHSER, L.: Der Forstbetrieb – ein umweltbewußtes Unternehmen. In: Forstarchiv, Jahrg. 62 (1991), S. 73-76.

HASEL, K.: Kahlhiebsbeschränkungen in der deutschen Forstgesetzgebung. In: Der Forst- und Holzwirt, Jahrg. 10 (1955), S. 239-243.

HEHN, M.: Naturgemäße Waldwirtschaft – was ist das eigentlich? In: Forst und Holz, Jahrg. 45 (1990), S. 177-184.

HUSS, J.: Die Entwicklung des Dauerwaldgedankens bis zum Dritten Reich. In: Forst und Holz, Jahrg. 45 (1990), S. 163-171.

HUSS, J.: Was ist Waldbau auf ökologischer Grundlage? In: Allgemeine Forstzeitschrift, Jahrg. 47 (1992), S. 56-64.

KREMSER, W.: Kein Qualitätsverfall der waldbaulichen Leistung! In: Der Forst- und Holzwirt, Jahrg. 28 (1973), S. 21-26.

KRUTZSCH, H.: Der naturgemäße Wirtschaftswald. In: Allgemeine Forstzeitschrift, Jahrg. 5 (1950), S. 85-87.

LAMPRECHT, H.: Naturgemäße Waldwirtschaft – standortgerechter Waldbau in Theorie und Praxis. In: Der Forst- und Holzwirt, Jahrg. 32 (1977), S. 325-329.

LANG, P.: Naturgemäße Waldwirtschaft in der Forstpolitik der Bundesländer. In: Der Dauerwald, Heft 4 (1991), S. 28-32.

LEIBUNDGUT, H.: Über den Wandel im waldbaulichen Denken. In: Allgemeine Forstzeitschrift, Jahrg. 39 (1984), S. 17-22.

LÜPKE, B. v.: Waldbau ohne Kahlschlag – Möglichkeiten und Risiken. In: Forstarchiv, Jahrg. 63 (1992), S. 10-15.

MAYER, H.: Vom Wesen waldbaulicher Arbeit heute und morgen. In.: Forstwissenschaftliches Centralblatt, Jahrg. 91 (1972), S. 191-201.

MLINSEK, D.: Die naturnahe Waldwirtschaft – Ein Gebot und eine Herausforderung zugleich. In: Der Dauerwald, Heft 4 (1991), S. 2-11.

OLBERG, A.: Überbrückung verschiedener waldbaulicher Auffassungen. In: Der Forst- und Holzwirt, Jahrg. 9 (1954), S. 314-316.

OTTO, H.-J.: Die forstlichen Entwicklungen und Ziele einer naturnahen Waldpflege. In: Allgemeine Forstzeitschrift, Jahrg. 45 (1990), S. 723-730.

OW, L. v.: Naturgemäße Waldwirtschaft – ein Begriff und seine Auswirkung. In: Allgemeine Forstzeitschrift, Jahrg. 6 (1951), S. 493-495.

POCKBERGER, J.: Naturnahe Waldwirtschaft, ihr Wesen und die an ihr geübte Kritik. In: Allgemeine Forstzeitschrift, Jahrg. 10 (1955), S. 406-410.

PRODAN, M.: Einige aktuelle Fragen über die Einführung von Plenterwaldbetriebsklassen. In: Forstwissenschaftliches Centralblatt, Jahrg. 68 (1949), S. 346-354.

RICHTER, J.: Erhalten oder Gestalten? In: Der Forst- und Holzwirt, Jahrg. 37 (1982), S. 509-511.

RUBNER, K.: Grundlagen des naturnahen Waldbaues in Europa. In: Forstwissenschaftliches Centralblatt, Jahrg. 87 (1968), S. 8-36.

SCHOEPFFER, H.: Die „Naturgemäße Waldwirtschaft" und ihre Grundsätze – Darstellung der Entwicklung und Erläuterung des Begriffes. In.: Forstarchiv, Jahrg. 54 (1983), S. 40-47.

SCHOEPFFER, H.: Naturgemäße Waldwirtschaft heute. In: Allgemeine Forstzeitschrift, Jahrg. 42 (1987), S. 841-844.

SCHÜTZ, J. P.: Heutige Bedeutung und Charakterisierung des naturnahen Waldbaues. In: Schweizerische Zeitschrift für Forstwesen, Jahrg. 141 (1990), S. 609-614.

SPERBER, G.: Forstwirtschaft? - Wirtschaftlicher durch mehr Natur? In: Der Forst- und Holzwirt, Jahrg. 33 (1978), S. 329-330.

THOMASIUS, H.: Prinzipien eines ökologisch orientierten Waldbaues. In: Der Dauerwald, Heft 7 (1992), S. 2-21.

VOLZ, K. R.: Naturnahe Waldwirtschaft in stürmischen Zeiten – Eine forstpolitische Fragestellung. In: Holz-Zentralblatt, Jahrg. 117 (1991), S. 1508-1509 u. S. 1521-1526.

WECK, J.: Aussichten einer „dynamischen Forstwirtschaft" in Europa. In: Allgemeine Forstzeitschrift, Jahrg. 8 (1953), S. 305-308.

WIEDEMANN, E.: Naturgemäßer Wirtschaftswald und nachhaltige Höchstleistungswirtschaft. In: Allgemeine Forstzeitschrift, Jahrg. 5 (1950), S. 157-160.

WITTICH, W.: „Naturnahes Gedankengut" – kritisch gesehen. In: Allgemeine Forstzeitschrift, Jahrg. 14 (1959), S. 57-61.

WOBST, H.: Geschichtliche Entwicklung und gedankliche Grundlagen naturgemäßer Waldwirtschaft. In: Forstarchiv, Jahrg. 50 (1979), S. 22-27.

WOBST, H.: Leistungsbilanz des Laubbaumanbaues unter multifunktionalen Aspekten. In: Allgemeine Forstzeitschrift, Jahrg. 47 (1992), S. 68-70.

WOBST, W.: Die Krisis im Waldbau. In: Allgemeine Forstzeitschrift, Jahrg. 4 (1949), S. 109-112.

WOBST, W.: Waldwirtschaft und Landeskultur. In: Allgemeine Forstzeitschrift, Jahrg. 5 (1950), S. 193-195.

WOBST, W.: Zur Klarstellung über die Grundsätze der naturgemäßen Waldwirtschaft. In: Der Forst- und Holzwirt, Jahrg. 9 (1954), S. 269-274.

WOHLFARTH, E.: Natur und Technik im Waldbau. In: Allgemeine Forstzeitschrift, Jahrg. 14 (1959), S. 341-348.

Aspekte ökologischer Waldwirtschaft

AICHER, M.: Naturnaher Waldbau bei tragbarer Schalenwilddichte. In: Allgemeine Forstzeitschrift, Jahrg. 41 (1986), S. 970-971.

ARNSWALDT, H. J. v.: Wertkontrollen. In: Allgemeine Forstzeitschrift, Jahrg. 5 (1950), S. 199-202.

ARNSWALDT, H. J. v.: Stärkezuwachs der Buche im nordwestdeutschen Raum. In: Allgemeine Forstzeitschrift, Jahrg. 6 (1951), S. 173-175.

ARNSWALDT, H. J. v.: Wertkontrolle. In: Allgemeine Forstzeitschrift, Jahrg. 8 (1953), S. 408-410.

ASSMANN, E.: Naturgemäßer Wirtschaftswald und Zuwachsleistung. In: Der Forst- und Holzwirt, Jahrg. 9 (1954), S. 439-441 u. S. 461-463.

BERGER, H.: Naturgemäßer Waldaufbau und Wildfrage. In: Allgemeine Forstzeitschrift, Jahrg. 5 (1950), S. 181-185.

BRABÄNDER, H. D.: Naturgemäße Waldwirtschaft aus betriebswirtschaftlicher Sicht. In: Forstarchiv, Jahrg. 54 (1983), S. 39.

CONRAD, J.: Zur waldbaulichen Behandlung zweischichtiger Laubholzbestände. In: Der Forst- und Holzwirt, Jahrg. 35 (1980), S. 177-179.

FAUST, H.: Umstellung der konventionellen in naturgemäße Waldwirtschaft. In: Allgemeine Forstzeitschrift, Jahrg. 47 (1992), S. 75-78.

GADOW, W. v.: Buchenwirtschaft am Scheideweg. In: Allgemeine Forstzeitschrift, Jahrg. 7 (1952), S. 384-386.

GAYLER, W.: Ohne Sicherheit keine Nachhaltigkeit. In: Allgemeine Forstzeitschrift, Jahrg. 14 (1959), S. 527-530.

GAYLER, W.: Betriebsrationalisierung durch geringes Betriebsrisiko. In: Der Forst- und Holzwirt, Jahrg. 25 (1970), S. 201-204.

GAYLER, W.: Naturgemäße Waldwirtschaft ist Naturschutz. In: Der Forst- und Holzwirt, Jahrg. 33 (1978), S. 327-329.

GEROLD, D./BIEHL, R.: Vergleich zwischen Buchen-Plenterwald und Buchen-Betriebsklasse. In: Allgemeine Forstzeitschrift, Jahrg. 47 (1992), S. 91-94.

GÜNTHER, M.: Warum hat die Idee einer naturnahen Waldwirtschaft bei privaten Forstverwaltungen besonderen Anklang gefunden? In: Forstarchiv, Jahrg. 54 (1983), S. 51-53.

HANSTEIN, U.: Welche Wünsche hat der Naturschutz an die Forstwirtschaft und wie lassen sie sich erfüllen. In: Der Forst- und Holzwirt, Jahrg. 39 (1984), S. 536-541.

HASENKAMP, J. G.: Lohnt sich eine Vorratspflege in der Buche? In: Allgemeine Forstzeitschrift, Jahrg. 25 (1970), S. 457-460.

HASENKAMP, J. G.: Betriebswirtschaftliche Auswirkungen der naturgemäßen Waldwirtschaft. In: Der Forst- und Holzwirt, Jahrg. 33 (1978), S. 278-280.

HASENKAMP, J. G.: Betriebsumstellung von schlagweiser auf naturgemäße Bewirtschaftung. In: Der Forst- und Holzwirt, Jahrg. 42 (1987), S. 442-444.

HASENKAMP, J. G.: Naturnahe Forstwirtschaft aus betriebswirtschaftlicher Sicht. In: Forstarchiv, Jahrg. 61 (1990), S. 185-190.

HATZFELDT, H.: Waldsterben und naturgemäße Waldwirtschaft. In: Allgemeine Forstzeitschrift, Jahrg. 40 (1985), S, 432-433.

HILF, H. H.: Die Erzeugung von starkem Wertholz als Produktionsziel unserer Forstwirtschaft. In: Der Forst- und Holzwirt, Jahrg. 22 (1967), S. 389-393.

HOLM, M.: Einzelstammweise Nutzung nach Zieldurchmessern. In: Allgemeine Forstzeitschrift, Jahrg. 30 (1975), S. 357-358.

HOLM, M.: Ansätze zur Verbesserung der Laubholzwirtschaft durch naturgemäßen Waldbau. In: Forstarchiv, Jahrg. 50 (1979), S. 27-33.

HORNDASCH, M.: Die Notwendigkeit biologischer Rationalisierung im Waldbau. In: Allgemeine Forstzeitschrift, Jahrg. 31 (1976), S. 146-149.

JUNACK, H.: Vor- und Nachteile einer zweistufigen Kiefernwirtschaft. In: Allgemeine Forstzeitschrift, Jahrg. 25 (1970), S. 451-454.

JUNACK, H.: Probleme und Erkenntnisse aus langjähriger Praxis mit einer naturnahen Kiefernwirtschaft. In: Forstarchiv, Jahrg. 43 (1972), S. 1-5.

KIRWALD, E.: Landespflege durch Waldwirtschaft. In: Allgemeine Forstzeitschrift, Jahrg. 6 (1951), S. 162-164.

KLEMP, C. D.: Naturgemäße Waldwirtschaft als Alternative zum schlagweisen Hochwald. In: Der Forst- und Holzwirt, Jahrg. 42 (1987), S. 444-445.

KNÖRR, K. H./BOHR, K.: Wie gewinne ich eine Vorstellung von der Wertentwicklung. In: Allgemeine Forstzeitschrift, Jahrg. 38 (1983), S. 824-825.

KÖPSELL, R.: Charakteristische Kennzifferstrukturen naturgemäß bewirtschafteter Forstbetriebe. In: Forstarchiv, Jahrg. 54 (1983), S. 83-89.

KÖPSELL, R.: Muß die Holzindustrie naturnahe Waldbewirtschaftung fürchten? In. Holz-Zentralblatt, Jahrg. 116 (1990), S. 934-935.

KÖPSELL, R.: Ökonomische Aspekte der naturgemäßen Waldwirtschaft. In: Schriftenreihe des Landesverbands Rheinland-Pfalz der SDW, Nr. 9 (1990), S. 27-46.

KÖSTLER, J. N.: Der Bestockungsaufbau in der waldbaulichen Bestandesdiagnose. In: Allgemeine Forstzeitschrift, Jahrg. 10 (1955), S. 1-8.

KÖSTLER, J. N.: Waldbauliche Realisierungsmöglichkeiten. In: Allgemeine Forstzeitschrift, Jahrg. 24 (1969), S. 555-558.

LANG, P.: Massennachhaltigkeit und Entwicklung zur Wertnachhaltigkeit. In: Der Forst- und Holzwirt, Jahrg. 11 (1956), S. 267-270.

LEIBUNDGUT, H.: Das schweizerische Plenter- und Femelschlagverfahren. In: Allgemeine Forstzeitschrift, Jahrg. 4 (1949), S. 355-358.

LEIBUNDGUT, H.: Rationalisierung und naturnahe Waldwirtschaft. In: Der Forst- und Holzwirt, Jahrg. 28 (1973), S. 365-368.

LEIBUNDGUT, H.: Führen naturnahe Waldbauverfahren zur betriebswirtschaftlichen Erfolgsverbesserung? In: Forstarchiv, Jahrg. 54 (1983), S. 47-51.

LIEBOLD, E.: Kritische Betrachtungen zur Waldgefügetypenlehre von J. Weck. In: Archiv für Forstwesen, Band 16 (1967), S. 265-310.

LOETSCH, F.: Quantitative und qualitative Holzvorratsinventur nach dem verfahrensrepräsentativen Querschnitt. In: Allgemeine Forstzeitschrift, Jahrg. 5 (1950), S. 491-499.

LOETSCH, F.: Lichtwuchs und Wertholzwirtschaft in Buchenalthölzern. In: Allgemeine Forstzeitschrift, Jahrg. 10 (1955), S. 245-253.

LOETSCH, F.: Die Dauerstichprobe. In: Allgemeine Forstzeitschrift, Jahrg. 20 (1965), S. 214-217.

MITSCHERLICH, G.: Bestandes- und Einzelstammwirtschaft als Grundlage unseres Waldbaues. In: Allgemeine Forstzeitschrift, Jahrg. 9 (1954), S. 266-267.

MITSCHERLICH, G.: Vorratshaltung und Massen- und Wertzuwachs. In: Allgemeine Forstzeitschrift, Jahrg. 10 (1955), S. 553-559.

MITSCHERLICH, G.: Untersuchungen in Schlag- und Plenterwäldern. In: Allgemeine Forst- und Jagdzeitung, Jahrg. 134 (1963), S. 1-12.

MOOG, M./KARBERG, B.: Ökonomische Gesichtspunkte zur Zielstärke von Kiefern und Buchen. In: Allgemeine Forstzeitschrift, Jahrg. 47 (1992), S. 85-90.

NÖLLENHEIDT, H.: Naturnaher Waldbau, Schalenwildansprüche und Wirtschaftlichkeit. In: Allgemeine Forstzeitschrift, Jahrg. 35 (1980), S. 132-135.

OLBERG, A.: Umsturz oder organische Entwicklung im Waldbau. In: Der Forst- und Holzwirt, Jahrg. 8 (1953), S. 319-323.

OTTO, H. J.: Forstökologie, Waldbau und Naturschutz. In: Allgemeine Forstzeitschrift, Jahrg. 46 (1991), S. 9-14.

OW, L. v.: Umsturz oder organisatorische Entwicklung im Waldbau I/II. In: Allgemeine Forstzeitschrift, Jahrg. 8 (1953), S. 557-558 u. S. 593-594.

RAVE: Über Vorratspflege. In. Der Forst- und Holzwirt, Jahrg. 9 (1954), S. 459-461.

REININGER, H.: Schlagweiser Betrieb oder Zielstärkennutzung? In: Allgemeine Forstzeitung Wien (1976), S. 142-147.

REININGER, H.: Strukturverbesserung: Schon im Durchforstungsalter. In: Der Dauerwald, Heft 4 (1991), S. 12-23.

RIPKEN, H.: Rationalisierungsmöglichkeiten in der biologischen Produktion des Forstbetriebes. In: Allgemeine Forstzeitschrift, Jahrg. 47 (1992), S. 569-573.

RITTER, H.: Naturgemäße Waldwirtschaft ist zielkonform. In: Forst und Holz, Jahrg. 46 (1991), S. 378-380.

RÖHRIG, E.: Ein Beitrag zur geschichtlichen Entwicklung der „naturgemäßen Waldwirtschaft". In: Forstarchiv, Jahrg. 50 (1979), S. 121-124.

ROTENHAN, S. v.: Stabiler Wald - stabile Forstwirtschaft. In: Allgemeine Forstzeitschrift, Jahrg. 43 (1988), S. 848-751.

SCHEEDER, T.: Die Eiche im naturgemäßen Wirtschaftswald. In: Allgemeine Forstzeitschrift, Jahrg. 44 (1989), S. 854-859.

UNTERBERGER, W.: Schweizer Kontrollstichproben. In: Allgemeine Forstzeitschrift, Jahrg. 38 (1983), S. 824.

WADENSPUHL, T.: Naturschutz durch naturnahe Waldwirtschaft. In: Forst und Holz, Jahrg. 45 (1990), S. 371-378.

WECK, J.: Naturgemäße Wirtschaftswald und Holzwirtschaft. In: Allgemeine Forstzeitschrift, Jahrg. 6 (1951), S. 259-261.

WECK, J.: Waldbau und Holzzucht. In: Allgemeine Forstzeitschrift, Jahrg. 10 (1955), S. 117-121.

WEISSKER, A.: Naturgemäße Waldwirtschaft in finanzieller Schau. In: Allgemeine Forstzeitschrift, Jahrg. 16 (1961), S. 543-545.

Erfahrungen mit ökologischer Waldwirtschaft

ARETIN, C. A. v. und M. v.: 30 Jahre naturgemäße Waldwirtschaft in Haidenburg. In: Allgemeine Forstzeitschrift, Jahrg. 28 (1973), S. 331-332.

ATTENBERGER, J.: Naturnahe Bestockungstypen im oberbayerischen Alpenland. In: Allgemeine Forstzeitschrift, Jahrg. 9 (1954), S. 493-498.

BICHELMAIER, F.: 20 Jahre naturgemäße Waldwirtschaft in einem Spessart-Forstamt. In: Allgemeine Forstzeitschrift, Jahrg. 31 (1976), S. 1059-1060.

BURSCHEL, P.: 40 Jahre naturgemäßer Waldbau in Haidenburg. In: Der Forst- und Holzwirt, Jahrg. 37 (1982), S. 568-569.

BURSCHEL, P.: Naturgemäß bewirtschaftetes Staatswaldrevier hat Bewährungsprobe bestanden. In: Allgemeine Forstzeitschrift, Jahrg. 43 (1988), S. 114-115.

CONRAD, J.: Der Holzertrag des Göttinger Stadtwaldes 1951-1964. In: Allgemeine Forstzeitschrift, Jahrg. 20 (1965), S. 548-560

EBELING, K.: 30 Jahre Naturschutz in Rosengarten zum höchsten Nutzen für die Allgemeinheit. In: Der Dauerwald, Heft 4 (1991), S. 51-53.

EBELING, K.: Vom Pionierwald zum gemischten Wald. In: Allgemeine Forstzeitschrift, Jahrg. 47 (1992), S. 608-611.

EBRECHT, J.: Siebzig Jahre einzelstammweise Nutzung im fränkischen Keuper-Gebiet. In: Der Forst- und Holzwirt, Jahrg. 34 (1979), S. 483-485.

EDER, W.: Naturnaher Waldbau aus der Sicht der Landesforstverwaltung Rheinland-Pfalz. In: Schriftenreihe des Landesverbands Rheinland-Pfalz der SDW, Nr. 9 (19990), S. 3-10.

FAVRE, L.-A.: 100 Jahre kontrollierte Plenterung. In: Der Forst- und Holzwirt, Jahrg. 37 (1982), S. 485-494.

FAVRE, L.-A.: Naturgemäßer Waldbau in den Vogesen. In: Allgemeine Forstzeitschrift, Jahrg. 44 (1989), S. 158-159.

FISCHER, E.: 25 Jahre naturgemäße Waldwirtschaft im staatlichen Forstamt Osterholz-Scharmbeck. In: Forst und Holz, Jahrg. 45 (1990), S. 383-387.

GÜNTHER, M.: Standortsgerechte Waldwirtschaft in Zeil. In: Allgemeine Forstzeitschrift, Jahrg. 14 (1959), S. 805-811.

GÜNTHER, M.: Der Zeiler Forstbetrieb im Wandel der Zeit. In: Allgemeine Forstzeitschrift, Jahrg. 29 (1974), S. 1158-1162.

HASENKAMP, J. G.: Zwei Jahrzehnte vorratspflegliche Wirtschaft in Schweinsberg. In: Allgemeine Forstzeitschrift, Jahrg. 30 (1975), S. 371-372.

HASENKAMP, J. G.: 40 Jahre Arbeitsgemeinschaft naturgemäße Waldwirtschaft. In: Der Dauerwald, Heft 2 (1990), S. 4-11.

HATTEMER, F.: Aus der Geschichte „begnadigter Bestände" I, II, III. In: Allgemeine Forstzeitschrift, Jahrg. 10 (1955), S. 513-516 u. S. 527-529.

HEWICKER, J.-A.: Der Entwicklungszustand im Forstamt Lappwald. In: Allgemeine Forstzeitschrift, Jahrg. 47 (1992), S. 822-823.

HILLER v. GAERTRINGEN, H.: Ergebnisse einzelstammweiser Veredelungsauslese in fünf Jahrzehnten. In: Allgemeine Forstzeitschrift, Jahrg. 38 (1983), S. 816-822 u. S. 1351a.

HÖFLE, H. H.: Ein ökologisch optimierter Wirtschaftsbetrieb. In: Allgemeine Forstzeitschrift, Jahrg. 47 (1992), S. 612-615.

HÖHER, G. C.: 100 Jahre „Waldbau auf natürlicher Grundlage" in Erdmannshausen. In: Der Dauerwald, Heft 7 (1992), S. 35-41.

HÖHER, G. C.: Das Forstamt Erdmannshausen. In: Forst und Holz, Jahrg. 47 (1992), S. 593-594.

HÖLLERL, H.: LAUGNA '81 - ein Brückenschlag zur ANW? In: Allgemeine Forstzeitschrift, Jahrg. 36 (1981), S. 1402-1403.

JANßEN, G.: Erdmannshausen - ein Beispielbetrieb der niedersächsischen Landesforstverwaltung. In: Forst und Holz, Jahrg. 47 (1992), S. 587-588f.

LANG, G.: Die Eiche im Buchengebiet - eine Frage der Vorratspflege, der Verjüngung und der Jagd. In: Allgemeine Forstzeitschrift, Jahrg. 43 (1988), S. 203-204.

LEIBER, L.: Fragen der Ertragssteigerung im südbadischen Wald. In: Allgemeine Forstzeitschrift, Jahrg. 8 (1953), S. 273-276.

LEIBUNDGUT, H.: Naturgemäße Waldwirtschaft im Stiftsforstamt Laugna. In: Allgemeine Forstzeitschrift, Jahrg. 19 (1964), S. 353-355.

LEIBUNDGUT, H.: Struktur eines Emmentaler Plenterwaldes. In: Forstwissenschaftliches Centralblatt, Jahrg. 91 (1972), S. 222-237.

MERGNER, U.: 70 Jahre naturgemäße Waldwirtschaft in Rentweinsdorf. In: Allgemeine Forstzeitschrift, Jahrg. 34 (1979), S. 718-719.

MEYER, H.: Ergebnisse der naturnahen Waldwirtschaft im Graf von Westphalen'schen Forstamt Fürstenberg/West. In: Allgemeine Forstzeitschrift, Jahrg. 30 (1975), S. 367.

OTTO, H. J.: Rahmenbedingungen und Möglichkeiten zur Verwirklichung der ökologischen Waldentwicklung in den niedersächsischen Landesforsten. In: Forst und Holz, Jahrg. 47 (1992), S. 75-78.

PFEILSTICKER, K.: Die Langenbrander Wirtschaft und das Plenterprinzip. In: Allgemeine Forstzeitschrift, Jahrg. 19 (1964), S. 53-56.

SAGOWSKI, H.: Forstamt Rinteln: 15 Jahre Entwicklung von waldschonenden Holzernteverfahren im Dienste einer naturnahen Waldwirtschaft. In: Forst und Holz, Jahrg. 45 (1990), S. 532-536.

SCHOEPFFER, H.: Waldbau auf natürlicher Grundlage im Forstamt Erdmannshausen. In: Allgemeine Forstzeitschrift, Jahrg. 17 (1962), S. 378-380.

SCHOEPFFER, H.: Das Forstamt Erdmannshausen nach dem Orkan vom 13. 11. 1972. In: Allgemeine Forstzeitschrift, Jahrg. 30 (1975), S. 373-375.

SCHÜTZ, J.-P.: Naturnaher Waldbau in der Schweiz. In: Allgemeine Forstzeitschrift, Jahrg. 45 (1990), S.-731-732.

SPERBER, G.: 10 Jahre naturgemäße Waldwirtschaft im Bayerischen Forstamt Ebrach. In: Forstarchiv, Jahrg. 54 (1983), S. 90-97.

SPERBER, G.: Naturgemäße Waldwirtschaft im Forstamt Ebrach. In: Schriftenreihe des Landesverbands Rheinland-Pfalz der SDW, Nr. 9 (1990), S. 47-56.

STAHL-STREIT, J.: Betriebswirtschaftliche Auswirkungen naturgemäßer Waldwirtschaft im Forstamt Butzbach. In: Forst und Holz, Jahrg. 45 (1990), S. 268-272.

THOMASIUS, H.: Naturgemäße Waldwirtschaft in Sachsen – gestern, heute und in Zukunft. In: Der Dauerwald, Heft 6 (1992), S. 4-29.

UNTERBERGER, W.: Liegt in naturgemäßer Waldwirtschaft die Chance zur langfristigen Verbesserung forstlicher Betriebsergebnisse für die Landesforstverwaltung Niedersachsen? In: Forstarchiv, Jahrg. 54 (1983), S. 98-102.

VANSELOW, K.: Umwandlung hiebsreifer Fi- und Fi/Ki-Bestände in mit Laubholz gemischte Bestände. In: Allgemeine Forstzeitschrift, Jahrg. 10 (1955), S. 189-192.

VOLK, K.: Wege zum betriebssicheren Bergwald in Südbaden. In: Allgemeine Forst- und Jagdzeitung, Jahrg. 135 (1967), S. 168-180.

WAGNER, A.: Standortökologische und natürliche Waldentwicklung – Grundlagen für einen natürlichen Waldbau. In: Schriftenreihe des Landesverbands Rheinland-Pfalz der SDW, Nr. 9 (1990), S. 11-26.

WEISSKER, A.: Nach 20 Jahren naturgemäßer Waldwirtschaft. In: Allgemeine Forstzeitschrift, Jahrg. 18 (1963), S. 816-819.

WIEBALCK, W.: Naturgemäße Waldwirtschaft im niedersächsischen Forstamt Duingerwald. In: Forstarchiv, Jahrg. 62 (1991), S. 34.

WOBST, W.: Naturgemäße Waldwirtschaft im Forstamt Stauffenburg (Seesen/Harz). In: Allgemeine Forstzeitschrift, Jahrg. 17 (1962), S. 763-766.

WOBST, W./WOBST, H.: Ergebnisse aus drei Holzvorratsinventuren im sogenannten Landteil des niedersächsischen Forstamtes Stauffenburg. In: Allgemeine Forstzeitschrift, Jahrg. 30 (1975), S. 358-361.

WOBST, H.: Naturgemäße Waldwirtschaft in Niedersachsen. In: Allgemeine Forstzeitschrift, Jahrg. 45 (1990), S. 447-449.

WOBST, H.: Erdmannshausen und die Arbeitsgemeinschaft naturgemäße Waldwirtschaft. In: Forst und Holz, Jahrg. 47 (1992), S. 611-612.

Zusammenfassende Darstellungen und weiterführende Literatur

AMMON, W.: Das Plenterprinzip in der Waldwirtschaft. Verlag Haupt, Bern/Stuttgart, 1951.

ARNSWALDT, H.-J. v.: Wertkontrolle in Laubwäldern. Festschrift zur Verleihung des Karl-Abetz-Preises am 17. Mai 1974.

BLANCKMEISTER, J.: Die Ordnung im Walde des mitteleuropäischen Raumes. Neumann Verlag, Radebeul, 1950.

DANNECKER, K.: Aus der hohen Schule des Weißtannenwaldes. J. D. Sauerländer's Verlag, Frankfurt a.M., 1955.

EMMERICH, TH.: Einzelstammweise Wirtschaft im Betriebsvergleich – Grundlagen, Methodik, Voraussetzungen –. Diplomarbeit Freiburg, 1988.

GADOW, W. v.: Weiterentwicklung unserer Wälder. Verlag Roland Repro, Bremen, 1982.

GAYER, K.: Der Waldbau. Verlag Parey, Berlin, 1982.

GAYER, K.: Der gemischte Wald seine Begründung und Pflege, insbesondere durch Horst- und Gruppenwirtschaft. Verlag Parey, Berlin, 1986.

GREGER, O.: 125. Geburtstag von August Bier dem Chirurgen und Waldarzt. Selbstverlag, Göttingen 1986.

HANSTEIN, U./STURM, K.: Waldbiotopkartierung im Forstamt Sellhorn – Naturschutzgebiet Lüneburger Heide. In: Aus dem Walde – Mitteilungen aus der Niedersächsischen Landesforstverwaltung, Heft 40, Verlag M. & H. Schaper, Hannover, 1986.

HATZFELDT, H. (Hrsg.): Schadstoffbelastung des Waldes – Forstliche Konsequenzen. Verlag Parey, Hamburg und Berlin, 1983.

HEGER, A.: Lehrbuch der Vorratspflege. Neumann Verlag, Radebeul, 1950.

HEYDER, J.: Die Geschichte der Idee der „naturgemäßen Waldwirtschaft". Diplomarbeit Göttingen, 1980.

HEYDER, J. C.: Waldbau im Wandel: Zur Geschichte des Waldbaus von 1870-1950, dargestellt unter besonderer Berücksichtigung der Bestandesbegründung und der forstlichen Verhältnisse Norddeutschlands. J. D. Sauerländer's Verlag, Frankfurt a.M., 1986.

HOLM, M.: Modelluntersuchungen zur einzelstammweisen Nutzung nach Zieldurchmessern. Dargestellt am Beispiel der Buche. Dissertation Freiburg, 1974.

JUNACK, H.: Der Fruchtfolgewald. Verlag Neumann, Neudamm, 1924.

JUNACK, H.: Die Vorstufen einer Waldwirtschaft in Gartow bis zum Beginn einer geregelten Forstwirtschaft im Zeitraum 1687 bis 1840. Dissertation Göttingen, 1989.

KÖPSELL, R.: Naturgemäße Waldwirtschaft, Literaturzusammenstellung, ANW, 1985.

KÖSTLER, J. N.: Waldbau. Verlag Parey, Hamburg und Berlin, 1950.

KRUTZSCH, H.: Bärenthoren 1924. Verlag Neumann, Neudamm, 1924.

KRUTZSCH, H.: Waldaufbau. Deutscher Bauernverlag, Berlin, 1958.

KRUTZSCH, H./WECK, J.: Bärenthoren 1934. Der naturgemäße Wirtschaftswald. Verlag Neumann, Neudamm, 1935.

KRUTZSCH, H./LOETSCH, F.: Holzvorratsinventur und Leistungsprüfung der Naturgemäßen Waldwirtschaft. Verlag Neumann, Neudamm, 1938.

LEIBUNDGUT, H.: Die Waldpflege. Verlag Paul Haupt, Bern, 1966.

LEIBUNDGUT, H.: Europäische Urwälder der Bergstube. Verlag Paul Haupt, Bern u. Stuttgart, 1982.

LEMMEL, H.: Die Organismus in Möllers Dauerwaldgedanken. Verlag Springer, Berlin, 1939.

MÖLLER, A.: Der Dauerwaldgedanke/Sein Sinn und seine Bedeutung. Verlag Springer, Berlin, Neudruck 1935.

POCKBERGER, J.: Der naturgemäße Wirtschaftswald als Idee und Waldgesinnung. Verlag Fromm & Co., Wien, 1952.

REININGER, H.: Zielstärken-Nutzung. Österreichischer Agrarverlag, Wien, 1987.

STRAUBINGER, F.: Untersuchungen zur ertragskundlichen Charakterisierung langfristiger Verjüngungsgänge in Buchen-Eichen-Kiefern-Mischbeständen des Forstamtes Ebrach und zu ihrer Erfassung durch Stichproben. Forstliche Forschungsberichte München, Nr. 91 (Schriftenreihe der Forstwissenschaftlichen Fakultät der Universität München und der Bayerischen Forstlichen Versuchs- und Forschungsanstalt), 1988.

UNTERBERGER, W./WOBST, H.: 40 Jahre naturgemäße Waldwirtschaft im Landteil des Staatlichen Forstamtes Stauffenburg. In: Aus dem Walde – Mitteilungen aus der Niedersächsischen Landesforstverwaltung, Heft 39, Verlag M. & H. Schaper, Hannover, 1985.

WOHLFARTH, E.: Waldbau heute und morgen. Verlag BVL, München-Bonn-Wien, 1967.

Autoren

PETER BURSCHEL
Jahrgang 1927, Prof. Dr. forest, Studium der Forstwissenschaft in Göttingen, Freiburg, München, Corvallis (Oregon, USA), 1966–1972 Direktor des Waldbau-Instituts und Dekan der Forstlichen Fakultät der Universidad Austral de Chile, seit 1972 Ordinarius am Lehrstuhl für Waldbau und Forsteinrichtung der Universität München. Neben seiner wissenschaftlichen Tätigkeit leitet er den Forstbetrieb der Universität München.

ELISABETH EMMERT-STRAUBINGER
Jahrgang 1957, Diplom-Biologin, Tätigkeit in Biotopkartierung und paläontologischer Forschung, aktive Jägerin und seit 1992 Bundesvorsitzende des Ökologischen Jagdverbandes (ÖJV).

LOUIS-ANDRÉ FAVRE
Jahrgang 1920, Dipl. Forsting., Studium der Forstwissenschaften an der Eidgenössischen Technischen Hochschule Zürich (Schweiz). Seit 1947 Forstinspektor des Kreises Couvet. Von 1967 bis 1985 Leiter des Forstdienstes des Kantons Neuenburg. Seit 1985 Präsident der Stiftung Pro Silva Helvetica.

HERMANN GRAF HATZFELDT
Jahrgang 1941, Studium der Wirtschaftswissenschaften in Basel, Ibadan (Nigeria) und Princeton (USA). Seit 1969 Eigentümer eines Forstbetriebes in Rheinland-Pfalz. Verschiedene ehrenamtliche Tätigkeiten im Energie- und Umweltbereich. Seit 1991 Vorsitzender der Arbeitsgemeinschaft Naturgemäße Waldwirtschaft in Rheinland-Pfalz.

RAINER KÖPSELL
Jahrgang 1949, Studium der Forstwissenschaft in Göttingen. Höherer Forstdienst in der niedersächsischen Landesforstverwaltung. Von 1981 bis 1986 Assistent am Institut für forstliche BWL der Universität Göttingen; anschließend Forstamtsleiter in Bad Lauterberg/Harz. Seit

1991 Inspektionsbeamter und Waldbaudezernent bei der Bezirksregierung in Braunschweig.

PAUL LANG
Jahrgang 1919, Studium der Forstwissenschaften an der Universität München, 1952 Große Forstliche Staatsprüfung. Im Dienst der Bayer. Staatsforstverwaltung: fünf Jahre Forsteinrichter in Mittelfranken, zwei Jahre Forstmeister im Bayer. Wald, fünf Jahre Forstamtsleiter im Spessart, 20 Jahre Referent für Waldbau, Forsteinrichtung, Jagd in Oberfranken (OFD Bayreuth). 1981 bis 1990 Lehrauftrag für Forstökologie an der Universität Bayreuth, 1985–1989 Vorsitzender der Arbeitsgemeinschaft Naturgemäße Waldwirtschaft, Landesgruppe Bayern, seit 1989 Schriftleiter der Zeitschrift für naturgemäße Waldwirtschaft „DER DAUERWALD".

GEORG MEISTER
Jahrgang 1929, Dr. oec. publ., Studium der Forstwissenschaft, acht Jahre forstl. Planung im Hochgebirge, danach Mitarbeiter des Leiters der bayerischen Staatsforstverwaltung (bes. jagdl. Probleme). Planung des Nationalparks Berchtesgaden. 18 Jahre Forstamtsleiter. Arbeitsschwerpunkte: Lösung der Jagdproblematik, Verringerung der Wildschäden, Wiederaufbau naturnaher Bergmischwälder, Sanierung der Schutzwälder.

DUSAN MLINSEK
Jahrgang 1925, Dipl. Ing. Forstwiss., Dr. der Techn. Wissenschaften, ETH Zürich. Forstverwalter, Leiter des Forsteinrichtungsamtes, seit 1960 Inhaber des Lehrstuhls für Waldbau an der Forstlichen Abteilung der Universität Ljubljana, Slowenien. Langjähriges Gremienmitglied, auch Präsident, der IUFRO. Korrespondierendes Mitglied der Italienischen Akademie der Forstwissenschaften. H. Cotta Medaille, K. Gayer Ehrung.

HANS-JÜRGEN OTTO
Jahrgang 1935, Professor Dr. habil., Ministerialrat, Studium der Forstwissenschaften an der Universität Göttingen, München sowie an der Forsthochschule Nancy/Frankreich. Seit 1974 Referent für ökologi-

sche Grundlagen des Waldbaus, Waldschutz, Forstplanung und forstliche Forschung am Ministerium für Ernährung, Landwirtschaft und Forsten in Hannover, seit 1984 forstliche Lehrveranstaltungen im Fach Waldökologie/Waldbau an der Universität Göttingen und seit 1992 an der TU Dresden/Tharandt.

GERHARDT PREUSCHEN

Jahrgang 1908, Studium Agrarwissenschaften in Hohenheim und Berlin, Maschinenbau Stuttgart und Darmstadt, Dr. agr. Berlin 1934, Dr. habil. Breslau 1943, a. o. Professor Hohenheim 1955. 1932–1940 Aufbau und Leitung der Technischen Gutsberatung Landsberg/Warthe-Eberswalde, ab 1940 Institutsdirektor in der Kaiser-Wilhelm- bzw. Max-Planck-Gesellschaft bis 1976, wissenschaftlicher Betreuer der Stiftung Ökologie und Landbau bis 1993. U.v.a. praktische und wissenschaftliche Tätigkeit in der Bodenökologie seit 1932.

HEINRICH REININGER

Jahrgang 1928, Dipl. Ing., Forststudium an der Universität für Bodenkultur in Wien. Seit 1953 Angestellter beim Forstamt des Stiftes Schlägl, ab 1962 Forstmeister dieses Betriebes, seit 1992 Vorsitzender von Pro Silva Austria.

KARL FRIEDRICH SINNER

Jahrgang 1946, Forstdirektor, Studium der Forstwissenschaften an der Universität München. Seit 1988 Leiter des staatlichen bayerischen Forstamtes Nürnberg, seit 1989 Vorsitzender der Arbeitsgemeinschaft Naturgemäße Waldwirtschaft in Bayern.

GEORG SPERBER

Jahrgang 1933, Studium der Forstwissenschaft in München, abgeschlossen mit Promotion im Waldbau. Seit 1972 Leiter des staatlichen Forstamtes Ebrach im Steigerwald. Ehrenamtliche Tätigkeit im Naturschutz (1983 Bay. Naturschutzpreis).

FRANZ STRAUBINGER

Jahrgang 1955, Dr.rer.silv., Studium der Forstwissenschaft in München und Promotion über naturgemäße Waldwirtschaft. Von

1988–1992 Leiter eines bayerischen Forstamtes, seit 1993 Leiter einer privaten Forstverwaltung.

HARALD THOMASIUS

Jahrgang 1929, Dipl.-Forsting., Studium der Forstwirtschaft an der Fakultät für Forstwirtschaft Tharandt der Technischen Hochschule Dresden. Waldökologie und Umweltschutz, Landschaftsgestaltung und Rekultivierung.

BARON BRICE DE TURCKHEIM

Jahrgang 1930, Dipl.Ing. ETH Zürich (Abt. Landwirtschaft und Forstwirtschaft), Mitinhaber eines forstl. Experten- und Beratungsbüros, Leiter verschiedener privater Forstbetriebe (freiberuflich). Ehemaliger Generalsekretär der Vereinigung forstl. Experten Frankreichs, Generalsekretär des Comité des Forêts (Paris), Mitglied des Verwaltungsrates der Vereinigung franz. privater Waldbesitzerverbände, Gründungsmitglied und erster Präsident von PRO SILVA, Gründungsmitglied und Vizepräsident von PRO SILVA FRANCE.

MICHAEL WEBER

Jahrgang 1952, Dr.rer.nat., Studium der Forstwissenschaft an der Universität München, Zusatzausbildung in Ökologie, seit 1984 wissenschaftlicher Mitarbeiter am Lehrstuhl für Waldbau und Forsteinrichtung der Universität München, stv. Leiter des Forstbetriebes der Universität München. Bereits seit 1988 beschäftigt er sich mit den Wechselwirkungen zwischen Klimaveränderungen und Wald.

HUBERT WEIGER

Jahrgang 1947, Dr., Studium der Forstwirtschaft an der Universität München und an der Eidgenössischen Technischen Hochschule, Zürich; Promotion 1986 an der Universität München. Seit 1973 Beauftragter für Nordbayern des „Bund Naturschutz in Bayern e.V. (BN), seit 1992 Landesbeauftragter des BN; von 1975 an Mitglied des wissenschaftlichen Beirates des „Bund für Umwelt und Naturschutz Deutschland e.V. (BUND). Paulaner Forschungspreis 1986.

FRITZ WIMMER

Jahrgang 1946, Diplomforstwirt, Studium der Forstwissenschaften an der Uni München, seit 1980 Leiter der städtischen Forstverwaltung München (Beispielsbetrieb der Arbeitsgemeinschaft Naturgemäße Waldwirtschaft), Vorstandsmitglied im Bayerischen Waldbesitzerverband, Vorsitzender des Forstausschusses im Bayerischen Städtetag.

HERMANN WOBST

Jahrgang 1935, Dr.forest., Studium der Forstwissenschaft in München, Göttingen und Freiburg. 1963–66 Assistent am Institut für Forstbenutzung der Universität Göttingen. Seither Leiter des Staatlichen Forstamts Stauffenburg. Seit 1987 Vorsitzender der Arbeitsgemeinschaft Naturgemäße Waldwirtschaft (ANW) in Niedersachsen, 2. Bundesvorsitzender der ANW und Mitglied des Verwaltungsrats von PRO SILVA seit 1989.

Adressen der
Arbeitsgemeinschaft Naturgemäße Waldwirtschaft
(ANW)

1. Vorsitzender Sebastian Frhr. von Rotenhan
(Geschäftsstelle) 96184 Rentweinsdorf
Tel. 0 95 31 / 7 08, Fax 0 95 31 / 12 87

2. Vorsitzender Dr. Hermann Wobst
Albert-Rohloff-Straße 4, 37528 Bad Gandersheim
Tel. 0 53 82 / 28 88

Landesgruppen (1. Vorsitzender)

Baden-Württemberg
FD i. R. Karl-Heinz Pfeilsticker
Beim Fuchshölzle 15, 88416 Ochsenhausen
Tel. 0 73 52 / 80 35

Bayern
FD Karl-Friedrich Sinner
Fliederweg 9, 91094 Langensendelbach
Tel. 0 91 33 / 14 09

Berlin
Marc Zietz
Clayallee 224, 14195 Berlin
Tel. 0 30 / 8 03 10 66

Brandenburg
FM a. D. Dr. Wolfgang Lechner
Am Scharmützeleck 21, 15864 Wendisch-Rietz
Tel. 03 36 79 / 4 39

Hessen
FD Dr. Jochen Stahl-Streit
Gabelsbergerstraße 14, 35510 Butzbach
Tel. 0 60 33 / 9 11 50, Fax 0 60 33 / 9 11 40

Niedersachsen
FD Dr. Hermann Wobst
Albert-Rohloff-Straße 4, 37528 Bad Gandersheim
Tel. 0 53 82 / 28 88

Nordrhein-Westfalen
FD Rudolf Gerbaulet
Dornberger Straße 37, 33615 Bielefeld
Tel. 05 21 / 96 48 30, Fax 05 21 / 9 64 83 22

Rheinland-Pfalz
Hermann Graf Hatzfeldt
Schloß Schönstein, 57537 Wissen/Sieg
Tel. 0 27 42 / 93 19 14, Fax 0 27 42 / 93 19 51

Saarland
FOR Hans Albert Letter
Schwarzer Weg 5, 66798 Wallerfangen
Tel. 0 68 31 / 6 26 42

Sachsen
Dipl. F. Ing. Roberto Böhme
Böhmische Straße 50, 09487 Schlettau/Erzgeb.
Tel. 0 37 33 / 4 40 73

Sachsen-Anhalt
FM Friedrich Mrazek
OdF-Straße 55, 39307 Genthin
Tel. 0 39 33 / 25 35 (25 38)

Schleswig-Holstein
FD Heinrich Wilhelm Barfod
An der Papiermühle, 24626 Großkummerfeld
Tel. 0 43 21 / 7 72 22

Thüringen
Dipl. F Ing. Peter Schwöbel
Bahnhofstraße 76, 99831 Creuzburg
Tel. 03 69 26 / 5 73, Fax 03 69 26 / 9 05 46

„Alternative Konzepte"

Die kompetente Buchreihe der Stiftung Ökologie & Landbau

85   Alternative Konzepte

Bernhard Burdick

Klimaänderung und Landbau

Die Agrarwirtschaft als Täter und Opfer

Stiftung Ökologie und Landbau
Verlag C. F. Müller

Klimaänderung und Landbau
Die Agrarwirtschaft als Täter und Opfer
Bernhard Burdick
1994, Band **85**, 438 Seiten
ISBN 3-7880-9855-4

Neben der Industrialisierung stellt die Landwirtschaft eine wesentliche Ursache für eine zunehmende anthropogene Beeinflussung und Veränderung des Klimas dar. Ausmaß und Geschwindigkeit der Klimaänderungen lassen sich zur Zeit nur abschätzen. Die Vorgänge, die nach heutigem Wissensstand zur Klimaänderung führen werden, deren mögliches Ausmaß und ihre Auswirkungen auf die Pflanzen- und Tierproduktion werden ausführlich dargestellt.

Betriebslehre für den ökologischen Landbau
Gerhardt Preuschen/Nicola Oßwald
1993, Band **83**, 163 Seiten
ISBN 3-7880-7456-6

Diese Betriebslehre berücksichtigt die Besonderheiten des ökologischen Landbaus, indem sie die Tatsache miteinbezieht, daß alle Aufgaben auf dem ökologisch geführten landwirtschaftlichen Betrieb organisch miteinander verbunden sind. Diese Betriebslehre behandelt deshalb Standort, Boden, Pflanzen, Tiere, Arbeit, Maschinen und Absatz. In den Planungskapiteln des Buches werden jedoch auch Wege aufgezeigt, wie Fehlentwicklungen der industrialisierten Landwirtschaft (Massentierhaltung, Spezialisierung etc.) behoben werden können.

EG-Verordnung „Ökologischer Landbau"
Eine juristische und agrarfachliche Kommentierung
Hanspeter Schmidt/Manon Haccius
2., vollständig überarbeitete und ergänzte Auflage 1994, Band **81**, 559 Seiten
ISBN 3-7880-9863-5

Die Verordnung der Europäischen Gemeinschaft über den ökologischen Landbau und die Kennzeichnung seiner Produkte (2092/91/EWG) ist an in allen EG-Mitgliedstaaten wie ein Gesetz verbindlich. Die Autoren erläutern aus rechts- und agrarwissenschaftlicher Sicht die in weiten Teilen nur schwer verständlichen und nicht immer widerspruchsfreien Regelungen. Sie zeigen, wie das EG-Recht in der Rechtsordnung der Bundesrepublik Deutschland angewendet wird.

Gentechnik und Landwirtschaft
Folgen für Umwelt und Lebensmittelerzeugung
Günter Altner/Wanda Krauth/ Immo Lünzer/Hartmut Vogtmann (Hrsg.)
2., ergänzte Auflage 1990
Band **64**, 248 Seiten
ISBN 3-7880-9799-X

Dieses Buch behandelt schwerpunktmäßig die Bereiche Pflanzenproduktion, Tierproduktion, Lebensmittelerzeugung/ -Verarbeitung, Nahrungsmittel-Design und nachwachsende Rohstoffe, sowie die Konsequenzen, die sich dabei für die Dritte Welt ergeben. Die Neuauflage wurde ergänzt um das Memorandum für das Gesetz zum Schutz von Natur und Menschen vor den Gefahren der Gentechnologie.

Die Buchreihe *„Alternative Konzepte"* wird von der *Stiftung Ökologie und Landbau (SÖL)* herausgegeben. Die „Alternativen Konzepte" sind im Buchhandel erhältlich und erscheinen im *Verlag C. F. Müller*, Im Weiher 10, 69121 Heidelberg. (Bitte ausführliches, kostenloses Verzeichnis anfordern.)   AI

Ökologischer Landbau

Pflanzengesundheit und ihre Beeinträchtigung
Kranke Pflanzen durch Agrarchemie
Vorwort von José A. Lutzenberger
Francis Chaboussou
2., ergänzte Auflage 1996
Band **60**, 150 Seiten
ISBN 3-7880-9891-0

Warum erkranken Pflanzen? Der französische Forscher F. Chaboussou hat sein Leben dieser Frage gewidmet. Er beschreibt in diesem Werk die Ursachen der gegenwärtigen Zunahme der Pflanzenkrankheiten und Schädlingsprobleme. Eine dieser Ursachen bilden die Pestizide, die hier mit zahlreichen Beispielen auf der Anklagebank stehen. Die andere Ursache liegt in dem Stoffwechsel der Pflanzen, die durch „moderne" Anbauverfahren aus dem Gleichgewicht gebracht werden. Aus diesen Erkenntnissen zeigt der Autor neue Wege zur Pflanzengesundheit ohne Pestizide.

Kommunen entdecken die Landwirtschaft
Perspektiven und Beispiele einer zukunftsfähigen Agrarpolitik in Dorf und Stadt
Frieder Thomas/Manuel Schneider/ Jobst Kraus (Hrsg.)
1995, Band **94**, 348 Seiten
ISBN 3-7880-9894-5

In diesem Buch beschreiben und bewerten Fachleute ihre Erfahrungen mit kommunalem Engagement für eine bäuerliche und ökologische Landwirtschaft. In einem einführenden Teil wird der historische Wandel der Stadt-Land-Beziehung und das derzeit wiedererwachende Interesse von Städten, Gemeinden und Landkreisen an der Landwirtschaft dargestellt. Im zweiten Teil werden anhand zahlreicher konkreter Projekte die Hintergründe, Ziele, Methoden und Hemmnisse kommunaler Agrarpolitik beleuchtet. Abgeschlossen wird diese erste umfassende Darstellung der Thematik mit einem ausführlichen Informationsteil.

Ökologische Grünlandbewirtschaftung
Peter Manusch/Ewald Pieringer (Hrsg.)
1995, Band **91**, 180 Seiten
ISBN 3-7880-9876-7

Von erfahrenen Beratern und Wissenschaftlern werden die Besonderheiten einer ökologischen Grünlandbewirtschaftung dargestellt.

Ökologischer Feldgemüsebau
Beiträge aus Praxis Wissenschaft und Beratung
Hartmut Heilmann/ Ulrich Otto Zimmer (Hrsg.)
2., ergänzte Auflage Herbst 1996
Band **72**, 226 Seiten
ISBN 3-7880-9875-9

Praktiker, Wissenschaftler und Berater des ökologischen Landbaus behandeln Probleme und Möglichkeiten des Feldgemüsebaus im bäuerlichen Betrieb. Die Beiträge zu Bodenpflege, Jungpflanzenanzucht, Pflanzenschutz und mechanischer/ thermischer Beikrautregulierung werden ergänzt durch Anregungen zur Anbautechnik ausgewählter Kulturen. Als wichtige Kriterien der Entscheidungsfindung werden Vermarktungs- und betriebswirtschaftliche Fragen berücksichtigt. Darüber hinaus wird der Qualität der Ernteprodukte besondere Beachtung geschenkt.

Bauern stellen um
Praxisberichte aus dem ökologischen Landbau
Jochen Benecke/Barbara Kiesewetter/ Hans Urbauer
2., durchgesehene Auflage 1990
Band **62**, 188 Seiten
ISBN 3-7880-9754-X

Aufbauend auf sieben Betriebsberichten werden alle Probleme der Umstellung und Betriebsführung behandelt, vom sozialen Bereich bis hin zum Generationsproblem, vom Ackerbau bis zur Tiergesundheit, von der Betriebswirtschaft bis zur Vermarktung, von der Beratung bis zur Kritik an der Wissenschaft.

A2

Ökologischer Landbau

75 Alternative Konzepte

Gerhardt Preuschen

**Ackerbaulehre
nach ökologischen
Gesetzen**

Das Handbuch
für die neue Landwirtschaft

Stiftung Ökologie und Landbau
Verlag C. F. Müller

**Ackerbaulehre nach ökologischen
Gesetzen**
Das Handbuch für die neue
Landwirtschaft
Gerhardt Preuschen
1991, Band **75**, 354 Seiten
ISBN 3-7880-9838-4

Die moderne intensive Landwirtschaft
wird immer mehr als Verursacher von
Umweltschäden in Luft, Wasser und Boden erkannt. Der Landwirt selbst sieht die
zunehmende Bodenverdichtung, die Erosion und immer neue Krankheiten bei
Pflanzen und Tieren. Dieses Handbuch beschreibt die Grundlagen des ökologischen
Landbaus und zeigt den Weg in die praktische Anwendung. Der Autor führt mit
praktischen Ratschlägen aus über 60 Jahren Erfahrung von der Bodenerkennung
und Bodenbearbeitung, über den Pflan-
zenbau, Tierhaltung, Arbeitswirtschaft und
Landtechnik zum Aufbau des Betriebs als
ein in der Natur eingebetteter Organismus mit gesunden Böden, Pflanzen und
Tieren. Ein Nachschlagewerk für Land-
wirte in Praxis, Verwaltung, Beratung,
Politik und Wissenschaft.

**Lebensmittelqualität – ganzheitliche
Methoden und Konzepte**
*Angelika Meier-Ploeger/
Hartmut Vogtmann (Hrsg.)*
2., überarbeitete Auflage 1991
Band **66**, 296 Seiten
ISBN 3-7880-9845-7

Nach der Problematisierung des Qualitätsbegriffes aus Sicht der Wissenschaft und
der Verbraucher werden neue Dimensionen aufgrund wissenschaftlicher Erkenntnisse zur Erweiterung der Definition des
Qualitätsbegriffes vorgestellt. Die entsprechenden Methoden (u. a. Sensorik, Nach-
ernteverhalten, Vitalaktivitätsbestimmung,
Biophotonenmessung) und Ergebnisse
werden von den jeweiligen Fachleuten
dargestellt. Auf der Basis ernährungsphy-
siologischer Untersuchungen als Indikato-
ren für die Lebensmittelqualität werden
die entsprechenden Forderungen für
alternative Ernährungsformen definiert.

Ökolandbau in den Tropen
Pionierbeispiel Rwanda
Egger/Korus
1995, Band **86**
ca. 325 Seiten
ISBN 3-7880-9866-X

Das Buch liefert Beiträge zur aktuellen
Diskussion um die praktische Umsetzung
des Ecofarming-Konzeptes. Es werden
neueste Erfahrungen zu einzelnen Methoden dargestellt, z. B. Bodenverbesserung,
Bodensicherung und Bodennutzung. Ein
Hauptanliegen dieses Buches ist die Ver-
mittlung einer standortgerechten Bera-
tungsstrategie.

Ökologische Landwirtschaft
Landbau mit Zukunft
Hartmut Vogtmann (Hrsg.)
2. Auflage 1992, Band **70**, 334 Seiten
ISBN 3-7880-9846-5

Von namhaften Fachleuten werden die
Grundkenntnisse über Ökologie und
Landbau vermittelt. Dabei wird besonders
eingegangen auf ökologische und boden-
biologische Fragen, Lebensmittelqualität,
Vermarktung, Ökonomie, Biotechnologie,
Tierhaltung und standortgerechten Landbau, auch in der Dritten Welt. Es ist ein
Buch für Interessierte an einer zukunftsorientierten Agrikultur, für Bauern, Wissenschaftler und Studenten, für Politiker
und Bürger, die den Ausweg aus der Krise
der industrialisierten Landwirtschaft suchen. Dieses Buch zeigt: der ökologische
Landbau ist ein realisierbarer Weg, ein
Weg der Vernunft.

Kompostierung
Optimale Aufbereitung und Verwendung
organischer Materialien für den
ökologischen Landbau
Ralf Gottschall
5. Auflage 1992, Band **45**, 296 Seiten
ISBN 3-7880-9798-1   A3

Ökologischer Weinbau/Waldsterben

Die naturnahe Waldwirtschaft ist inzwischen das erklärte Ziel aller Staatsforstverwaltungen sowie vieler kommunaler und privater Forstbetriebe. Bisher fehlt aber eine systematische Darstellung der Ziele, Instrumente und Erfahrungen. In dem vorliegenden Band wird das jetzt nachgeholt. Achtzehn prominente Mitglieder der Arbeitsgemeinschaft Naturgemäße Waldwirtschaft (ANW) äußern sich zu Grundlagen, Methoden und aktuellen Beispielen der naturgemäßen Waldwirtschaft in Mitteleuropa. Das breite Themenspektrum wird durch eine umfassende Bibliographie abgerundet.

Wein aus ökologischem Anbau – das schlüssige Produkt
Vermarktung im Rahmen der EG-Verordnung
Karlheinz Hillebrecht (Hrsg.)
1993, Band **84**, 176 Seiten
ISBN 3-7880-9854-6

Der Bundesverband Ökologischer Weinbau hat sich 1992 eingehend mit folgenden Themenbereichen beschäftigt:
– Voraussetzungen: Ökologischer Land- und Weinbau im gesellschaftlichen und politischen Umfeld
– Öko-Produkte im Markt: Definition und Qualifizierung eines Marktsegments
– Ökologischer Land- und Weinbau im Lichte der EG-Verordnung
– Vermarktung von Öko-Wein im Hinblick auf den EG-Binnenmarkt.

Dieser Band ist ein eindrucksvolles Dokument für die heutige und zukünftige Bedeutung des ökologischen Weinbaus.

Der ökologische Weinbau
Ein Leitfaden für Praktiker und Berater
Mit drei Erfahrungsberichten von
Brugger, Frick und Sander
Gerhardt Preuschen
6., durchgesehene und ergänzte
Auflage 1994, Band **32**, 243 Seiten
ISBN 3-7880-7473-6

Stirbt der Wald?
Energiepolitische Voraussetzungen und Konsequenzen
Hermann Graf Hatzfeldt (Hrsg.)
1992, Band **41**, 232 Seiten
ISBN 3-7880-9670-5

Ökologische Waldwirtschaft
Hermann Graf Hatzfeldt (Hrsg.)
1994, Band **88**, 296 Seiten
ISBN 3-7880-9870-8

Waldschäden durch Radioaktivität?
Synergismen beim Waldsterben
Günther Reichelt/Roland Kollert
Mit einem Vorwort von
Hermann Graf Hatzfeldt
1985, Band **52**, 220 Seiten
ISBN 3-7880-9713-2

Ist Radioaktivität bei dem komplexen Zusammenwirken verschiedener Ursachen des Waldsterbens beteiligt? Welche Rolle spielen dabei synergistische Effekte, also sich wechselseitig verstärkende Wirkungen? In Teil I wird aufgrund von Waldschadenskartierungen gezeigt, daß in der Umgebung kerntechnischer Anlagen ein erhöhtes Waldsterben zu verzeichnen ist. In Teil II wird die physikalische und chemische Bedeutung der natürlichen und künstlichen Radioaktivität für synergistische Kombinationswirkungen in der verunreinigten Atmosphäre untersucht. Aus beiden Studien resultieren Konsequenzen zur Reduktion der Emission aller Luftschadstoffe einschließlich radioaktiver Edelgase. A4

Ökologische Tierhaltung

77 Alternative Konzepte

Michael Rist, Ingrid Schragel,
Beratung Artgemäße Tierhaltung

Artgemäße
Rinderhaltung

Grundlagen und Beispiele aus der Praxis

Stiftung Ökologie und Landbau
Schweisfurth-Stiftung
Verlag C. F. Müller

78 Alternative Konzepte

Bernhard Hörning,
Beratung Artgemäße Tierhaltung

Artgemäße
Schweinehaltung

Grundlagen und Beispiele aus der Praxis

Stiftung Ökologie und Landbau
Schweisfurth-Stiftung
Verlag C. F. Müller

79 Alternative Konzepte

Detlef W. Fölsch, Renate Hoffmann,
Beratung Artgerechte Tierhaltung

Artgemäße
Hühnerhaltung

Grundlagen und Beispiele aus der Praxis

Stiftung Ökologie und Landbau
Schweisfurth-Stiftung
Verlag C. F. Müller

Artgemäße Nutztierhaltung
Drei Leitfäden für die Praxis
Rist/Hörning/Fölsch et al./
Beratung Artgerechte Tierhaltung (BAT)

Bd. 1: Rinderhaltung
2. Auflage, Band **77**
ISBN 3-7880-9862-7
222 Seiten

Bd. 2: Schweinehaltung
2. Auflage, Band **78**
ISBN 3-7880-9864-3
253 Seiten

Bd. 3: Hühnerhaltung
2. Auflage, Band **79**
ISBN 3-7880-9865-1
204 Seiten

1993, Band **77, 78, 79**

Bd. 1–3 komplett zum Sonderpreis
ISBN 3-7880-9844-9

In diesen Leitfäden wird gezeigt, wie man die landwirtschaftliche Nutztierhaltung artgemäßer gestalten kann.

Im ersten Teil werden die wissenschaftlichen Erkenntnisse zusammengestellt und praxisgerecht aufbereitet. Dabei steht die Beschreibung des natürlichen Verhaltensrepertoires der Tiere im Mittelpunkt. An ihm orientieren sich die verhaltensgerechten und für Tier (und Mensch) gesunden Aufstallungssysteme, die ausführlich beschrieben und an Hand von Skizzen vorgestellt werden.

Im zweiten Teil werden Erfahrungen mit diesen Haltungssystemen an konkreten Beispielen geschildert, die bei Hofbesichtigungen im In- und Ausland gesammelt wurden. Dabei werden nicht nur bauliche sondern auch wirtschaftliche und arbeitswirtschaftliche Aspekte berücksichtigt.

Alternative Konzepte

Hans Hinrich Sambraus
Engelhard Boehncke (Hrsg.)

Ökologische
Tierhaltung

Theoretische und praktische Grundlagen
für die biologische Landwirtschaft
3. Auflage

Stiftung Ökologischer Landbau
Verlag C. F. Müller

Ökologische Tierhaltung
Theoretische und praktische Grundlagen für die biologische Landwirtschaft
Hans Hinrich Sambraus/
Engelhard Boehncke (Hrsg.)
3., durchgesehene Auflage 1990
Band **53**, 280 Seiten
ISBN 3-7880-9834-1

Im 1. Teil werden ethische und ethologische Fragen diskutiert. Anschließend werden im 2. Teil praktische Hinweise für die Tierhaltung, -züchtung und -ernährung von Rind, Schwein und Huhn gegeben; dabei steht die Eingliederung in das Ökosystem des biologischen Landbaus immer im Vordergrund. A5

Gesundheit und Ernährung

Pestizide und Gesundheit
Vorkommen, Bedeutung und Prävention
von Pestizidvergiftungen
Beiträge anläßlich eines Seminars des
Pestizid Aktions-Netzwerk (PAN)
Wolfgang Bödeker/
Christa Dümmler (Hrsg.)
2., vollständig überarbeitete Auflage 1993
Band **74**, 248 Seiten
ISBN 3-7880-9860-0

Rückstände der sogenannten Pflanzen-
schutzmittel finden sich inzwischen in der
Luft, der Nahrung und dem Trinkwasser.
Darüber hinaus sind die Anwender von
Pestiziden und die Anrainer landwirtschaftlich genutzter Flächen oft direkt diesen Stoffen ausgesetzt. Welche gesundheitlichen Auswirkungen von einer Exposition gegenüber Pestiziden zu erwarten
und bereits beschrieben sind, wird in diesem Band zusammengestellt.

Bei vielen Menschen sind Allergien die
Antwort des Körpers auf Überbelastung.
Durch die zunehmende, kritiklose Verwendung synthetischer Chemikalien in allen Lebensbereichen wird der Punkt der
Überbelastung bei immer mehr Menschen immer früher erreicht.

Bereits in den USA wurden erste Zusammenhänge zwischen körperlich-psychischen
Beschwerden und chemischen Umwelt-
faktoren beobachtet. Hilfe ist möglich
durch genaue Analyse der krankheitsaus-
lösenden Ursachen. Mit ausführlichen An-
leitungen.

Ökologisches Ernährungssystem
Das Konzept einer umwelt- und
sozialförderlichen Ernährung
Karl Friedrich Müller-Reißmann/
Joey Schaffner (Hrsg.)
1990, Band **68**, 211 Seiten
ISBN 3-7880-9773-6

In dem Buch wird die Ernährung des Menschen von der Landwirtschaft bis zur fer-
tigen Nahrung auf dem Tisch als techno-
logisches Gesamtsystem begriffen und als
ganzes einer Kritik unterzogen. Gemessen an den Kriterien der mittleren Technologie erweist sich das heute vorherr-
schende Ernährungssystem als ineffizient
und anachronistisch: Es belastet die Natur
weit mehr als nötig; es beraubt den Menschen der Fähigkeit, sich selbst zu helfen;
und es macht die Ernährung zu einer
Hauptursache der Krankheit. Hierzu wird
ein geschlossener Gegenentwurf entwik-
kelt, in den als Bausteine der Ökologische
Landbau, eine regionale Vermarktung und
die Vollwertnahrung integriert sind, und
am Beispiel des Brotes konkretisiert. A6

Ernährung und Psyche
Erkenntnisse der Klinischen Ökologie und
der Orthomolekularen Psychiatrie
Anne Calatin (Hrsg.)
6. durchgesehene Auflage 1995
Band **43**, 120 Seiten
ISBN 3-7880-9878-3

**Allergien: Folgen von Umweltbelastung
und Ernährung**
Chronische Erkrankungen aus der Sicht
der Klinischen Ökologie
Theron G. Randolph/Ralph W. Moss
7. Auflage 1995, Band **49**, 372 Seiten
ISBN 3-7880-9874-0

Wirtschaft/Computer

Udo Ernst Simonis (Hrsg.)

Ökonomie und Ökologie
Auswege aus einem Konflikt
7., ergänzte Auflage

Stiftung Ökologie und Landbau
Verlag C. F. Müller

Ökonomie und Ökologie
Auswege aus einem Konflikt
Udo Ernst Simonis (Hrsg.)
7., ergänzte Auflage 1994
Band **33**, 221 Seiten
ISBN 3-7880-9859-7

Aus Gründen der betrieblichen Rentabilität werden Maßnahmen unterlassen und Entscheidungen vermieden, die aus ökologischer Rück- und Vorsicht erforderlich wären. Der Autor zeigt Auswege aus diesem Konflikt. Eine aktuelle Literaturübersicht und die Ergebnisse einer praktizierten ökologischen Buchhaltung ergänzen diesen Band.

Computer und Ökologie
Eine problematische Beziehung
Hartmut Bossel/Karl-Heinz Simon (Hrsg.)
1986, Band **54**, 244 Seiten
ISBN 3-7880-9728-0

Welche Möglichkeiten bieten Computer für die Bewältigung der wachsenden Umweltprobleme? Welche Kriterien müssen an die Entwicklung von Informationstechnologien gestellt werden, damit keine gesundheitlichen und sozialen Schäden durch einen vermehrten Computereinsatz hervorgerufen werden? Beschleunigt die computerisierte Wirtschaft die Umweltschäden, oder kann sie diese umgekehrt eindämmen? Welche neuen Erkenntnisse lassen sich durch die Ökosystemforschung gewinnen? Der Band enthält Beiträge über den Zusammenhang von modernen Informations- und Kommunikationstechniken mit Ökologie und Umweltschutz.

Die ökologische Wirtschaft
Auf dem Weg zu einer verantworteten Wirtschaftsweise
Pierre Fornallaz
2. Auflage 1991, Band **69**, 128 Seiten
ISBN 3-7880-9840-6

Gesucht ist eine umwelt- und sozialverträgliche Wirtschaftsweise. Durch die zu wenig beherrschte Produktion werden mannigfältige Umweltschäden verursacht. Die soziale Relevanz der Produktion fehlt allzu oft! Die Technik ist nicht mehr im Dienste des Menschen, sondern sichert betriebswirtschaftliche Gewinne ohne Rücksicht auf volkswirtschaftliche Verluste. Der Rückeroberungsprozeß von Lebensqualität ohne Preisgabe von realem Wohlstand muß deshalb eingeleitet werden. Das Buch weist den Weg, der einzuschlagen ist.

Mehr autonome Produktion – weniger globale Werkbänke
Mit einem Blick in die Zukunft
Bericht von den „Alternativen Weltwirtschaftskonferenz" im Jahr 2003
Willy Bierter
1986, Band **55**, 172 Seiten
ISBN 3-7880-9738-8

Welche Möglichkeiten eröffnen sich, lebensfreundlichere Formen des Zusammenwirkens von lebendiger Arbeit, Technologie und sozialer Organisation zu schaffen! Der Autor analysiert die Entwicklung der Massenproduktion von den Anfängen bei Ford bis zur heutigen weltumspannenden Produktion und wagt einen originellen Ausblick auf die mögliche technisch-wirtschaftliche Zukunft.

Buchpreis
„Nürnberger Trichter"
Mehr Technik – weniger Arbeit?
Plädoyers für sozial- und umweltverträgliche Technologien
Udo Ernst Simonis (Hrsg.)
1984, Band **48**, 220 Seiten
ISBN 3-7880-9697-7

A7

Ökologie/Mittlere Technologie

Öko-Steuern
Umweltsteuern und -abgaben in der
Diskussion
Hans Nutzinger/Angelika Zahrnt (Hrsg.)
1989, Band **73**, 345 Seiten
ISBN 3-7880-9776-0

Nach einem jahrelangen Schattendasein
ist in den letzten Monaten bei Parteien
und Verbänden sowie in der Öffentlichkeit ein reges Interesse an einer ökologischen Ausrichtung des Steuer- und Ab-
gabensystems festzustellen. Mit diesem
Buch soll die neue Unübersichtlichkeit
der Diskussion geordnet werden. 18 Beiträge namhafter Wissenschaftler und
Wissenschaftlerinnen gehen im Anschluß
an eine ausführliche Einführung auf die
Möglichkeiten des Einsatzes von Steuern
in Bereichen wie Chemie, Verkehr, Abfall,
Energie oder Wasser ein, sowie auf den
Stand der politischen Diskussion.

Leben in der Risikogesellschaft
Der Umgang mit modernen
Zivilisationsrisiken
Mario Schmidt (Hrsg.)
1989, Band **71**, 271 Seiten
ISBN 3-7880-9772-8

Der Umgang mit den Risiken unserer Industriegesellschaft, wie der Kernenergie,
der chemischen Industrie oder dem
Straßenverkehr, rückt immer mehr in
den Brennpunkt des öffentlichen Interesses. Neben der Diskussion der Detail-
probleme stellt sich dabei aber auch die
Frage nach den grundsätzlichen Mechanismen der „Risikobewältigung": Wie werden Risiken ermittelt und abgeschätzt,
wie werden sie bewertet, verteilt, beseitigt oder gar nur wegdefiniert? Gibt es ein
akzeptables Risiko oder – wie es in der
Kernenergie heißt – ein vertretbares
„Restrisiko"? Naturwissenschaftler, Sozio-
logen, Theologen, Psychologen und Politiker geben Antworten.

Wasser nutzen, verbrauchen oder verschwenden?
Neue Wege zu einem schonenden und
sparsamen Umgang mit Wasser und einer
naturnahen Abwasserreinigung
Gabriela Kocsis
3. Auflage 1993
Band **65**, 233 Seiten
ISBN 3-7880-7474-4

Wasser ist ein unentbehrliches und vielleicht unser wertvollstes Lebenselement.
Bestrebungen, das Wasser zu schonen
und einzusparen, müssen deshalb erste
Priorität haben. Die Autorin stellt die Problematik der heutigen Wasserverschwen-
dung und -verunreinigung dar und entwickelt konkrete Vorschläge für den Aufbau wassersparender Versorgungskonzepte
in Haushalt, Landwirtschaft und Kommunen. Sie beschreibt ausführlich die vorhandenen naturnahen Reinigungsverfah-
ren und die Möglichkeiten eines insgesamt schonenden Umgangs mit dem Element Wasser.

Öko-Philosophie
Entwurf für neue Lebensstrategien –
Eine Übersetzung aus dem
Amerikanischen
Henryk Skolimowski
1989, Band **61**, 131 Seiten
ISBN 3-7880-9765-5

Die Ursachen für die Krisen in unserer
Welt liegen tiefer als nur in Management-
fehlern oder mangelhafter Wissenschaft.
Die hier entwickelte Philosophie des Ökologischen Humanismus beinhaltet eine
fundamentale Neuorientierung der gesellschaftlichen Werte.

Wohnbiotop
Energiesparendes Studentenwohnheim –
Ein ökologisches Projekt an der
Universität Kaiserslautern
Heinrich Eissler/Wolf Hoffmann
1988, Band **57**, 318 Seiten
ISBN 3-7880-9740-X

Ein architektonisches Innovations-, Ver-
suchs- und Lehrobjekt entstand an der
Universität Kaiserslautern: Unter den Aspekten Solarenergienutzung, Energieein-
sparung und ökologisches Planen, Ent-
werfen und Bauen wurde ein Studentenwohnheim als begrünte Wohnanlage in
einem Glashaus errichtet.

Ganzheitliche Ingenieurausbildung
Eine Antwort auf die Technikkritik
unserer Zeit
Pierre Fornallaz (Hrsg.)
1982, Band **38**, 192 Seiten
ISBN 3-7880-9667-5

A8

Ökologie/Mittlere Technologie

Small is Beautiful
Die Rückkehr zum menschlichen Maß
Ernst F. Schumacher
Eine Publikation der Stiftung Ökologie
und Landbau, Bad Dürkheim
1993, Band **87**, 284 Seiten
ISBN 3-7880-9868-6

Allenthalben gerät die Ökonomie, begriffen als Methode der Ausbeutung und Expansion, an Grenzen. Der gewaltige Sprung in den wirtschaftlichen Gigantismus der letzten Jahrzehnte hat zugleich auch eine Krise erzeugt: Grenzen sind sichtbar und teilweise überschritten worden. E. F. Schumachers Buch „Small is Beautiful" gilt inzwischen als Klassiker für eine alternative Wirtschaftsweise. Es ist seit 1988 vergriffen, aber weiterhin höchst aktuell. Deshalb hat sich die Stiftung Ökologie und Landbau entschlossen, dieses Buch zu aufzulegen.

E. F. Schumacher hat Anfang der siebziger Jahre der Stiftung entscheidende Impulse für ihre Arbeit gegeben. Der deutschenglische Ökonom und ehemalige Wirtschaftsmanager hat die Grundlagen für das Konzept der mittleren Technologien und des ökologischen Landbaus gelegt, insbesondere in Großbritannien und den Vereinigten Staaten. Er gehörte zu den bedeutendsten Kritikern der technischen Zivilisation und hat bis zu seinem Tod im Jahr 1977 das vorgelebt, was er gefordert hat: er förderte technische Alternativen und betrieb einen kleinen Öko-Bauernhof.

Die Natur ins Recht setzen
Für eine neue Gemeinschaft allen Lebens
Manuel Schneider/Andreas Karrer (Hrsg.)
1992, Band **82**, 284 Seiten
ISBN 3-7880-9852-X

Daß die natürliche Mitwelt nicht nur um des Menschen Willen, sondern auch um ihrer selbst willen zu schonen und zu schützen ist, ist ein Gedanke, dem sich immer mehr Menschen öffnen: Natur ist mehr als bloße Lebensgrundlage und Ressourcen für uns Menschen. Die Beiträge in diesem Buch entwickeln aus ethischer, juristischer, theologischer und ökonomischer Sicht Gründe und Motive für einen solchen Einstellungswandel, der die Natur in ihrem Eigenwert anerkennt. In ausgewählten Problemfeldern (Gentechnik, Landwirtschaft, Tierschutz) werden konkrete Vorschläge erarbeitet, wie die Gemeinschaft allen Lebens heute Gestalt gewinnen kann.

Ökologisch denken
Strategien mittlerer Technologie:
Schadstoffvermeidung und Gesundheitsvorsorge – erneuerbare Energien und Energiesparen – ökologische Landwirtschaft – ganzheitliche Wissenschaft – Selbstverantwortung
Karl Werner Kieffer/
Wolfhart Dürrschmidt/Immo Lünzer/
Gerhard Möller (Hrsg.)
Mit einem Vorwort von Robert Jungk
1988, Band **67**, 452 Seiten
ISBN 3-7880-9758-2

Autoverkehr 2000
Wege zu eiem ökologisch und sozial verträglichen Straßenverkehr
Helmut Holzapfel/Klaus Traube/
Otto Ullrich
3. Auflage 1992, Band **51**, 210 Seiten
ISBN 3-7880-9847-3

Ausgehend von einer Analyse der negativen Folgen des Autoverkehrs (Unfälle, Lärm, Luftbelastung, Energie- und Flächenverbrauch) wird die Geschwindigkeit als wesentlicher verursachender Faktor dieser Folgen ausgemacht. Eine Abschätzung zeigt, daß eine verschärfte und technisch unterstützte Geschwindigkeitsbegrenzung die negativen Auswirkungen der Autonutzung erheblich vermindern würde. Daß für eine ausreichende ökologische und soziale Verträglichkeit des Verkehrs jedoch auch das Volumen des motorisierten Individualverkehrs verringert werden müßte, zeigt das Schlußkapitel.

Die Erde bewahren – Dimensionen einer umfassenden Ökologie
Festschrift zum 80. Geburtstag von Karl Werner Kieffer
Immo Lünzer (Hrsg.)
1992, Band **80**, 375 Seiten
ISBN 3-7880-74558

Die Stiftung Ökologie und Landbau (vormals Georg Michael Pfaff Gedächtnisstiftung) wurde vor 30 Jahren von Karl Werner Kieffer begründet. Der vorliegende Band geht weit über den üblichen Rahmen einer Festschrift hinaus: 30 Fachleute, welche die Stiftungsaktivitäten von Karl Werner Kieffer begleitet haben, beschreiben konkrete alternative Konzepte zu den Themenbereichen Ökologie, Technik, Politik, Recht, Landbau, Ernährung und Gesundheit. A9

nensten Disziplinen reichen von einer Bestandsaufnahme wissenschaftlicher und politischer Probleme bei der Aufstellung von Grenzwerten bis hin zu Überlegungen zu neuen Lösungsansätzen im Umweltschutz.

Altlasten

Handbuch zur Ermittlung und Abwehr von Gefahren durch kontaminierte Standorte
Dietmar Barkowski/Petra Günther/ Eckart Hinz/Ralf Röchert
4., überarbeitete Auflage 1993
Band **56**, 450 Seiten
ISBN 3-7880-9858-9

Im Abfall von gestern tickt in vielen der 50 000 bis 300 000 Altlasten der Bundesrepublik eine chemische Zeitbombe. Dieses Handbuch vermittelt Kommunen, Firmen und interessierten Bürgern Wissen über die Möglichkeiten der Erkennung und Untersuchung gefährlicher Altlasten, die Abschätzung des Gefährdungspotentials und die verschiedenen Sanierungstechniken.

Die Grenzenlosigkeit der Grenzwerte

Zur Problematik eines politischen Instruments im Umweltschutz –
Ergebnisse eines Symposiums des Öko-Instituts und der Stiftung Mittlere Technologie
Andreas Kortenkamp/Birgit Grahl/ L. Horst Grimme (Hrsg.)
1988, Band **63**, 287 Seiten
ISBN 3-7880-9756-6

Garantieren Grenzwerte tatsächlich Schutz vor Gesundheits- und Umweltschäden durch Chemikalien? Gibt es Alternativen? Die in diesem Band zusammengestellten Beiträge von Fachleuten der verschied-

Verpackungen

Umweltbelastungen und Strategien zur Vermeidung
Andreas Fußer/Andreas Golding (Hrsg.)
1992, Band **76**, 254 Seiten
ISBN 3-7880-9779-5

Dieser Band gibt einen umfassenden Überblick über die Verpackungswirtschaft, Verpackungsmaterialien und deren Umweltbelastung bei der Herstellung, Gebrauch, Recycling und Beseitigung vor allem aber technische, politische und rechtliche Strategien zur Vermeidung von Verpackungsabfällen.

Ökologische Müllverwertung

Handbuch für optimale Abfall-Konzepte
Thilo C. Koch/Jürgen Seeberger/ Helmut Petrik
4. Auflage 1992
Band **44**, 402 Seiten
ISBN 3-7880-9800-7

Auch im Bereich der Müllverwertung zeigt sich, daß das ökologische Konzept langfristig das ökonomisch beste ist. Das Handbuch für regionale und kommunale Müll- und Recycling-Konzepte. A10

Sanfte
Chemie

Bernhard Leiße

Holz natürlich behandeln

Oberflächen im Haus färben, schützen, pflegen

1994. 140 Seiten. Broschiert.
DM 29,80   öS 233,–
sFr 29,80
ISBN 3-7880-9882-1

Wer bei der Oberflächenbehandlung von Holz giftfreie Produkte verwenden will, findet eine große Palette von Naturprodukten vor: Imprägnierungen, Öle, Wachse und Lasuren können heute viele Anstrichprobleme lösen.

Viele engagierte Anwender solcher Produkte bekamen aber schon Probleme bei ihrer Arbeit, weil ihnen die notwendigen Informationen über diese natürlichen Materialien fehlten. Eine Übersicht über die angebotenen Produkte, ihre Leistungen und Tücken erleichtern die gesunde Gestaltung der Wohnumwelt.

Gabriela Siedentopf

Mit Naturfarben renovieren

Wege zur behaglicheren Wohnumwelt

1994. 144 Seiten. Broschiert.
DM 29,80   öS 233,–
sFr 29,80
ISBN 3-7880-9883-X

Farben und Anstrichstoffe spielen bei der Renovierung von Altbauten oder Wohnungen eine fast noch größere Rolle als im Neubau. Die Untergrundverhältnisse sind komplex, der Vorbereitung des Anstrichs muß mehr Sorgfalt gewidmet werden als ohnehin. Leicht greift man da aus Unsicherheit zu ökologisch bedenklichen Renovierungsprodukten. Dabei sind konsequente Naturfarben in diesem Bereich meist viel sinnvoller.

C. F. Müller Verlag

Hüthig GmbH

Postfach 10 28 69
69018 Heidelberg

Telefon 0 62 21/4 89-4 93
Telefax 0 62 21/4 89-4 43
http://www.huethig.de

1614200

SÖL-
Sonderausgaben

Nr.	DM/sFr
33. Preuschen/Hampl: **Ökologisches Grundwissen** (1991)	4,80
34. Hämmerle: **Ackerschlagkartei** (DIN A4) (2. Aufl. 1992)	9,80
35. SÖL: **Stallkartei** (DIN A4) (Sommer 1996)	ca. 4,80
36. Preuschen: **Mensch und Natur** (1991)	16,80
37. Hampl: **Bodengesundung** (1991)	5,80
38. **Das Vermächtnis von Schultz-Lupitz** (1992)	7,80
39. AGÖL/BNN: **Rahmenrichtlinien Verarbeitung** (1992)	(vergr.)
40. **Ferien auf dem Ökohof** (Adressen)	7,80
42. Zerger (Hrsg.): **Forschung im ökologischen Landbau** (1993)	29,80
43. Hirn et al.: **Die EG-Bio-Verordnung – Diskussionsbeiträge** (1993)	7,80
44. Hermanowski: **Ökologische Landwirtschaft und Großverbraucher** (1993)	6,80
45. **EG-Bio-Verordnung** (Texte)	19,80
46. Schaumann: **Der Landwirtschaftskurs von Rudolf Steiner** (Sommer 1996)	ca. 9,80
47. Zehr/Zerger: **Bioplan (EDV-Programm und Handbuch)** (1993)	149,–
48. Dohmen: **Wasser in Gefahr** (1994)	11,80
49. Hermanowski: **Arbeit mit Behinderten in der Landwirtschaft** (1994)	7,80
50. SÖL: **Leben aus gesunder Erde** (1995)	2,80
53. **Kompostierung – die technischen Aspekte** (1991)	4,80
54. **Technik der artgerechten Tierhaltung** (1991)	12,80
55. **Energie auf dem Bauernhof** (1992)	15,80
56. **Bodenbearbeitung und Beikrautregulierung** (1996)	14,80
57. Freyer et al. (Hrsg.): **Betriebswirtschaftliche Aspekte im biologischen Landbau** (April 1995)	29,80

Jochen Mayer, Ortwin Faul, Martin Ries,
Alexander Gerber, Andreas Kärcher (Hrsg.)

**Ökologischer
Landbau –
Perspektive
für die Zukunft!**

SÖL
Sonderausgabe
Nr. 58

Stiftung
Ökologie &
Landbau

Nr.	DM/sFr
58. **Ökologischer Landbau – Perspektive für die Zukunft** (1994)	29,80
61. Preuschen: **Kleine Weltgeschichte** (1996)	19,80
62. Hoffmann: **Lebensmittelqualität** (1995)	9,80
63. AGÖL/SÖL: **Verpackung ökologische Lebensmittel** (1996)	9,80
64. Hampl et al. (Hrsg.): **Öko-Weinbau** (1995)	29,80

Stand: 1. 3. 1996

Bezug:

DEUKALION
Fachverlag für Landwirtschaft und Ökologie

Postfach 11 13   Fon (0 41 03) 9 75 45
D-25488 Holm   Fax (0 41 03) 9 75 07

Leben
aus gesunder
Erde

*Stiftung
Ökologie &
Landbau*

S2

SÖL-
Sonderausgaben

Für Theorie und Praxis

Die SÖL-Sonderausgaben erscheinen als Ergänzung zu der Zeitschrift „ÖKOLOGIE und LANDBAU".

Arndt Dohmen / Günter Baltsch

**Wasser
in Gefahr**

SÖL-
Sonderausgabe
Nr. 48

Stiftung
Ökologie &
Landbau

Nr.		DM/sFr
2.	Preuschen: **Eine Anleitung zur Spatendiagnose**	5,80
6.	**Adressenliste zum Öko-Anbau** (9. Aufl. 1993)	9,80
6a.	**Diskettenversion**	30,00
7.	**Literaturliste** (8. Aufl. 1995)	5,80

Hefte 8–13 zur Umstellung auf Öko-Landbau von Preuschen/Bernath/Hampl (zum Vorzugspreis 24,80 (statt 28,80 DM):

8.	(I/1.) **Der Aufbau der Bodengesundheit** (5. Aufl. 1992)	4,80
9.	(I/2.) **Gründüngung – Fruchtfolgen** (4. Aufl. 1991)	4,80
10.	(I/3.) **Bodenschonende Mechanisierung** (3. Aufl. 1989)	4,80
11.	(I/4.) **Düngung** (4. Aufl. 1995)	4,80
12.	(I/5.) **Futterbau** (3. Aufl. 1990)	4,80
13.	(II.) **Tierhaltung** (2. Aufl. 1990)	4,80
16.	**Basisrichtlinien der IFOAM** (10. Aufl. 1995)	9,80
17.	**Rahmenrichtlinien zum ökologischen Landbau** (15. Aufl. Sommer 1996)	ca. 9,80
18.	**Bodengesundungskonzept** der SÖL (3. Aufl. 1989)	4,80
19.	**Medienhandbuch Öko-Landbau** (5. Aufl. 1992)	9,80

Nr.		DM/sFr
20.	**Öko-Landbau – ca. 160 Folienvorlagen** DIN A4	27,80
22.	Preuschen: **Die landwirtschaftliche Nutzung von Wassereinzugsgebieten** (2. Aufl. 1988)	4,80
23.	J. v. Liebig: **Naturgesetze im Landbau** (4. Aufl. 1995)	5,80
25.	Kallenbach: **Vollwert-Ernährung und Öko-Landbau** (3. Aufl. 1991)	6,80
26.	**Einkaufen direkt beim Biobauern** (6. Aufl. 1995)	14,80

Sabine Walter

**Nicht-chemische
Unkraut-
regulierung**

SÖL
Sonderausgabe
Nr. 27

Stiftung
Ökologische
Landbau

27.	Walter: **Nichtchemische Unkrautregulierung** (2. Aufl. 1995)	13,80
28.	Vogtmann: **Ökologischer Gartenbau** (1990)	12,80
29.	Hampl et al.: **Umstellung auf ökologischen Weinbau** (1995)	14,80
31.	BÖW/SÖL: **Aktuelle Beiträge zum ökologischen Weinbau** (1990)	16,80
32.	Weber/Balzer: **Pestizide besonders gefährlich für Kinder** (1992)	7,80

SI

Bestellschein

Bitte in einem (Fenster-)Umschlag
– oder per Fax (041 03) 9 75 07
[Tel. (04103) 975 45] –
(Absender deutlich schreiben) an:

– Antwort –

EUKALION
Fachverlag für Landwirtschaft und Ökologie

Postfach 1113

D-25488 Holm/Holstein

Bestellung

(Stand 1. 3. 1996)

Stck. Nr.		DM/sFr.
2.	Preuschen: Eine Anleitung zur Spatendiagnose	5,80
6.	Adressenliste zum Öko-Anbau	9,80
6a.	Diskettenversion	30,00
7.	Literaturliste (1995)	5,80
	Hefte zur Umstellung auf ökologischen Landbau von Preuschen/Bernath/Hampl:	
	Hefte 8 bis 13 zusammen zum Vorzugspreis (24,80 statt 28,80)	24,80
8.	(II 1.) Der Aufbau der Bodengesundheit	4,80
9.	(II 2.) Grundüngung – Fruchtfolgen	4,80
10.	(II 3.) Bodenschonende Mechanisierung	4,80
11.	(II 4.) Düngung	4,80
12.	(II 5.) Futterbau	4,80
13.	(II.) Tierhaltung	4,80
16.	Basisrichtlinien der IFOAM	9,80
17.	Rahmenrichtlinien zum ökologischen Landbau (Mai 1996)	ca. 9,80
18.	Bodengesundungskonzept der SÖL	4,80
19.	Medienhandbuch Öko-Landbau	9,80
20.	Öko-Landbau – ca. 160 Folienvorlagen DIN A4	27,80
22.	Preuschen: Die landwirtschaftliche Nutzung von Wassereinzugsgebieten	4,80
23.	J. v. Liebig: Naturgesetze im Landbau	5,80
25.	Kallenbach: Vollwert-Ernährung und Öko-Landbau	6,80
26.	Einkaufen direkt beim Biobauern	14,80
27.	Walter: Nichtchemische Unkrautregulierung	13,80
28.	Vogtmann: Ökologischer Gartenbau	12,80
29.	Umstellung auf ökologischen Weinbau (1995)	14,80
31.	Aktuelle Beiträge zum ökologischen Weinbau	16,80
32.	Pestizide besonders gefährlich für Kinder	7,80
33.	Preuschen/Hampl: Ökologisches Grundwissen	4,80
34.	Hämmerle: Ackerschlagkartei (DIN A4)	9,80
35.	SÖL: Stallkartei (DIN A4) (ca. Sommer 1996)	ca. 4,80
Zwischensumme		

Stck. Nr.		DM/sFr.
	Übertrag	
36.	Preuschen: Mensch und Natur	16,80
37.	Hampl: Bodengesundung	5,80
38.	Das Vermächtnis von Schultz-Lupitz	7,80
40.	Ferien auf dem Ökohof (Adressen)	7,80
42.	Zerger (Hrsg.): Forschung im ökologischen Landbau	29,80
43.	Hirn et al.: Die EG-Bio-Verordnung – Diskussionsbeiträge	7,80
44.	Ökologische Landwirtschaft und Großverbraucher	6,80
45.	EG-Bio-Verordnung (Texte)	19,80
46.	Schaumann: Der Landwirtschaftskurs von R. Steiner (Sommer 1996)	ca. 9,80
47.	Bioplan (EDV-Programm und Handbuch)	149,–
48.	Dohmen: Wasser in Gefahr	11,80
49.	Arbeit mit Behinderten in der Landwirtschaft	7,80
50.	SÖL: Leben aus gesunder Erde (1995)	2,80
53.	Kompostierung – die technischen Aspekte	4,80
54.	Technik der artgerechten Tierhaltung	12,80
55.	Energie auf dem Bauernhof	15,80
56.	Ökologische Bodenbearbeitung und Beikrautregulierung (Dezember 1995)	14,80
57.	Betriebswirtschaftliche Aspekte im biologischen Landbau	29,80
58.	Ökologischer Landbau – Perspektiven für die Zukunft	29,80
61.	Preuschen: Kleine Weltgeschichte (Frühjahr 1996)	19,80
62.	Hoffmann: Lebensmittelqualität und ökologischer Landbau (1995)	9,80
63.	AGÖL/SÖL: Verpackung ökol. Lebensmittel (1996)	9,80
64.	Hampl et al.: Öko-Weinbau (1995)	29,80
Gesamtsumme		

Bestellschein für SÖL-Publikationen

☐ Ich abonniere die vierteljährlich erscheinende Zeitschrift „ÖKO-LOGIE UND LANDBAU". Jahresabonnement 30,– DM. Für diejenigen, die kein Einkommen haben (mit Nachweis) 20,– DM. Alle Preise inkl. Versandgebühren und 7% MwSt. (außereuropäisches Ausland zuzüglich 6,– DM für Luftpost).

☐ Liefern Sie bitte ab:

☐ I. Quartal   ☐ 2. Q.   ☐ 3. Q.   ☐ 4. Q.

199 ....

☐ Ich bitte um ein kostenloses Probeheft
(bitte 2,– DM Versandgebühren in Briefmarken beilegen):

☐ „ÖKOLOGIE UND LANDBAU"   ☐ „ECOLOGY AND FARMING"

☐ Ich bestelle folgende Bücher/zurückliegende Hefte von „ÖKOLOGIE UND LANDBAU":

....

....

....

Name ....

Beruf/Telefon ....

Straße ....

PLZ/Ort/Land ....

☐ Ich bestelle SÖL-Sonderausgaben (wie umseitig angekreuzt)

Name ....

Straße ....

PLZ/Ort/Land ....

☐ Schicken Sie bitte (auch) an die folgende Anschrift:

☐ ein kostenloses Probeheft   ☐ ein Geschenkabo

Name ....

Straße ....

PLZ/Ort/Land ....

Datum .... Unterschrift ....